LES CHEVALIERS DE SAINT-JEAN

DE JÉRUSALEM

LES GLOIRES CHRÉTIENNES

DE LA FRANCE

LES

CHEVALIERS DE SAINT-JEAN

DE

JÉRUSALEM

APPELÉS ENSUITE ORDRE DE RHODES, PUIS DE MALTE

Par FAROCHON

PARIS

8, RUE FRANÇOIS Ier

1892

ÉTABLISSEMENT DE L'ORDRE DES HOSPITALIERS

C'est une des marques les plus étonnantes de l'*universalité* de l'Église catholique que la souple et féconde intelligence avec laquelle, selon les temps et les besoins, elle sait constamment inspirer ou créer les œuvres les plus parfaitement adaptées aux circonstances. Dans les trois premiers siècles de son existence, elle conquit et subjuga la société romaine par le dévouement de ses martyrs et de ses confesseurs; dans les trois suivants, elle confondit les hérésies et gagna les princes par la science de ses docteurs; du VIIe au Xe siècles, elle établit le principe de la vraie justice par celui de l'égalité devant Dieu, dans les nouvelles hiérarchies sociales qui achevaient de se former; en même temps, elle civilisait les peuples par l'instruction largement départie à tous. C'est alors que, des nations régénérées et éclairées par l'Évangile, sortit l'irrésistible mouvement des Croisades, à la voix d'un pauvre ermite, autorisée et répétée par un Pape.

En face de la société chrétienne, basée sur l'Évangile et conviant tous les hommes à entrer dans sa divine fraternité, s'était subitement élevée la société musulmane, basée sur la force et prêchant le sensualisme anti-social du Coran à coups de sabre. Dès le viii⁰ siècle, cette invasion de l'Orient avait paru comme un torrent près de tout détruire. L'épée des Francs marqua, aux champs de Poitiers, en 732, la limite extrême de son débordement et le commencement de son recul progressif et continu. Ce fut ensuite une tradition d'honneur pour la chevalerie, arrachée par l'Église aux luttes scandaleuses entre voisins *(Trêve de Dieu)*, que d'aller dépenser le surcroît de son activité, partie en humbles pèlerinages de repentance au tombeau de Jésus-Christ, partie en vaillants faits d'armes contre les envahisseurs musulmans du Sud. Dans cette lutte continue, le royaume de France, le premier organisé parmi les nouvelles nations et le seul qui n'eût jamais erré dans sa foi depuis le baptême de Clovis, joua un rôle si prépondérant que l'Église n'hésita pas à voir et à spécifier tout haut, dans ces faits, une mission et un caractère providentiellement départis à cette nation, qui réunissait dans une mesure d'équilibre remarquable le vieux sang gaulois, avec ses qualités de gaieté aventureuse et de généreuse hardiesse, à la pureté des traditions romaines et à la science militaire innée dans la race germanique. Pendant que les chevaliers gascons et bourguignons apportaient aux petits États chrétiens de la péninsule ibérique le puissant secours de leur intervention, qui aboutit aux grandes victoires chrétiennes de *Calatanosor* et de *Las Navas de Tolosa*, c'est-à-dire à la suprématie définitive de la Croix sur le Coran de ce côté, quelques pèlerins normands, à la solde des petits princes italiens, jetaient les fondements du royaume des deux Siciles en chassant le Croissant de l'Italie méridionale, par une suite d'invraisemblables exploits. C'est alors, au xi⁰ siècle, que le développement accentué de la prospérité maritime des péninsules latines et de la pieuse tradition des pèlerinages en Terre Sainte, se combinant avec l'horreur des souvenirs laissés par la domination *sarrasine* et les généreuses ardeurs d'une foi agissante, préparèrent l'Europe, mais surtout la France, à l'appel de Pierre l'Ermite et d'Urbain II. Les Croisades coupèrent net le mouvement envahisseur et socialement destructif de l'Islamisme. On sait quelle part y eurent les Français (1), à la tête de tous les éléments de la *race latine* actuelle ; part si large qu'un des premiers historiens de ce grand mouvement de salut social, Bongars, n'a pas trouvé de meilleur titre pour en narrer les nobles détails que celui de : *Gesta Dei per Francos*, « les œuvres de Dieu par la main des Francs. »

Mais la réaction violente de l'Islam d'une part, les divisions des nations chrétiennes de l'autre, allaient bientôt combattre et effacer par degrés les résultats matériels de la conquête chrétienne. Dans les steppes mongoles, un peuple nouveau grandissait, les *Tou-kou-hoeï* ou Tartares occidentaux *(les Turcs)*, prêts à reprendre avec une vigueur égale et une ténacité infiniment supérieure le rôle agressif des races arabes contre l'Occident divisé. A ce danger futur, la Providence suscita une barrière, bien faible en apparence, et pourtant bien efficace en réalité : les *Ordres monastiques combattants*, éclos au sein d'une œuvre de modeste charité, allaient paraître à leur tour et, rapidement étendus à toutes les contrées de l'Europe, former une véritable muraille, toujours debout alors que les nations chrétiennes oublieraient le soin de leur propre défense, sur les bords de la Baltique comme sur les Carpathes, sur les rivages syriens et les îles de l'Archipel comme sur le Tage et le Douro : Hospitaliers, Templiers, Ordre Teutonique, Porte-Glaives, Chevaliers du Saint-Sépulcre, de Saint-Michel, de Saint-Jacques, d'Alcantara et Calatrava continuèrent sur place, en permanence, et relièrent d'une expédition à l'autre les grands efforts des peuples chrétiens en armes. Parmi tous, il en est un qui domine par son renom, par ses vertus, par ses exploits, par sa longue durée (puisqu'il existe encore de nos jours, quoique non agissant), et qui a successivement hérité de tous les autres, après leur avoir servi de modèle ou les avoir absorbés : c'est celui des *Chevaliers de l'hôpital Saint-Jean de Jérusalem*. Italien dans son berceau, français dans son développement, héritier des Templiers supprimés et, plus tard, des Ordres espagnols, il représente de la manière la plus complète les races dites *latines* et, parmi elles, la prépondérante, celle qui souffle et entraîne les autres, la race française. A ce titre, on peut dire qu'il est bien une de nos

---

(1) Nous joignons, sous ce nom de race, les fils des anciens Belges, ou Gaulois du Nord, aux fils des anciens Cisalpins et Ombriens, comme à ceux de l'ancienne Aquitaine et de la Celtibérie ; les *races latines*.

gloires nationales, en même temps qu'il glorifie par ses actes Dieu et l'Église. Non seulement il a été organisé militairement par des Français et constamment composé, en majorité, de Français ; mais, par un privilège de fait, qui a duré jusqu'à nos jours, il a reçu toute sa gloire, toute sa force, toute sa valeur de la direction de ses grands-maîtres français, qui en sont la presque totalité. Et si cette immortelle histoire, qui paraît à première lecture un immense poème héroïque tissu d'actes continus de dévouement et de foi, tout autant que d'exploits militaires sans nombre, enregistre les noms d'Alfonse de Portugal, de Cottoner le Catalan et de l'illustre Italien Caretti parmi ses chefs marquants, elle est remplie, elle déborde à toutes ses pages de tous les noms illustres de l'armorial de France, simples chevaliers, commandeurs, baillis, ou grands-maîtres ; elle n'a pas de grandes actions à citer qui puissent aller de pair avec celles des Raymond du Puy, des Arnaud et Bertrand de Comps, des deux de Pins (Elzéar et Odon), des deux Villaret, dont le second fut l'audacieux conquérant de Rhodes, des Gozon, des Villiers, des d'Aubusson, des l'Isle-Adam, de l'admirable Parisot de la Valette, des Vignacourt... tous grands-maîtres français. Puis, quand la nation rappelle à son service ces enfants dont elle est justement fière, et leur demande de lui prêter pour sa défense les armes illustrées dans la défense générale de la foi et de la civilisation chrétiennes, c'est un long défilé de héros qui, la Croix blanche sur l'épaule, viennent grossir le trésor de notre épopée nationale et, à leur tête, ces grands hommes de mer dont un amiral célèbre a dit « qu'ils suffiraient à eux seuls, et sans les autres, à créer une glorieuse histoire maritime à la France » : les Prégent, les François de Lorraine, les Villegagnon, les Tourville, les Coëtlogon, et le grand Suffren, digne de clore une telle liste.

Rien n'est plus simple et plus connu que les débuts de cet Ordre célèbre. L'an 1048, des marchands italiens d'Amalfi, bons chrétiens, qui commerçaient avec la Syrie, achetèrent du Soudan d'Égypte Mostanser-Billah un terrain dans Jérusalem, en face le Saint-Sépulcre, et y bâtirent, avec sa permission, l'église Sainte-Marie, dite *la Latine*, parce qu'elle était la première église chrétienne qui n'appartint pas au rit Grec. A côté de l'église, ils fondèrent une *auberge* ou *hôpital* pour y recevoir gratuitement et y servir avec respect les pèlerins pauvres, malades ou bien portants, qui arrivaient

L'ASSAUT DE RAPHA PAR BEAUDOUIN

d'Occident à travers mille périls, dont le moindre n'était pas la brutalité musulmane. La chapelle de l'hôpital fut dédiée à saint Jean l'aumônier ; et les frères servants s'appelèrent *Johannites* (frères de saint Jean) et portèrent le titre d' « humbles serviteurs des pauvres de Jésus-Christ », qui fut plus tard le titre obligatoire et public des grands-maîtres. Ce couvent reçut bientôt des quantités de pèlerins, et les frères volontaires qui s'y consacraient à ce pieux ministère adoptèrent une règle tirée partie de saint Benoît, partie de saint Augustin. Vers la fin du siècle, le supérieur ou directeur était un homme de haute vertu, Gérard Tunq, né aux Martigues (petite ville de la Provence). Il fit construire, pour les femmes, un couvent semblable à celui de saint Jean ; on l'appela de sainte Marie-Madeleine, et la supérieure fut une dame romaine, nommée Agnès, dont les annalistes vantent la sagesse et les vertus. Il paraît que le spectacle de cet austère et fraternel dévouement toucha les musulmans, qui conçurent une très haute estime pour les *frères Saint-Jean*, et la manifestèrent en plusieurs occasions.

Le 15 juillet 1099, Jérusalem tombait au pouvoir des Croisés, et Godefroy de Bouillon y recevait la couronne (qu'il ne porta point par humilité) de premier roi chrétien. Les frères Hospitaliers, qui avaient été tenus en prison pendant le siège, furent l'objet de toute l'attention reconnaissante des Croisés ; le nouveau roi leur donna des domaines à lui ; bientôt, sous le roi Baudouin Ier, les dons affluèrent ; et un grand nombre de croisés voulurent devenir frères Hospitaliers. Gérard fit alors élever, sur l'emplacement traditionnel de l'habitation de saint Zacharie, une très belle église, dédiée à saint Jean-Baptiste, lequel devint ainsi le patron officiel de l'Ordre. Puis il rédigea des statuts en rapport avec l'importance que prenait si rapidement la pieuse confrérie. Mais c'est à son successeur, le chevalier Raymond du Puy, d'origine dauphinoise, qu'est due, selon les historiens, la règle définitive qui fit de la confrérie un grand Ordre militaire, règle canoniquement approuvée à Rome. L'Ordre dut se composer : 1° de chevaliers ; 2° de chapelains ; 3° de frères servants. Tous étaient moines, et assujettis aux trois vœux. Ils y ajoutaient (sauf les chapelains) celui de défendre par les armes la cause du Christ contre les infidèles, de ne jamais porter les armes contre une nation chrétienne et *de ne jamais fuir dans un combat*, sous peine d'être chassés de l'Ordre et déchus de chevalerie. Hors des

combats, ils continuaient d'héberger et servir les pauvres. Quand l'Ordre ou, pour parler le langage du temps, la *Religion* de Saint-Jean de Jérusalem eut atteint son complet développement, elle se divisa en huit nations, ou *langues,* savoir: Provence, Auvergne, France, Italie, Allemagne, Angleterre, Aragon, Castille. Dans les *langues* d'Aragon et de Castille figuraient des Gascons, sujets du roi de France ; en sorte que les Français y composaient *trois langues* et demie sur huit, et les plus nombreuses ; la langue d'Allemagne se scinda, sans s'en détacher, pour former l'*Ordre teutonique;* celle d'Angleterre se trouva supprimée de fait au xvie siècle par suite de la chute de ce pays dans l'hérésie.

Les possessions de l'Ordre formaient des *commanderies* réparties de tous côtés ; les revenus des Commanderies et diverses ressources tirées des membres de l'Ordre formaient les *responsions;* à la tête de chaque *langue* était un *bailli conventuel,* administrateur des biens de la *langue* vis-à-vis de l'Ordre; ce *bailli* s'appelait alors *pilier* de la langue. Il entretenait l'*auberge* où mangeaient en commun les chevaliers, à moins qu'ils ne préférassent se faire délivrer leurs portions isolément. Il y avait aussi des baillis non conventuels, et des commanderies réservées au grand-maître et appelées *Commanderies magistrales ;* il y en avait quelques-unes (dites *de grâce*) réservées à titre de récompense.

Le *Grand-Maître* était le chef général de l'Ordre, avec rang de prince. Il était élu par le *conseil complet,* et il n'administrait qu'avec le concours de trois conseils : le conseil capitulaire, le conseil complet, le conseil (tout court). Il était élu, ainsi que les dignitaires, parmi les chevaliers. Cependant, pour les dignités de l'Ordre administratif et financier, on voit parfois élire des frères servants ; on en voit également commander des navires ; ce qui montre que, tout en observant la distinction hiérarchique de ces temps, l'union fraternelle et l'estime réciproque étaient complètes entre les diverses classes de l'Ordre.

Des dignités supérieures étaient attachées à chaque *langue.* L'Angleterre eut longtemps le privilège du commandement de l'infanterie ; l'Italie celui de fournir l'*Amiral ;* le *pilier* d'Allemagne était *grand-bailli ;* celui de France, *grand-hospitalier ;* celui d'Auvergne, *grand-maréchal ;* celui de Provence, *grand-commandeur ;* celui d'Aragon, *grand-conservateur* (ou *drapier*) (1).

Les vœux étaient solennels et à vie. Le costume se composait, au couvent, d'une robe noire portant la croix blanche à huit pointes, et d'un manteau à capuchon, dit *manteau à bec,* dont les manches, très larges d'en haut, s'attachaient en arrière du cou, ce qui ramenait la croix cousue sur la manche gauche à figurer sur l'épaule.

En guerre, les chevaliers portaient l'armure complète, recouverte de la fameuse soubreveste *(sopra veste)* rouge, avec la croix de l'Ordre, en étoffe blanche, cousue sur la poitrine et sur le dos, et leurs armoiries gravées sur l'écu. Le vœu de pauvreté était rigoureux : tous les biens que le chevalier gardait à son entrée dans la *Religion* étaient dévolus à l'Ordre, et celui-ci héritait de lui à sa mort, sauf à l'entretenir de son vivant.

Il n'entre pas dans notre plan de raconter l'histoire suivie de

---

(1) Les *langues* étaient ainsi rangées, d'après l'ordre de préséance : Provence, Auvergne, France, Italie, Aragon, Allemagne, Castille et Portugal, Angleterre.

l'Ordre, pour laquelle nous renvoyons les lecteurs aux nombreux ouvrages d'ensemble qu'elle a suscités, et dont les plus considérables sont : l'italien *Bosio*, l'allemand *Heinrick Pantaléon*, médecin, comte du Sacré-Palais ; les Français *Beaudouin* et de *Naberath*, les Flamands *Aubert Mireus* et *Adrien Schoonœbeck* et enfin le superbe ouvrage de l'*abbé de Vertot* (de l'Académie française), avec ses nombreux documents et ses beaux portraits gravés ; pour les détails, à la *vie de Pierre d'Aubusson*, par le P. Bouhours, aux sièges de Rhodes et de Malte, par *Jacques Fontane (de Bello Rhodio libri III)*, par le commandeur Jacques de Bourbon (la *cruelle oppugnation de Rhode, Paris* 1527), par Nicolas de Villegagnon *(de Bello Melitensi commentarius, in-4°)* et aux plus modernes auteurs ; tels que : Élizé de Montagnac *(Histoire des chevaliers de Saint-Jean de Jérusalem)*, Niepce *(Le Grand-Prieuré d'Auvergne)*, A. du Bourg *(Le Grand-Prieuré de Toulouse)*, l'abbé Magné *(Histoire du grand-maître Jean de Lastic)*, l'amiral Jurien de la Gravière *(Les chevaliers de Malte et la Marine de Philippe II)*; et enfin les nombreux ouvrages qui traitent des *Ordres militaires religieux*, en tête desquels se place le savant Père Hélyot, qui est le résumé des anciens et le guide des modernes.

Nous écrivons ici pour l'enfance chrétienne, et notre but est de lui offrir, dans un cadre sommaire, quelques portraits détachés de ces Français dont les exploits, basés sur la foi et les plus belles vertus chrétiennes, jettent un ineffaçable éclat sur leur propre pays autant que sur l'Église, et doivent servir en tout temps de modèle à tout ceux en qui bat un cœur généreux.

GÉNÉRALITÉS — LES DÉBUTS DE L'ORDRE

Toutes les traditions s'accordent à présenter Raymond du Puy, successeur élu du frère Gérard, comme ayant institué le *quatrième vœu* de l'Ordre : celui de combattre les Infidèles. Certains annalistes affirment que les *Templiers,* fondés en 1118, dans le même but par Hugues de Payens, ne furent qu'un démembrement des Hospitaliers ; d'autres pensent soit que les Templiers, en prenant les armes pour soutenir le royaume de Jérusalem, confirmèrent Raymond du Puy dans son dessein d'armer les Hospitaliers, et firent par leur exemple tomber ses scrupules ; soit au contraire que cette résolution de Raymond du Puy, si parfaitement justifiée par les circonstances, tout extraordinaire qu'elle pût paraître au premier abord, incita Hugues de Payens à une fondation semblable. Quoi qu'il en soit, les Hospitaliers existaient depuis trois quarts de siècle, lorsque les deux Ordres prirent les armes, vers 1120, pour se mettre à la disposition des chrétiens d'Orient menacés dans leur vie, leurs biens, leur honneur, et du nouveau royaume, encore si chancelant. Quant à l'importance déjà acquise par les Hospitaliers, nous en trouvons la preuve dans les *histoires* particulières de certains prieurés (1), et dans les revenus considérables de l'Ordre qui put, dès l'abord, lever et mettre en campagne à ses frais, outre le corps des *Chevaliers et frères servants,* un corps auxiliaire considérable.

Dès l'an 1119, nous les voyons se distinguer dans l'armée que Beaudouin II, roi de Jérusalem, mena au secours du comte d'Édesse vaincu par les Musulmans ; animés par leur vœu, qui leur interdisait la fuite, les moines-guerriers frappèrent de si rudes coups, à la suite de leurs grands-maîtres, qu'ils enfoncèrent l'armée combinée du khan des Turcs (Gazi) et du roi de Damas ; grâce à eux, Antioche fut reprise aux Musulmans ; désormais la cotte rouge et la croix à 8 pointes sont un objet d'effroi pour l'ennemi.

Trois ans après, Beaudouin II s'étant imprudemment risqué avec des forces insuffisantes, pour essayer de délivrer son parent J. de Courtenay, comte d'Édesse, qui avait été pris par l'ennemi, tomba lui-même dans une embuscade et devint aussi prisonnier (1122). Ce fut une débandade générale : l'ennemi vint assiéger Jaffa ; la Palestine était perdue pour les chrétiens, si les Chevaliers de Saint-Jean n'avaient donné l'exemple de faire tête partout, et fourni au connétable du petit royaume, presque dépourvu de troupes, un vigoureux renfort avec lequel il surprit et tailla en pièces les assiégeants. De là, les soldats chrétiens coururent au Sud et infligèrent pareil désastre au corps musulman cantonné sous Ascalon. Le péril ainsi conjuré, ils poussent vigoureusement la guerre et s'emparent de Tyr, la plus importante place de la Palestine, après un siège fécond en actions héroïques ; là encore les Hospitaliers se distinguèrent entre tous, sous leur maréchal, tandis que le grand-maître

(1) Entre autres: *l'histoire du grand Prieuré d'Auvergne*, par Niepce et celle du *grand Prieuré de Toulouse,* par A. du Bourg, desquelles il résulte que, dès l'an 1309, *plus de quinze mille* Chevaliers avaient passé dans l'Ordre et lui avaient fait des donations énormes.

RAYMOND DU PUY

D'après un portrait de l'histoire des Ordres monastiques, par le P. Helyot.
Paris 1714. — Bibl. Nat.

Raymond, à la tête d'une autre troupe de l'Ordre, défendait pied à pied le comté d'Édesse envahi.

Délivré bientôt après, Beaudouin II reprenait hardiment le cours de ses campagnes, toujours suivi des Frères Hospitaliers, que les chroniques nous montrent combattant au premier rang, tantôt à Magisfer, avec Josselin de Courtenay, tantôt dans le Liban, à l'assaut de Rapha par Beaudouin. C'est alors que parurent pour la première fois en corps les Chevaliers Templiers; plus militaires que religieux, ils devaient attirer d'abord à eux un grand nombre de princes et de hauts barons, car leur règle n'imposait pas les pénibles et humiliants services auxquels s'étaient astreints les Hospitaliers; mais, par une naturelle conséquence des choses, ils devaient se corrompre plus vite par l'invasion des vices militaires, orgueil et immoralité, et fournir à leurs ennemis futurs assez de prétextes pour le jugement pontifical, qui, en prononçant leur dissolution, les laissa exposés aux plus cruels traitements.

Les Hospitaliers trouvèrent encore un prince digne de les apprécier dans le comte Foulques (gendre et plus tard successeur de Beaudouin II), qui leur fit don de Bersabée, en reconnaissance de leurs brillants services; et l'on cite, comme son conseiller le plus accrédité, un chevalier syrien (d'origine probablement française), frère Joubert, qui l'accompagna longtemps en tous lieux et lui fut de la plus haute utilité, tant par ses avis que par son courage; c'est avec lui et Anselin de Brie qu'il accomplit un de ses plus fameux exploits : la reprise d'Antioche, malgré l'opposition des comtes d'Édesse et de Tripoli (1). C'est ce même Joubert qui fut chargé de négocier, à travers mille périls et difficultés, le mariage de la petite-fille de Foulques avec Raymond d'Aquitaine, et qui vint à bout de ramener le comte, en dépit de la flotte sicilienne, de Londres (où il s'était cantonné) à Antioche.

Il s'en fallut alors de peu que l'Europe ne vît les Ordres militaires de l'Orient fonder une vaste monarchie religieuse. Le 19 juillet 1133, le célèbre roi de Navarre et d'Aragon, Alphonse Ier, dit *le Victorieux,* pour avoir défait les Maures en 29 batailles, était tué dans la seule défaite qu'il eût jamais subie, celle de Fraga. Il ne laissait pas d'enfants; son testament, contresigné par beaucoup de

---

(1) Ce Joubert fut plus tard Grand-Maître élu de l'Ordre.

dignitaires des deux royaumes, transmettait la double souveraineté de la Navarre et de l'Aragon, réunis, aux trois Ordres des Hospitaliers, des Templiers et du Saint-Sépulcre, à charge pour eux de ne jamais désarmer avant d'avoir complètement expulsé les Maures de la péninsule.

Certes, la tentation était grande pour le *Maître de l'Hôpital Saint-Jean;* car il pouvait facilement obtenir du Pape la réunion des Templiers et des Chevaliers du Saint-Sépulcre à son Ordre, dont ils étaient considérés comme une simple émanation; du coup, il devenait sans conteste l'un des plus puissants rois du monde, appuyé sur d'immenses domaines semés depuis l'Euphrate jusqu'à l'Irlande, et maître obéi de la plus fière et invincible troupe de chevalerie qui fût alors. Il n'en fit rien, et s'aboucha avec les deux autres Ordres, à titre égalitaire. Mais, pendant ce temps, effrayés d'une perspective qui coupait court à toutes les faveurs de cour dans l'avenir, une assez grande quantité de grands des deux nations s'étaient réunis, et, ne pouvant s'accorder sur le choix d'un chef, avaient mieux aimé rompre l'union qui existait depuis 60 ans entre les deux royaumes. Chaque État avait alors élu séparément un roi, au détriment de la puissance commune. Quand le délégué des trois grands Ordres, Raymond du Puy, se présenta, les deux trônes étaient occupés; comme toujours en politique, l'ambition de la classe dominante et la grossière facilité du « premier occupant » avaient brisé les barrières du droit public le plus incontestable, et méconnu l'intérêt des peuples (1). Le nouveau roi de Navarre, *Ramire,* lassa la patience des députés d'Orient par une suite ininterrompue d'offres et de projets; puis, quand il se crut assuré que les grands États chrétiens n'interviendraient pas, il brisa net, et argua du « droit des peuples » à choisir leur roi, quand la lignée venait à manquer. Celui d'Aragon, Raymond, comte de Barcelone et de Provence, entra en négociations (2) et s'engagea à laisser sa couronne, selon le vœu du testament, aux grands-maîtres

---

(1) L'exemple du duché de Prusse, transformé si admirablement sous le gouvernement des Chevaliers Teutoniques, montre ce qu'aurait pu devenir un État comme celui d'Alphonse, huit fois supérieur en étendue, mille fois en richesses, tout civilisé, sous la direction d'un grand Ordre religieux et militaire. Et l'Europe y eût gagné sa sécurité absolue, l'expulsion du Maure et la bonne entente chrétienne.

(2) Il était fils du vieux comte Raymond Bérenger, récemment entré dans l'Ordre du Temple.

des Ordres précités, dans le cas où il mourrait sans enfants (ce qui n'eut pas lieu). En échange, et comme compensation à tout cas, il céda aux Ordres un grand nombre de terres et de châteaux-forts dans ses États, ainsi que le droit de lever des vassaux pour la guerre sacrée, dans une série d'endroits désignés; et il fut convenu par traité que les Ordres militaires recevraient chaque année le 10me des impôts du royaume, et le 5me des taxes prélevées dans les provinces prises sur les Maures. Raymond du Puy, rigoureux observateur des règles et du but des *Religions* qu'il représentait, fit ajouter une clause spéciale : « Les rois d'Aragon ne conclueraient jamais la paix avec les infidèles, sans l'assentiment des deux grands-maîtres de l'Hôpital et du Temple et du patriarche de Jérusalem, chef de l'Ordre du Saint-Sépulcre. » Par cette clause, il satisfaisait à la fois au vœu du testament d'Alphonse le Grand et au cri de sa conscience, qui lui ordonnait d'assurer au moins l'objet même du legs, s'il ne pouvait en procurer tous les avantages à ses mandataires (1141).

Rien ne marque mieux le désintéressement chrétien des Chevaliers que l'approbation complète qu'ils donnèrent à ce traité, qui les frustrait d'un empire, mais qui assurait la lutte contre l'infidèle et les dispensait de quereller, peut-être de guerroyer contre des chrétiens.

Du reste, il était temps que l'affaire fût réglée. Les grands guerriers de la Croisade étaient morts; le redoutable Foulques les suivit au tombeau, l'an 1142; et les Turcs Seldjoucides, profitant de la minorité de son fils Beaudouin III, se jetaient inopinément sur le vaste comté d'Édesse, principale barrière du royaume chrétien, et l'enlevaient facilement au jeune et indigne successeur du grand Josselin de Courtenay. Ainsi affaiblie, la conquête chrétienne ne pouvait se soutenir longtemps; on invoqua le secours de la France; saint Bernard prêcha la seconde Croisade et entraîna l'empereur Conrad à se joindre au roi Louis VII. L'immense déploiement des forces rassemblées pour cette expédition n'aboutit pas ; l'habileté du nouveau sultan d'Alep, Nour-Eddin, et la trahison d'une partie de la noblesse chrétienne du pays, achevèrent ce qu'avaient commencé les abominables perfidies de l'empereur grec Emmanuel Comnène : la destruction de deux superbes armées.

A peine les deux rois s'étaient-ils rembarqués, tristes et irrités, que le terrible sultan d'Alep, qui s'était sagement tenu dans l'expectative, tomba avec toutes ses troupes sur le comte Raymond d'Antioche et l'écrasa, pendant que son voisin, le sultan de Konieh, enlevait tout le reste du comté d'Édesse. Dans cette extrémité, le roi Beaudouin III se dévoua pour sauver et ramener en sûreté les malheureuses populations chrétiennes, et l'on vit encore une fois, faisant l'arrière-garde et combattant tous les jours, les Hospitaliers et les Templiers, réunis sous le comte de Tripoli, assurer cette longue et lamentable retraite, sans que les assauts furieux de Nour-Eddin parvinssent à entamer leurs rangs. Ils rendaient en même temps un autre et plus grand service : Jérusalem, laissée presque sans garnison, était surprise par une armée sarrasine, qui campa subitement sur le mont des Oliviers : tout était perdu ; mais les petits groupes de moines-chevaliers, laissés à la garde du Temple et de l'Hôpital, s'élancent dans les rues, arment les habitants, les haranguent et, se mettant à leur tête, les conduisent pendant la nuit à une surprise du camp musulman ; seule et unique ressource pour échapper à la captivité. Elle eut plein succès ; ce fut un désordre inexprimable et une immense débandade de l'ennemi, qui tomba au point du jour dans la cavalerie royale, hâtivement accourue sous les ordres de Beaudouin lui-même. Tous ceux que le sabre des cavaliers n'étendit pas morts furent massacrés par la garnison de Naplouse, ou se noyèrent dans le Jourdain. Les chevaliers-moines venaient de sauver le royaume.

Cinq ans plus tard, les Hospitaliers rachetaient, au siège d'Ascalon, la faute commise par un excès d'orgueil des Templiers, et c'était à eux que Beaudoin III devait le gain de la terrible bataille livrée sous les murs de la place et la capitulation de cette ville, événement le plus marquant depuis la prise de Jérusalem. D'immenses faveurs, tant séculières que religieuses, furent alors spontanément accordées à l'Ordre par le pape Anastase ; elles suscitèrent même, de la part du haut clergé d'Orient, une opposition qui aboutit à une lutte pénible, où de malheureux excès furent commis de part et d'autre.

Nous passons désormais sur les centaines de combats épiques livrés par les Chevaliers Hospitaliers, tant isolément que joints aux armées des princes chrétiens, en Syrie, en Palestine, en Égypte, pendant près de deux siècles. Nous ne ferons que mentionner à nos jeunes lecteurs les batailles de Panéas et de Fouth-Allah, le siège de Belbéis (Égypte) et la défense de Séleûcie contre Nour-Eddin; puis, quand Jérusalem fut tombée aux mains de Salah-Eddin, en 1187, le transfert de l'Ordre, d'abord à Margat (en Phénicie), ensuite à Saint-Jean-d'Acre (Ptolémaïs), d'où *la Religion Saint-Jean* continua, pendant tout le xiii° siècle, de prêter son intrépide assistance aux v°, vii° et viii° Croisades, et d'envoyer ses redoutés chevaliers mourir en tête des rangs français, à Damiette et à la Massoure. Enfin, quand la reprise du mouvement ascendant de la conquête musulmane les eut chassés du sol syrien, qu'ils quittèrent les derniers (1291), en y laissant les souvenirs toujours vivants de leur inexprimable valeur et de leur piété monastique, ils vinrent provisoirement s'établir à Limisso, dans l'île de Chypre, sous la suzeraineté de Guy de Lusignan.

Mais ce n'était là qu'un court intermède à leurs exploits. Quelques années s'étaient à peine écoulées, que la généreuse hardiesse d'un grand-maître les rendait possesseurs souverains d'un autre territoire. L'an 1309, le grand-maître Foulques de Villaret s'emparait par la force des armes de la grande île de Rhodes, et achevait de la réduire, après une lutte acharnée de 4 ans. Rhodes et les six petites îles les plus rapprochées vers le Nord formèrent une principauté paternellement administrée, mais terrible aux Infidèles ; pandent deux cent douze ans, une poignée de moines-guerriers, seule debout sur un rocher, va braver toutes les forces des empires musulmans, et laisser de telles traditions d'honneur et de vaillance que les Turcs n'en parlent, aujourd'hui même, qu'avec une superstitieuse admiration et un respect craintif passé à l'état de légende.

Avant de clore ces longs avant-propos, donnons seulement au lecteur français la liste des grands-maîtres jusqu'à l'établissement à Rhodes; il y verra si nous avons raison d'appeler l'Ordre des Hospitaliers *une gloire française* dès l'origine.

1080. Fr. GÉRARD TUNQ, des Martigues. (Organise l'Ordre *religieusement*.)
1118. RAYMOND DU PUY (Dauphinois). (1ᵉʳ grand-maître, organise l'Ordre *militairement*.)
1160. AUGER DE BALBEN (Dauphinois).
1163. ARNAUD DE COMPS (Dauphinois).
1167. GILBERT D'ASSAILLY (Provençal).
1160. Fr. GASTÉ (originé inconnue, mais évidemment française).
1170. Fr. JOUBERT (Syrien, fils de Français).
1179. ROGER DES MOULINS (Français) (?).
1187. Fr. GARDNER, de Napoli de Syrie (de parents anglais).
1187. Fr. ERMENGARD D'APS (Provence).

1192. Geoffroy de Duissen (Provence).
1194. Don Alfonso, *infant de Portugal*.
1195. Geoffroy Le Rat (France).
1206. Guérin de Montaigu (Auvergne).
1230. Bertran Texi (Aragon).
1240. Gérin (France).
1243. Bertrand de Comps (Provence).
1248. Pierre de Villebride (France).
1251. Guillaume de Chateauneuf (France)
1260. Hugues de Revel (Provence).
1278. Nicolas Lorgue (France).
1289. Jean de Villiers (France).
1294. Odon de Pins (Provence).
1296. Guillaume de Villaret (Provence)
1308. Foulques de Villaret (Provence).

Nota. — Les mots *Provence* et *Auvergne* indiquent des Français du Midi (Lyonnais, Dauphiné, Languedoc, Provence, Gascogne, Auvergne), comme le mot *France* s'applique, dans le langage de l'Ordre, aux Français du Nord.

LA PALESTINE

Habitants de la France, changeons de ciel et transportons-nous, par la pensée, en ce centre mystérieux des destinées humaines, en cet *ombilic de la Terre* où le bonheur sans nuages fut perdu par un homme au nom de ses milliards de descendants, et rendu avec usure aux hommes par le sacrifice d'un Dieu. Là, tout ce qui frappe aujourd'hui nos regards détonne étrangement avec les habitudes européennes : une lumière inconnue des yeux français baigne et enveloppe tous les objets, raccourcit toutes les distances, dore et fantasmagorise les plus modestes monuments, et finit par blesser cruellement, si l'on n'y prend garde, l'organe visuel, accoutumé aux teintes pâles et adoucies de l'Occident. Le ciel apparaît d'une limpidité inouïe, d'un bleu dont l'éclat et la profondeur défient toute palette; l'œil de l'artiste cherche en vain des premiers plans en relief et des arrière-plans, s'échelonnant graduellement dans les teintes vaporeuses, pour s'évanouir dans une brume mélancolique; il ne rencontre plus que des lignes arrêtées, d'une netteté absolue, découpées en tons chauds et crus, sans aucune différence de vigueur, en sorte que les lointains ne peuvent plus s'apprécier que par la décroissance régulière des dimensions, conformément aux lois géométriques de la vision perspective; ce qui, selon la disposition des lieux, donne essor aux plus bizarres et surprenants effets d'optique. Quant aux couleurs, elles s'effacent ou se marient selon des lois absolument contraires à nos idées reçues; elles varient, pour le même objet, selon l'heure du jour et l'état du temps. C'est le soleil qui les produit, les trouble, les change, les enlève et les remet à son gré; c'est lui qui, souverain de la nature en ces lieux, couvre les longs sommets du Liban et les crêtes abruptes de l'Arménie de tons chatoyants et tendres, ou les fait apparaître noirâtres, sales et menaçants, comme des fantômes de quatre à huit mille pieds; qui rend le désert tour à tour incolore et vide, effrayant à la pensée comme à la vue, ou le tapisse de roses exquis, de bruns adoucis et ombreux, de longues taches de verdure fraîche, délicieuse à l'œil, et parfois, aux heures de son obliquité, le peuple subitement des prestigieux dessins du *mirage*. C'est là que l'on comprend mieux l'erreur de ces hommes qui, ayant perdu Dieu, reportèrent leurs adorations dévoyées vers l'emblème le plus complet et l'agent matériel de la vie végétative et animale. Le Soleil est le grand roi de l'Orient!

Après le soleil, il y a les Turcs, qui symbolisent et résument admirablement la négation de toute fécondité dans les œuvres humaines. Incomparables destructeurs, ils ont stérilisé jusqu'au labeur ordinaire de l'homme. Par eux, la terre même a cessé de produire, les villes de s'élever, les forêts de verdoyer, les sources de couler; les collines ombreuses sont devenues des rocs bruns ou gris, sans végétation; les plaines fertiles, des étendues sablonneuses et brûlantes; les beaux travaux de l'homme civilisé, ponts, routes, édifices, se sont lentement effondrés; la ceinture verte et riante des cités bibliques, romaines et grecques, a fait place à d'immenses champs de pierres tombales, jetées sans ordre de tous côtés, figure exacte et complète de l'Islamisme : le royaume désolé de la mort, tel que l'a prédit l'Apocalypse.

Mais ce contraste, qui saisit le pèlerin du xix° siècle, entre les somptuosités des grandes cités modernes et l'étiolement des villes effondrées de l'Orient n'existait pas encore apparent aux xv° et xvi° siècles; alors que les Turcs ne faisaient que s'installer, conquérants formidables et rusés, dans les populeuses cités abandonnées par les armes grecques, arméniennes, franques ou italiennes.

Les villes de Syrie, quoique en partie déchues de l'antique splendeur romaine, étaient encore debout, avec la plupart de leurs monuments et une population active, adonnée surtout au commerce des produits de l'Extrême-Orient, de l'Inde, dont elles étaient les lieux d'entrepôt et de trafic, — comme les Vénitiens, ces Anglais du moyen âge, en étaient les *rouliers* maritimes. — Beaucoup d'entre elles, encore vastes et riches, l'emportaient largement sur celles de l'Occident en luxe et en beauté; les cimes et les pentes du Taurus et du Liban avaient encore leurs tribus de bergers aventureux, de bûcherons laborieux, de cultivateurs aisés; la sensualité grossière de l'Arabe, l'égoïsme réfléchi de l'Égyptien, le dilettantisme matériel du Persan et du Syrien avaient occupé, exploité, appauvri le sol sans le réduire encore à l'infécondité toute nue; cela, c'était le rôle du Turc : il arrivait, sabrant tout, dominant tout; — il allait tuer tout.

PREMIER RÉCIT

LE SIÈGE DE TYR — LA DÉFENSE DE MARGAT — LA PERTE D'ACRE

Le désastre de Tibériade avait mis aux mains de Salah-Eddin toute la Syrie méridionale ; le roi Guy de Lusignan, le grand-maître des Templiers, Renaud de Châtillon, une foule de barons et chevaliers de marque étaient tombés aux mains de l'Infidèle, et il fit, pendant les deux jours qui suivirent le combat, une véritable boucherie de Templiers blessés ou pris (1). Les Hospitaliers qui avaient essayé vainement, à plusieurs reprises, de réparer les fautes militaires du roi et la trahison du comte de Tripoli, voyant la bataille enfin perdue, se groupèrent autour du grand-maître, frère Garnier (ou Gardner) de Nauplie, et se firent jour, la lance au poing ; leur retraite, vigoureusement conduite, les mena jusqu'aux murs d'Ascalon, où ils entrèrent ; frère Garnier, percé de trois coups mortels, glissa de son cheval en passant sous la porte, et tomba entre les bras de ses chevaliers en murmurant :... *In domum Domini ibimus*. Il expira le même jour.

Salah-Eddin compléta ses triomphes en faisant rapidement capituler toutes les places de la côte.

Dépourvue de sa garnison ordinaire, la milice Saint-Jean, Acre elle-même capitula en quarante-huit heures. La désolation régnait sur toute la Palestine, et le grand-précepteur du Temple, Thierry, écrivait en France :

« ..... Trente mille hommes ont péri à Tibériade. Le roi est pris, le
» bois précieux de la vraie Croix est tombé en la puissance des
» infidèles ..... Saladin, pour couronner ses victoires, a fait couper
» la tête à deux cent trente de nos frères..... Ce barbare est maître
» du royaume..... Il ne reste à la chrétienté que Jérusalem, Ascalon,
» Tyr et Béryte (Beyrouth), dont même les garnisons et milices ont
» péri à Tibériade. »

---

(1) Salah-Eddin, ordinairement porté à une tolérance..... relative, aurait lui-même, d'après P. de Mengis, fait sauter la tête à Renaud de Châtillon d'un coup de son cimeterre. Il exécrait les Templiers.

En même temps que cette lettre, l'Europe chrétienne apprenait la prise de Jérusalem : la Croix, abattue et traînée dans la boue, cédait de nouveau la place au Croissant sur le dôme de la mosquée El-Aksa... La Palestine retombait sous le joug musulman (1187).

Cependant les Hospitaliers ne se découragèrent point et, sous les yeux du vainqueur, qui était venu bloquer Ascalon, ils élurent selon les formes le successeur de Gardner, qui fut frère Ermengard d'Aps (en Provence). Pendant l'élection, Ascalon se rendait à composition. Le nouveau grand-maître obtint toutefois du vainqueur une entrevue : impitoyable pour les Templiers, auxquels il rendait avec usure tous les maux que le Croissant avait reçus d'eux, Salah-Eddin voulut marquer par un acte de générosité l'estime particulière que lui inspiraient les vertus de l'Ordre Saint-Jean. Il avait vu à Jérusalem les malades et les pauvres de tout pays et de toute religion hébergés et soignés à *l'Hôpital,* il accorda aux Frères Saint-Jean un délai d'un an pour évacuer la Ville Sainte. De là, il reporta ses armes contre Tyr. Un homme de cœur, le jeune Conrad de Montferrat, dont le père était prisonnier des Sarrasins, se jeta dans la ville et ranima le courage des habitants déjà prêts à capituler. Le 11 novembre, Salah-Eddin paraissait lui-même devant la place. Cinq jours après, il la faisait bloquer et attaquer par la flotte d'Alexandrie, portant le grand-amiral Mir-Hussein et les douze principaux chefs des troupes égyptiennes. Deux cents Chevaliers de Saint-Jean, les uns sortis d'Ascalon, les autres venus des places du Nord, s'étaient, à l'appel de Conrad, jetés dans Tyr. Ils organisèrent les hommes en milices, engagèrent les femmes à ravitailler les remparts et à soigner les blessés, et armèrent au port dix-sept galères. Tyr, soutenu par leur fermeté, repoussa quatre assauts, et tua quantité de monde aux musulmans, par des sorties habilement calculées.

Le mois de décembre s'avançait. Salah-Eddin, après avoi juré qu'il ne partirait pas sans qu'il eût pris la ville ou avoué publiquement son échec, en vint à une de ces extrémités où la fureur de la guerre a poussé plus d'une fois : il fit donner avis à Conrad d'opter entre la tête de son père et la reddition de la place. L'énergique jeune homme répondit : *Je t'en défie,* et il continua de défendre Tyr.

Un grand assaut fut alors résolu. Les renforts arrivés au camp musulman sont embarqués sur les gros *galions* d'Alexandrie ; la place est assaillie à la fois par terre et par mer ; pendant que les prêtres, les enfants et les infirmes priaient dans les églises, les femmes, accourues aux remparts, aidaient à la défense en transportant les munitions, en apportant aux combattants leur souper, en mettant hors de portée les blessés et pansant leurs plaies. Le temps était sombre ; le vent soufflait par rafales irrégulières ; l'armée musulmane se retira, pour recommencer en forces le lendemain.

Cette nuit-là, il y eut une surprise au port : une barque, fanaux éteints, vint s'abattre contre la chaîne de fermeture et se fit prendre ; elle était sicilienne et annonçait l'arrivée d'une escadre de dix vaisseaux siciliens et aragonais, commandés par l'amiral catalan Margarit. Au petit jour, l'escadre entra, sans que l'ennemi, drossé sur ses ancres par le vent, pût s'y opposer.

Un conseil fut tenu ; il s'agissait de débloquer Tyr par une bataille navale. C'était beaucoup hasarder. Le comte de Montferrat hésitait ; car s'il perdait la flotte, l'ennemi forcerait sans peine l'entrée du port... Alors le bailli de Manosque se leva et dit : « Il appartient à des » Religieux de se sacrifier les premiers ; nous attaquerons avec nos » galères, si mes frères du Temple y consentent, et couperons en » deux l'armée ennemie ; si nous passons, les Catalans n'auront » qu'à attaquer l'un des tronçons, pendant que nous rabattrons sur » l'autre. Si nous manquons le coup, nous périrons glorieusement » après avoir fait le plus de mal possible à l'ennemi, et la flotte » de Sicile vous restera pour la défense du port. » Les commandeurs Templiers s'écrièrent aussitôt que l'*Hôpital* avait raison et qu'ils pensaient de même.

Le 31 décembre, dès avant l'aube, la chaîne du port tomba ; les navires légers du Soudan signalèrent la sortie des galères qui cherchaient à fuir en remontant vers le nord. Toute la flotte d'Égypte, hissant aussitôt ses voiles, lui appuya la chasse : Salah-Ed-Din s'était porté, avec sa cavalerie, le long du rivage. Il vit la ligne de ses vaisseaux se serrer au large, pour couper le passage aux galères chrétiennes ; mais comme les deux escadres se dirigeaient au Nord-Ouest, elles disparurent bientôt aux regards. « Nous allons revoir les » chrétiens avant le coucher du soleil, dit le Soudan à ses officiers. » Ils s'échoueront sur ce rivage. Que l'on soit prêt à les recueillir, « et qu'on ait soin de séparer attentivement les Syriens et gens de

» ce pays des chevaliers Templiers et Hospitaliers, et les dignitaires
» et officiers des soldats; il en est dont je veux les têtes, il en est
» dont je veux la rançon. »

L'escadre sicilienne sortant à son tour prit lentement la direction du Nord-Ouest. « Elle arrivera trop tard, dit le Soudan, et sera » vaincue ou obligée de fuir. A l'heure présente, les galères des » chevaliers sont déjà au pouvoir de Mir-Hussein. »

Le soleil commençait à décliner quand, dans l'éblouissement de ses rayons, s'interposèrent des formes lointaines qui prirent corps et grossirent rapidement : c'étaient des navires. L'armée sarrasine prit aussitôt les armes et borda le rivage.

Les navires approchaient; on commençait à distinguer leurs *couleurs*... Quel coup de foudre pour l'armée ! C'était le drapeau jaune au croissant blanc qui flottait en tête des mâts... Ils naviguaient confusément sans ordre ni méthode... Derrière eux, l'on discerna les galions de Sicile qui, toutes voiles dehors, les pressaient vivement et couvraient leurs ponts d'une grêle de flèches et de *carreaux*.

Tout frémissant, Salah-Ed-Din lança son cheval contre les vagues comme s'il eût espéré les faire reculer, en criant :

— L'amiral ! qui voit l'amiral ?... Où sont les galères des chrétiens ?

Silencieusement, un émir lui indiqua du doigt un groupe compact de navires, mélange en apparence confus de galères et de vaisseaux ronds... Le pavillon égyptien flottait à l'arrière, mais surmonté de la croix : blanche sur fond rouge pour huit des navires, rouge sur fond blanc pour trois autres... L'un des vaisseaux prisonniers arborait encore comme par dérision la banderole éclatante du commandant en chef, la longue oriflamme verte et jaune de l'amiral d'Égypte, au-dessus de laquelle claquait triomphalement sous l'assaut du vent la bannière de Saint-Jean. Remorqués par les galères, les onze navires coupèrent au Sud et entrèrent au port de Tyr. De la plage où elle se rongeait les poings, l'armée d'Égypte entendait les clameurs joyeuses des habitants rangés sur les deux môles... Sombre et furieux, le Soudan resta longtemps à regarder, jusqu'à ce qu'il eût vu le dernier navire disparaître derrière le grand môle. Il reporta les yeux vers la haute mer; la fin du drame s'y accomplissait. Traqués avec vigueur par les dix vaisseaux de Sicile, les navires égyptiens qui restaient, désespérant d'éviter leur abordage, se laissaient porter droit à terre, dans l'évidente intention de s'y échouer.

Le soleil descendait rapidement derrière la ligne circulaire de l'horizon marin, lorsque le premier navire, donnant de la proue dans le sable, y vint creuser son lit; l'équipage, après l'avoir ancré solidement, descendit à terre et s'avança, tête basse, vers le Soudan dont l'œil brillait de courroux.

— Arrière, vous autres, leur cria-t-il. Le réis ?
— Mort, répondirent les matelots.
— Les officiers ?
— Morts... Tu vois ici tout ce qui reste de l'équipage, ajouta un matelot en désignant de la main ses compagnons, une soixantaine, dont plusieurs se traînaient grièvement blessés.

Les autres navires n'apportèrent pas un spectacle moins désolé, de moins lamentables nouvelles. L'amiral était pris avec son vaisseau, à moins qu'il ne se fût fait tuer... On ne savait au juste.

Le ciel s'assombrissait, de grands cris retentirent sur les vaisseaux échoués; d'autres leur répondirent du rivage. Les chaloupes chrétiennes, chargées d'hommes, approchaient à travers la pénombre du crépuscule.

— Allah ! dit le Soudan tout blême... qu'ils aient tous les autres bonheurs, puisque tu l'as voulu, mais pas celui-là !... Le premier, il se jeta à l'eau, atteignit le vaisseau le plus proche, rangea ses officiers aux balistes et aux arcs fixes, et reçut les embarcations chrétiennes par une volée de gros traits qui les firent reculer. Profitant de ce répit, matelots et soldats arabes, syriens, égyptiens se jettent à bord des navires échoués et y préparent une dernière défense. Mais, derrière la ligne des chaloupes légères, on pût encore discerner, comme de vagues fantômes, les formes minces des galères, puis les lourdes coques des vaisseaux ronds, *galions* et *naves* qui grandissaient lentement; la flotte victorieuse approchait avec précaution, la sonde à la main, pour serrer de près les vaincus engravés. Des points rougeâtres, embrasés, se discernaient sur les tillacs... c'était l'incendie qu'on préparait.

— *En Nahr* (le feu) ?... dit le Soudan. Eh bien ! nous le mettrons nous-même.

Il étala de sa main un baril de poix liquide sur le pont, s'empara d'une mèche soufrée et la jeta tout allumée dessus.

Dix minutes après, toute la ligne du rivage flamblait. L'incendie éclaira la côte et la ville jusqu'au lendemain.

Au matin, Salah-Ed-Din, monté sur son cheval de parade, s'approcha de la jetée de Tyr, piqua des deux, et seul, la visière levée, arriva jusqu'aux portes de la place. Les soldats de garde contemplèrent cette bravoure et la respectèrent. On vit le Soudan, fidèle à son serment, agiter le bras et s'incliner pour montrer qu'il reconnaissait son échec; il revint au pas vers le camp, et les Tyriens purent alors constater que le beau destrier blanc n'avait ni selle, ni arçons; il ne portait que la bride, et sa crinière et sa queue avaient été complètement rasées en signe de défaite et de deuil.

Le soir même, Salah-Ed-Din leva le camp sans s'obstiner davantage.

Conrad vint, avec l'amiral catalan et la foule du peuple, remercier les Religieux; ils étaient réunis dans la chapelle Sainte-Marie, vêtus du froc noir, les pieds nus dans des sandales, et psalmodiaient en chœur les Vêpres de la Circoncision.

Le président du chœur suspendit l'office, fit entrer le comte et les officiers, et écouta leur discours de remerciement; les moines ne bougeaient pas; l'office reprit ensuite son cours. Quand on fut arrivé au verset du Psaume 113 : *Non nobis Domine, non nobis, sed nomini tuo da gloriam,* tous les Religieux, se couchant le front dans la poussière, le répétèrent trois fois avec force. Ce fut là toute leur réponse.

§ 2.

L'histoire des Ordres militaires pendant tout le xiiie siècle n'est qu'une longue série de faits d'armes. Toujours à cheval, la lance au poing, on les voit au premier rang, guider, conseiller, entraîner à l'action les armées chrétiennes qui arrivent d'Occident. A eux la plus lourde charge et aussi les plus héroïques dévouements pendant la troisième croisade générale; lors de la quatrième, ce sont les Hospitaliers qui procurent aux conquérants latins de Constantinople les plus sages conseils et l'aide la plus efficace. Pendant la cinquième, leur ténacité hardie empêche l'armée croisée de se retirer honteusement du siège de Damiette, et leur procure la prise de la place; puis leurs conseils sont rejetés, et la témérité mal calculée de la direction engage les croisés dans le delta du Nil. Les avantages du début sont perdus. Un compromis avec Khair-Ed-Din leur assure

LE COMMANDEUR ESPAGNOL DON GARCIA MARTINEZ
..... Les plus violents et les plus libertins se rangeaient sur son passage
et le saluaient avec respect. (Voir p. 42).

LES CHEVALIERS DE SAINT-JEAN LIVRAISON N° 3

une retraite tranquille, mais Jérusalem reste au Croissant. Pendant la sixième croisade, où l'orgueil et l'impiété de Frédéric II éclatèrent dans sa rupture avec le Saint-Siège et ses alliances publiques avec les musulmans qu'il prétendait venir combattre (son véritable but était d'enlever Chypre aux Lusignan), les Hospitaliers séparent leur cause de celle du souverain renégat. Ils payèrent leur fidélité au Saint-Siège de mille calomnies répandues contre eux dans les cours d'Europe, et de la saisie de leurs nombreuses *commanderies* dans le royaume des Deux-Siciles. Dans la septième, qu'il faut lire en entier dans les récits du bon Joinville, ce sont encore les deux grands Ordres qui procurent les premiers succès de l'armée de France, qui payent de leur sang les orgueilleux emportements du prince Robert, et qui soutiennent le saint roi contre ses ennemis, pendant sa captivité; ce sont eux qui le préservent des assassins du « Vieux de la Montagne » et lui fournissent les sommes exigées pour la rançon de l'armée.

Les services de l'Ordre Saint-Jean s'étendaient à toute la Chrétienté. Déjà, en 1192, il s'était démembré, en faveur des Allemands, de l'*Ordre teutonique* et il avait, en 1239, en appelant à lui les Chevaliers de la commanderie de Clerkenwel (Angleterre), réparé ses forces affaiblies par tant de guerres. En Aragon, le Châtelain d'Amposta pour l'Ordre, Fr. Hugues de Forcalquier, lieutenant du grand-maître, conquérait Valence sur les Maures pour le roi Jayme I*er*, et lui remettait modestement le royaume conquis, sans demander de récompenses. En France, ils aidaient à la répression de l'hérésie albigeoise; pendant que leurs frères s'illustraient dans le Midi par leur vaillance au combat et leur douceur envers les vaincus (1), un simple chevalier de Saint-Jean, Fr. *Guérin* (ou Gérin), que ses vertus venaient de faire élire à l'évêché de Senlis, sauvait la France à Bouvines, en dirigeant lui-même comme *maréchal de bataille* (chef d'état-major général) toute la stratégie de cette campagne célèbre, et toute la tactique de l'action. Seulement, disent les chroniques, comme il allait incessamment recevoir la prêtrise, afin de

---

(1) Le chef armé de l'hérésie albigeoise, Raymond de Toulouse, mourut en pénitent devant l'église de Notre-Dame de la Daurade, après avoir obtenu de faire profession chez les Chevaliers de Saint-Jean. Cette profession levant *de fait* l'excommunication, les Hospitaliers l'ensevelirent chrétiennement malgré l'opposition du clergé, *duquel ils ne relevaient pas.*

pouvoir se présenter ensuite à l'onction épiscopale, il avait quitté son épée et ne combattit que de la voix et par le commandement. A la même époque, et pendant que s'opérait la première grande réformation de la discipline sous le grand-maître Bertrand Téqui, vivaient en ascètes et mouraient en saints quantité de membres de l'Ordre, parmi lesquels les historiens ont surtout relevé les noms et les vertus des bienheureux Hugues de Gênes, Gérard Mercati (de Florence) et Gerland (de Pologne).

En Orient, non contents de soutenir de leurs armes la principauté d'Antioche, seul rempart demeuré debout contre l'attaque musulmane, ils prodiguaient leurs ressources au vacillant royaume de Chypre et se faisaient tuer tous, grand-maître en tête (sauf 25), en arrêtant, à 1 contre 20, l'invasion des Kharismiens en Syrie. Sous les grands-maîtres Godefroy de Duissen, Geoffroy le Rat, Guérin de Montaigu, Bertrand de Comps, Pierre de Villebride (1), Guillaume de Châteauneuf et Hugues de Revel, l'Ordre ne cessa pas un jour de guerroyer, ni d'observer, avec une sévérité qui fit l'admiration de tous, ses vœux de pauvreté et d'obéissance.

Abandonnés de l'Occident après la mort du saint roi Louis devant Tunis (1270), Hospitaliers et Templiers virent tomber, l'une après l'autre, les dernières forteresses qui leur restaient, sous l'effort des multitudes innombrables que la fureur savante des Seldjoucides d'un côté, du Soudan Bibars-Boundouktar de l'autre, lançait constamment contre les deux Ordres. Il ne restait plus à l'Ordre Saint-Jean, en Orient, que le château-fort de Margat, sur les confins de la Phénicie sidonienne, et son couvent magistral de Saint-Jean à Acre (d'où était venue l'habitude, en Occident, d'appeler la ville elle-même Saint-Jean d'Acre), lorsqu'ils s'accordèrent pour députer en Europe leurs grands-maîtres, afin d'obtenir une armée chrétienne.

Le fils de saint Louis, Phiilppe III, se croisa aussitôt; l'empereur d'Allemagne, l'illustre Rodolphe de Habsbourg, fit de même; on obtint la promesse d'une grande armée grecque, commandée par le restaurateur même de la dynastie grecque à Constantinople, Michel Paléologue. Enfin, le rude et ardent roi des Deux-Siciles, Charles d'Anjou, à peine de retour de Tunisie, armait une flotte pour

(1) Celui qui assista Louis IX dans ses malheurs et força le *Vieux de a Montagne* à payer un tribut au roi vaincu.

passer en Palestine. Jamais plus vaste effort combiné n'avait promis plus puissants résultats ; une dîme de six ans, décrétée par le concile de Genève (présidé par le Pape Grégoire X) sur tous les biens ecclésiastiques, assurait les frais de la croisade. Un incident d'ambition rompit tout : le roi de Sicile se déclarait héritier par cession du royaume de Jérusalem ; celui de Chypre refusait d'en céder le titre. Les Templiers appuyèrent Charles d'Anjou par les armes ; les Hospitaliers, fidèles à leur vœu de ne combattre que l'infidèle, refusèrent de prendre parti, et virent tous leurs biens confisqués une seconde fois dans l'Italie du sud... Arrêtés par cette querelle, les grands souverains laissèrent tomber leurs armements... Le lendemain, Rodolphe était engagé à fond contre la Bohême, et le roi de France contre la Flandre d'abord, l'Aragon ensuite... Les Hospitaliers restèrent seuls en face de l'Islam.

Le terrible Boundouktar venait de mourir ; sans quoi, ils eussent été attaqués immédiatement. Son successeur, Malek-Saïs, bien qu'ayant trêve avec l'Ordre Saint-Jean, fit tâter par des escadrons de pillards le château-fort de Margat, qui couvrait le pays côtier. Châtiés aussitôt sévèrement, les pillards sont remplacés par un corps de cinq mille hommes. La petite garnison de Margat marche hardiment à l'ennemi, l'attaque, lui cède ensuite par une retraite simulée, l'attire dans une embuscade et en fait un massacre. Malek-Saïs mit trois ans à préparer la vengeance de cette défaite ; puis il parut lui-même à la tête de quarante mille hommes (1285).

La forteresse de Margat, bâtie sur un roc au pied duquel coulait au sud une rivière, était distante d'un mille à peine de la mer. Le rocher, à pic du côté du Nord, avait la pente la plus douce vers le sud et l'ouest. C'est par là que Malek-Saïs vint l'attaquer, après avoir préalablement occupé avec sa réserve la petite ville de Volonié, située un peu plus haut sur la rivière.

Le fort était vaste et bien crénelé ; mais il manquait de fossés suffisants. Le Soudan lança donc immédiatement ses troupes à l'escalade. Pas une flèche ne fut tirée contre l'assaillant ; mais, au moment où les têtes des premiers apparurent en haut des échelles, un déluge d'eau bouillante, lancée par les *siphons* alors en usage, et de *feux explosifs* s'abattit le long des échelles ; quatre fois les Égyptiens montent à l'assaut ; quatre fois ils retombent, brûlés et meurtris. Ils veulent se replier en emportant leurs échelles ; aussitôt, de tous les étages garnis de meurtrières, partent des nuées de *carreaux* courts et gros, qui abattent les hommes par centaines; en même temps, du haut des murs, les pierres pesantes lancées par les balistes viennent tomber sur le corps de soutien et le mettent en déroute.

Abandonnant ses échelles, le Soudan se replia sur Volonié et forma le siège régulier de la place.

L'assiégé savait qu'il ne devait compter sur aucun secours; la guerre ayant réduit l'Ordre Saint-Jean à quelques centaines de membres militants, dont plus de la moitié se trouvaient alors enfermés dans Margat. La seule ressource était donc de décourager l'assiégeant par la vigueur de la résistance. Et c'est à quoi l'on s'appliqua.

Le quatrième jour du siège, une sortie de nuit bouleversa les travaux des assiégeants; ils perdirent une masse de monde et eurent toutes leurs provisions d'*anars* (gabions) brûlées.

Le sixième, le lieutenant de l'Émir qui se plaisait à provoquer les chevaliers, à cause de sa stature énorme et de sa force prodigieuse, perdit sa *salade* (casque à pointe) d'un coup de lance bien dirigé par un frère servant; il se retournait pour en quérir une de rechange, de la main d'un de ses soldats, quand l'*écuyer* de Saint-Jean, se jetant sur lui, le saisit à bras le corps, l'enleva de son destrier, et engagea une lutte corps à corps avec le géant. Tous deux roulèrent, sans se lâcher, jusqu'au fleuve et y disparurent. Un seul en sortit; c'était le chrétien. Le lendemain une barque syrienne repêchait, en pleine mer, le corps gonflé du Goliath musulman; il avait encore la *miséricorde* du frère Saint-Jean plantée dans la gorge; et la pointe tenait si profondément aux vertèbres cervicales, que nul effort ne l'en put détacher; il fallut laisser l'arme dans le corps.

Dans cinq autres sorties, la garnison chrétienne tua plus de deux mille hommes au Soudan, détruisit deux fois ses tranchées, coula ses barques plates et, pénétrant jusque sous les murs de Volonié, incendia ses fourrages et ses outils de siège.

Avec une persévérance surprenante, Malek-Saïs réparait ses pertes et recommençait l'investissement; garantis vers le Nord par les parois à pic du rocher sur lequel Margat s'élevait, les chevaliers ne pouvaient s'empêcher de trouver étrange cet acharnement: « Eh bien, disaient-ils, qu'il continue, s'il le veut, pendant un an ! Nous avons de quoi boire, manger et combattre pour plus que cela. » Et l'échange de traits, de carreaux et de lourds projectiles lancés par les *balistes* continua de plus belle, entrecoupé par les sorties de la garnison.

Les Égyptiens avaient installé, selon l'usage, des *tours roulantes* portant des hommes d'armes, et de longs béliers montés sur *galets* pour ébranler les murs de la place. Dans une sortie générale, un petit corps de chevaliers, se portant rapidement d'une machine à l'autre, les aspergea d'huile de naphte, et y mit le feu. Six cents musulmans restèrent, ce jour-là, sur le terrain.

Le siège était à refaire, et, dans le château, il y eut ce soir-là réjouissance. Les commandeurs de Tortone (Piémont) et de Gardoch (près Toulouse) offrirent du vin et des épices aux combattants, et l'on but, à la mode française, par manière de raillerie, à la grande constance du roi d'Égypte.

Seul, un vieux chevalier aragonais se tint à l'écart et refusa de trinquer: « Je me réjouirai, dit-il, quand l'ennemi sera parti; et ce ne sera pas en buvant et m'esbaudissant comme font les escoliers au sortir de la leçon, mais en priant Notre-Dame Immaculée et *Monsieur* saint Jean. » Cette réponse tempéra la joie.

Le lendemain, vers le milieu du jour, deux hérauts sarrasins se présentèrent, sonnant de la trompette. Ils précédaient un vieil émir à pied, sans armes, en robe de satin, portant un léger bâton blanc à la main. L'émir déclina son nom: il se nommait Mosfet, fils de Naïmi, et avait la direction des travaux du siège.

Le Bailli de Caspe, grand Prieur d'Aragon et commandant du château, vint le recevoir sous la voûte d'entrée, entre la herse et la grosse porte, accompagné de deux commandeurs et de deux vieux chevaliers, parmi lesquels l'Aragonais de la veille.

Le vieillard présenta le cachet du Soudan comme titre de son ambassade, et prit la parole. Il loua beaucoup la vaillance et l'habileté de la défense, jusqu'à ce que le Bailli l'interrompant, l'eût sommé de développer l'objet de sa mission. Alors il l'articula tout net:

— Louange à Dieu *(Bism'Illah)!* Je voulais consoler vos cœurs, comme le sage doit faire envers quiconque souffre de la mauvaise fortune. Ma mission est courte: il faut vous rendre aujourd'hui.

L'un des commandeurs éclata de rire, tandis que ses compagnons se regardaient, pour se demander si ce vieillard avait bien sa tête, ou si ce n'était pas simplement une ruse machinée par le Soudan..., mais l'Aragonais secoua la tête à toutes les suppositions, et ne répondit que par ces mots :

— Celui qui se réjouit avant le succès risque de ne pas en voir l'accomplissement. Demandez à cet homme de s'expliquer, et prenez garde de le froisser inutilement.

— Émir, dit-il, ta proposition est la seule à laquelle il fût impossible de s'attendre ; excuse notre surprise. Je veux croire à ta sincérité et à tes cheveux blancs. Mais sais-tu seulement quelles sont nos ressources, et as-tu compté les pertes de ton armée ?

— Nos pertes, fit l'émir, sont telles que dans dix ans, on en pleurera encore au Grand Caire ; vos ressources sont suffisantes pour tenir encore deux ans... Du moins, c'est ainsi que nous les avons calculées d'après les rapports très exacts qui nous ont été faits. Cependant, écoutez-moi bien : c'est par estime particulière pour votre grande vaillance que le très-haut Soudan vous fait offrir cette capitulation ; vous aurez la vie sauve, avec chacun un vêtement et autant de provisions de route qu'il en faut pour huit jours. Les chevaliers garderont leurs armes et un cheval ; les prêtres emporteront leurs vases sacrés et livres de liturgie. Vous vous retirerez en un seul corps, dans la direction qu'il vous plaira, après nous avoir remis Margat dans l'état exact où il se trouve à l'heure présente. Si vous refusez, cette nuit vous serez tous morts...

— Assez, par mon épée ! s'écria le commandeur de Gardoch qui avait eu peine à se contenir jusqu'alors. Sire Bailly, oncques ne fut fait tel affront à l'Ordre comme celui que lui fait ce *capitulardier*... Il a outrepassé tous les droits du parlementaire, je requiers que vous le fassiez pendre incontinent, tout au haut de la grande poivrière du Guet, à la face des chrétiens et des infidèles, et si ne le faites, je jure Dieu qu'il va périr de ma main, pour l'honneur de l'Ordre Saint-Jean...

Ce disant, le commandeur avait mis l'épée à la main et fait signe à deux soldats de se saisir du vieillard. Ils s'approchèrent aussitôt ; mais le chevalier catalan s'était jeté devant l'émir et le protégeait de son corps.

— Arrière ! Arrière ! cria-t-il énergiquement. Au nom de Dieu, que nul ne touche à cet envoyé qui s'est confié à la bonne foi de Saint-Jean ! Ce serait un crime dont Dieu prendrait châtiment sur l'Ordre tout entier..... Messeigneurs, ne vous courroucez pas, de grâce; n'est-il pas écrit que le courroux de l'homme n'opère pas la justice de Dieu ?... Il tient langage mystérieux, son devoir est de bien s'expliquer, qu'il le fasse donc! Émir, nous te sommons de parler plus apertement, comme il convient entre gens de guerre qui se respectent mutuellement.

Le vieil Émir n'avait pas bronché devant les menaces du commandeur. Il inclina la tête, et répondit au Catalan :

— Le roi des Juifs, Salomon, qui fut le plus savant des hommes, a écrit que la prudence d'un sage triomphait de la vaillance de trois guerriers; tu le comprends, tu parles en homme doué de prudence; si tes compagnons veulent t'écouter, ils sauveront leurs vies et celles de toute la garnison,.... Prie-les de venir avec moi jusqu'au pied de la muraille du Nord, et ils verront si j'ai dit vrai ou faux. Mes trompettes vont nous servir de guides.

Les chevaliers se consultèrent; devaient-ils se risquer ainsi dans le camp ennemi ? Enfin, la nécessité l'emporta; le commandeur de Tortone et le chevalier catalan se déclarèrent prêts à suivre l'émir sous la garantie de sa seule parole. Le commandeur fit jouer sa dague et déclara à l'Émir qu'il ne le quitterait pas d'un pouce et lui enfoncerait sa lame dans le cœur au premier soupçon de trahison. Le Catalan s'était désarmé et disait :

— Mon avis est que ce vieillard étant venu sans armes, nous devons l'accompagner sans armes.

Le commandeur rougit et, arrachant brusquement sa dague, la lança à terre :

— Chevalier, fit-il, vous êtes plus juste que moi, et, par ma foi, plus prudent, allons !

Ils descendirent alors tous les trois, précédés des hérauts sarrasins; parvenus à la lisière du camp, ils tournèrent à l'ouest, puis au nord ; de ce côté, le roc nu se dressait à pic, supportant tout en haut l'inaccessible château. Tout à coup, le commandeur s'arrêta, il avait pâli ; son doigt désignait au chevalier la base du roc, dans laquelle s'ouvrait une profonde excavation. L'émir les entraîna en disant :

— Venez ! Il vous est tout loisible d'entrer.

Ils entrèrent : la grotte artificielle s'élargissait à l'intérieur; terres et rochers, tout avait été enlevé circulairement; une forêt d'étançons solidement entrecroisés avec un plafonnage de poutrelles assemblées soutenait seule l'énorme poids des magasins du château... L'émir, feignant de ne pas voir la surprise des Frères Saint-Jean, leur expliqua froidement par quels ingénieux procédés il était arrivé, en perçant des galeries souterraines, juste sous le centre du château et comment il avait lentement sapé et étançonné la forteresse; comment il envoyait la nuit d'immenses corvées d'hommes vider à la mer les matériaux abattus pendant la journée (1)... Les chevaliers écoutaient, muets. Enfin, ils échangèrent un regard et se retirèrent lentement entre deux haies de sapeurs musulmans armés de leurs outils.

— Vous avez vu, leur dit l'émir, vous choisirez. Ces tonneaux qui sont là-bas recouverts de bâches humides sont pleins de naphte (2); à mon signal, ils seront défoncés dans l'intérieur de la mine et on mettra le feu à la nappe huileuse; les étais brûlant, le roc et les murailles de Margat s'enfonceront de vingt pieds en se disloquant; vous périrez écrasés, broyés; ceux qui subsisteront ne pourront résister à l'assaut et seront passés au fil du cimeterre. Tel est l'ordre du Soudan.

Ils remontèrent tristement vers la grande porte. Le bailli de Caspe, qui les attendait, écouta attentivement leur rapport. Puis, ayant fait sonner à *l'assemblée* dans la grande cour du fort, il leur ordonna de répéter publiquement ce qu'ils venaient de lui raconter.

Quand ils se furent tus, un silence de mort régna dans l'assemblée: dignitaires et chevaliers, prêtres, servants, soldats, varlets, tous se taisaient, comme oppressés. Le bailli se leva:

— Mes Frères, dit-il d'une voix forte, nous péchâmes ce matin encore par une bien malheureuse vanité... Nous étions fiers de notre force et de nos victoires passées... Seules, les cités que Dieu garde sont bien gardées... Je fais ma *coulpe* (3) devant vous tous.

Il se mit à genoux, les bras en croix, et de grosses larmes roulèrent de ses yeux sur la terre qu'il baisa. Les autres chevaliers l'avaient imité en se frappant la poitrine; s'étant relevé, il reprit:

---

(1) Ce sont les Mongols de l'Inde qui ont, sinon inventé, du moins perfectionné de beaucoup l'art de la sape et des attaques souterraines. Ils étaient alors sans rivaux en ce genre. Leur art passa en Egypte et en Syrie.

(2) Dont on ramassait une grande quantité sur la surface même de la mer Caspienne.

(3) Mon accusation publique.

— Je suis d'avis de nous ensevelir sous les murs de Margat. Si nous n'étions ici que des chevaliers, ce serait notre devoir, et je n'eusse pas convoqué l'assemblée pour cela ; mais comme la grande majorité de la garnison est formée de soldats, il ne m'appartient pas de les obliger à mourir sans fruit pour une règle qui ne les concerne pas. Je mets donc en délibération ce qu'il convient de faire.

. . . .

Le soir, au soleil couchant, l'émir se présenta de nouveau pour avoir la réponse. Les défenseurs de Margat n'étaient plus aux murailles ; rangés par escouades dans la cour, avec leurs bagages, ils attendaient l'ordre du départ.

Sur un signal du vieil Émir, deux pelotons de Mameloucks, le sabre haut, entrèrent dans la place et vinrent relever les postes de défense occupés par les chrétiens.

L'armée musulmane, sonnant ses trompettes et ses timbales, s'ébranla alors et vint se ranger, sur deux lignes épaisses, devant la grande entrée de Margat. Pour la dernière fois, la cloche appela les frères Saint-Jean à la chapelle ; ils y psalmodièrent à voix basse, à genoux, en versets précipités, l'office du soir ; puis, se relevant sans vouloir prendre nourriture, ils se formèrent en colonne. Le bailli de Caspe enleva de ses mains l'étendard de Saint-Jean arboré sur la tour du Guet et le confia au chevalier Catalan. Sa voix retentit ; les chevaliers, mornes et calmes, l'œil fixé devant eux, s'avancèrent au milieu des troupes égyptiennes sans les regarder, se contentant de s'incliner lorsqu'ils passèrent devant le Soudan.

Derrière eux, les soldats engagés par l'Ordre défilèrent à leur tour ; chaque peloton, en arrivant à la hauteur du groupe formé par le Soudan et son état-major, s'arrêtait, faisait un quart de conversion et allait déposer ses armes sur le terrain d'en face, au centre d'un demi-cercle de piquiers musulmans.

Après les soldats, vinrent quelques groupes de varlets, des femmes et des enfants ; les Égyptiens, rompant les rangs, les saisirent à la gorge en criant à pleins poumons :

— Ville gagnée ! à nous le butin !...

Des cris de colère et d'effroi leur répondaient... Mais, du fort, partit soudain une éclatante sonnerie ; un escadron de mamelouks, sabre en main, débouchait au galop. En un clin d'œil, les rangs furent reformés et l'ordre rétabli ; les domestiques du château s'éloignaient hâtivement, de peur de retomber une seconde fois dans les mains égyptiennes ; mais le peloton des mamelouks qui les avait délivrés leur servit d'escorte jusqu'à une heure de là. Par un bonheur miraculeux, aucune violence ne fut exercée.

Le Soudan, au bruit du tumulte, avait lancé son cheval jusque sous la voûte du château ; quand l'ordre eut été rétabli, il jeta des regards courroucés sur ses soldats, et dit à haute voix :

— Non, vous n'avez pas gagné la ville ! Non, vous n'avez pas droit au butin, si butin il y a !... Quatre mille des vôtres sont tombés sous les coups des chrétiens, et vous n'avez pas su les venger. J'ai la place ; mais ce n'est pas à vous que je la dois... Mosfet-ben-Naïmi, approche !

Le vieil ingénieur s'avança, suivi de ses pionniers. Le Soudan l'embrassa et lui dit :

— C'est toi qui vas entrer le premier dans la place et y arborer l'étendard du prophète ; car c'est toi qui l'as prise. Tu en restes gouverneur.

Les chevaliers de Saint-Jean, pressant leur marche, parvinrent le cinquième jour à Saint-Jean d'Acre. De toutes les conquêtes des chrétiens, c'était la seule ville qui leur restât sur la terre syrienne. Son tour allait venir de succomber.

§ III.

Acre, l'ancienne *Acco* phénicienne, la *Ptolémaïs* des Grecs, est encore aujourd'hui l'une des villes les mieux bâties de la Syrie, bien que fort déchue en grandeur et en population. La presqu'île basse qui la supporte s'avance comme un triangle légèrement incliné vers la mer, et forme ainsi la limite nord d'une vaste rade, fermée au sud par le long éperon et le superbe promontoire du Mont-Carmel, à moins de trois lieues de là.

Les puissantes murailles de la ville enfermaient alors une population de plus de 180 000 âmes, presque uniquement composée de chrétiens de toutes les langues, qui s'étaient retirés là comme au quartier-général de la Croix. Acre était aux nations de l'Occident, sur la terre musulmane, ce que devait être Calais à l'Angleterre, sur la terre française. Mais il n'y avait, entre les diverses nationalités chrétiennes qui s'y abritaient, aucune entente réelle ; tous les dissentiments de familles, d'intérêts, de rancunes passées, de partis surexcités par l'acharnement des passions politiques, s'y coudoyaient et s'y disputaient. Les républiques rivales de Venise, de Florence, de Gênes et de Pise avaient là leurs drapeaux, leurs quartiers, et leurs traditionnelles inimitiés ; les Cypriotes, sujets des Lusignan, y disputaient le terrain aux Vénitiens et la suprématie aux Siciliens, partisans de leur propre roi ; car l'expulsion des Français de la Sicile, à la suite de la célèbre tragédie des *Vêpres siciliennes,* n'avait nullement suspendu la rivalité des maisons d'Anjou et de Lusignan en Terre-Sainte ; elle n'avait fait qu'y ajouter une troisième compétition, celle de la maison d'Aragon, conquérante de la Sicile avec la complicité de ses habitants et l'aide du roi de Tunis. Le même souverain et les mêmes sujets, qui avaient traité de chimériques les droits du prince français à la couronne des Deux-Siciles, trouvaient très juste et légitime de s'attribuer l'une des prétentions *personnelles* de la branche d'Anjou en Orient pour s'en faire titre contre les faibles et hésitants rois de Chypre. Venise, la plus riche des nations maritimes à cette époque, favorisait tantôt l'une, tantôt l'autre des trois factions rivales, prêtes à s'entr'égorger sur le rivage galiléen pour cette couronne que possédait solidement l'Égypte ; et les bagarres causées par la politique ensanglantaient tous les jours les rues étroites d'Acre.

A ces populations divisées venaient s'ajouter la colonie anglaise laissée par Richard Cœur-de-Lion, un siècle auparavant, et les trois Ordres militaires de l'Hôpital, du Temple et des Teutons (1). Tous les vices de l'Orient sensuel, acquis au contact habituel des musulmans, se mélangeaient, dans cette Babel, aux violences des passions politiques de l'Italie, aux âpres coutumes de vengeance ; et si la jeunesse relative de l'Ordre Teutonique et la dernière grande réforme des Hospitaliers, sous Bertrand Téqui, permettaient de considérer

---

(1) Nous avons dit plus haut que les Templiers furent une imitation spontanée de l'*Hôpital,* mais sans la pratique fondamentale du soin des pauvres et des malades, et avec une règle beaucoup moins monacale. Aussi s'étaient-ils fort corrompus par l'orgueil et la richesse.

Les Teutoniques, on l'a vu, étaient un simple détachement des Hospitaliers.

ces deux Ordres comme peu ou point contaminés, il eût été difficile d'en affirmer autant, avec sécurité, de celui du Temple.

Il y avait à Acre, au couvent de Saint-Jean, un commandeur portugais de la *langue* de Castille, don Garcia Martinez, jadis terrible dans les combats, et dont chacun connaissait et vénérait les vertus. Deux fois prisonnier des Sarrasins, il avait deux fois subi un véritable martyre, pour son refus d'apostasier, et avait été chaque fois délivré comme par miracle, au moment où la vie allait lui échapper sous l'excès des tortures. Ce vaillant soldat de Dieu, qui ne pouvait plus combattre du bras, — les supplices l'ayant rendu impotent, — pleurait tous les jours avec une humble amertume les péchés qui (croyait-il) l'avaient rendu indigne de donner sa vie pour la Foi ; et tandis que chacun dans Acre l'honorait, et que les plus violents et les plus libertins se rangeaient sur son passage et le saluaient avec respect, il déplorait sa misère et cherchait à la racheter en se prodiguant dans les plus bas emplois de l'Hôpital. Il avait même obtenu comme une précieuse faveur, du grand-maître Nicolas de Lorgue, la permission de nettoyer et entretenir les armes, habits et souliers des frères servants et des étrangers, pauvres et malades, hébergés au couvent. Ce qui n'empêchait pas qu'on l'eût maintenu maître de chœur et correcteur des novices, à sa grande confusion. Et le saint homme ignorait qu'après qu'il avait veillé, la nuit, pour accomplir jusqu'au bout sa domesticité volontaire, et qu'il s'était retiré en sa cellule pour dormir quelques heures, à demi-vêtu, sur une natte jetée à terre, le bon Grand-Maître, qui, de son côté ne dormait guère, au milieu de tant de soucis, et passait une partie de ses nuits à travailler et à prier, venait tout doucement lui prendre son manteau et ses souliers et, après les avoir baisés comme reliques de saint, les nettoyait et raccommodait de ses mains, puis s'allait coucher, riant malicieusement de la surprise qu'en aurait « notre bon ami de Dieu », comme il appelait frère Garcia. Et en effet, frère Garcia, un peu surpris, avait fini par conclure ou que la mémoire lui faisait étrangement défaut, ou qu'il était somnambule et qu'il arrangeait lui-même, en cet état, ses pauvres vêtements. Aussi disait-il souvent avec simplicité: « Je n'ai plus de tête, je baisse, je baisse, mes frères ». Et il priait le grand-maître de le décharger du soin du chœur et des novices, et de le mettre à un emploi plus convenable à lui, comme de diriger les écuries ou nettoyer les salles, avec les frères lais; car pour le reste, « il sentait bien, disait-il, qu'il était trop bête », et il représentait avec force combien la direction du chœur et la correction des jeunes gens exigeaient de qualités qui lui manquaient.

A cela, le grand-maître répondait que la règle lui défendait d'accéder à ses désirs, fussent-ils justes, et que l'obéissance à la règle était la première vertu de tout religieux. Celui-ci baissait la tête et s'en retournait contrit, mais obéissant. Et le bailli d'Acre, chef du couvent, qui très souvent assistait à ces petites scènes, l'appelait aussitôt pour lui commander de faire lui-même l'instruction du soir aux novices, instruction à laquelle assistaient beaucoup de profès qui trouvaient fort à y gagner, selon leur estime. Il s'amusait de l'embarras du commandeur qui, désarçonné à ce coup, lui répétait avec désolation : « Oh ! bailli, un ignorant comme moi ? Je ne sais que la règle, rien que la règle ! — Eh bien, disait le Bailli, vous parlerez sur la règle ; elle vous inspirera ; croyez-vous qu'elle n'ait pas cette vertu ? » Lors, le vieux commandeur développait avec éloquence, aux jeunes apprentis chevaliers, les grandeurs et les devoirs cachés dans la règle ; puis il s'en allait à ses travaux domestiques, admirant intérieurement tout ce qu'il y avait de beau dans les règlements monastiques, pendant que les chevaliers admiraient entre eux les vertus enfantées par l'humilité dans ce cœur droit... Il faut ajouter ici que, dans sa jeunesse, don Garcia Martinez, qui du reste était pieux et de bonnes mœurs, avait passé parmi la hautaine noblesse portugaise, qu'on disait la plus arrogante de la terre, pour un monstre d'arrogance. On voit s'il avait su se corriger.

Ce saint homme tomba malade et mourut ; son corps, porté et inhumé au monastère de Léza (1), y opéra des miracles.

Comme on lui demandait, la veille de sa mort, pourquoi il désirait être enterré à Léza plutôt qu'à Acre, il répondit : « Je ne veux pas rester prisonnier des Infidèles ; emmenez-moi en Europe d'ici cinq ans au plus, avant le 5 avril. »

Cinq ans après, le 5 avril 1291, l'armée sarrasine paraissait sous les murs de la place.

On peut dire que les chrétiens l'avaient eux-mêmes appelée sur

---

(1) Important monastère de l'Ordre situé dans la partie nord du Portugal, diocèse de Porto. Il renferma plusieurs tombeaux de commandeurs.

eux. Ils avaient vu à côté d'eux Melek-Messour, le renverseur et successeur de Melek-Saïs au Kalifat du Caire, assiéger et prendre Tripoli, malgré les efforts des Hospitaliers qui y étaient renfermés, et du brave amiral génois Zacharias, qui vint à la rescousse avec cinq grandes galères et accomplit là des prodiges d'audace ; de là, l'armée égyptienne avait successivement enlevé, avec méthode, le château-fort de Nestrou, regardé comme imprenable, puis les villes importantes de Sidon (Saïda) et Béryte (Beyrouth) ; enfin Tyr, qui brillait encore de toute la gloire de sa belle défense précédente, avait été entourée à son tour et, malgré les talents et l'énergie du gouverneur Honfroy de Montfort, obligée de capituler. Pas un secours sérieux n'était venu d'Acre aux cités-sœurs assiégées, sauf les renforts, peu nombreux par force majeure, envoyés par les deux Ordres militaires... A Acre, on railla les défenseurs des villes capitulées ; on releva leurs fautes, on accusa la défaillance de leurs courages.

L'an 1289, le grand Khan des Mongols, Koublaï, qui protégeait les chrétiens et avait fait alliance avec Chypre, mourut au début d'une expédition qu'il entreprenait vers l'Asie occidentale pour châtier un prince tributaire passé à l'islamisme... Les succès militaires des Égyptiens en Syrie atteignirent à leur apogée. Alors enfin, le roi de Chypre, Henri de Lusignan, commença à craindre. Il conclut une trêve solide de cinq années avec le Soudan, et consulta les grands-maîtres de l'Hôpital et du Temple. Frère Nicolas de Lorgue lui raconta les décourageantes tentatives qu'il venait de faire, de concert avec le Maître du Temple, pour attirer l'attention et provoquer les secours des puissances occidentales ; il offrit néanmoins d'aller lui-même recommencer une nouvelle tentative, en profitant de la trêve, et partit avec l'ambassadeur de Chypre, Jehan de Gresly. Le Maître du Temple les suivit de près.

Accueillis partout avec respect par les princes, les illustres solliciteurs n'obtinrent pas un centime ni un homme. La cour d'Angleterre était livrée aux passions et aux tragédies intimes ; la Castille et le Portugal s'excusèrent sur l'acuité croissante de leurs guerres, qui étaient bien aussi des croisades, contre les Maures de Grenade et d'Afrique ; le roi d'Aragon n'était occupé que d'agrandir sa puissance dans le sud de l'Italie, contre la maison d'Anjou, et les services qu'à cette occasion il avait reçus du roi de

LE MAITRE DU TEMPLE, DEMEURÉ LE DERNIER FACE A L'ENNEMI, FUT SOUDAIN RENVERSÉ...
(Voir p. 34.)

LES CHEVALIERS DE SAINT-JEAN   LIVRAISON N° 4

Tunis lui liaient les mains et l'empêchaient de rien oser tenter contre l'islamisme; le roi de France n'était occupé que de ses projets sur la Flandre, dont il convoitait les richesses; en Allemagne, la mort du grand Rodolphe avait créé deux partis pour l'Empire, et l'on ne songeait guère à l'Orient. Il n'y eut que le Pape, pauvre et obéré, qui fit un effort et parvint à réunir 1500 reîtres, dont il ne put même pas acquitter d'abord la solde. Cette troupe, embarquée gratuitement sur des galères de Venise, parvint à Acre sous la direction de l'évêque (chassé) de Tripoli. De leur côté, les maîtres de l'Hôpital et du Temple, ayant recueilli le plus de *responsions* qu'ils purent, assemblèrent à Brindes, au sud de l'Italie, quelques troupes levées de leurs deniers, et pressèrent leur retour à Acre, où régnait en leur absence la plus abominable anarchie. Non seulement les diverses nations, mais dans chaque nation les divers partis avaient pris des chefs qui s'étaient divisés par morceaux les quartiers de la ville, et se livraient des combats fréquents dans les rues et sur les places. Chacun refusait de reconnaître les autres, sinon comme égaux; il y avait dans Acre *dix-sept* administrations et *dix-sept* tribunaux qui, sous le plus futile prétexte, s'arrachaient par la force ou se renvoyaient par ruse, les uns aux autres, les plaintes, les vols, les procès, les prisonniers, les amendes... Et cela finissait par des batteries meurtrières.

Les Grands-Maîtres, indignés, usèrent vigoureusement de l'ascendant que leur donnaient leur titre et leurs forces respectives; ils parvinrent à rétablir un peu d'ordre, et même à faire reconnaître, de gré ou de force, le roi de Chypre comme souverain dans Acre. Mais ils avaient épuisé les dernières ressources de leurs Ordres pour lever des soldats, réparer les murailles et amasser les munitions et provisions nécessaires. Bientôt, le roi de Chypre n'eut plus de quoi satisfaire ses troupes, qui, usant du procédé qu'elles avaient accoutumé en Europe, déclarèrent qu'elles se payeraient elles-mêmes sur l'habitant, et se mirent à ravager la campagne. Avant qu'on eût pu les réprimer, un gros de plus de 3 000 hommes, enseignes déployées, ayant à leur tête plusieurs de leurs officiers, décampa d'Acre pendant la nuit, et fit d'abord main basse sur tous les commerçants indigènes qu'il trouva sur sa route; d'Ascalon à Beyrouth, il n'y eut bientôt plus un convoi qui n'eût été dépouillé, un marchand qui n'eût été assassiné. Par bravade, tous ces reîtres qui se souciaient fort peu de compromettre ou non le roi Henri et le nom chrétien, découpaient sur les cadavres musulmans des bandes de peau en forme de croix, et disaient en riant qu'ils donnaient aux infidèles *le baptême de sang* parce que le pays était trop sec pour leur offrir celui *de l'eau*... C'étaient des hommes presque tous sans foi ni loi, riant de la croix qu'ils portaient sur leurs casaques, et ajoutant à leurs vices d'Europe : violence, ivrognerie et cupidité, les vices d'Asie : trahison et immoralité impossible à dire. Ils revinrent enchantés de leur expédition, ramenant des troupeaux entiers de mulets chargés de dépouilles... Avertis à temps par leurs camarades que les chevaliers-moines avaient résolu de ne les laisser entrer que par petits groupes et de sévir contre les principaux meneurs, afin de réparer le scandale en offrant satisfaction au Soudan, ils firent venir au camp les trafiquants d'Acre et leur vendirent tout leur butin; puis ils rentrèrent en bon ordre, tous ensemble; et l'on ne put rien faire contre cette troupe aguerrie, qui avait fait disparaître les preuves de ses torts.

Mais le résultat ne devait pas se faire attendre. Vingt jours après, un héraut d'armes égyptien, précédé de quatre trompettes, se présentait à Acre pour réclamer la livraison des coupables. Personne n'ayant pu ni voulu les désigner, il fit sonner trois fois *le défi* par ses trompettes, lança son poignard contre la grande porte de l'Est et partit au galop. La trêve était rompue. Cent soixante mille hommes, dont 60 000 Mamelouks, marchèrent d'Ascalon sur Acre.

Un incident tout oriental donna encore quelque répit aux chrétiens : le Soudan Malek-Messour (1) mourut, et le bruit général fut qu'il avait été empoisonné par l'un des chefs de l'armée, qui voulait prendre sa place : manière de succéder aussi fréquente et plus efficace en Orient que le droit dynastique. Mais, cette fois, le Soudan se trouvait avoir un fils déjà grand, énergique, cher aux soldats, qui déjoua le complot en faisant promptement appel aux troupes : l'empoisonneur fut entouré et sabré sur place avec ses principaux partisans, le nouveau Soudan, Malek-Serph (ou Seref) proclamé, et l'armée reprit sa marche. Elle parut, le 5 avril 1291, devant la place et l'investit sur-le-champ par terre.

(1) *Méleck* ou *Maleck* veut dire *roi*; les premiers Soudans, pour marquer qu'ils se regardaient comme des souverains indépendants, ajoutèrent tous ce titre à leur nom.

Dans un conseil de guerre tenu la veille, le nouveau grand-maître de l'Hôpital, Jean de Villiers, avait courtoisement cédé le pas à son ancien le Maître du Temple, Pierre de Beaujeu, qui fut nommé commandant en chef de la défense. Le premier soin des deux grands-maîtres fut d'évacuer sur Chypre toutes les bouches inutiles, sans toutefois forcer personne à se retirer ; il ne resta dans la ville qu'une soixantaine de mille habitants, et douze mille hommes de troupes, tant des deux Ordres que des soldats levés en Europe ; le roi Henri II amena de Chypre deux cents cavaliers et cinq cents fantassins, faible renfort contre l'innombrable armée d'Égypte, et qui fit dire au grand-maître du Temple par son collègue, Jean de Villiers : « Nous serons seuls à défendre une ville que son souverain naturel ne tient guère à garder. »

Cependant, les Égyptiens désiraient brusquer l'affaire ; car n'ayant plus, depuis leur défaite navale de Tyr, une marine assez forte pour effectuer le blocus par mer, ils craignaient constamment de voir apparaître des navires chrétiens d'Occident. Les assauts furent d'abord journaliers ; et quoique vaillamment repoussés, ils permirent d'étudier les points faibles de la défense. Tout l'effort de l'attaque se porta dès lors sur la *Tour maudite* et les fortifications adjacentes (1). Nous passons les faits d'armes qui eurent lieu, par quantités, dans ces assauts répétés, et dans les vigoureuses sorties dont les chevaliers les faisaient toujours suivre, ainsi que sur une tentative du Soudan pour corrompre par des offres magnifiques le grand-maître du Temple.

Pendant ces luttes à découvert, les mineurs égyptiens, dissimulant avec art leurs travaux, avaient poussé une profonde galerie jusque sous la *Tour Maudite*. Grâce à leurs continuelles attaques, de jour et de nuit, ils parvinrent jusqu'aux fondations de la tour, les sapèrent, et firent écrouler le rempart, sur lequel leurs troupes s'installèrent aussitôt. Mais Pierre de Beaujeu fit promptement élever un contre-rempart bastionné, relié au reste de l'enceinte, et ce fut d'autant plus facile que la *Tour maudite* se trouvait à l'extérieur du tracé général, comme ouvrage saillant. La sape et la mine recommencent leur œuvre ; cette fois les chrétiens prévenus y répon-

(1) Cette tour était au lieu où Bonaparte établit plus tard sa batterie de brèche, lorsqu'il assiégea Saint-Jean d'Acre. Il ne faut pas oublier que l'ancienne ville était quadruple en étendue de l'actuelle, et 12 fois plus peuplée.

dent par des travaux de contre-approche auxquels l'assiégeant ne s'attendait pas ; ils le surprennent dans ses galeries et l'y massacrent. Peu des mineurs égyptiens échappèrent à leur soudaine attaque, et les autres soldats, aimant mieux braver dix morts à ciel ouvert que les effroyables écrasements souterrains, refusèrent net de prendre la pioche pour remplacer les mineurs. Malek-Serph fut donc forcé d'en revenir à l'assaut. Béliers, balistes et catapultes, tours roulantes et *siphons* à feu grégeois reprirent d'abord leur rôle. Mais le *logement* inexpugnable que les Égyptiens s'étaient donné, en se fortifiant sur les ruines de la Tour Maudite, leur procurait une position dominante sur tout le reste de l'enceinte ; de là, ils abattaient sans danger, à coups de flèches empoisonnées, tout ce qui osait se présenter à portée. La cinquième semaine du siège, ils avaient rendu impossible aux chrétiens la défense du rempart avoisinant, et leurs machines de guerre, amenées à pied d'œuvre, purent fonctionner presque sans obstacle. Au début de la sixième semaine, ils avaient ouvert une brèche de soixante-dix toises (plus de deux cents pieds) ; quatre mille archers et arbalétriers, retranchés à demi-portée, couvraient cette ruine d'un tel nuage de traits que pas un bataillon chrétien ne put s'y risquer sans périr ; la nuit, ils lançaient par centaines des *pots à feu* qui éclairaient la brèche comme en plein jour.

Le 17 mai, le mouvement préparatoire pour l'assaut général se dessina. Telle était la position dominante prise par l'assiégeant que l'assiégé, pour se porter sur la brèche, était obligé de défiler sous ses flèches, même pendant l'assaut, en sorte que, tandis que les premiers rangs luttaient corps à corps contre l'assaillant, les renforts pris d'écharpe ne pouvaient les secourir qu'après avoir été criblés de milliers de traits. Six mille hommes montèrent constamment à l'assaut, renouvelés toutes les heures par le Soudan, qui conduisait lui-même les troupes fraîches au pied du fossé, les lançait en avant, et ramenait en arrière les *échelons* précédents, fatigués et diminués. Pendant tout un jour cette tactique fort simple, que permettait le nombre immense des Égyptiens, dura sans s'arrêter ; le soir, les deux tiers des défenseurs d'Acre étaient couchés autour de la brèche, entourés d'un nombre presque triple de musulmans.

Les pots à feu éclairèrent toute la nuit ce sinistre charnier, et l'assaut reprit dès l'aube du lendemain. Haletants, les derniers soldats chrétiens qui, pour la plupart, n'avaient pu ni manger ni dormir, jetaient d'eux-mêmes leurs pièces d'armure à terre, afin de ménager leurs forces épuisées ; et les archers égyptiens, les ajustant de flanc, les traversaient alors de part en part.

— Ceci, dit le Maître du Temple à son collègue, ne peut plus durer ; quoi qu'il advienne, je veux faire une diversion et rompre par le milieu ce serpent qui se renouvelle et rafraîchit constamment. Qu'en dites-vous, frère Villiers ?

— C'était ma pensée, répondit Villiers ; mais combien sommes-nous pour l'exécuter ?.... Pas même un millier. Car je ne compte pas les hommes de pied.

— Cela suffit, dit Beaujeu, laissez-moi ordonner l'affaire.

Il alla chercher le roi de Chypre (1) qui combattait alors assez inutilement de dessus une tour placée en face de la Tour Maudite, l'emmena jusqu'à la grande brèche, l'y plaça et le supplia de s'y maintenir à tout prix pendant la sortie qu'allaient faire les chevaliers-moines.

L'Histoire, quand elle raconte ces heures critiques, avant-coureurs des dernières catastrophes, s'arrête un instant avec une tristesse recueillie sur les grands sacrifices par lesquels des hommes de cœur tentèrent de changer le sort, déjà décidé. De nos jours, les cuirassiers de Waterloo et de Reischoffen, les chasseurs d'Afrique, de Sedan, les zouaves pontificaux de Patay ont commandé sa louange, et les respects même du vainqueur.

Les deux grands-maîtres n'avaient pas sous la main plus de huit cents chevaliers et servants d'armes. Ils les firent monter tous à cheval ; les chapelains leur donnèrent, du perron de l'église Saint-Jean, l'absolution générale *in extremis ;* puis cette troupe dévouée à la mort partit au petit trot et sortit dans le fossé de la place par deux étroites poternes situées au Sud-Est. D'un seul mouvement, elle remonta le talus et se déploya, à cinq cents pas du flanc de l'ennemi ; les trompettes sonnèrent la charge : les deux bannières, l'une rouge avec une croix blanche, l'autre blanche avec la croix rouge, se haussèrent en l'air, puis s'inclinèrent en avant. A cette vue, un immense cri fut poussé par 50 000 hommes à la fois, et les bataillons de

(1) On ne sait pourquoi Vertot accuse le roi Henri de s'être enfui nuitamment à Chypre en laissant aux Ordres tout le soin de la défense. Beaudouin, Naberat et les autres historiens, *membres de l'Ordre Saint-Jean,* ne le racontent pas ainsi.

réserve égyptiens, s'élançant au pas de course, croisèrent la pique ; déjà l'ouragan de fer tombait sur eux et les broyait.

Une, deux, trois, quatre lignes d'infanterie furent ainsi traversées en quelques minutes. Quand les chevaliers se reformèrent, une quadruple rangée de cadavres jonchait derrière eux la plaine caillouteuse. Ils reprirent haleine ; la trompette sonna de nouveau ; la ligne d'acier, faisant volte-face, s'ébranla une seconde fois en sens inverse. Douze bataillons sortaient du camp et s'alignaient sur une profondeur de six hommes, pour recevoir le choc. Il y eut un immense cliquetis d'armes, un grand nuage de poussière, un long remous d'où sortaient des cris de douleur et de défi. Puis le nuage reprit sa course et se dissipa plus loin. Pour la seconde fois, les chevaliers-moines se rallièrent et prirent une demi-minute de respiration. Les chevaux fumaient de tous leurs poils et bavaient l'écume ; les soubrevestes, en lambeaux, laissaient éclater sous le soleil de Syrie l'acier maillé des grandes armures, que des plaques de sang figé mouchetaient d'un brun rougeâtre ; de ci, de là, un cheval s'abattait brusquement dans son propre sang, ou un cavalier s'inclinait et, après avoir chancelé, s'écroulait comme un arbre entamé au pied par la cognée ; on n'entendait ni voix, ni plaintes ; mais là-bas, derrière eux, c'étaient des cris furieux, des clameurs douloureuses, un vaste fourmillement d'hommes ramassant à la hâte morts et blessés...

Les deux grands-maîtres se rapprochèrent et échangèrent le même regard, en se montrant l'ennemi :

— Voilà l'assaut coupé pour un instant, dit enfin Jean de Villiers ; mais ils sont beaucoup !

Il n'osa dire « *ils sont trop !* », quoique tous deux le vissent bien. Au rappel qui sonnait dans le camp égyptien, l'on voyait se ranger par bataillons d'autres milliers d'hommes.

— Frère Villiers, fit le vieux Beaujeu de sa voix lente, il faudrait bien pouvoir nettoyer le camp... La palissade ne me paraît guère haute... C'est là seulement qu'on arrêterait l'écoulement en sa source.

— Oui, je le vois bien, répliqua Villiers. Mais... il faut garder une réserve pour protéger la charge. Nous sommes les plus nombreux ; ce serait à nous de charger. Grand-maître, voulez-vous faire la réserve ?

Le Maître du Temple hésita une seconde et, refoulant vivement la tentation passagère que lui suggérait l'*esprit de corps,* il inclina la tête:

— Allez, dit-il, Saint-Jean est plus ancien que *Beauséant* (1); aussi bien, nous ne sommes pas trois cents, tout compté; et l'Hôpital fait presque le double. Je vais faire tête ici, sur la gauche, à cette canaille qui se reforme. Partez, frère Villiers, et Dieu vous ayde!

Les cinq cents chevaux de l'Hôpital firent un *à droite en bataille,* se lancèrent et, arrivant sur le camp à toute vitesse, y entrèrent en sautant la palissade; quinze mille Arabes et Syriens les y reçurent à la pointe des hallebardes; une mêlée furieuse et sans merci s'engagea; chaque moine-soldat, entouré d'un cercle épais d'ennemis, criblé de traits à bout portant et de coups de pique, ripostait en parant et, plongeant sa longue lance dans le tas, la ramenait rouge devers lui. Villiers, avec la bannière et quarante chevaliers d'élite, se portait de groupe en groupe et délivrait un à un les Hospitaliers assaillis; par cette tactique vigoureuse, il n'avait perdu que peu de monde, et les morts musulmans s'entassaient par monceaux réguliers. Grinçant des dents, le commandant de la réserve, Ormouz-Khan, fit replier ses hommes pour les masser et accabler les chrétiens sous une nuée de traits. Villiers, appelant aussitôt ses chevaliers à voix haute, s'occupait de les ranger pour rompre de nouveau par une charge les lignes musulmanes, quand son porte-enseigne, l'ardent et intrépide Foulques de Villaret, lui poussa le bras en lui faisant signe de se retourner. A son côté, il vit apparaître une casaque blanche; un lugubre pressentiment le saisit:

— Sire grand-maître, dit le Templier en s'inclinant sur le cou de son cheval tout blanc d'écume, le frère de Beaujeu vous prévient qu'il est enveloppé par les Mamelouks.

Nul autant que les Frères Saint-Jean ne connaissait bien cette redoutable cavalerie, contre laquelle ils luttaient depuis un siècle et demi. Encore que le Templier eût parlé presque bas, tout l'Hôpital l'entendit; d'un même accord, les chevaux furent retournés et sans dire un mot, le grand-maître partit au galop suivi de ses chevaliers.

Les Mamelouks, sur l'ordre de Malek-Serph, s'étaient tenus hors de la vue derrière le camp, attendant d'être employés. Ils avaient aperçu l'Hôpital se lançant sur le camp, et, débouchant à leur tour,

---

(1) Nom de l'étendard du Temple; il datait de l'an 1130.

avaient, en un clin d'œil, entouré la petite troupe du Temple. Sa petitesse même la protégeait contre une destruction immédiate. *Ils étaient soixante mille* contre trois cents (1). Mais seuls ceux des premiers rangs pouvaient approcher et combattre les Templiers : ceux-ci, rangés autour du *Beauséant*, se défendaient à coups de lance et à cheval, absolument comme une compagnie d'infanterie moderne le ferait à coups de baïonnette : les premiers Mamelouks tués gênaient beaucoup l'attaque des suivants, à tel point que, désespérant de percer la foule, les plus ardents, sautant debout sur leurs selles, lançaient de toutes leurs forces leurs dagues et leurs cimeterres pour essayer au moins de blesser de loin un chrétien ou son cheval.

C'est dans cette prodigieuse cohue que l'escadron de Saint-Jean vint faire son trou au cri : *Saint-Jean, Dieu aide!* Ce cri, formidable à toute oreille musulmane, produisit une minute d'effarement dont Villiers profita pour dégager l'escadron du Temple ; puis, formés sur deux lignes, en ordre convexe, les chevaliers reculèrent lentement sans se laisser déborder, et arrivèrent à portée des murailles d'où partit une grêle de traits qui fit un instant s'arrêter les Mamelouks.

Mais que pouvaient tous les obstacles contre une pareille multitude ? Au moment où le Maître du Temple, arrêté à l'entrée de la voûte, faisait rentrer son monde, un concert de hurlements éclata, tel que jamais les chrétiens n'en avaient entendu. Des milliers de cavaliers, bravant flèches et carreaux, s'abattaient sur les flancs et la queue de la petite colonne, y pénétraient par le seul choc et, ne pouvant s'en dépêtrer à cause de la prodigieuse poussée des autres escadrons, s'accrochaient aux chevaliers et roulaient avec eux dans le fossé ; l'élan de cette multitude à cheval était si terrible, qu'elle s'écrasait d'elle-même contre les remparts, et que les survivants, incapables de se dégager du remous, retombaient étouffés sur des chevaux et des hommes à demi broyés... Le Maître du Temple, demeuré le dernier face à l'ennemi, fut soudain renversé, et il fut impossible à son porte-enseigne de le dégager ; il le vit mourir étouffé sous trois ou quatre cavaliers ennemis qui se débattaient sur lui. Les

---

(1) C'est le chiffre donné par tous les historiens pour la cavalerie égyptienne ; ils ajoutent qu'elle chargea tout entière.

derniers rangs des Mamelouks, ignorant l'effet de leur propre pression, mais uniquement préoccupés d'entrer en ville avec les chevaliers, poussaient toujours sur les premiers sans s'inquiéter des cris...

Par sa position de bataille, l'Hôpital était entré le premier et, ouvrant ses rangs, il attendait à cheval que les Templiers engagés sous la voûte vinssent à y passer. Une partie d'entre eux avait déjà défilé, quand apparut le *Beauséant* porté par Otto de Wirtemberg... Le jeune Allemand, l'œil fixe, laissait traîner à demi son étendard ; Villiers, cherchant du regard le grand-maître et ne le voyant point, devina le malheur. Il cria à Otto : *Mort ?*

Celui-ci, sans pouvoir émettre un son, fit signe que oui avec la tête ; ses larmes firent alors explosion et le soulagèrent. Il redressa sa taille géante (c'était l'homme le plus grand de toute l'armée), tira sa large épée et, pressant son cheval, fondit sur les premiers Mamelouks qui débouchaient de la voûte pêle-mêle avec les derniers Templiers. Des deux premiers coups, il abattit deux têtes ; les autres, épouvantés, se rejetèrent dans les rangs de leurs compagnons.

Villiers avait aussitôt pris le commandement de la retraite, et jeté ses chevaliers en travers de la porte, pendant que, derrière lui, les habitants et les soldats abattaient en hâte les premières maisons et, de leurs débris, barricadaient les rues. Bientôt l'ennemi déborda partout, franchissant fossés et remparts ; les Hospitaliers se retiraient peu à peu, en contenant cette invasion. Les barricades étaient faites, et se refermaient derrière eux. Dès lors, le combat se concentra dans la ville ; rue par rue, maison par maison, l'armée du Soudan avançait péniblement, payant chacun de ses pas de centaines de cadavres.

Vers le soir, elle cessa d'avancer ; les barricades au centre étaient trop fortes. Pour en finir, le Soudan ordonna de mettre le feu à la ville. Alors, Jean de Villiers fit dire au roi de Chypre que tout était désespéré. Henri II, ramassant ce qui lui restait d'hommes, s'embarqua le premier sur les nefs de Limisso. Les chevaliers-moines assuraient sa retraite. Puis ils furent bloqués à leur tour dans le couvent de Saint-Jean ; ils s'assurèrent que tous les malades et blessés avaient été mis en sûreté, se partagèrent les vases sacrés et les reliques de la chapelle Saint-Jean et, par une dernière charge à fond, déblayèrent les abords des quais et s'embarquèrent sur les galères de Chypre, sous le grand prieur de Borletta.

Le grand-maître Villiers, resté seul au triste soin de pourvoir à la ville, traitait pendant ce temps avec le Soudan; mais les Mameloucks, exaspérés de leurs pertes, n'observèrent pas la capitulation et, se répandant à travers les rues, commirent mille violences.

Le grand-maître, en se retirant le dernier de l'Hôpital, accompagné des officiers de Malek-Serph qui écartaient la foule avec des baguettes blanches, aperçut un gros de Templiers qui, au lieu de gagner le port, remontait vers le couvent du Temple:

— Mes frères, leur cria-t-il, la ville est capitulée, sauve de biens et de corps pour tous; ne le savez-vous pas? Embarquez-vous promptement avec moi.

— Merci, monseigneur, lui répondirent-ils; mais le *Temple* ne sortira pas vivant d'ici, puisque son chef y est mort.

Et ils s'enfoncèrent vers le sud-est. On entendit des cris terribles; les Templiers, ayant aperçu un groupe de Mameloucks qui entraînait de force des femmes de la ville, avaient dégaîné et chargeaient dessus. Des clameurs furieuses s'élevèrent aussitôt; les Mameloucks criaient partout: « Sus au Temple! Il viole le traité! » Comme si eux-mêmes ne venaient pas d'être pris en flagrant délit de violation du traité. Mais ils étaient vainqueurs, ils pouvaient tout dire et tout faire.

Les *Chevaliers blancs* se jetèrent dans la grande tour de leur couvent. Un renégat syrien vint les sommer; ils répondirent : Vive Jésus! Retire-toi, maudit!

— Vous êtes fous, leur cria-t-il, du bord du fossé. Sortez, et gagnez vite le port... Dans une demi-heure, ce ne sera plus la liberté qu'on vous offrira, mais la mort.

Les chevaliers répondirent : — Vive la mort! Nous ne survivrons mie à Beaujeu. — Et comme ils avaient avec eux deux chapelains, ils reçurent une dernière absolution, et se mirent à réciter les prières de la recommandation de l'âme.

Malek-Serph les assiégea deux jours encore dans la tour carrée, avec douze mille hommes, pendant que le reste de l'armée pillait la ville. Enfin, la tour fut abattue par les mineurs, et tous ceux des chevaliers du Temple qui ne moururent pas écrasés furent passés au fil du sabre. Il n'en échappa que vingt-six qui s'étaient embarqués avec les Hospitaliers, l'avant-veille, sur l'ordre d'un des baillis.

La prise de Saint-Jean d'Acre avait coûté vingt-cinq mille hommes au Soudan; son armée égorgea ou réduisit à l'esclavage plus de

60 000 chrétiens. Quand les galères portant l'Hôpital démarrèrent du port, Malek-Serph empêcha ses soldats de tirer dessus à coups d'arbalète, en leur disant :

— Louange au Très-Haut! A cette heure et à cette minute, le Coran seul gouverne toute la Syrie.

C'était le 18 mai 1291, un vendredi.

LIVRE DEUXIÈME

LES CHEVALIERS DE RHODES

CHRONIQUES ET PORTRAITS

Au sud-est de l'Asie mineure (1), en face de l'ancienne Carie, s'étend sur la mer bleue, sous le ciel bleu, un groupe d'îles dont la principale est Rhodes, célèbre dans l'histoire ancienne par la science et l'industrie de ses habitants et son vaste commerce, célèbre aussi par son code de lois maritimes qui faisaient d'elle, dans les siècles qui suivirent l'abaissement d'Athènes, le modèle des républiques navigantes, la Gênes ou la Venise de l'Archipel ; célèbre enfin par ses deux ports et son fameux colosse (dont il n'est pas resté trace, les Arabes l'ayant emporté par pièces). S'allongeant du Nord-Est au Sud-Ouest sous la forme d'un ovale dentelé, pointu à ses extrémités, arrosée par de petits cours d'eau impétueux qui descendent d'une chaîne centrale importante (monts Philerme et Artamita), coupée en un grand nombre de vallons bien cultivés, semée de villages et de bourgades enfouis sous de riches cultures ou abrités par des rocs pittoresques, sous le plus beau ciel du monde, l'île formait un tout suffisant pour constituer un petit État. L'œil perçant de Foulques de Villaret en avait deviné et étudié les ressources ; son audace, soutenue par celle des chevaliers de l'Ordre, l'en rendit maître de

---

(1) Pour cette description, nous suivons les plans et indications de Victor Guérin, Eugène Flaudin, Cécil Torr ; ils sont tout récents, et beaucoup plus soignés que la description de Vertot, lequel n'est jamais allé à Rhodes et a commis, dans son 2ᵉ tome, au chapitre de Pierre d'Aubusson, plusieurs fautes évidentes de topographie locale.

1309 à 1313, malgré les armes musulmanes d'une part, et de l'autre les protestations platoniques de l'empire grec qui déclinait lentement sans rien vouloir céder de son orgueil. En quelques années, les hardis chevaliers eurent annexé à Rhodes l'île de Cos (ou de Lango) qui devint presque aussi importante que la métropole, et les petites îles situées entre ces deux grosses et à la vue même de la côte asiatique : *Nissara, Episcopia, Carki, Simia, Limonia ;* un peu plus tard, un intrépide Français y ajoutera, par un coup de main heureux, une île à laquelle il laissera son nom, l'île de Châteauroux (Castelrosso), plus loin à l'Est, le long de la côte de Lycie.

Voilà l'empire des chevaliers-moines constitué. Officiellement, ils s'appellent toujours : *les humbles Frères de l'Hôpital Saint-Jean de Jérusalem ;* au dehors, ils sont désignés sous le nom de : *chevaliers de Rhodes.*

Adieu les longues chevauchées à travers l'Anti-Liban et les déserts syriens! Adieu les charges terribles, lances baissées, au cri de: *saint Jean, Dieu ayde !* « qui, dit un historien arabe, faisait trembler jusqu'aux chevaux des musulmans, tant il était redouté dans tout l'Orient, et qui sonnait comme la foudre aux oreilles des plus braves guerriers. » Adieu les immenses cours de Ptolémaïs où l'on voyait jusqu'à 500 chevaliers à la fois s'exercer avec des armes de plomb aux rudes manœuvres du combat; puis, au son d'une cloche, déposer rapidement leur armure et, vêtus de la sombre *cape* noire, aller se prosterner devant l'autel, psalmodie l'office, soigner les malades, secourir les pauvres et broyer l'orgueil du guerrier sous l'inflexible humilité du moine. L'Ordre s'est transformé ; d'autres champs lui sont ouverts: c'est sur la mer qu'il va déployer le pavillon rouge à croix blanche et faire tête au croissant turc. Il conserve toujours ses chevaliers robustes et bien montés et son infanterie soigneusement recrutée, soumise à de rudes et constants exercices ; mais la charge de général de l'infanterie (turcopolier) cède désormais le pas à celle de général des Galères, et le grand-maréchal lui-même, espèce de second grand-maître militaire, choisi par privilège de fondation dans la *langue d'Auvergne,* finira par céder une partie de ses prérogatives à l'amiral, charge attribuée à la *langue d'Italie,* mais qui va bientôt s'écarter parfois sur des têtes aragonaises et, plus tard, sur des têtes françaises. Quelques années encore, et l'artillerie, cette nouvelle puissance des combats modernes, garnira

LE DRAGON EST MORT, ET C'EST FRÈRE DIEUDONNÉ DE GOZON QUI L'A OCCIS DE SON ÉPÉE.
(Voir p. 75.)

partout de ses couleuvrines allongées, de ses courts mortiers et de ses formidables *basilics* les énormes remparts de Rhodes (1). Le sang-froid dans la tempête, la science des vents et des courants, le maniement de la voile et de l'aviron, la surprise de nuit sur les côtes turques, les calculs et les ruses du marin en face de l'ennemi, pour prendre sur lui l'avantage du vent et de la position, et les luttes sans merci du sanglant *abordage* deviennent l'étude et la vie des chevaliers. A peine installés, ils sèment l'effroi sur les côtes de l'empire ottoman, et, placés à l'angle où se confondent les eaux de l'Archipel avec celles de la mer de Chypre et de Syrie, fondent, tantôt d'un côté, tantôt d'un autre, sur les navires mahométans, qui allongent leur route et usent de subterfuges pour échapper à la terrible croix à huit pointes.

Entrons maintenant dans ce port célèbre, et voyons-y les chevaliers chez eux. Sous un ciel embrasé de lumière, nous arrivons du sud, prolongeant la côte rhodienne par notre gauche *(à babord)*. Ses montagnes boisées se déroulent en rocs abrupts, en crêtes arrondies, tour à tour, sous nos regards ; voici les rochers d'*Evgalès*, puis la fertile vallée de la *Gadore* ; l'énorme promontoire, sur le haut duquel est assis, à peine visible, le grand château-fort de *Lindos*, nous dérobe la vue de la ville, la seconde de l'île en importance. Nous doublons ensuite le fort de *Phéracle* ; les châteaux-forts aux murs blancs et les villages aux tuiles rouges se succèdent, tandis que, devant nous, grandit et s'élève l'imposante masse des hautes montagnes de la Carie, fermant l'horizon. La chaleur baisse peu à peu, la brise fraîchit ; voici que, tout à coup, nous apercevons l'étroit canal qui sépare Rhodes de l'Asie mineure, et la longue pointe de l'île fuyant vers le Nord. Attention à la manœuvre ! Nous virons de bord brusquement, le cap à l'Ouest, et alors, laissant à droite et en

(1) Les mesures prises par les voyageurs et ingénieurs modernes sur le terrain établissent que Rhodes avait au Moyen-âge une surface *six fois* plus considérable qu'aujourd'hui. Par ses monuments religieux et civils, elle était regardée comme la plus belle ville de l'Orient, « la seconde Antioche » ; par sa force militaire elle n'avait pas de rivale, sinon Belgrade.

La seule muraille du premier port, construite pour séparer le quai de la ville et garnie d'artillerie, avait 24 pieds d'épaisseur, 40 de hauteur, 600 de longueur.

Elle était en grosses pierres ajustées à frottement, crénelée, garnie de tours ; elle avait trois portes voûtées.

Les canons trouvés à Rhodes (et encore conservés à l'Arsenal) lançaient des boulets de 80 à 400 livres pesants.

arrière les montagnes d'Asie, nous courons, sous le rejaillissement des vagues aux crêtes écumeuses, droit sur l'entrée du port. La ville s'étale sous nos regards.

C'est d'abord une ligne non interrompue d'énormes et splendides tours fortifiées, reliées entre elles par de puissantes murailles crénelées. Sur la droite, une immense tour carrée, formant donjon avec réduit central, domine l'extrémité d'un môle allongé ; c'est le *château* de France ; au fond, sur la naissance du môle, une autre tour carrée, la *tour Saint-Paul,* protège et couvre de ses feux et de sa masse les deux ports sur lesquels elle domine ; à gauche, c'est le *bastion d'Italie,* du pied duquel part la jetée du Sud, ou des *moulins ;* un large musoir, couvert par un château fortifié, la termine : par-dessus la jetée de France, nous apercevons le *Fort Saint-Michel,* limité au Nord par une presqu'île naturelle, et à l'Est par une magnifique digue, prolongée sur les rochers, depuis la tour Saint-Paul jusqu'à un môle qui porte le célèbre *fort Saint-Nicolas.* En avançant dans le dédale des barques, nous approchons des quais et nous pouvons admirer les belles sculptures qui chargent le dessus des portes ogivales, donnant, entre des tourelles épaisses, accès dans la ville. Puis, au-dessus et vers la droite, nous voyons se dessiner les tours d'angle du Palais des grands-maîtres.

Entrons dans la ville. Nous voici presque aussitôt sur une très vaste et belle place, ombragée d'arbres touffus. A droite, de hauts remparts enceignent la partie Nord, qui forme la *cité chevalière,* séparée du reste, et puissamment fortifiée. Les belles flèches et les hautes toitures des églises Saint-Jean et Saint-Paul, les tours et les dômes du couvent commun, appelé en langue religieuse l'*Hôpital* ou l'*Auberge,* et la haute masse crénelée et ciselée du Palais magistral se dessinent en arêtes vives sur l'azur du ciel. Des prêtres, des religieux en cape noire, les yeux baissés, d'autres, couverts de leurs étincelantes cuirasses et de la rouge *sopraveste,* entrent et sortent incessamment, mêlés au flot des journaliers, des ouvriers du port, des fournisseurs et des marchands ; mais tous rigoureusement contrôlés au passage par les chefs du poste. Car c'est là l'enceinte réservée, la cité militaire, toujours prête à la guerre, et d'où montent constamment, avec la prière des moines et le chant des offices, le son de la trompette, les commandements de service, le bruit cadencé des pas des hommes de garde, et la claire résonnance de l'acier des épées heurtant l'acier des cuirasses et des casques. Voyez que partout on veille et l'on se garde; car l'ennemi est près, et peut surprendre à toute heure : au pied des tours, derrière les portes, sur les remparts et dans les hautes *poivrières*, vous voyez reluire l'éclair du soleil sur les armes bien fourbies. Château, palais, ville et ports sont en état de guerre permanent. Et cependant, les figures sont souriantes ; on ne lit point de sombres préoccupations dans les regards curieux et affectueux qui vous suivent ; ce sont des chrétiens, fiers au combat, humbles à la prière, gais et accorts pour l'arrivant, qui vous tendent la main ; leur première loi est : douceur et affection ; celle du combat vient après. Les règlements sont sévères, mais appliqués avec mesure et bénignité à quiconque n'est pas de l'Ordre par vœu ; la charité est sans bornes (1) ; à vous d'y répondre.

A votre gauche, une muraille basse limite un quartier bas, au nom significatif : la *Juiverie*. Ces Juifs, bien qu'ils se sentent odieux au peuple chrétien par le douloureux souvenir qu'ils éveillent, n'hésitent jamais à braver les animadversions populaires et à invoquer la charité catholique (qu'ils n'ont pas), pour venir faire des coups de commerce. Ils ont la bravoure acharnée de l'argent. A Rhodes, ils trouvent de beaux profits à faire sur les dépouilles des vaisseaux turcs, que les galères de l'Ordre ramènent captifs. Nul ne s'entend comme eux à jauger d'un coup d'œil une prise, à l'estimer à sa valeur vénale, à l'acquérir au plus bas prix pour la revendre en détail le plus cher possible. Leurs regards entrent comme des vrilles sous les ponts, trouent les coffres-forts, soupèsent les sacs d'argent, font bruire les étoffes soyeuses, et vont écrire sur le front de chaque prisonnier ce qu'il vaut, et ce qu'ils le payeront.

Le musulman, habitué à les traiter pis que chiens, s'étonne de la mansuétude des intraitables guerriers de la Foi pour la race qui a « tué leur Dieu » ; car le Coran enseigne la bravoure, mais non la miséricorde. Cependant les Juifs sont soumis à un règlement sévère et empreint de méfiance. Race sans foyers, qui s'abrite sous tous les drapeaux et se plie à toutes les avanies, ils sont à redouter : le même brocanteur qui débat sur un ton pleurard, devant les com-

---

(1) Instructions magistrales :
Et cuicumque advenœ, œgrotanti ac peregrino cor tuum totum aperies, sicut apertum est tibi Cor sacratissimum Transfixi Domini nostri.

missaires de la *Religion*, le prix d'un lot de marchandises turques amenées à la criée, en saluant du turban, avec un respect affecté, chaque fois qu'il prononce les noms des patrons de l'Ordre ou celui du grand-maître, a fait, la semaine dernière, à la sourdine, un voyage à Smyrne, et y a débattu, sur le même ton et du même air, avec les commis de la douane du Grand Seigneur, l'achat de plusieurs prisonniers chrétiens enlevés aux navires de l'Ordre, et qui n'ont pas été jugés aptes à servir dans la chiourme turque. On ne le sait que trop bien, et l'on a l'œil sur ces exploiteurs sans patrie, tout en les protégeant contre les rancunes, parfois exaspérées, des fermiers de l'île et des marins du port, qu'ils essayent de dévaliser aussi par mille subterfuges légaux ; car tout profit leur est bon, et ils savent se rendre nécessaires, dans les heures de pénurie, à leurs propres ennemis. C'est leur gloire et leur orgueil à eux...... L'Ordre, après les avoir longtemps tolérés, finira un matin, à bout de patience, par les expulser pour se débarrasser de leurs continuelles trahisons et de leurs ententes secrètes avec l'infidèle ; et ils iront porter sur tous les rivages, avec des figures désolées et des coffres remplis de l'or rhodien, la sempiternelle complainte de « l'horrible intolérance », et du « fanatisme sanguinaire » des chrétiens, qu'ils ne peuvent plus trahir et duper, pour attendrir d'autres chrétiens dont le tour arrive d'être dupés et trahis, en attendant que des historiens sentimentaux se lamentent en leur honneur et les asseoient au gouvernement de leur propre pays !...

Mais laissons-les à leurs affaires. Un coup d'œil sur la ville proprement dite vous montrera une ancienne cité grecque, rebâtie sur un plan plus serré, avec beaucoup de belles églises et des bazars somptueux. Il y a de l'aisance ; on trouve partout de riches maisons bourgeoises, presque toutes à des Grecs qui bénéficient de la protection de l'Ordre en l'injuriant tout bas, comme de bons schismatiques qu'ils sont. Une minorité est néanmoins arménienne-unie. Bon nombre de chevaliers ont élevé leurs habitations particulières au milieu de la ville ; il y en a même dans le quartier juif. Mais l'intérêt n'est pas là ; il est tout aux deux ports et à la rade du Sud, au cercle bastionné des formidables remparts qui entourent la ville, et dont chaque bastion porte le nom d'une des *langues* de l'Ordre, et est confié, pour sa défense, à des chevaliers de cette *langue*. Il est surtout à cette *ville dans la ville*, à l'enceinte crénelée où flotte la bannière de l'hôpital Saint-Jean. Là, entre les palais du grand-maître et les logements des dignitaires, les chevaliers ont bâti tout un quartier, en rues étroites et montantes ; rien n'y rappelle l'agréable et parfois fastueuse aisance des maisons bourgeoises d'en bas ; tout y est religieux et militaire, simple et sévère, mais grandiose dans l'austérité. Les salles sont vastes ; les portes ouvragées et surmontées des armoiries du maître ; respectées par l'indolente barbarie turque, elles feront lire encore, cinq cents ans après, dans la pierre sculptée, ces devises historiques et ces noms qu'un Français ne peut prononcer sans tressaillir, comme s'il voyait surgir les grandes ombres de ces glorieux *anciens* de sa nation : les Châteauneuf, les Villaret, les Du Puy (1), les Hélion de Villeneuve, les Roger de Pins, les Jean de Lastic, les Guy de Blanchefort, les Aimery d'Amboise, les Pierre d'Aubusson, les Villiers de l'Isle-Adam, les Guyot de Castellane, dont les blasons, surmontés de la noble et pure fleur de lys française, se profileront intacts, en plein xix° siècle, au-dessus des arcades gothiques, comme pour reprocher à la France dégénérée d'avoir laissé tomber l'*Œuvre de Dieu* qu'elle accomplissait jadis avec une foi si vivante.

Quand nous aurons vu la haute tour du fort Saint-Michel, qui double la défense de la place, le cloître Saint-Jean et les chapelains en *manteaux à bec*, l'Hôpital où tout venant est hébergé, nourri et soigné gratis, sans avoir à fournir son nom, les belles églises de Sainte-Catherine, de Saint-Jean, de Saint-Marc, de Notre-Dame de la Victoire, et les chapelles de Saint-Étienne-hors-murs, sur une colline, et de Saint-Antoine sur le coteau, — suivi dans ses détails graves et simples les audiences du grand-maître, et assisté aux *conseils* dans lesquels il reçoit les rapports, prononce des peines et édicte des ordonnances, avec le concours des dignitaires, nous nous serons un peu familiarisés avec la vie rhodienne. Il nous reste à en voir agir les héros.

(1) La branche des Du Puy-Montbrun existe encore, et s'est signalée sous le Ier Empire.

ILE DE RHODES
au XVIme siècle
d'après la carte de Cecil Torr

VILLES ●
VILLAGES ○
CHATEAUX FORTS
DE L'ORDRE ☆

PROFIL DU FORT DE LINDOS
VU DE LA MER

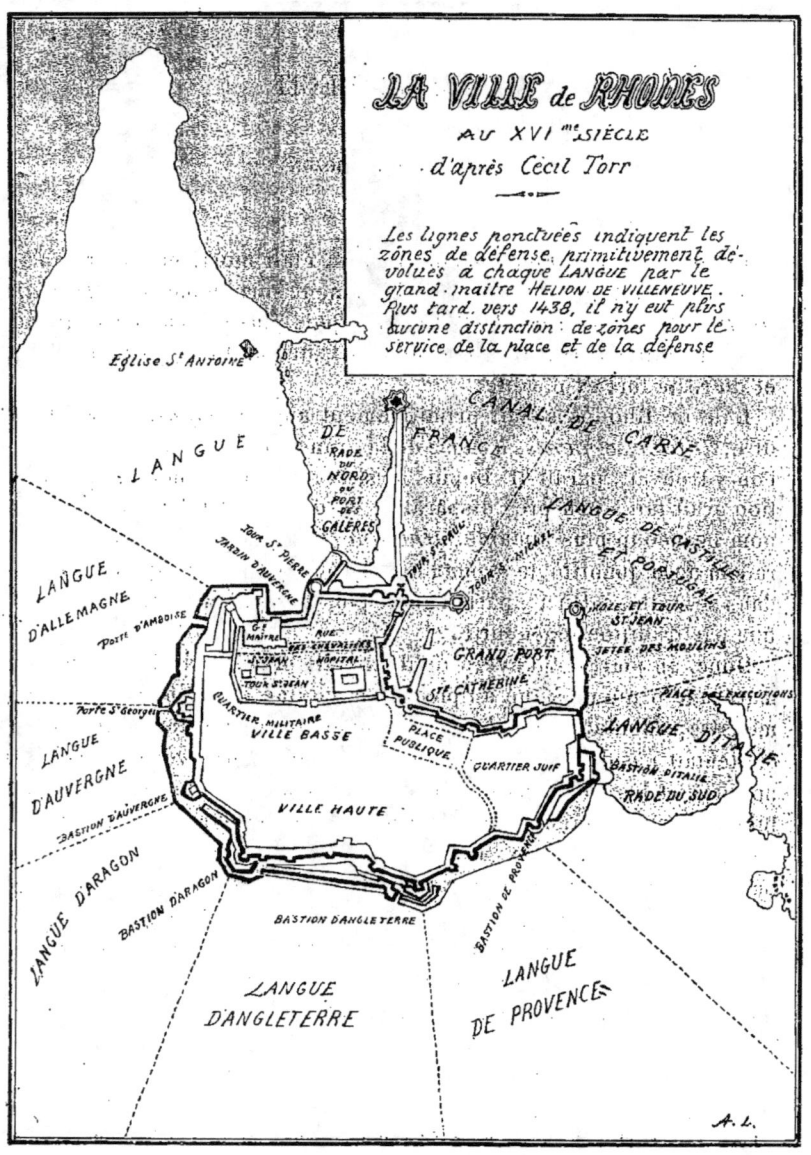

PREMIER RÉCIT

LE CHEVALIER GOZON

Le grand-maître Foulques de Villaret était mort, et son remplaçant, frère Hélion de Villeneuve, justement surnommé *le bâtisseur de Rhodes*, gouvernait la Religion depuis plusieurs années, quand survint un fait extraordinaire, mais attesté par tous les annalistes, et du reste fort explicable.

L'île de Rhodes s'était primitivement appelée *Ophiuse*, c'est-à-dire, *île aux serpents*, à cause de la grande quantité de reptiles que l'on y trouvait, paraît-il. Depuis lors, la multiplication de la population avait fait à peu près disparaître ce défaut; et l'île avait reçu un nom beaucoup plus aimable, *Rhôdon (l'île aux fleurs rouges)*, à raison de la quantité de grenadiers (1) qui poussaient spontanément dans ses vallées. On n'y parlait guère plus de serpents extraordinaires que par tradition légendaire.

Donc, un jour, il fut avéré qu'il existait près de la ville, dans un marécage profond, situé au pied de la colline de Saint-Étienne, un monstre redoutable, ou *dragon* comme l'on disait alors, qui ne se contentait pas du modeste tribut qu'il pouvait prélever sur les grenouilles et les poissons de l'étang, mais qui s'embusquait bel et bien le soir pour saisir au passage des proies terrestres : des moutons, des bœufs, des chevaux attirés par la soif, et, parfois aussi, des bergers imprudents ou ignorant le danger de sa présence. La description très précise qu'en ont donnée Bosio et Naberat ne laisse aucun doute : il était amphibie, long de plus de vingt pieds, y compris la queue; sa tête, beaucoup plus large et longue que celle d'un fort cheval, était fendue jusqu'aux oreilles, et sa gueule pro-

---

(1) Le même mot grec, *Rhôdon*, désigne également la rose sauvage, sans odeur, qui pullule dans tout l'Orient, et la fleur rouge du grenadier, arbre dont la prodigieuse abondance à Rhodes fut signalée de tout temps.

Les sceaux et pierres gravées attestent bien que l'emblème de Rhodes était jadis la fleur éclatante du grenadier, et non la rosette falotte à quatre feuilles.

M. Guérin (Victor) l'a complètement démontré en 1856 dans sa thèse de doctorat.

fonde armée d'un double rang de dents qui brisaient comme verre les épées d'acier et les hampes de lance ; d'un coup de mâchoire, il coupait un homme en deux ; il avait quatre pattes écailleuses, servant également à ramper et à nager, et une queue cylindrique formidable, terminée en pointe, dont la force prodigieuse abattait et étourdissait les plus forts quadrupèdes. Enfin, son corps était couvert d'une cuirasse d'écailles à l'épreuve des plus vigoureuses lances, des plus gros *carreaux* d'arbalète, des plus lourdes pierres de taille. Il vivait dans la vase, avec laquelle il se confondait par la couleur de son corps ; mais, lorsqu'il s'élançait sur une proie, son mouvement était d'une rapidité inconcevable.

À cette description, il nous est aisé de reconnaître un très gros crocodile, probablement apporté là par un navire qui avait dû ignorer quel hôte dangereux il renfermait, et devenu énorme avec le temps. Depuis plus d'un demi-siècle, les Hospitaliers n'avaient pas mis le pied sur la terre d'Égypte, et ils ne connaissaient pas, ou plus, le redoutable *béhémoth* particulier aux eaux du Nil.

Il arrive souvent de nos jours, comme jadis, qu'un navire en revenant des terres lointaines laisse échapper avec surprise de ses flancs des hôtes inattendus, serpents ou quadrupèdes, qui s'y sont introduits pendant une relâche.

Le fait de l'existence du « dragon de Rhodes » ne paraît donc pas douteux. Il faut ajouter que, lorsque le vide se fut fait autour de l'étang qui lui servait de refuge, le monstre prit l'habitude d'aller, à la nuit close, se poster à d'assez grandes distances de son repaire, et d'attaquer à l'improviste les passants, bêtes ou gens, qui se trouvaient conduits à portée de ses gigantesques mâchoires. Sa présence devint une calamité publique, et la superstition locale, aidée par les insinuations des Grecs et des Juifs, l'attribua à l'influence néfaste de l'Ordre que l'on prétendait avoir été excommunié par le Patriarche de Jérusalem.

Au couvent, les têtes s'échauffaient ; et plusieurs chevaliers ou frères servants s'en allèrent isolément attaquer l'ennemi public ; les uns revinrent déconfits, ayant échappé par miracle à ses griffes et à sa gueule, et affirmant qu'il était invulnérable : d'autres ne reparurent plus, et il demeura avéré que le monstre les avait dévorés. Le grand-maître, alarmé de ces faits, défendit publiquement, par un édit rendu en conseil, à tout membre de l'Ordre d'aller risquer sa vie contre le redoutable animal, et chercha par quels moyens on pourrait délivrer l'île d'un pareil fléau. L'usage des armes à feu n'était pas encore établi.

Parmi les chevaliers qui, éludant ou interprétant *lato sensu* la défense, allaient encore la nuit épier les gestes du crocodile dévastateur, se trouvait un frère de la *langue de Provence*, Dieudonné de Gozon, qui fut bientôt connu dans la ville pour sa manie d'aller observer la *bête* du plus près qu'il pouvait, sans toutefois l'attaquer. Gozon, enfant des *Causses* aveyronnaises (on y montre encore son château au village de Gozon, près de Saint-Affrique), était un homme de haute stature, au caractère franc et impétueux, pieux à l'église et terrible au combat, déjà connu des Turcs comme de son Ordre par ses exploits sur les côtes de Syrie. Sa manie étonna d'abord, puis devint le sujet de plaisanteries assez piquantes. Lorsqu'il en eut connaissance, il haussa les épaules et répondit simplement que son vœu d'obéissance et d'humilité lui faisait un devoir de ne pas se préoccuper des bavardages.

Peu après, il obtint un congé qu'il alla passer en famille. Il avait étudié avec tant de soin la *bête de Rhodes* qu'il lui fut facile d'en faire un dessin très exact, sur le vu duquel un ouvrier adroit lui construisit un mannequin articulé en fil de fer, toile et bois, représentant du mieux possible le dragon ; des ficelles convenablement attachées permettaient de lui donner divers mouvements et attitudes semblables à ce qu'il en avait pu observer sur l'original. Après s'être exercé à manœuvrer rapidement, par ce moyen, son épouvantail, il le peignit avec beaucoup de soin, des couleurs du modèle. Puis, chaque jour, il s'astreignit à l'attaquer à cheval, la lance au poing, en présence de deux jeunes dogues qu'il dressait à le seconder ; il leur apprenait à se jeter sur le monstre en évitant ses coups de queue et les mouvements de sa gueule, et à le saisir avec leurs crocs, soit aux pattes, soit aux flancs, ou sous le ventre.

Quand il les jugea suffisamment instruits, il coupa court à son congé et revint à Rhodes, amenant avec lui ses deux chiens et deux domestiques dévoués. Dès le lendemain de son arrivée, il fit secrètement porter ses armes dans la chapelle Saint-Étienne et, le soir venu, s'y rendit à cheval. Après avoir fait sa prière à l'autel, il se mit en quête du monstre, suivi de ses chiens et de ses deux valets auxquels il donna cette seule consigne : « Si la bête me tue,

» vous ferez prier pour mon âme et rentrerez aussitôt en France,
» sans passer par l'auberge (le couvent) de Rhodes; si vous voyez
» que je paraisse vainqueur, ou que je ne sois que blessé, mais la
» bête grièvement frappée, alors seulement je vous permets d'avancer
» à mon aide. »

Au pied de la colline, il reconnut les traces fraîches du monstre, et se trouva peu après en sa présence. Alors commence un duel étrange : l'attaque d'un crocodile par un chevalier. Bravement, Gozon le charge au galop, la lance en arrêt; mais le fer, dévié par un mouvement du cheval qui tressaute d'effroi, glisse sur les écailles; à une seconde charge, la lance se rompt sous les *bagues* (cercles de retenue de la pointe). Le chevalier, qui n'est plus maître de sa monture, saute à terre et, l'épée en main, cherche en vain à frapper son ennemi sous le ventre (car il avait remarqué l'absence d'écailles au ventre et à la gorge), pendant que son cheval, fou de terreur, s'enfuit avec un cri aigu et disparaît dans les ombres de la nuit, après avoir passé, crinière au vent, à côté des deux servants épouvantés et déjà persuadés que leur maître a succombé dans la lutte. Ils sont bientôt détrompés : en approchant avec mille précautions, ils distinguent sa silhouette et assistent pendant quelques minutes encore, spectateurs effarés et muets, au plus incroyable spectacle. C'est maintenant au tour de la bête de charger l'homme; devant ses élans subits et furieux, Gozon rompt par des sauts de côté, et riposte à grands coups d'épée... Haletant, trempé de sueur, il sent ses forces s'épuiser et son bras s'alourdir. Il veut se hâter de porter un coup décisif; il se baisse, saute en arrière, et cherche à glisser la pointe de son arme dans les flancs de l'animal. Mais un coup de queue terrible le renverse; il sent déjà sur lui l'haleine du monstre, heureusement très lent à se retourner; il siffle ses dogues qui, fidèles aux leçons reçues, fondent sur l'ennemi et lui labourent le ventre de leurs crocs, au moment où il allait se jeter sur le bon chevalier. Celui-ci tout meurtri fait un signe de Croix, se relève péniblement et, profitant d'une seconde où l'immense bête, en relevant la tête, a découvert sa gorge, lui enfonce brusquement toute sa lame à travers la peau; cette fois, la blessure est profonde; le crocodile, d'un soubresaut subit, a lancé au loin les deux chiens tout pantelants, et se redresse pour s'élancer sur son antagoniste; mais l'intrépide chevalier ne lâche pas la poignée de l'arme, il s'y cramponne à deux mains, la manœuvre avec une furie endiablée, et fait si bien que la longue pointe va trancher et percer les gros vaisseaux sanguins. Un flot de sang et d'humeurs jaillit sur lui, le couvre et s'épand sur le sol; la gigantesque bête, après quelques mouvements convulsifs, fléchit des pattes et s'abat brusquement sur son vainqueur, qui reste étouffé sous ce poids formidable et perd connaissance.

Cependant, les aboiements répétés des dogues avaient tiré de leur stupeur les témoins du combat; ils descendent du rocher abrupt qui les a abrités et arrivent, avec des précautions infinies, jusque sur le terrain de la lutte. Pareille à un grand tronc de chêne, la forme colossale de la bête se dessinait dans l'herbe sous la lueur incertaine des étoiles et suffisait à paralyser leur courage. Enfin, convaincus de sa mort, ils osent venir jusqu'à la toucher; ils voient alors le corps immobile du chevalier presque entièrement engagé dessous. En faisant levier avec la lance brisée et une longue branche d'arbre, ils parviennent à retourner le cadavre géant et à délivrer leur maître. Ils le relèvent, le palpent, le frottent, lavent sa figure souillée, ses mains sanglantes, crispées sur la poignée de son arme, et ont enfin la joie de l'entendre soupirer et de le voir s'asseoir avec effort sur son séant.

« Lors il assurgit (se leva) et, regardant joyeusement la beste, proféra ainsi :

— Te voilà morte, puante fille de Satanas! *Laus Deo!* Escuyers comment sont les chiens?

— Assez meurtris, messire, mais point férus (blessés).

— Bien, bien. Alors, voyez à mon corps, que sens moult endolori, cap (tête), reins et jambes.

— Ce sont, dit un serviteur, coups portés par la caude (queue) de cestuy démon... Ains (mais) ne havez membre qui ne soye entier, bras, jambe, poitrine et *à tergo*.

— Retirez-vous quatre pas, fit Gozon; car je veux faire un vœu... »

Il s'agenouilla et fit son vœu (on ne dit pas lequel). Puis il envoya ses écuyers sonner de la trompe devant les fermes. Pour lui, il accepta des soins dans la métairie la plus rapprochée, qui était à un Génois; on pense si ce dernier fêta de bon cœur le vainqueur du *dragon!* Comme l'aube approchait, un berger syrien lui ramena son cheval, qu'il avait trouvé couché le long d'un rocher, et tout sellé. A près de deux heures de distance. Le chevalier, courroucé à cette vue, fit aussitôt enlever la selle et la bride, et, frappant du poing l'animal dont la poltronnerie avait failli lui coûter la vie :

— Va, dit-il, méchante bête, qui m'as fait défaut dans le péril, indigne de porter chevaliers !... va labourer la terre et tirer le rateau ! Mon hôte, je te le donne, sous condition qu'il soit employé à travaux serviles, et le poindrez durement du fouet s'il regimbe.

Le soleil surgissant derrière les monts de Lycie dorait les rocs bruns de Philermos, et jetait sur la mer au bleu profond une traînée d'aveuglantes étincelles, quand un grand concours de paysans et d'ouvriers vint assiéger la porte du *Quartier de l'Hôpital*. De cette foule confuse s'élevaient, en patois carien, en italien et en langue franque, des exclamations de louange et des cris de victoire. Les hommes de garde, surpris, croisèrent la pique et firent prévenir le château. Frère Gardiner, turcopolier (général de l'infanterie) et pilier d'Angleterre, accourut avec son sergent-major (aide de camp) et plusieurs chapelains et chevaliers. Mais déjà, la cause de tout ce bruit s'était divulguée ; on criait à pleine voix, sur la place et dans l'Hôpital : « Le dragon est mort et c'est frère Dieudonné de Gozon qui l'a occis de son épée ! ». Les cloches de Saint-Étienne sonnèrent en volée dans la campagne ; les mariniers coururent à l'église Saint-Paul et y mirent en branle le bourdon, qui venait d'être hissé quelques jours avant ; puis les sons argentins du carillon de la chapelle Saint-Michel vinrent s'ajouter à cet *Hosannah* populaire, et le bon chevalier apparut, portant encore les traces mal effacées de son terrible combat et suivi de ses deux serviteurs et de ses chiens au poil tout saignant. Ce fut sous la voûte sombre un sourire général d'allégresse ; les mains se tendaient vers Gozon et les chevaliers présents s'avançaient pour le féliciter ; quand parut le prieur d'Aups, gouverneur du château de Lindos. Il avait une contenance grave et composée. A sa vue, toutes les têtes s'inclinèrent :

— Frère Gozon, dit-il de sa voix sévère, est-il réel que vous ayez affronté et mis à male mort le dragon ?

— Rien n'est plus vrai, par saint Étienne ! s'écria Gozon ; moi et mes deux dogues, avec l'aide de Dieu, avons fait tout l'ouvrage.

La figure du prieur d'Aups exprima une admiration joyeuse ; ses yeux brillèrent en se portant affectueusement du chevalier à la contenance martiale aux deux braves dogues, et son pouce traça sur sa poitrine un petit signe de croix, indice d'une action de grâces intérieure. Mais ce ne fut qu'un éclair : il baissa la tête, un pli profond se creusa dans son front, et il reprit, d'une voix ferme, qu'assourdissait légèrement une émotion contenue :

— En ce cas, vous avez manqué gravement à l'obéissance que vous deviez avant toute chose aux décrets du très-haut seigneur Grand-Maître... Chevalier, allez dépouiller vos armes pour m'accompagner chez notre sire; le prévôt et moi vous y mènerons.

Un long frémissement courut sous la voûte, avec un cliquetis d'armures. Ce fut tout; car l'inviolable règle et l'inexorable discipline avaient parlé. Au dehors, les cris d'étonnement et les exclamations tumultueuses arrivaient par cent bouches suppliantes; le peuple avait entendu et s'indignait de cette sévérité.

— Sergent de l'espie (1), dit le prieur, faites éloigner le menu peuple et dissiper tous les rassemblements, en ville et sur le marché.

Les soldats aux bonnets pointus, portant sur le turban d'acier et sur le corselet d'airain bruni la croix blanche bifurquée, firent lentement reculer la foule; puis ils se dispersèrent deux par deux dans le marché, écartant du geste les groupes qui se formaient. Alors, les mariniers s'en allèrent tous ensemble protester à l'église Saint-Paul et commander, selon leur droit, une messe d'actions de de grâces pour la mort du dragon, et trois messes pour l'heureuse issue du sort du chevalier Gozon. Et les gens de la campagne s'écrièrent qu'ils allaient en commander deux fois plus à Saint-Étienne et à Saint-Michel, et le firent aussitôt. Et tous les matins, les ouvriers du port avant d'aller à l'ouvrage, les mariniers en revenant de la pêche de nuit, et les campagnards en route pour le marché se réunissaient dans les susdites églises et y entendaient dévotement la messe; devant l'autel de saint Jean, particulièrement riche et bien orné, qui existait dans chacune, quantité de flambeaux continuaient de prier; et les femmes, se signant, pleuraient en pensant au grand chevalier qui, pour les avoir délivrées, elles et leurs enfants, du péril du dragon, gisait en prison noire et humide, attaché es-piés et mains par des bracelets de fer et une chaîne de dix livres pesant. Car telle était la règle. Et le moindre châtiment

---

(1) On dirait aujourd'hui : officier de garde.

LE GRAND MAITRE DIEUDONNÉ DE GOZON

LES CHEVALIERS DE SAINT-JEAN — LIVRAISON Nº 6

qui pouvait suivre cette *prison préventive*, quand le conseil du Vendredi aurait statué, était la grande pénitence de quarante jours, suivie du retranchement de tous les insignes et droits de chevalerie. Mais l'édit princier avait parlé de la peine de mort... Et l'on se troublait en y songeant.

Le samedi suivant, on ne sait comment le bruit vint en ville de la décision du Conseil et de ce qui s'y était passé. Sans s'arrêter aux services du vaillant chevalier, le grand-maître, gardien-né de la discipline, avait réclamé le plus rigoureux châtiment; mais le Conseil, mettant en balance les hauts faits du coupable avec sa faute présente, n'avait voulu consentir qu'à prononcer l'exclusion, aussi dure que la mort pour un homme de cœur. En conséquence, le chevalier Dieudonné avait comparu dans la chapelle de *l'auberge Saint-Jean* et, là, devant tous les frères assemblés, il avait été dépouillé des insignes de l'Ordre, puis relégué sous bonne garde dans son logis particulier, en attendant qu'il quittât l'île. À cette nouvelle, les visages s'allongèrent et les bonnes gens de Rhodes, incapables de s'élever à l'héroïque conception du sacrifice absolu qu'exigeait la discipline des moines-soldats, se laissèrent aller à de séditieux murmures contre le grand-maître et le Conseil de l'Ordre.

Cependant, la règle avait eu satisfaction et, dans l'enceinte même du quartier de l'Hôpital, les fronts étaient soucieux; les regards se levaient, chagrins et presque sombres, sur les membres du Conseil, dont rien n'altérait la sereine impassibilité. Il se répandit alors, dans l'Hôpital, une vague rumeur sur le malheureux chevalier, qui avait demandé d'être mis à mort plutôt que chassé de l'Ordre, et à qui le Conseil n'avait pas voulu accorder sa prière : on se disait que tous les commandeurs présents, des trois degrés (chevaliers, chapelains et servants), avaient signé une supplique pour obtenir du grand-maître la rentrée en grâce de Gozon. Mais rien de positif ne transpira là-dessus jusqu'au jour de la Nativité de saint Jean, qui approchait (24 juin).

Ce jour-là, les religieux ayant jeûné la veille, dûment confessés, s'étaient approchés de la sainte table; au prône qui fut fait en la chapelle par l'évêque, avis fut donné d'une grande *caravane* (1)

---

(1) Terme emprunté aux Arabes : *Kérouânna* ou *rassemblement*. Il désigna plus tard les expéditions de mer. Alors, il ne signifiait qu'une assemblée générale de l'Ordre où étaient admis à égalité les frères des trois degrés.

pour l'heure de midi, avant le repas. Quand l'heure approcha, les *buccins* (trompettes courbes) sonnèrent dans tout le quartier pour convoquer la *Religion*. Selon la coutume, la séance était tenue dans la grande salle de l'Hôpital, qui fut bientôt remplie de tous les membres de Saint-Jean, chacun à son poste hiérarchique et tous en grande tenue. Le grand-maître Hélion fit son entrée, précédé du chancelier et suivi de tous les piliers. Au pied de l'estrade vinrent s'asseoir, par ordre de promotion et sans distinction de chevaliers ou chapelains, tous les commandeurs présents, sauf les commandeurs magistraux (1) qui se placèrent derrière les baillis, des deux côtés du fauteuil du grand-maître.

Frère Hélion de Villeneuve était un homme de taille moyenne, déjà âgé, mais ferme d'attitude et portant haut la tête. Il avait les cheveux d'un blond ardent, fort épais, rejetés en arrière des tempes, le front bombé, les lèvres un peu avancées, la barbe courte et forte, toute frisée ; son attitude de rigide impassibilité l'eût fait paraître dur, sans l'extrême douceur de son regard, qui avait le don d'attirer et de charmer

Après que la séance eût été ouverte dans les formes accoutumées, le chancelier, par l'ordre exprès du grand-maître, fit ouvrir les portes : d'abord aux hôtes de Saint-Jean, qui furent placés dans les galeries supérieures ; ensuite au peuple rhodien qui se pressait à l'extérieur, curieux de deviner ce qui allait se passer. En un clin d'œil, les galeries du bas et tous les espaces libres sont bruyamment envahis par une foule bigarrée, aux idiomes et aux costumes cosmopolites, d'où les femmes seules étaient sévèrement repoussées. Les dignitaires gravement assis, les yeux baissés, attendaient avec calme la fin du tumulte, tandis que les soldats et leurs *sergents,* débordés par la cohue, pestaient contre elle à demi-voix et, de tous leurs efforts, lui faisaient barrière avec leurs piques horizontalement étendues. Une clochette s'agite : le grand-commandeur, chef de Provence et vice-président du Conseil, se lève alors et adresse au grand-maître un discours dans lequel il relate les faits survenus la semaine précé-

---

(1) Ceux qui tenaient, soit pour eux, soit à fief, les commanderies ou préceptoreries spécialement attribuées à la désignation du grand-maître. Ils avaient le pas sur les autres et étaient regardés comme des espèces de *clients* du maître de l'Hôpital. On voit ainsi plusieurs simples *servants* de mérite figurer à ce titre au-dessus des chevaliers-commandeurs ordinaires, par la volonté du grand-maître. On a même vu des *servants* faisant fonction de trésoriers de l'Ordre.

dente, et la décision du Conseil touchant le chevalier coupable. Toutes les oreilles sont tendues, toutes les respirations retenues pour mieux écouter. Après quoi, fléchissant le genou, le dignitaire présente au grand-maître la requête, signée de tous les commandeurs, en faveur du chevalier chassé de l'Ordre..... Une longue rumeur s'étend peu à peu de la salle au dehors. Tout à coup il se fait un grand mouvement: le chevalier Gozon apparaît en armure complète, mais nu-tête et sans épée ; précédé d'un frère servant d'armes, il fend lentement la foule qui n'ose l'acclamer ; de sa haute stature, de son visage guerrier, encadré par une longue et soyeuse barbe divisée en deux parties égales, de son front haut et poli, coupé par une ride allongée, il domine l'assistance, et plus d'une larme furtive perle aux yeux de ses frères, en contemplant sa figure creusée et amaigrie par la tristesse, plus encore que par sa courte détention. Le voici debout, au pied de l'estrade où siège le prince de l'Ordre. Frère Hélion se lève et fixe un instant ses regards pénétrants sur le chevalier. Puis, s'avançant jusqu'aux degrés :

— Chevalier de Gozon, dit-il d'une voix accentuée, les saintes et nécessaires règles de la Religion, que vous avez transgressées par votre publique désobéissance, exigeaient un châtiment ; et celui que le Conseil a prononcé est encore moindre que celui que je lui demandais dans ma conscience. Mais vous avez rendu un grand et signalé service à cette île et à tous ces pauvres gens qui sont là ; vos frères en la Religion m'ont rappelé que vous fûtes toujours vaillant chevalier et bon religieux ; le sang que vous avez versé contre les infidèles, sur les galères de l'Hôpital, a crié si haut qu'il nous faut l'entendre ; et voici tous nos frères commandeurs qui, humblement, requièrent votre grâce et pardon, s'offrant caution de votre repentance et prouesse. *Est tempus ad irascendum, et tempus ad absolvandum.* Chevalier Gozon, vous repent-il d'avoir désobéi au Maître de Saint-Jean, pour si bon que vous parût le motif?

— J'y ai fort pensé en moi, et me repens sincèrement, répondit sans hésiter le chevalier. Je veux bien en faire pénitence.

— Alors, voilà qui est bien, et je cède aux vœux de l'Ordre en vous déclarant absous et relevé de toute déchéance, par mon propre mouvement et de mon autorité. Chevalier Gozon, vous plaît-il rentrer en la *Religion*, avec nos frères ici présents?

— Certes, s'écria joyeusement le chevalier, aucun autre plaisir que celui-ci ne puis avoir.

— Chevalier, redites votre *Confiteor* et vos vœux ès-mains de votre répondant.

Gozon se mit à genoux, répéta ses vœux, confessa sa faute et reçut la bénédiction de l'évêque. Le grand-maître reprit alors :
— Chevalier, revêtez cet habit qui vous remet sous la bannière et garde de Dieu et de monseigneur saint Jean-Baptiste, et soyez désormais fidèle à vos vœux..... Frère grand-prieur de Saint-Gilles (1), ce chevalier est de votre obédience : passez-lui la sobreveste et lui rendez l'épée. C'est notre volonté.

Ainsi fut fait... Mais qui dira, quand le bon chevalier, ému de joie, eut repris sur sa cuirasse la rouge dalmatique et ceint sa chère épée, quelles acclamations s'élevèrent dans la salle et, répercutées au dehors, allèrent porter la bonne nouvelle jusque dans les campagnes?......Cette fête de saint Jean, commencée plus tristement qu'à l'habitude, se terminait aussi plus joyeusement. Et ce fut grande liesse le lendemain, et jours suivants, lorsqu'on raconta dans les villes et châteaux, hameaux et métairies que le grand-maître, après avoir embrassé le chevalier Gozon, lui avait conféré séance tenante une commanderie magistrale, qu'il l'avait fait asseoir à côté de lui, le même jour, au banquet des dignitaires, et l'avait présenté aux piliers, baillis, prieurs et précepteurs comme son lieutenant-général ordinaire pour le gouvernement de la cité de Rhodes, inspection et commandement des châteaux et forts, villes et bourgades de l'île, « attendu, avait-il dit, la grande sagesse et finesse, vaillance et » prud'homie que ce chevalier avait prouvées en maintes occasions, » y compris sa bataille contre le dragon. »

Chacun alors comprit et loua la sage conduite du grand-maître; on forma sur le nouveau lieutenant-général des prévisions qui furent largement remplies et même dépassées par la prudence et la vigilante activité de son administration, comme par la suite de ses exploits en Lycie et à Smyrne, dont il défendit si terriblement le château contre Mor-Bassan et ses 30 000 Turcs.

(1) Le pilier de Provence.

II

L'an 1346, le grand-maître Hélion de Villeneuve rendit son âme à Dieu et fut grandement regretté dans tout l'Ordre. Après les obsèques et le deuil solennel, le Conseil général de l'Hôpital s'assembla, selon les règles et dans les rits prescrits, pour procéder à l'élection d'un nouveau Maître. Mais il se trouva qu'après plusieurs tours de vote, les suffrages ne parvenaient pas à s'accorder pour former une majorité. Alors, sur la proposition du prieur de Capoue, on décida que les titres des chevaliers qui avaient réuni un nombre sérieux de voix seraient proposés et discutés tout haut dans l'assemblée, sous le sceau du secret *pour le dehors* et de l'oubli réciproque de tout ce qui allait être dit *pour le dedans*. Et déjà le chancelier avait saisi la liste où se trouvaient relevés les résultats du vote, pour faire l'appel du premier nom, quand un frère de haute taille, quittant son banc, vint se placer à côté de lui et demanda à parler. C'était le lieutenant-général de Rhodes, et voici ce qu'il dit :

« Mes frères, j'ai ouï avec plaisir le vénérable frère prieur de
» Capoue et notre frère Jean de Bourdia, le commandant particulier
» des galères, si bien réputé pour ses grandes prouesses, lorsqu'ils
» vous ont proposé d'élire celui que vous jugerez le *plus digne*, non
» comme une récompense de telle ou telle vertu, mais comme plus
» capable de la charge que tous autres. Car moines nous sommes, et
» n'y a pas lieu de juger ici selon les désirs humains, mais seulement
» selon l'utilité générale. Or, je vous dis apertement que, dans ma
» plus certaine réflexion et assurance, C'EST MOI qui suis le plus
» capable d'être grand-maître, bien que je reconnaisse humblement
» combien il y a en cet enclos de chevaliers plus méritants et pieux
» en leur particulier. »

A ce début, il se fit un grand mouvement de surprise ; et chacun de ces prêtres, chevaliers et écuyers, qui avaient prononcé le vœu : *humilité*, se demanda si le discoureur avait perdu le sens. Mais frère Gozon se tenait modestement debout à la barrière, le regard droit, l'air calme et résolu, attendant que ce brouhaha fût passé ; et rien dans sa contenance n'annonçait l'orgueil ou l'ambition. On fit donc silence, et le chancelier le pria de développer ses motifs.

Alors, dans un langage très simple, Gozon rappela ses services militaires et la manière dont il avait exercé sa charge de lieutenant-général. Puis il conclut ainsi :

« Vous le voyez, messires et frères, j'ai parlé comme nous l'avons
» tous promis, selon ce que je crois la vérité : pour juger mon
» aptitude, je m'en suis rapporté à ce que l'on m'a dit de moi-
» même et non à mon propre sentiment. Le grand-maître Hélion a
» assuré la *Religion* par une sage et constante observation des
» règles, et il a bâti de ses prudentes mains le château de cette
» ville et ses remparts. Or, après ce maître sage, il faut un maître
» preux, entendu surtout aux faits de guerre, car nous allons avoir
» à supporter non plus quelque petite attaque, mais tout l'effort du
» Sarrasin ; et, si je m'en remets à l'avis du grand-maître et de mes
» frères, je suis plus fait que nul autre pour ce genre de comman-
» dement, encore que je me tienne très infirme en vertu.
» Quant à ce qui regarde le peuple, j'ai mené celui de l'île avec
» justice et bonté, sans rien en vouloir qui ne fût bien dû, sans
» rien relâcher de ce qui était une fois convenu. C'est ainsi que je
» mènerai la Religion, si vous me faites la grâce de me nommer.
» Je n'ai proposé aucun argument *ad hominem* et *ab homine* et
» cette affaire ne se doit résoudre que par la vue du juste et du
» bon. Toutefois, s'il est permis entre hommes de considérer ce
» que peut l'homme, vous plaise souvenir que mon passé est encore
» écrit et cloué par la main du peuple, qui souvent plus vaut que
» conseil de prince, ès-portes de ce noble quartier de l'Hôpital
» Saint-Jean (1) ; voilà mon titre d'honneur ! *Et qui voudra l'en*
» *ôter, qu'il en apporte un plus haut sonnant !* »

Après ce discours, le Conseil général se divisa et discuta longuement. Chacun ne pouvait s'empêcher de convenir que frère Gozon avait bien parlé, encore que les habitudes de la vie ordinaire fissent paraître singulier cet éloge d'un homme fait par lui-même. Mais ce n'était là qu'une singularité, et non un motif de refus, d'autant que la droiture du lieutenant général était trop connue

---

(1) Le jour où Gozon fut réhabilité en *caravane* de l'Ordre et comblé d'honneurs par le grand-maître, des mains inconnues attachèrent à la grande porte du Quartier de l'Hôpital l'énorme tête desséchée du crocodile ; le frère Bosio, prieur de Campanie, l'a décrite plus de cent cinquante ans après pour l'y avoir vue. Jamais peuple ni chevaliers ne permirent qu'on enlevât ce glorieux trophée qui tomba peu à peu en poussière.

L'ASSEMBLÉE DANS LA GRANDE SALLE DE L'HOPITAL

pour qu'on pût douter une minute de ses paroles lorsqu'il disait n'avoir considéré que le bien commun et non ses propres avantages ; car oncques n'avait-il su feindre ou dissimuler depuis déjà trente années qu'il vivait dans la Religion Saint-Jean.

Toutefois l'on décida de revoir les votes précédents et de discuter sur l'aptitude des chevaliers y désignés. En sorte que la séance se prolongea toute la nuit jusqu'à l'aube, « sans boire ni manger », comme le veut la règle. Mais, chose merveilleuse, quelques grandes louanges et quelques hauts mérites que l'on convînt d'attribuer aux divers candidats, il n'y en eut aucun dont les titres parurent capables d'être mis en regard de ceux de Gozon, à qui nul n'avait seulement songé avant son discours.

Et le matin, quand l'Assemblée électorale, levant sa séance, se rendit processionnellement avec croix et bannière, Conseils et Chapitre, évêque en tête, à la barbacane de la grande entrée pour y présenter au peuple le nouveau grand-maître, ce fut le nom de Gozon qui retentit, ce furent sa haute stature et sa mâle figure de soldat sans peur et sans reproches, qui apparurent sous le dais porté par les *piliers* des sept langues (1), au milieu du bruit des cloches, du chant triomphal des prêtres et des immenses acclamations du peuple de l'île, qui sautait de joie en répétant : « Saint-Jean et Gozon ! Saint-Jean et Gozon ! Vive le bon chevalier ! »

Le gouvernement du grand-maître Dieudonné de Gozon est un des plus beaux souvenirs de l'histoire de l'Ordre, tant par ses faits glorieux au dehors que par sa bonne administration au dedans. Et l'un des annalistes l'a ainsi résumé : *Force, vaillance et prud'homie*. Nous n'avons pas à le raconter ici.

---

(1) La *langue* de Castille n'était pas encore séparée de celle d'Aragon.

DEUXIÈME RÉCIT

UN GRAND-MAITRE DE RHODES : JEAN DE LASTIC (1)

§ 1er

La maison des seigneurs de Lastic-Vareilles, Lodève, Saint-Pons, Champçoids et autres lieux, descendant des Bayard et des Bompar, était connue depuis quatre siècles parmi les plus illustres de l'Auvergne méridionale quand naquit, en 1371, Jean Bompar de Lastic, quatrième enfant de Jean Bompar VI, sire de Lastic et de Vareilles, et de dame Hélis (Héloïse) de Montcellez.

Les Bompar et Bayard de Lastic remplissaient alors de leur nom et de leurs exploits militaires, comme de leur science et de leurs vertus, la Collégiale des chanoines-comtes de Brioude, l'Auvergne (parti français), en lutte contre les routiers anglo-gascons, et la noble Religion des Frères de l'Hôpital Saint-Jean ; deux des oncles du nouveau-né, les chevaliers Bayard et Pons de Lastic, servaient en Orient contre les infidèles, sous la croix blanche ; l'un avec le titre de *commandeur de la Tourette,* l'autre comme *commandeur de Montcalm* et *maréchal* (commandant militaire) de l'île de Rhodes.

L'enfant, soigneusement instruit au collège de Billom (alors célèbre), grandit au milieu des guerres qui divisaient le Midi entre France et Angleterre ; c'était l'époque de Charles V et de Du Guesclin, la période de première délivrance du joug anglais, qui pesait sur le Sud, par la sagesse du roi autant que par la valeur du connétable et de ses lieutenants, dont Jean Bompar VI était un des plus hardis et redoutés. Mais il eut à en souffrir ; quand la grande guerre tomba, les *routiers* anglo-gascons, sans paie, la reprirent à leur compte

---

1) M. l'abbé Magné a donné récemment une remarquable monographie de *Jean de Lastic, grand-maître de Rhodes* (dont la famille subsiste encore sous le même nom). (Moulins, chez Auclaire, 1886, 1 vol. in-8°).

sous forme de *guerilla* ; et c'est ainsi que le seigneur de Lastic, cheminant avec son fils Jean âgé de 14 ans, fut subitement attaqué par la bande du plus redouté chef de ces écumeurs, le capitaine Aimerigot Marchez, Limousin de naissance « *robbeur et échelleur* (voleur et escaladeur) *de places* », a dit de lui le chroniqueur Froissart. Après un combat sanglant, le nombre l'emporta sur la vaillance : le sire de Lastic fut fait prisonnier avec son fils et détenu au château de Carlat, repaire d'Aimerigot, jusqu'à ce que l'intervention de la dauphine d'Auvergne et du puissant comte d'Armagnac et de Comminges eût forcé le routier à composer et à relaxer ses prisonniers contre rançon (1385).

Pendant 7 ans encore les Lastic guerroyèrent pour le roi de France, des causses d'Auvergne aux bords de la Dordogne et du Lot ; en 1392, le dernier reître anglais avait disparu du Limousin et du Languedoc ; le bon sire Bompar mourut alors. Deux ans à peine écoulés, Jean, dans tout l'éclat de la jeunesse et du talent, après avoir brillé à la cour de France et bien pesé ses résolutions, offrait à Dieu son sang, ses forces, son nom et toutes les ardeurs de ses 22 ans. Il déclara à son frère aîné Étienne, chef de la famille, qu'il voulait prononcer les vœux monastiques et combattre pour Dieu et la chrétienté, dans la *Religion de Rhodes*. Le partage des biens fut fait ; il reçut sa part en or et vint, selon la Règle, l'apporter au couvent de Rhodes l'an 1395. Un illustre ami de sa famille, une gloire française, le grand-prieur d'Aquitaine Philibert de Naillac, dont l'intrépidité jetait un éclat qui est demeuré dans l'histoire, l'encourageait dans ses desseins.

On n'entrait pas facilement à l'*Hôpital Saint-Jean*, quelque nom que l'on portât ; et le jeune chevalier fut astreint d'abord à un dur noviciat d'un an, sous le froc noir, partageant son temps entre l'oraison (1), les jeûnes (2), les exercices intérieurs les plus

(1) Les *frères Saint-Jean* non tonsurés, c'est-à-dire chevaliers ou servants, sont astreints à réciter quotidiennement soit l'office complet de la Sainte Vierge, soit celui des morts. Une dispense spéciale (à cause des cas de guerre, de campagne au loin, de perte de tout bagage, etc.), les autorise à remplacer l'un ou l'autre office par celui *des cent cinquante Pater* pouvant se dire partout, même à cheval.

(2) *Jeûnes et abstinences* : Tout le Carême, la saint Marc, les Rogations (3 jours), les Quatre-Temps, et les vigiles de la Pentecôte, de saint Jean-Baptiste, des saints Apôtres, de chaque apôtre, de saint Laurent, de l'Assomption, de la Conception, de la Nativité, de l'Annonciation, de la Purification, de la Toussaint et de Noël.

humbles (1), et le service des étrangers, des pauvres et des malades (2).

Après cette sévère épreuve, qui fut jugée à son avantage par le prieur de Rhodes, Jean fut admis à faire ses grands vœux.

Il s'y prépara par la retraite, le jeûne et la confession. Puis, reprenant pour la dernière fois ses vêtements de chevalier libre, il vint se présenter à la chapelle Saint-Jean, un cierge allumé à la main, entendit la messe et reçut la sainte Communion. Avant que le prêtre ne quittât l'autel, il s'approcha, fléchit les genoux, déclina ses nom et qualités, et demanda tout haut à entrer dans l'Ordre de Saint-Jean. Le chapelain lui ordonna de produire son attestation de noviciat, et l'autorisation délivrée par le Prieur, et contresignée par le grand-maître et le Conseil, de faire profession. Il bénit ensuite l'épée nue que le récipiendaire lui présenta, la poignée en avant, et la lui mit en mains en lui disant: « *Reçois cette arme purifiée,*
» *au nom du Père, du Fils et du Saint-Esprit, et ne t'en sers*
» *que pour ta défense urgente, celle de la sainte Église de*
» *Dieu et la confusion des ennemis de la Croix; aie garde*
» *de ne jamais férir injustement sur quiconque, et la grâce*
» *ainsy faire te soit donnée par Celui qui vit et règne, etc.* »

Il ceignit alors l'épée au postulant: « *Au nom de Jésus-Christ,*
» *ceins ton glaive, et te souvienne que les Saints ont conquis*
» *les nations par grande foi, plutôt que par armes.* »

Et il l'embrassa comme frère.

Alors commencèrent, devant les *répondants*, debout et en armes, les interrogations légales, précédées d'une sévère allocution sur le caractère des vœux qui allaient être prononcés :

— Le postulant est-il prêt à embrasser toutes ces obligations ?

— A-t-il fait vœu en quelque autre religion (Ordre) ?

— N'est-il point marié ?

— Est-il grièvement endetté ?

— Est-il de condition libre et noble ? Les preuves ?...

Les affirmations du postulant furent sanctionnées par la dépo-

---

(1) Les novices, mêlés aux domestiques, s'acquittaient de tous les emplois bas, et étaient, *par ordre*, rudement traités par tous les frères.

(2) « Le frère Saint-Jean ne peut manger même pain, ni boire même vin que les pauvres, les malades et les hôtes ; car ils sont au-dessus de lui, et plus délicatement traités. »

sition des commissaires-enquêteurs de l'Hôpital, et il fut admis à prononcer ses vœux, à genoux, les deux mains posées sur le livre des Évangiles que lui présentait un chevalier : « *Moi*, dit-il, *Jean de Lastic, chevalier, jure et promets à Dieu, à Sainte Marie toujours Vierge, Mère de Dieu, et à saint Jean-Baptiste, de rendre humble obéissance au supérieur choisi par notre Religion, de vivre sans bien personnel et de garder chasteté.*

Alors, le chevalier récepteur lui redit une dernière fois les obligations qui l'enchaînent : vie sévère et pieuse, renoncement à toute ambition, usage des armes uniquement pour le service de Dieu et la protection des faibles et du peuple chrétien : « *Car la foi et justification du chevalier est d'offrir l'âme à Dieu, et donner son corps à tous les maux et périls pour le service de Dieu.* »

On lui passa le manteau à croix blanche, avec les oraisons rituelles ; on le lui attacha par les deux longs cordons doubles tissés, représentant les instruments de la Passion ; il reçut l'accolade de tous les frères présents, et se prosterna pendant que les prêtres récitaient sur lui les prières liturgiques. Puis il se releva et fit tourner trois fois son épée en l'air « au nom de la Très Sainte-Trinité. » Un chevalier le mena faire visite au lieutenant du grand-maître et à tous les dignitaires présents à Rhodes. Dès lors, Jean de Lastic ne s'appartint plus : il était devenu « serviteur des pauvres et des malades, défenseur de l'Église et du nom chrétien », selon la formule de l'Hôpital qui, en retour, lui promettrait : « pain et eau sans nulle délicatesse, un habit modeste et de petit prix, une part sans réserve aux bonnes œuvres de l'Ordre et de tous les Frères, et le repos de l'âme sous le joug du Seigneur, qui est doux et suave ».

Quelques mois à peine s'étaient écoulés, lorsque le jeune *profès* vit arriver à Rhodes le grand roi de Hongrie, Sigismond, accompagné du nouveau grand-maître, Philibert de Naillac ; l'imprudente présomption des jeunes croisés Français venait d'amener l'affreux désastre de Nicopolis, qui mit aux mains de Bajazet, dit *l'Éclair*, la domination du bas-Danube. Le plus célèbre capitaine du temps, le vieil amiral de France Jean de Vienne, n'ayant pu s'opposer à cette fougue maladroite, s'était fait tuer avec honneur dans la défaite ; des princes comme le comte de Nevers (plus tard Jean Sans-

Peur, grand duc de Bourgogne et neveu du roi de France) et le comte de Bar, des chevaliers célèbres, comme le connétable Boucicaut et Enguerrand de Coucy, étaient prisonniers ; deux armées, une française et une hongroise, détruites; seuls, Sigismond avec ses vieux chevaliers et le grand-maître, à la tête d'une troupe d'Hospitaliers, avaient arrêté le torrent des fuyards et mis une limite à l'effusion de la victoire musulmane... Mais l'Ordre venait de faire de grandes pertes en hommes; il prit le deuil, pour la chrétienté d'abord, pour ses frères ensuite.

Le jeune Lastic vit alors ce que peut la foi jointe au courage tous les empires chrétiens trembler, et leurs princes chercher un abri contre l'orgueil turc soit dans des traités honteux, soit à la cour d'un barbare redouté, *Timour-Lenkh* (le boiteux) ou *Tamerlan*, conquérant tartare; tandis que l'Ordre de Rhodes, seul calme au milieu de la déroute générale, tenait tête à la fois, avec ses quelques vaisseaux et sa petite troupe de moines cuirassés, à trois empires victorieux: au soudan d'Égypte, au sultan des Turcs, au conquérant mongol. Pendant que tout fuyait devant les 400 mille Turcs, Albanais et Arabes de Bajazet et les 800 mille Mongols de l'Attila du xve siècle, l'intrépide Naillac faisait du château de Smyrne (conquis sur les Turcs par le chevalier Jean de Baudria) un refuge et une forteresse pour les chrétiens qui parvenaient à s'échapper de l'esclavage sur la terre ferme; les vaisseaux de la Religion, hérissés de canons, occupaient et rendaient inabordable le *détroit* ou *canal de Carie*, entre les îles Sporades et la côte ; et enfin, le grand-maître en personne allait enlever, en Asie, près des ruines d'Halicarnasse, un fort musulman qu'il transforma en une vaste citadelle, à sextuple enceinte, aux créneaux garnis d'énormes pièces toujours chargées, et tenue en communication constante avec les *îles de la Religion* (1).

Plus le péril devenait grand et la terreur générale, plus grandissaient la froide audace et l'intrépidité calculée des frères armés de l'Hôpital Saint-Jean.

Parmi les héros qui survécurent à la fatale journée de Nicopolis, le plus fameux était le maréchal de France Jehan Le Maingre, dit

---

(1) Le *château Saint-Pierre*, abandonné plus tard, et souche de la ville turque de Boudroum. Il fut longtemps le boulevard de l'Ordre en pleine côte d'Asie.

1440 — BATAILLE NAVALE DEVANT LANGO

Boucicaut (1), qui fut autorisé à passer à Rhodes pour réaliser les énormes rançons des princes chrétiens captifs de Bajazet. Il y retrouva le grand-maître de Naillac, dont il avait admiré la sagesse et la force à Nicopolis, et les chevaliers-moines, qui lui paraissaient « au-dessus de tout le reste des hommes ». Il promit à Naillac de revenir bientôt en Orient ; fidèle à sa parole, il reparaissait en 1399, à la tête de quatre vaisseaux ronds (2) et deux galères, envoyés par Charles VI pour secourir Manuel Paléologue contre les Turcs. Pour son début, il attaque et disperse une flotte de dix-sept galères turques à Gallipoli, est rejoint par un secours de Rhodes et chasse les navires musulmans qui tentaient un débarquement sur Péra (près Constantinople) ; puis, après avoir reçu l'épée de *connétable d'Orient* et battu les Turcs sur terre, il vint rejoindre Naillac et ses chevaliers et, de concert avec eux, dégagea une seconde fois Constantinople attaquée. Sous ces redoutables maîtres, Jean de Lastic combattait si vaillamment que, la sixième année de sa profession, et avant qu'il vît sonner ses trente ans, le grand-maître l'investit de la Commanderie de Monchamp ou *Montcalm,* en Languedoc. Lastic prit rang parmi les dignitaires, en cet Ordre où toute dignité était la consécration d'exploits hors de pair, et où les simples chevaliers, selon un mot de Boucicaut, « remontraient vertu aux solitaires et prouesse aux princes. »

En 1403, Boucicaut reparaît en Orient avec son ami Château-Morant, qui était de l'Ordre. Il y avait alors rupture entre le roi de Chypre et la ville de Gênes, dont Boucicaut était gouverneur au nom de la France. De Naillac offrit son arbitrage, qui fut accepté, et il arrangea les choses à la satisfaction des deux parties. Libres alors de leurs mouvements, le maréchal de France et le grand-maître de Rhodes se livrent, contre l'envahisseur infidèle, à une série d'exploits qui paraissent fabuleux ; de Naillac avec sa seule *capitane* (galère de commandement) et deux galères de Rhodes, le maréchal avec sept galères et neuf vaisseaux. D'abord le maréchal se jette sur Scandéroun (Alexandrette), l'enlève et la rase ; puis il rallie la

---

(1) Fait maréchal à 25 ans, après *neuf ans* d'exploits continus, et un déploiement de talents guerriers extraordinaire. A 80 ans, Boucicaut, couvert d'une armure de trente-huit livres, franchissait encore d'un bond son destrier (cheval de guerre) harnaché.

(2) Ou de haut bord, et portant artillerie, par opposition aux *galères,* navires bas, rapides et longs, allant le plus souvent à rames et ne portant guère que de petites pièces.

Religion, et de concert, n'ayant que 3 000 soldats génois pour toute infanterie, l'on s'en va « voir quelles gens sont les Tartares de ce Tamerlan », qui venaient de prendre Tripoli de Syrie. C'est là que Lastic connut, de son côté, tout ce que valaient les deux chefs chrétiens.

La place étant très vaste et forte, on ne pouvait l'espérer que d'une surprise. Mais l'éveil avait été donné. En approchant, le patron de la *capitane* de Rhodes reconnut et signala une immense cavalerie qui bordait le rivage. Ils étaient là quinze mille Tartares impériaux, dont 600 cavaliers de la garde de Timour revêtus, sur leurs cuirasses, de cottes en velours vert et en drap d'or, tous vieux soldats bronzés par douze années de campagnes et de victoires.

— Voilà, dit avec regret Lastic, un bien gros morceau pour nos petites bouches.

— Ha! ha! Commandeur, s'écria Boucicaut, venez un peu voir ici; petites bouches avons, mais grands estomacs. Par Saint-Jean! Me laisserez-vous manger tout seul ces païens?

La réponse vint de la *capitane* où était le grand-maître qui dirigeait la flotte; il faisait arborer le signal de débarquement. On ne choisit pas le rivage; celui d'en face était bas; les galères donnèrent droit dessus et ensablèrent leur proue. Alors, les clairons sonnent; l'oriflamme de France, couleur de feu, que seul le maréchal avait, avec le roi, le droit de faire flotter, se déploie subitement à côté de la bannière de Saint-Jean; Boucicaut saute à la mer tout armé et rejoint Naillac qui, à la tête de ses chevaliers-moines, courait déjà sur le sable. Étonnés de cette audace, les guerriers mongols se forment en colonnes d'attaque. Mais leur formation n'est pas terminée qu'ils sont abordés à toute course par les chrétiens, avec une telle furie que toute la ligne plie, et recule jusqu'aux collines. Là, elle s'arrête derrière les haies, les chemins creux et les murs des jardins, sa gauche couverte par le canon qui tirait du haut des murailles de la ville, et elle dispose ses arbalètes et ses arquebuses. Les Mongols sont six contre un, bien retranchés et bien armés; ils sourient en voyant le petit corps chrétien se diviser en échelons pour les attaquer; sourire de courte durée. Tout à coup, les vaisseaux ronds se mettent à tirer sur la ville. Pendant que l'ennemi suit des yeux ce duel à grand fracas, mais sans beaucoup de résultats, une vive clameur s'élève, soudaine, à ses côtés : *Saint-Denys!* crient les Français ; *San-Giorgio!* disent les soldats génois en sautant par-dessus les haies... *Saint Jean aide!* répondent les Hospitaliers en chargeant au centre... En un clin d'œil, les Tartares sont enfoncés et leur aile droite massacrée ; le reste, lâchant pied, recule jusque sous les murs de Tripoli et s'y arrête enfin, dans des jardins aux haies de cactus et d'aloès géants.

Boucicaut, armé d'une épée florentine de quatre pieds de long, taillait dans les haies comme il venait de tailler dans les rangs mongols, faisant voler les raquettes et les tiges, comme il avait fait voler les têtes et les bras ; car il était alors dans toute sa vigueur, et passait pour l'homme le plus fort qui fût en Europe. Mais le grand-maître lui dépêche un trompette pour l'avertir que le vent va se lever, que Tripol n'est pas prenable à si petite troupe, et qu'il est temps de rembarquer.

— Au moins, laissons-leur bonne souvenance de France ! s'écrie le maréchal. Il saute au milieu d'une compagnie ennemie, se fait entourer et se met à frapper des deux mains, en soldat ; il va succomber, quand une escouade d'Hospitaliers, chargeant à pied, le dégage à grands coups d'épée. Naillac est à leur tête.

— Assez d'ouvrage cette fois, dit-il à son téméraire ami ; ceux qui se sauvent en ville conteront cette histoire dans vingt ans encore, et pourront en montrer les preuves. Maréchal, rembarquons et allons voir un peu plus loin, car le vent adonne.

Le commandeur Lastic couvre la retraite de la glorieuse petite phalange de vainqueurs, qui avait mis plus d'ennemis par terre qu'elle ne comptait d'hommes dans ses rangs. On hisse les voiles. Beyrouth, Saïda (Sidon), Lydda (ou Diospolis) sont successivement visitées par la flotte : Beyrouth, enlevée d'assaut, est incendiée ; à Saïda, les deux petits bataillons de débarquement se trouvent isolés, sans secours, au milieu de l'armée musulmane, pendant cinq jours, grâce à un coup de vent qui avait entraîné la flotte au large. Sans s'émouvoir, ce millier d'hommes accoutumés à tout braver s'enferme dans une circonvallation improvisée, repousse chaque jour tous les assauts des infidèles et, l'orage apaisé, la flotte reparue, il se rembarque fièrement, laissant le terrain couvert des morts de l'ennemi. Pour leur résister, ce sont des armées entières que le Soudan d'Égypte (maître de la Palestine) est obligé de rassembler.

A Lydda, les huit cents hommes jetés à terre se heurtent à trente mille musulmans en bataille : cavalerie, artillerie, infanterie. Obligés de reculer devant cette multitude, ils se dédommagent en abattant à coups de piques toute la première ligne et, une fois rembarqués, adressent ironiquement aux soldats du Soudan, comme adieu, des volées de gros canon qui tracent de cuisants sillons dans les rangs égyptiens.

Telles étaient les occupations du commandeur Lastic ; dans ces rudes et incessantes campagnes, il égala bientôt, puis surpassa le renom de ses deux oncles. De son côté, Philibert de Naillac était devenu l'arbitre des querelles non seulement entre chrétiens, mais encore entre musulmans, tant était haute la réputation de justice et d'équité des chevaliers de Rhodes ; et sous ses ordres, les dignitaires de l'Hôpital Saint-Jean se formaient à la sagacité diplomatique et à la prudence politique, autant qu'à la vaillance et à l'honneur chrétiens.

§ 2.

Jean de Lastic, avant d'avoir dépassé la limite de l'âge mûr, était le plus ancien des commandeurs de l'Ordre (ayant été promu à 29 ans), et la tête la plus considérée du conseil, lorsqu'il fut nommé grand-prieur de la langue d'Auvergne. Cette qualité l'obligea d'aller résider en France plusieurs années, non sans de fréquents rapports avec Rhodes. C'est à sa commanderie de Montcalm qu'une double nouvelle vint un jour le surprendre : la mort du grand-maître Antoine Fluvian, successeur de Naillac, et sa propre élection à la grande maîtrise par le Conseil de l'Hôpital, tenu à Rhodes (6 novembre 1437).

Le nouveau prince nomma aussitôt ses procureurs pour administrer en son absence ; puis il se mit en route. Mais le voyage dura treize mois : ce fut une longue course à travers les bailliages et prieurés d'Europe, afin de tout examiner et vérifier sur place. De fréquents arrêts, motivés par des raisons administratives, l'allongèrent encore. Enfin, après avoir tenu à Valence-sur-Rhône une grande assemblée de l'Ordre pour achever de régler l'état de ses affaires en Europe, le grand-maître s'embarqua pour Rhodes, et y arriva dans les premiers jours de décembre 1438.

Au son des cloches, au bruit de l'artillerie des forts et des vaisseaux, Lastic revêtit la soutane de bure avec la ceinture à bourse, et endossa le manteau long ou *robe* de velours noir, portant en drap d'argent la croix de Saint-Jean trois fois répétée : sur la poitrine, sur le cœur, sur l'épaule gauche. Il fut porté solennellement au château ; l'Évêque le reçut à la chapelle, le Grand Hospitalier le mena auprès de « nossieurs pôvres et nossieurs malades » *(sic)*, devant lesquels Lastic fléchit le genou en se déclarant leur indigne serviteur. Puis il prit possession personnelle de sa dignité (1).

Il était temps d'agir : l'Égypte et la Turquie préparaient d'accord un grand armement contre Rhodes ; le soudan Abou-Saïd écrivait au sultan Amurat que : « s'il parvenait à abattre les chevaliers de Rhodes, il ne craindrait plus aucun prince chrétien. » Lastic, tout en vaquant au gouvernement intérieur de l'Ordre, s'empressa de mettre les îles en état de défense, et recourut au Pape pour obtenir l'aide de l'Occident, qui oubliait les périls de la chrétienté dans des luttes acharnées de nation à nation, de prince à prince. Seule, comme en trop d'heures semblables, la Papauté veillait : profitant d'un répit dans la lutte entre France et Angleterre, elle obtint encore un effort chrétien et parvint à grouper des secours, sur le Danube et la Save, contre les entreprises du plus redouté, du plus implacable des conquérants islamites : le redouté Mahomet II. Si la croisade du Danube ne réussit pas (surtout par les fautes et les divisions des croisés), elle eut pour effet utile d'amortir l'entraînement des Turcs vers le centre de l'Europe ; elle en eut un autre particulier : celui d'occuper assez toutes les forces du sultan des Ottomans pour l'empêcher de prêter ses formidables armes au soudan d'Égypte, qui dut se contenter de ses seules forces pour attaquer Rhodes. Mais il y en avait encore assez pour triompher d'un adversaire, fût-il vingt fois plus nombreux, si cet adversaire ne s'était pas appelé *l'Ordre de l'Hôpital Saint-Jean.*

Le grand-maître Lastic, averti par ses espions du départ de l'armée navale égyptienne, avait fait consolider les fortifications de toutes les îles, munir tous les châteaux et places d'artillerie, d'hommes

---

(1) Les lettres et décrets des grands-maîtres énoncent ainsi leur dignité :
« *Frater N..., Dei gratia Sacræ Domus Hospitalis Sⁱ Joannis Hierosolymitani Magister humilis, pauperumque Jesu Christi custos.* »

déterminés, de bons commandants et de longues provisions, ramasser le bétail de la campagne, et retirer à l'abri des places fortes, avec leurs grains et leurs animaux, toutes les populations qui ne paraissaient pas en état de faire suffisante défense ; car il fallait empêcher que l ennemi n'en fît des esclaves « au dommaige de leurs corps et encore bien plus de leurs âmes chrestiennes, » et qu'il ne tirât profit de leurs biens en les pillant. On se hâtait, craignant une surprise ; mais l'escadre musulmane se rappelait toujours les exploits, encore récents, des galères et des soldats de la *Religion* sur les côtes de Syrie; et les vieux marins avaient transmis à leurs petits-enfants le récit de la grande bataille livrée, en 1321, sur les côtes de Lycie, aux quatre-vingts gros vaisseaux coalisés musulmans, par une petite escadre de dix galères et six vaisseaux ronds de l'*Ordre,* et l'incroyable destruction des deux tiers de l'immense flotte par cette poignée d'intrépides chrétiens. Elle marchait donc avec prudence.

Le 25 septembre 1440, par un temps à grains d'équinoxe, les vigies de la côte et celles du port signalèrent en même temps l'approche de l'armement égyptien, composé de dix-huit grandes galères et d'une masse de *vaisseaux ronds* ou *naves,* pourvus d'une puissante artillerie et portant tous un *basilic* (1); les artilleurs (topdjis) étaient tous de premier choix, et l'on avait embarqué beaucoup d'infanterie, qui venait de se faire la main en pillant à l'aise l'île de Castel-Rosso, aux Hospitaliers, située sur le chemin de la flotte. L'ennemi se flattait, sur un faux renseignement pris à Castel-Rosso, que l'escadre de l'Ordre serait sortie du port et aurait tiré vers le sud, à sa recherche; ce qui lui permettrait de forcer l'entrée du port et de réduire la place par bombardement. Il fut quelque peu surpris, après avoir pris un abri et jeté l'ancre sur la *rade des sablières,* de voir sortir du grand port quatre vaisseaux ronds, plusieurs galères et quelques birèmes (galères légères) et. gripes (chaloupes rapides) battant pavillon de Saint-Jean; le maréchal de Rhodes, Guillaume de Lastic, neveu du grand-maître, en avait, selon sa charge ordinaire, le commandement. Étonné, malgré son immense supériorité, l'Égyptien lève ses ancres et s'élève au

---

(1) Canon long, d'énorme calibre, quelquefois ajusté sur pivot, au centre arrière du navire, et jouant le rôle de nos *pièces de tourelles* actuelles. Ils lançaient à près de 2000 mètres des projectiles en pierre pesant jusqu'à 400 livres.

vent, pour se mettre en meilleure situation d'attaque. Mais l'audacieux maréchal, qui craint de le voir s'éloigner, force sa toile, le double au Nord-Est, et, virant d'un seul coup vent arrière, présente subitement le combat, avec sa petite escadre formée sur deux lignes, à l'énorme flotte égyptienne rangée en avant de la pointe des sablières, et dont « la multitude des combattants et des embarcations, la quantité et l'appareil des engins de guerre frappaient d'étonnement (1). » Le musulman a, de plus, l'avantage du vent; pour lui ôter toute idée de reculade, l'ardent Guillaume le lui laisse, et fait pleuvoir sur lui une grêle de *carreaux* (gros traits d'arbalète, lancés par d'énormes ressorts) et de boulets de pierre.

Alors, spectacle singulier, l'on vit une grande armée navale, admirablement pourvue et montée, triple en forces et en grosseur de son ennemi, recevoir son assaut sans oser le rendre, tant était grande la terreur qu'inspirait l'idée d'un abordage avec les chevaliers; les hauts navires, solidement assis sur leurs ancres, l'arrière tourné vers le rivage et leurs épais bossoirs vers l'assaillant, se défendent comme une ligne de bastions, se contentant, pour toute gloire, de couvrir la mer et la petite escadre de Saint-Jean d'un nuage de *carreaux, scorpions* et boulets parfaitement bien pointés, et de lancer à ras d'eau des masses de feu grégeois (2) qui rendent impossible l'approche aux navires des chrétiens. Ceux-ci ayant de plus le soleil dans les yeux (3) prolongent l'attaque jusqu'à la nuit. Mais leurs munitions sont épuisées; ils rentrent au port pour en prendre de nouvelles et rendre compte au grand-maître. De leur côté, les Sarrasins, désespérant de pouvoir rien tenter sur Rhodes défendue par sa flotte, attendent l'obscurité pour se porter vers Lango (ou Cos), la seconde île par l'importance, afin de rapporter au moins un bulletin avouable de victoire à Alexandrie.

Les agiles *gripes* ont entrevu le mouvement de départ et en ont

(1) Lettre du grand-maître Jean de Lastic au commandeur Juan de Villaragut, châtelain d'Amposta (en Aragon).

(2) Un siphon de taille énorme servait spécialement à lancer cette matière naphteuse qui, entourée d'un composé de sodium et de potassium, s'enflammant au contact de l'eau, s'étalait sur les vagues et y formait des brûlots flottants avec un ronflement et une force de dillagration extraordinaires.

(3) Puisqu'ils s'étaient portés au nord-est et retournés sur l'ennemi. Ce n'est pas un médiocre désavantage en ces régions où le seul reflet du soleil sur les vagues suffit à aveugler à demi. Toute manœuvre de *corps à corps*, qui demande la plus alerte précision, demeurait par cela même impossible.

aussitôt donné avis au maréchal. Il s'attendait à un projet de ce genre. « A Dieu ne plaise que nos frères et le petit peuple de Lango soient victimes de ces forcenés ! » On embarque tous les marins valides, en surplus des troupes ; en silence et avec une infatigable ardeur, les manœuvres sont exécutées ; sur les vaisseaux, toutes les voiles sont livrées au vent du sud-ouest ; sur les galères, tous les avirons sont *doublés* et se meuvent avec une vigueur inusitée... La nuit dérobe ce mouvement à l'ennemi.

Au petit jour, l'armée sarrasine qui s'était mise à l'ancre comme en terre alliée, dans le golfe commode de Physco, en face de Rhodes, évente ses voiles et se porte en quelques heures sur Lango par la bordée de bâbord ; elle tourne ses poupes à Rhodes qui fuit et décroît en arrière ; elle passe, pilotée par les Turcs d'Anatolie, entre les îles Simia et Limonia, range par sa gauche, au vent, les îles de Carki, d'Episcopia et de Nissara, toutes à l'Ordre, mais petites et sans butin à recueillir, et voit ensuite se dresser devant elle les hauts rochers et la ceinture de récifs qui bordent la côte orientale de Lango.

Le port à attaquer est au nord, dans un enfoncement qui fait face à la presqu'île d'Halicarnasse (ou *Boudroum*). Sur le rivage asiatique, des milliers de Turcs suivent de loin la marche de leurs coreligionnaires et applaudissent d'avance à la ruine des chrétiens détestés.

La grande flotte « arrondissant sa poupe », selon le terme marin, a laissé porter vent arrière pour prolonger l'île. Elle va tourner le cap qui lui cache le port.

Sur un signal, les galères légères se portent en avant, à la découverte, pendant que sur les gros vaisseaux tous les bras travaillent à *amurer* de nouveau les voiles au plus près du lit du vent et qu'on se prépare, au besoin, à virer brusquement *lof pour lof*, s'il devient nécessaire de prolonger la bordée avant de revenir sur la ville.

Le cap est doublé ; l'enfoncement sinueux du petit golfe se déroule aux yeux. Un cri de surprise et de colère s'échappe à la fois de tous les bords ; là-bas, entre la masse blanchâtre de la ville avec son gros *château* brun, et la pointe nord-ouest de l'île, où se profilent déjà distinctement les murailles crénelées du fort *Landimachio*, une ligne régulière de navires se présente bien embossée, sur ancres empennelées (1), étendards au vent. Il n'y a pas à s'y tromper : c'est la vaillante petite escadre de la veille... Les jurons, les malédictions, les gestes de menace ne servent de rien... Tous les yeux se tournent vers l'amiral. Il faut en finir avec ces chrétiens ! chacun le répète, mais non sans une secrète appréhension, car on sait ce que cela coûterait. On attend l'ordre de l'amiral.

Pâle sous sa peau bronzée, mâchonnant ses grosses moustaches, le renégat Serphi arpente avec rage son haut tillac... Une galère birème (galère légère) lui passe à poupe ; sur un geste de lui, elle s'arrête, reçoit un grelin, se glisse en hâlant sous le couronnement. Un homme, saisissant la légère échelle de cordes tressées qui est aussitôt tombée d'une des *bittes* (2) ou cornes d'arrière, grimpe lestement, s'arrête à la hauteur de la *galerie* de l'amiral et y pénètre sans façon par la fenêtre entr'ouverte. Déjà Serphi s'y trouve pour recevoir son rapport.

Une minute s'est à peine écoulée que le patron de la birème a rejoint ses hommes par le même chemin ; le léger navire *déborde* à grands coups de rames, et file en sautant sur la crête des lames. Serphi reparaît, l'air grave et impassible, mais l'œil tout sanglant d'une fureur secrète... Il a tout calculé ; il sait la valeur des chrétiens ; leur poste de mouillage est irréprochable et soutenu par les deux forts. Risquer de se faire battre à la vue des Turcs qui sont là de l'autre côté, à moins de cinq lieues, et battre par un si faible ennemi ! Impossible !... mais quoi, abandonner ainsi la partie ?...

Par un violent effort, le renégat a refoulé ses impressions. Il commande d'une voix calme, presque railleuse. Son plan est fait : ancien *pratique* de ces parages, il s'attend à une saute de vent pour la nuit, avec gros temps. En ce cas, la petite flotte chrétienne, qui n'a pas de navires de reste à exposer au milieu des rochers, ira se réfugier à Rhodes, car la rade de Lango est foraine et de mauvaise tenue par les tempêtes du Nord. Elle ne pourra plus, avec pareil vent en proue, essayer de revenir avant la fin du coup de temps ; l'Égyptien, lui, maintenu à portée et en vue de sa proie, n'a qu'à

---

(1) L'ancre *empennelée* est une grosse ancre soutenue d'une plus petite mise en flèche, (ou empennelle), c'est-à-dire dont le câble est *frappé* (attaché) sur celui de la grosse. La petite empêche la grosse de chasser. C'est un *ancrage consolidé*.

(2) Pièces de bois solides qui dépassent et servent de points d'appui pour certaines manœuvres.

laisser passer le plus gros de l'orage pour retomber sur elle en deux heures à peine ; un peu de houle qui restera n'est pas de quoi gêner beaucoup ses gros navires... En route pour l'Asie !

Le signal est fait : cinq minutes après, tous les vaisseaux, brassant carré (1) et rentrant leurs focs inutiles, se laissent porter vent arrière sur la côte ottomane ; bientôt, ils sont rangés le long d'une île médiocre, toute couverte de Turcs, qui précède un des enfoncements de la côte sud de la presqu'île. Les gros vaisseaux de Serpli, qu'il veut abriter, pénètrent dans un petit port presque abandonné, mais assez profond ; devant le port, il range ses grandes trirèmes, leurs proues étincelantes, doublées d'airain, tournées vers l'ennemi, leur *rambade* chargée d'artillerie prête à faire feu. Cette ligne vigoureuse est protégée et dominée en arrière par les grandes poupes des vaisseaux ronds, où s'entassent les gros canons qui tireront par-dessus les galères.

Ces dispositions prises, il sourit et dit au *reis-khbir* (capitaine du vaisseau-amiral), vieux cypriote bronzé à tous les périls : « Nous voici bien défendus, en attendant notre tour d'attaquer ; » et d'un coup d'œil expressif, il désigne le ciel et l'île de Lango. Le *reis* a compris ; sa face renfrognée s'éclaire ; il approuve du bonnet et l'équipage, qui a les yeux fixés sur lui, pousse une acclamation de bon augure.

Mais on signale encore les chrétiens ! Cette fois, c'est trop d'impudence, et ils vont payer cher leurs insolentes audaces de la veille et du matin ! Chacun prend son poste de combat avec une confiance méprisante, pendant que les soldats turcs d'Halicarnasse se jettent en foule dans de petites barques, abordent l'île en un clin d'œil et, sans le moindre souci de la neutralité conclue avec l'Ordre par leur sultan (Amurat), se rangent sur le rivage, prêts à appuyer leurs coreligionnaires égyptiens.

La flotte chrétienne arrivait en effet. Son jeune commandant, aussi réfléchi dans ses ordres que hardi dans l'attaque, avait-il prévu la saute de vent prochaine et démêlé le calcul de l'astucieux Égyptien ?... Quoi qu'il en soit, dès qu'il vit l'ennemi refuser

---

(1) *Brasser*, c'est manœuvrer les *bras*, ou palans de bouts de vergues qui servent à tourner (à orienter) les voiles. *Brasser carré*, c'est mettre les vergues en croix, à angle droit avec la direction du navire, ce qui se fait pour prendre le vent de l'arrière.

l'attaque et s'aller cantonner en eaux turques, il fit aussitôt mettre à pic et appeler les capitaines au Conseil. Là, grâce à leur expérience, le but probable des Égyptiens fut pénétré. Mais ils avaient tort de compter sur le temps ; et l'avis des capitaines fut qu'on pouvait revenir à Rhodes sans trop avoir à craindre pour le sort de l'île Lango.

« En ces deux incertitudes, dit le dernier parlant, il serait peut-être plus sage d'assurer la préservation de la flotte, car l'ennemi ne fera jamais grand mal dans l'île; au reste, il est déjà assez battu pour avouer sa défaite. »

Le maréchal de Rhodes avait, selon l'usage, écouté silencieusement les avis; il se leva pour parler le dernier : « A Dieu ne plaise, messires et frères, s'écria-il, que la bannière de Saint-Jean recule quand le Sarrasin arbore ses enseignes devant elle ! de la flotte n'ayez cure, ce souci est mien et non vôtre; moi seul en réponds au grand-maître ; il n'a mis ces vaisseaux en mon autorité que pour en tirer le plus utile profit que se pourra faire au regard du Sarrasin. Or, nous avons déjà retiré partie de ce profit par le bon combat d'hier, et avons commencé en prendre un second par la bonne manœuvre de ce matin... Suis d'avis que devions poursuivre jusqu'au bout et ne pas laisser au mécréant le répit de se retourner pour reprendre ses avantages. Je vois ce que nous pouvons faire dès cette heure; je ne sais ce qu'il adviendra demain. Il n'est pas donné à chevalier de Saint-Jean de s'excuser comme un païen ou maugrabin, sur le hasard et sur ce qu'il a déjà fait, afin de céler ce qu'il n'a pas fait. » A ces paroles brûlantes tous les chevaliers s'étaient levés : « Eh bien ! frère Maréchal, fit le dernier opinant, s'il en va ainsi, je renonce à mon avis et suis votre homme; allons assaillir l'infidèle. *Ains* (mais) la besogne sera rude, car la bête est grosse et a griffes et dents bien appointées. »

— Capitaine, riposta le maréchal, il y a de cy un siècle et tant en delà, selon ce qui est transcrit aux registres du couvent, plus grosse bête encore fut assaillie en la mer de Lycie par plus chétive compagnie de l'Ordre, et s'en retourna saignante et déplumée. Au surplus, nous avons tous fait le serment de Saint-Jean qui est : *Ne jamais reculer au combat*. Or, nous sommes au combat puisque voilà l'ennemi.

Et du geste, Guillaume de Lastic désignait, par la fenêtre de sa galerie, les voiles égyptiennes qui émaillaient, vers le Nord, les flots bleus de leurs blanches pyramides.

Cela fit rire les bons chevaliers; ils se regardèrent joyeusement comme pour se dire : Allons! c'est un vrai Lastic!

Il vit cela, lui, et s'en réjouit tout bas : « Sus donc, messires, fit-il aussitôt, il ne s'agit que de bien achever ce qui a eu si bon commencement, pour l'honneur de Dieu. Vous allez rentrer à vos bords; quand nous serons proches, je verrai l'ordonnance des Sarrasins, et vous signalerai comment nous les devons assaillir.

Deux heures après, les vaisseaux chrétiens étaient à portée de canon des musulmans. Il faisait encore grand jour.

Comme un lutteur dépouillé de tout ce qui gênerait ses mouvements, ils avaient rapidement cargué leurs voiles basses, dont le puissant élan les avait si vite amenés là. Devant eux, l'ennemi silencieux déployait sa formidable ligne. Sur un ordre du maréchal, les six légères *birèmes,* passant à poupe des *naves,* reçoivent sur leurs châteaux et coursives tout ce qui peut tenir debout: soldats, arbalétriers et archers; les *gripes* en font autant, ainsi que les moins fortes des trirèmes, celles dont la membrure svelte ne pourrait tenir longtemps contre les gros canons du Soudan.

Un paquet léger monte, rapidement hissé, en tête de l'*arbre* de la galère maréchale : le timonier d'un léger coup de poignet le déploie et fait flotter l'étendard de la Religion, au-dessous duquel s'allonge la banderole blanche semée de roses et de croix, le *guidon* du couvent de Rhodes. Aussitôt, les navires légers s'élancent à coups d'avirons vers la plage; à deux cents pas à peine ils touchent le fond. Les Turcs de l'île et une partie des équipages du Soudan courent à leur rencontre; mais les assaillants, dans l'eau jusqu'à la poitrine, marchent obliquement, sous la conduite du maréchal, et les trirèmes, ayant la vue libre pour leur tir, dégagent vivement leurs pièces légères et couvrent l'ennemi de mitraille. A la faveur de leur feu, les soldats de Rhodes ont pris terre et chargent avec vigueur, au cri de *Saint-Jean aide! Lastic! Lastic!* En un clin d'œil, les Turcs mêlés à l'aventure ont fui de tous côtés. Des vaisseaux musulmans, un renfort puissant descend au secours. Mais le lieutenant de Rhodes, arrivant avec la grosse escadre pour charger la flotte ennemie, paralyse leur débarquement; le renégat Serphi, frappant du poing les murailles de son navire, rappelle une partie de ses hommes à bord, et les jette à la manœuvre des grosses pièces. Il faut à tout prix empêcher les vaisseaux chrétiens d'arriver à l'abordage; car il n'est pas un musulman qui ne regarde, en ce cas, son navire comme perdu d'avance. Pendant le duel acharné de l'artillerie des deux flottes, qui se canonnent à demi-portée, le maréchal et sa troupe ont fait main basse sur les équipages musulmans débarqués. Couvert de sang, le jeune Lastic en est à sa cinquième blessure; il s'escrime avec sa grande hache d'armes, sa « cognée d'Auvergne » comme on l'appelle au couvent, à cause de son long manche clouté d'acier.

Le jour baisse, le rivage est nettoyé de mécréants; les soldats de Rhodes, portant leurs morts et soutenant leur vaillant chef qui a pâli enfin, se rembarquent en se *défilant* avec soin derrière les escarpements rocailleux, du feu des navires ennemis. Les birèmes et les grips décrivent un demi cercle rapide et, accostant par la poupe, rejettent à bord des grands navires les vainqueurs fatigués. Seul, le maréchal ne veut pas de repos. Il monte, soutenu par deux novices, au *château de pouppe* et, de sa place de bataille, dirige une dernière attaque contre la ligne égyptienne. Mais des tourbillons de vent irréguliers s'élèvent et, prenant par l'avant les vaisseaux, collent les voiles sur les mâts; l'orage arrive; les chevaliers cèdent à Dieu et se retirent glorieux. Sur les ponts égyptiens, trois cents morts gisaient dans leur sang, quatre cents couvraient la plage de Katharoua; les cales regorgeaient de blessés qui hurlaient pour avoir de l'eau potable.

La flotte chrétienne, bondissant sur les hautes vagues du canal de Carie, apparut devant Rhodes le lendemain à l'aube, sous une pluie diluvienne. Elle n'avait perdu que soixante hommes. Le grand-maître, descendu au port pour la recevoir, porta le premier, dans ses bras encore vigoureux, son neveu couvert de blessures à l'infirmerie de l'hôpital. Aucune n'était mortelle, heureusement.

Quant au renégat Serphi, après avoir passé quatre jours à enterrer ses morts et panser ses blessés, il avait soudainement mis à la voile, un soir. Mais il ne hasarda pas ses navires à la vue de Rhodes et de sa flotte; sombre et honteux, il prit la bordée du sud-ouest, revira le lendemain, à la nuit, le cap à l'est et, moins pour se consoler que pour ne pas affronter, sans quelque compensation, la colère du Soudan, il s'en alla piller, saccager et brûler la commanderie de

Limisso, en l'île de Chypre, propriété de l'Ordre vainqueur. Ce facile exploit ne lui fit pas trouver grâce devant Abou-Saïd. Après avoir châtié son amiral, le Soudan se tourna vers le nord-ouest et,

étendant la main dans la direction de Rhodes: « J'avais, dit-il, une injure séculaire et de longs affronts à venger là-bas; le traître n'a pas su faire son devoir; c'est une vengeance de plus qu'il me reste à tirer des Croix-blanches. »

§ 3

Cette parole ne devait pas demeurer vaine; et le vieux Lastic, qui connaissait son homme, ne se départit pas un instant de sa vigilance accoutumée, pendant les quatre années qui s'écoulèrent entre la menace et ses effets. Les fortifications de Rhodes furent réparées et augmentées, principalement du côté de la campagne (bastions d'Auvergne, d'Angleterre et de Provence, porte Saint-Georges, tour Saint-Michel); les *châteaux* de l'intérieur, et ceux des îles secondaires, réparés et bien garnis de canons, munitions et hommes; des consignes sévères données, non-seulement à la troupe, mais à l'habitant, pour qu'au premier signal tout ce qui n'était pas en état de résister à l'ennemi se dérobât à ses atteintes, dans des refuges

VUE GÉNÉRALE DE RHODES, A VOL D'OISEAU, EN 1480.
D'après un manuscrit du XVe siècle (de Guillaume Caoursin) à la Bibliothèque nationale

désignés d'avance et préparés pour cet objet. Mais ces travaux n'étaient encore que délassements, à côté des vastes et multiples labeurs qui incombaient au chef de l'Ordre : appels réitérés et pressants à tous les membres de la Religion pour qu'ils aient à venir défendre Rhodes; longues luttes pour la perception des deniers et *responsions* dus à l'Ordre, pour les comptes des commanderies, pour l'établissement d'un nouveau règlement financier; appel aux princes chrétiens, tantôt directement, tantôt par la voie des brefs pontificaux; négociations avec les États soit européens, soit asiatiques; avec l'Ordre de Saint-Lazare (qui voulait se réunir à celui de l'Hôpital); avec le Soudan d'Égypte, pour la neutralisation de l'île de Chypre et, un peu plus tard, des îles Lango et Nissara; chapitre général très important, où furent remis en vigueur les règlements de discipline intérieure que les chevaliers étaient tentés d'abandonner peu à peu, par l'exemple des autres Ordres militaires, notablement moins sévères et moins humbles que l'Hôpital, et où fut traitée et décidée, par bulle pontificale, l'aliénation de partie des biens de l'Ordre en vue de la guerre imminente, etc., etc.

Le printemps de 1444 touchait à sa fin lorsque le grand-maître, après avoir pourvu à la neutralité de Chypre, Lango et Nissara en inféodant les domaines de l'Ordre au roi de Chypre et à des seigneurs vénitiens (Venise avait paix perpétuelle avec l'Orient), fit inspecter les autres îles, dites *magistrales,* par les chevaliers Guy de Domaigne et Hector d'Alemannia (bailli de Naples), afin que rien ne manquât à assurer leur bonne défense. En même temps, il tenait un grand chapitre pour la réforme de plusieurs graves abus.

Cependant les armées chrétiennes avaient paru sur le Danube, accompagnées par le légat pontifical Julien Cesarini ; et l'on avait avis que, de son côté, Abou-Saïd avait préparé et juré la destruction de l'Ordre. L'amiral de la Religion, frère Fantin Quirini, commandeur de Lango, reçut ordre de pourvoir aux îles non magistrales qui étaient sous son commandement, et il fut même autorisé à traiter un accommodement avec l'Égypte, par l'intermédiaire de la Seigneurie de Venise, sa patrie. Mais le Soudan avait poussé les choses trop loin pour reculer à la dernière heure, et, dès le commencement d'août, la flotte égyptienne fut signalée au mouillage du golfe de Satalié. Le surlendemain, elle paraissait devant Rhodes.

On l'attendait; elle savait d'avance comment elle serait reçue du côté du port et ne songea pas même à s'y frotter. Après avoir lentement contourné l'île par le sud, en menaçant successivement Phéracle, Lindo et Catavia, elle atterrit subitement vers le soir, au sud-ouest, en face de Messénagro, et jeta en un clin d'œil sur le rivage un corps de 18 000 hommes d'infanterie, tous vieux soldats, puis un train considérable de grosse artillerie ; et à la suite, plusieurs escadrons de cavalerie qui, à peine débarqués, se dispersèrent dans toutes les directions et firent main basse sur tout ce qui ne s'était pas mis à l'abri selon les prescriptions du grand-maître.

Ce facile pillage ne retarda pas d'une minute l'exécution du plan des Égyptiens. Infanterie et artillerie, précédées d'un corps de Mamelouks (1), traversèrent rapidement l'île, grâce aux belles routes qu'y avaient tracées les chevaliers, et vinrent assiéger la capitale, tandis que la flotte allégée en formait le blocus maritime.

L'historien est arrêté à ce point de la narration par un fait peu ordinaire : *Il n'y a pas de relations détaillées des faits du siège,* qui dura quarante jours. Et Vertot lui-même fait observer que les intrépides et modestes chevaliers aimaient mieux se servir de l'épée que de la plume, et ne tenaient aucunement à ce que le monde connût leurs prouesses, accomplies en la seule vue de Dieu et de leur devoir monastique. Les hommes d'épée n'ont pas accoutumé l'Histoire à une telle humilité; d'autre part, le devoir de la vérité nous interdit de rien supposer, sinon les courtes indications qui résultent des notes consignées dans le registre de l'Ordre. C'est ainsi que nous savons : 1° que le siège fut très rude et qu'il dura six semaines; 2° que le frère Jean Tayde, chevalier de la langue de Portugal (ou d'*Atayde,* famille qui a fourni au Portugal une série de grands personnages politiques et militaires), survenant avec une troupe de soldats éprouvés qu'il avait levés à ses frais, dans son pays, perça le blocus et se signala par une série de si beaux exploits que le grand-maître lui en délivra mention spéciale par lettres patentes, le 28 septembre de la même année; 3° que, pendant le siège, un renégat du nom d'Antoine, surnommé par les Égyptiens El-Bahador (*le marin*), et qui servait de principal conseiller au général du Soudan, se repentit de son crime, passa aux Rhodiens et,

---

(1) Les Mamelouks étaient à cette époque de véritables *chevaliers* sarrasins, et les Soudans dépendaient eux-mêmes en grande partie de ce corps si redoutable, aussi politique que militaire, qui n'obéissait qu'à ses *beys* élus.

LE SULTAN ET SON HÉRAUT. (Voir page 115.)

après avoir été reçu à pénitence et resipiscence par l'évêque, devint l'âme de la défense, comme il l'avait été de l'attaque; il fut doté par l'Ordre d'une pension de cent cinquante florins au lys (1) payables sur le prieuré de Messine en Sicile; 4° que la flotte de l'Ordre, soigneusement mise en état, s'était augmentée des navires suivants : la galère de l'amiral Fantini; celle de Lindo ; celle d'Angelo de Léoni, sicilien; celle du commandeur Jean de Cavaillon, provençal; celle des Catalans Jacques de Vilaragut et Gracian de Monserrat; celles du Français Godefroy Lerment et du Majorquais Hernando Bertran.

Le siège fut levé le 20 septembre. Et une bulle d'Eugène IV, en date du 28 décembre de cette année, exalta la vaillance des défenseurs de Rhodes; par elle, nous apprenons que l'ennemi avait livré « tant et de si rudes assauts que si les Frères de l'Hôpital n'eussent pas joint à la protection divine qui leur fut visiblement départie, *d'immenses dépenses et les plus héroïques travaux*, il y aurait eu péril imminent de perdre l'île et cité de Rhodes, et de voir la société chrétienne *privée de son meilleur et plus ferme rempart* contre les ennemis de Dieu, auxquels le chemin serait demeuré ouvert pour envahir la chrétienté jusqu'en Italie. »

A ce témoignage magnifique, tombant après cinquante autres précédents du haut de la chaire de Pierre, pour l'impérissable gloire de l'Ordre, était jointe une pressante invitation à tous les princes chrétiens de ne pas abandonner à ses forces, si réduites, le plus vaillant champion de la foi et de la civilisation, menacé, entouré et pressé de tous côtés par les armes de formidables empires, — et l'annonce de l'envoi d'une flotte de secours aux frais du Saint-Père.

Comme Eugène IV, Lastic ne s'y trompait pas. Il savait que le répit accordé par les Turcs à Rhodes n'était que le prélude d'un assaut terrible... Il tendit dès lors tous les efforts de son administration à assurer la future défense de Rhodes. Et, des neuf ans et demi qu'il gouverna encore la *Religion de Saint-Jean*, à travers les plus graves difficultés et les plus hautes et sages résolutions, les historiens ont tracé des pages où éclate la vigueur de ce vieillard, plus ferme et alerte d'esprit qu'un jeune homme.

(1) Ainsi nommés parce qu'ils étaient frappés avec l'écu de l'Hôpital, à la fleur de lys de France; les gros (ceux dont il s'agit ici) portaient en pile 6 fleurs de lys; cela faisait une rente de *trois milles aspres turques*. L'aspre représentant 26 deniers, ou près de 1 000 francs actuels; or au cours des monnaies d'alors, c'était une prime princière (*au moins* 18 000 francs actuels) et l'Ordre faisait bien les choses.

Le 29 mai 1453, le coup de foudre qui menaçait depuis longtemps la Chrétienté retentit subitement, comme un glas menaçant, à travers l'Europe; Constantinople, noyée dans le sang, tombait aux mains du plus audacieux, du plus raffiné, du plus habile de tous les Attilas de l'histoire : — de Mahomet II. L'impitoyable conquérant, après avoir foulé aux pieds le corps du dernier Paléologue, tué sur la brèche, et fait manger l'avoine à son cheval sous la coupole de Sainte-Sophie, tourna les yeux vers l'Archipel. Sa première sommation fut pour les chevaliers de Rhodes : il leur signifiait que, maître et héritier par les armes de l'Empire d'Orient, il n'observerait la paix accordée à l'Ordre par Amurat qu'à la condition d'en recevoir un hommage de sujétion, et un tribut annuel de deux mille florins d'or.

La réponse fut celle que savaient faire les Hospitaliers :
« La Religion Saint-Jean, Rhodes et ses dépendances, reconnues
» comme État par toutes les nations chrétiennes et par les sultans
» turcs, ne relevaient, par institution, que du Saint-Siège aposto-
» lique, et ne pourraient jamais payer tribut qu'au Souverain Pon-
» tife. Lui, Jean Bompar de Lastic, grand-maître de cette répu-
» blique qui s'était confiée libre et indépendante à sa direction, selon
» les règles de l'Institut, ne la rendrait pas tributaire et sujette de
» qui que ce fût. Au surplus, la république de Rhodes était formée
» de Religieux craignant Dieu et portant solides glaives, et non de
» femmes. Si le grand Sultan, rompant sans motif le serment d'une
» paix qu'il avait jurée deux ans avant, leur causait dommage, lui,
» frère Lastic, ne laisserait pas amoindrir le dépôt librement confié
» à ses mains, et dont il se tenait comptable envers ses successeurs ;
» avant qu'on portât une seule atteinte aux droits et à la liberté
» de la République, il était résolu perdre la vie avec ses chevaliers. »

Le héraut d'armes musulman vint rendre cette réponse à Mahomet. Bondissant de colère, le grand Sultan déclara d'abord que « les chevaliers venaient de prononcer leur arrêt de mort. » Puis, rappelant le héraut : « Dis-moi, lui demanda-t-il, quelle réception t'a été faite ?

Celui-ci répondit, sans hésiter :

— Noble et haute, comme à mandataire de grand prince.

— Et quelle contenance avaient ces chevaliers et leur chef ?

— En vérité, plus fière que n'ay oncques vue chez les rois.

— Est-il bien **vieux**, le grand-maître ? On le dit tout cassé.

— Il a quatre-vingt-trois ans sonnés, et on les lit sur son visage. Mais je ne connais qu'un port aussi droit et un regard aussi ferme que le sien ; c'est celui de Ta Hautesse. »

L'œil de Mahomet étincela : « Vous entendez ? cria-t-il d'une voix éclatante à ses capitaines abasourdis. Je veux vous mener à Rhodes pour que vous appreniez à voir des hommes, et osiez les combattre ! Mais d'abord, je veux m'assurer que vous en serez capables ; car les victoires dont vous vous glorifiez ne sont que jeu, au prix de ce que vous gardent ces chevaliers ! »

Il mit heureusement vingt-six ans à préparer l'expédition. Le grand-maître Jean de Lastic, après avoir pourvu à tout, et réclamé l'aide des princes chrétiens, s'était pieusement endormi dans le Seigneur, le 19 mai 1454.

LE GRAND-MAITRE PIERRE D'AUBUSSON

TROISIÈME RÉCIT

PIERRE D'AUBUSSON ET LE GRAND SIÈGE DE RHODES SOUS MAHOMET II

§ I

Parmi les ambassadeurs que la Religion de Rhodes députait aux princes d'Europe sur l'ordre de Jean de Lastic, et l'année même où mourut ce grand-maître, se trouvait un célèbre chevalier de la même *langue* que Lastic, Pierre Renaud d'Aubusson, des vicomtes de Monteil, commandeur de Lureil, connu dans toute l'Europe pour ses exploits, sa longue amitié avec l'empereur Sigismond, puis avec le dauphin Louis de France ; ses vastes talents d'ingénieur militaire, et cet accord parfait d'une belle intelligence et d'un courage impétueux avec une prudence consommée et de grandes vertus chrétiennes, qui avait fait dire de lui par le roi Charles VII : « qu'il y avait en cet homme une bien rare alliance : tant de feu avec tant de sagesse! »

Issu d'une des plus grandes familles de France, il descendait directement par son père, et en ligne masculine, de Renaud Ier, vicomte d'Aubusson et seigneur de la Feuillade, frère aîné du célèbre et bienfaisant évêque de Limoges, Turpin, qui fut grand aumônier de Charlemagne ; et par sa mère, Marguerite de Cambon, d'Archambaud, 1er vicomte de Cambon et Turenne, qui fut gendre de Richard Ier, duc de Normandie, et qui eut pour beaux-frères le roi Ethelred d'Angleterre, le comte Geoffroy de Bretagne et Eudes, IIme comte de Champagne, Chartres, Blois et Tours. Son père s'appelait Renaud VIII d'Aubusson de Monteil.

Il avait quatre frères dont l'aîné, Antoine, fut l'ancêtre du fameux maréchal français d'Aubusson de la Feuillade, et les trois autres furent évêques (deux à Tulle et un à Cahors) ; — et deux sœurs, dont la première épousa le sénéchal de Lyon, Guy de Blanchefort, et devint mère d'un futur grand-maître de Rhodes (1), et la seconde épousa Mathelin Brochet, sire de Montaigu, sénéchal du Limousin.

Esprit élevé, cœur ardent, corps robuste, Pierre d'Aubusson, arrivant à l'adolescence au moment où se concluait entre France, Angleterre et Bourgogne la *Trêve d'Arras,* alla d'abord exercer son épée sous l'empereur Sigismond, contre les Turcs qui ravageaient la Hongrie et les Hussites qui désolaient la Bohême. Ce fut lui qui, à la sanglante bataille de Kolocza, livré par le gendre de l'empereur, Albert d'Autriche, rallia l'infanterie chrétienne en déroute, et, seul avec un chevalier resté inconnu (2), rétablit le combat et assura la victoire. Dix-huit mille Turcs restèrent morts sur le champ de bataille. Il ne fit pas moins contre les sanguinaires et fanatiques Hussites, qui finirent par se soumettre (Paix de Prague).

C'est alors que d'Aubusson, appelé à la cour impériale, y devint l'ami et l'élève du grand Sigismond, qu'il apprit de lui à pratiquer les vertus chrétiennes jusqu'à l'austérité, non moins qu'à diriger habilement la politique et les finances d'un État, et qu'il étendit, par l'étude, ses connaissances premières en tout genre, mais principalement en histoire, pour les sciences morales, et aussi dans les mathématiques et l'art des sièges, au point d'être bientôt regardé, ainsi que nous l'avons déjà dit, comme le meilleur ingénieur militaire de son siècle.

La mort de Sigismond et l'avènement d'Albert II (qui n'aimait pas les Français) ramenèrent Pierre d'Aubusson en France ; il y arriva au moment où les Anglais, rompant la trêve d'Arras, tentaient un dernier et violent effort pour se rétablir dans les belles provinces d'où Jeanne d'Arc les avait chassés. Présenté au roi par le chambellan Jean d'Aubusson de la Borne, son cousin germain, et déjà précédé d'une grande réputation, il reçut le meilleur accueil à la cour de France, devint l'intime ami du comte de la Marche, gouverneur en titre du dauphin Louis, puis du dauphin lui-même, se signala extrêmement au siège de Montereau et dans toutes les actions de guerre, et rendit un service encore plus grand en servant d'intermédiaire pour ramener à l'obéissance le dauphin

---

(1) De ce mariage sont issues les familles historiques des Lesdiguières et des Créquy.
(2) On sait seulement qu'il était Hongrois.

Louis quand celui-ci, irrité, dit-on, par la faveur très inavouable accordée à la fameuse Agnès Sorel, se fut jeté dans la Praguerie. Aussi devint-il pendant quelque temps l'un des conseillers écoutés du roi Charles VII. Il figura encore brillamment dans l'expédition de Lorraine et à la prise de Bâle... Puis, les grandes guerres européennes paraissant enfin décliner, il regarda de nouveau vers l'Orient où de terribles événements s'accumulaient : le désastre de Varna (1444) épouvantait les princes et émouvait les cœurs chrétiens... Entre les fastueux honneurs de la cour de France et le péril de la Chrétienté, Pierre d'Aubusson n'hésita pas une minute. Il quitta tout, et courut à Rhodes.

Il est bon ici de le dire, à l'éternelle louange du vieux sang français : si la frivolité galante et les complots politiques entraînaient trop de têtes aventureuses, la foi et la vertu militantes n'étaient certes pas perdues dans la masse de la nation ; et devant les nouvelles inquiétantes reçues d'Orient, il s'était présenté une telle foule de gentilshommes français pour embrasser l'austère monacat militaire de Saint-Jean que le grand-maître avait dû, par ordonnance du conseil, interdire de recevoir aucun novice, jusqu'à ce que les finances de l'Ordre, qu'il travaillait à restaurer, le permissent. Toutefois, une exception fut faite, et ce fut en faveur de Pierre d'Aubusson. Le sage conseiller de Charles VII, l'ancien vainqueur des infidèles en Hongrie et des hérésiarques radicaux de Bohême, le savant ingénieur, l'ami pieux et discret du grand Sigismond, ne pouvait être mis au rang des jeunes gens qui n'offraient que de belles espérances, alors qu'il apportait déjà de si beaux fruits.

Présenté par une des meilleures épées de l'Ordre, par son oncle Louis d'Aubusson, commandeur de Charroux, il fut agréé par Jean de Lastic. Les courses sur mer, contre les pirates qui infestaient l'Archipel et la mer de Lycie, le mirent au courant du genre le plus ordinaire de guerre des chevaliers ; son mérite lui fit attribuer, presque aussitôt, la dignité de commandeur de Salins, qu'il échangea plus tard pour la commanderie de Lureil ; ses deux compatriotes de la *Langue d'Auvergne,* le grand-maître de Lastic et le grand-prieur Jacques de Milly, le regardèrent bientôt comme « le premier des commandeurs français » (*sic*). Et la première preuve publique en fut donnée par l'ambassade dont ils le chargèrent, lorsque l'insolente sommation de Mahomet II fit craindre son attaque prochaine.

Pendant qu'Aubusson se rendait en France, l'énergique Lastic expirait, et Jacques de Milly, aussi fin diplomate qu'ardent guerrier, lui succédait dans la grande maîtrise (1454). A peine arrivé à Rhodes, Milly vit, comme premier avertissement des colères de Mahomet, une flotte turque ravager horriblement les îles, sans défenses suffisantes, qui dépendaient de l'Ordre, et emmener en captivité un grand nombre de leurs malheureux habitants.

Cependant, d'Aubusson avait trouvé le roi de France peu disposé à secourir l'Ordre : fatigué par de longues et terribles guerres, et se sentant décliner, Charles VII voyait ses dernières années assombries par la conduite de son fils. Ce fut à force d'éloquence et d'insistance, d'adresse et de vigueur, que l'ambassadeur de la Religion parvint à ranimer l'ancienne énergie et la piété sincère qu'il avait jadis connues en ce prince. L'infatigable Cour de Rome venait heureusement à son secours par des brefs tantôt pleins d'effusion et de véhémence, tantôt menaçants. Aubusson, en rentrant à Rhodes, y apportait seize mille écus d'or, offerts par le roi de France, avec promesse de ne pas s'en tenir là, et de fournir au besoin des secours effectifs en navires et hommes, dès qu'il le pourrait, et que la circonstance paraîtrait l'exiger.

Mais à côté des vertus et des héroïsmes chrétiens, il trouva aussi le combat des passions et surtout de l'orgueil, déguisés sous des apparences de justice et d'amour-propre national. Et tandis que le glorieux Jean Hunyade, tenant en échec sous Belgrade les vastes armées de Mahomet, procurait à l'Ordre un répit de plusieurs années, les *Procurateurs* des langues d'Espagne, d'Italie, d'Allemagne et d'Angleterre, jaloux des trois langues françaises (Provence, Auvergne et France), saisissaient l'occasion d'un chapitre général pour élever les plus hautes prétentions à mettre en commun toutes les dignités d'un Ordre que leurs nations n'avaient pas fondé, et auquel elles n'avaient ait que s'agréger plus tard. Un des points de leurs réclamations formulées sur un ton de menace, était précisément la charge de *capitaine général de Rhodes,* dévolue à un commandeur français (Pierre d'Aubusson), et qui constituait le *vice-maréchalat* de l'Ordre.

Ce fut d'Aubusson qui répondit, avec une éloquence et une dignité parfaites, à toutes ces attaques, et emporta ainsi le jugement du *Conseil complet* (1), lequel, à l'unanimité, repoussa toutes les prétentions des *procurateurs* rebelles, et défendit *pour leur propre honneur* qu'elles fussent portées sur le registre du Conseil. Une tentative de scission allait même amener un sévère jugement du Conseil contre ses auteurs, quand le grand-maître, intervenant, imposa les voies de douceur. Comme toujours, ce fut le côté du Droit et de la Justice qui fit les concessions de fait, après avoir sauvegardé le principe. C'est alors que fut créée la *huitième langue*, pour la séparation de la Castille et Portugal d'avec l'Aragon et Navarre, et que l'on attribua au pilier de cette langue la dignité de *chancelier*, qui avait été jusque-là laissée à la discrétion du grand-maître. Presque en même temps, la mort inopinée de l'aimable et affectueux Jacques de Milly ouvrait la succession au magistère; et elle passait à un Castillan, frère Ramon Zacosta, châtelain d'Amposta, qui s'appliqua, par une prudence habile, à tenir en balance et à écarter de Rhodes les armes de ses trois plus dangereux et puissants voisins: le Turc, l'Égyptien, et, faut-il le dire? les Vénitiens, maîtres d'une grande partie de la Grèce, et plus appliqués à leurs intérêts commerciaux qu'à l'utilité générale et au bien de la société chrétienne, dont ils détenaient, avec l'Ordre de Rhodes, les postes avancés vers l'Orient. Telle était l'estime qu'inspirait alors d'Aubusson à ceux-là même qui l'avaient combattu, que son influence ne fit que croître. Un peu plus tard, ce fut sa voix, aussi redoutable qu'éloquente, qui, dans le grand chapitre général tenu à Rome, par devant le pape Paul II, dévoila la fausseté des insinuations dirigées contre le grand-maître Zacosta, et décida l'intervention pontificale contre les coupables. Sans l'avoir cherché, il se trouvait déjà, par ses actes et son caractère, le membre le plus en vue de l'Ordre.

En 1467, il revient de Rome avec le successeur de Zacosta, Jean-Baptiste des Ursins (Giovanni Battesta Orsini), ancien grand-prieur de Rome; avec lui, une foule de Français illustres, tels que le bâtard de Bourbon, le commandeur de Boncourt, le grand-prieur de France, Bertrand de Cluys, etc., que les dangers croissants

---

(1) Le *Conseil ordinaire* se composait du grand-maître (ou son délégué, le lieutenant général; lorsqu'il n'avait pas de lieutenant général, c'était le *maréchal*, pilier d'Auvergne, qui présidait), et des *grand-croix* de l'Ordre qui étaient: l'évêque de Rhodes, le grand-prieur de Rhodes, les baillis conventuels, les grands-prieurs des diverses langues, et les baillis capitulaires. Le *Conseil complet* se composait, outre les grand-croix, des deux plus anciens chevaliers de chaque langue.

de l'Ordre appelaient à sa défense. Déjà la guerre ottomane était entamée de fait, par l'appui que prêtaient les Turcs aux courses du fameux renégat Courtogli, pourvu d'un grade honoraire dans la flotte ottomane, et rudement pourchassé par les navires de la Religion.

Mahomet II, poursuivant ses plans d'extension progressive, fit payer cher aux Vénitiens leurs inutiles et lâches complaisances pour le Croissant. En 1470, il jetait sur l'Eubée (l'île Egripo), clef de la possession de la Grèce du Nord ou Hellade, cent vingt mille hommes, appuyés par plus de cent galères. On vit alors dans cette occasion le Conseil de la Religion, oubliant volontairement les exigences et les perfidies dont la puissante république l'avait abreuvé, ne songer qu'aux intérêts supérieurs de la chrétienté, et à son serment personnel de *combattre pour la défense de la foi*... Deux galères sont confiées au chevalier de Cardena, pour aller au secours des Vénitiens ; d'Aubusson s'y embarque avec une troupe d'élite, chargée de renforcer la capitale de l'île, Khalcis ; le Sénat de Venise, enchanté, ordonne que l'habile ingénieur de la Religion sera spécialement obéi comme directeur de la défense de la place. Mais Venise avait trop souvent trahi sa foi et ses frères chrétiens, pour que la main de Dieu la soutînt dans cette épreuve. D'Aubusson était allé, sans nulle vanité, se mettre aux ordres de l'amiral vénitien Canalis ; ce faible et hésitant capitaine ne sut pas donner à propos une seule fois ; les chevaliers-moines durent se contenter d'accomplir leur devoir ; leurs exploits, peu soutenus par la flotte vénitienne, ne sauvèrent pas l'île, et servirent seulement à attirer sur eux l'animadversion de Mahomet II, qui déclara la trêve avec l'Ordre rompue, et délivra aussitôt des *Commissions* ou *Lettres de marque* à tous les corsaires musulmans, de quelque pays qu'ils fussent, pour attaquer et ravager les îles de la *Religion,* en attendant qu'il y parût lui-même.

Dès lors, la guerre directe devient imminente, et Orsini ne songe plus qu'à bien fortifier la place. Un chapitre extraordinaire est tenu à cet effet ; de vastes résolutions y sont votées, et l'on rappelle tous les membres de l'Ordre en congé ou fixés en Europe. C'est dans le même chapitre que les chefs de la langue d'Auvergne furent chargés, par leurs chevaliers, de demander l'adjonction d'un nouveau bailliage, eu égard à la quantité de frères que fournissait cette langue et à l'éclat des services qu'elle avait rendus. Toutes les voix s'accordèrent pour désigner d'Aubusson comme bailli de Lureil. Ce titre

LE SIÈGE DE RHODES

lui donnait entrée et voix aux deux Conseils. Son premier discours en cette qualité fut pour décider l'Ordre à soutenir la reine Charlotte de Lusignan contre l'usurpateur de sa couronne, l'ambitieux Jacques, qui s'était acquis la protection du Sénat vénitien en épousant la fille d'un doge, Catherine Cornaro. Sans prendre parti par les armes, ce qui eût été à l'encontre de son Institution qui lui interdisait de guerroyer contre les chrétiens, l'Ordre traita Charlotte en souveraine et lui fournit les ressources qu'elle demandait.

Cependant, la ville avait un urgent besoin d'être fortifiée ; la liaison manquait entre les travaux élevés à diverses époques, et dont le dernier (la tour Saint-Elme) remontait à la maîtrise de Jacques de Milly. Après longue délibération, ce fut encore à d'Aubusson que le Conseil déféra la direction de ces travaux ; et le bailli de Lureil reçut dispense de la règle qui l'appelait à résider en son bailliage. Il demeura à Rhodes, avec le titre de *capitaine général* de la ville et port. Il se met à l'œuvre et sait exciter une telle ardeur dans la population que les femmes elles-mêmes offrent un jour de la semaine pour travailler aux remparts. Tous les bastions sont reliés par de profonds fossés et de fortes courtines ; les obstacles au tir des pièces sont rasés ; les trois forts maritimes et le front de mer sont entourés d'un ouvrage continu de 20 pieds de hauteur sur 35 de large, pourvu de canons..... Pendant qu'il vaquait à ces soins, Pierre fut nommé grand-prieur d'Auvergne ; il continua ses travaux et se contenta de déléguer ses pouvoirs en Auvergne à un procurateur spécial. Presque aussitôt, Orsini meurt ; le *Conseil complet* s'assemble ; d'Aubusson est élu grand-maître à l'unanimité des voix (sauf la sienne). Interdit, il se lève, proteste avec force, veut expliquer à ses frères les causes qui, selon lui, le rendent peu propre au commandement suprême... Le président (1) et le grand-hospitalier, souriant, lui imposent silence au nom de la règle. Pierre demande un délai, se retire à la chapelle, y prie deux heures, étendu sur les dalles... Puis, le front serein, il rentre au Conseil et déclare simplement « qu'il n'a plus qu'à obéir au vote de ses frères ; mais que c'est sa vie qu'il va donner à son devoir, pour compenser son indignité personnelle. »

Dès que l'élection fut connue, de telles acclamations s'élevèrent

(1) Frère Raymond Ricard, grand-prieur de Saint-Gilles et pilier de Provence

qu'on n'avait pas entendu pareille liesse depuis Gozon le bon chevalier..,.. Le Conseil, en les approuvant, au lieu de les réprimer, s'y joignit par trois fois. « Dans toute la Religion, dit Bosio, on se crut sauvé et relevé du coup; il n'y eut qu'un seul homme de triste, le nouvel élu. » (1476.)

C'est maintenant qu'il faut le voir à l'œuvre.

§ 2.

Deux ans s'étaient écoulés depuis l'avènement de Pierre d'Aubusson à la grande-maîtrise, et les Turcs non seulement n'avaient pas encore attaqué, mais paraissaient même disposés à traiter avec la Religion.

Ce retard tenait au caractère réfléchi de Mahomet et à l'activité de d'Aubusson. En deux ans, le grand-maître avait réduit, à force de modération et de fermeté, les orgueilleuses menaces de Venise à une stricte neutralité, jeté les bases d'un arrangement possible avec Oulacum-Kassan (roi suprême ou *sophi* de Perse), dans le but de menacer de flanc le terrible empire Ottoman, alarmé le Soudan d'Égypte pour son indépendance, jusqu'à en tirer une paix sérieuse et un échange de bons offices, obtenu du roi de Tunis une trève de 31 ans et des privilèges pour la fourniture de grains à la *Religion*, reçu du Pape une approbation plénière de tous ses actes, suivie de la publication d'un *Jubilé* en faveur de l'Ordre, lequel produisit d'heureux fruits et fit entrer beaucoup d'argent dans le trésor Rhodien, arraché au roi Louis XI (1), si positif dans ces questions, la publication du Jubilé en France, avec protection royale, tenu deux chapitres généraux, fait payer d'avance l'*annate* à toutes les *dignités de grâce*, fortifié toutes les îles, ainsi que le château Saint-Pierre (dont le fossé fut transformé en un bassin profond de refuge pour les navires de l'Ordre), relevé le château de Catavia, garni tout le pourtour de Rhodes et les autres îles de forts et de *tours de guet*, pour rendre impossibles les pillages des pirates Lyciens et Cariens, racheté aux Égyptiens et aux Turcs une masse de chrétiens esclaves

---

(1) Par l'ambassadeur de la Religion, *Guy de Blanchefort*, que Louis XI affectionnait, et qui présenta au roi ce que celui-ci aimait le plus : des tissus et des vaisseaux d'Orient.

(parmi lesquels plusieurs chevaliers et beaucoup de sujets de la Religion), reçu et détourné une première et fausse attaque de la flotte turque, conjuré une famine, réparé les dégâts d'un tremblement de terre et rendu la ville de Rhodes, dont il restait capitaine général en titre, à peu près inexpugnable.

Puis, sans s'arrêter aux bruits accrédités par Mahomet II (1) d'un grand armement contre la Morée, il lança dans toute la chrétienté une lettre circulaire aux membres de l'Ordre, leur dépeignant le péril, leur rappelant leurs vœux, leur enjoignant de rallier la bannière de Saint-Jean sous peine de forfaiture et déchéance, et autorisant tous les détenteurs de prieurés, commanderies et bénéfices quelconques à en affermer le revenu pour trois ans à l'avance, avec ordre d'apporter les sommes à Rhodes. Le dernier délai d'arrivée était fixé au 1er mai 1478 (2).

Le grand Sultan regardait la possession de Rhodes comme le complément nécessaire de ses conquêtes et l'affermissement de son immense empire : Belgrade au nord, Rhodes au sud devaient lui donner la suprématie définitive sur terre et sur mer, et assurer à peu de délai la conquête de l'Italie, — son rêve intime.

Mais aussi prudent que résolu, Mahomet résistait aux instances de ses conseillers, entre autres de deux renégats de marque, l'Eubéen Démétrius Saphian et le Rhodien Antoine Méligalle, qui l'excitaient de tout leur pouvoir à attaquer Rhodes, en lui présentant cette conquête comme facile. Les ministres et les pachas gouverneurs, qui avaient eu affaire à l'Ordre plus d'une fois, tracèrent au Sultan un tableau tout différent de Rhodes, de la vaillance de ses défenseurs, des travaux de défense exécutés et en cours, de la vigueur du grand-maître régnant, et des soutiens qu'il pouvait trouver dans les princes occidentaux, que le péril de l'Ordre avertirait de leurs propres dangers.... Avant de prendre une résolution décisive, le Sultan, tout en armant contre la petite république chrétienne avec encore plus de soin et dans de plus vastes proportions que s'il eût dû attaquer un grand royaume, essaya les voies diplomatiques et députa

(1) Les Turcs avaient pour maxime de toujours masquer leurs grandes entreprises ; c'est Mahomet II qui répondait un jour à l'interrogation d'un de ses ministres touchant ses intentions sur Rhodes : « Si un poil de ma barbe devinait ce que médite mon cerveau, je l'arracherais aussitôt et le jetterais au feu. »

(2) Cette éloquente circulaire, reproduite dans plusieurs auteurs, a été également conservée dans les archives de Malte jusqu'à la fin du XVIIIe siècle.

à Rhodes Démétrius lui-même, avec une lettre signée à la fois de deux princes ottomans : *Djem* (ou Zizim), son second fils, et *Schelbi*, son neveu, tous deux connus par leur sympathie avouée pour l'Ordre dont ils admiraient la sagesse et les hauts faits.

Cette singulière et adroite missive, dont nous avons le texte original, complimentait le grand-maître et tout l'Ordre, et les engageait en considération de l'immense étendue, des énormes ressources et des succès sans nombre de la domination ottomane dans laquelle Rhodes se trouvait comme enclavée, à assurer la vie même de l'Ordre et sa prospérité, en concluant paix et amitié perpétuelle avec l'empire Turc, sous la seule condition de la suprématie honorifique du Sultan, accompagnée d'un léger tribut annuel.

Accepter, c'était éviter une ruine imminente ; mais c'était aussi trahir l'Ordre. « S'il doit périr, dit le grand-maître au Conseil, c'est que Dieu l'aura voulu, et cette volonté est la bonne... L'ordre Saint-Jean n'existe que pour agir selon les vues de Dieu ; il les remplira toujours en suivant les articles de sa règle, qui ont été inspirés par Dieu et approuvés par le Pape. Que vous semble, mes frères ? » Tout le Conseil se leva en disant d'une seule voix : « Il n'est pas permis de penser autrement. » Puis, ayant entonné le psaume : « *Deus illuminatio mea, a quo trepidabo?* » il fit la prière ordinaire et se sépara tranquillement.

Démétrius reçut autant de politesses qu'il en avait faites et fut invité à présenter au Pape, seul suzerain de l'Ordre, les propositions du Sultan.

Quelques mois après, une seconde ambassade arrivait, de la part des deux princes ; il ne s'agissait plus de tribut, mais d'un simple « présent d'honneur », qui concilierait à l'Ordre les sentiments du très haut Sultan. Le piège était adroit.

D'Aubusson, qui avait préparé quelques cadeaux de prix, les décommanda aussitôt, ordonna au commandant du fort Saint-Pierre de se tenir sur ses gardes, tripla tous les approvisionnements de Rhodes et se borna à temporiser.

Une troisième ambassade survint alors ; non plus de renégats, mais de Turcs, et déposa des articles en forme de traité fort avantageux... sauf le tribut qui s'y trouvait toujours adroitement enclavé.

Le grand-maître était prêt : il déclara que la paix aurait pour base l'indépendance absolue de l'Ordre, selon l'ancien traité d'Amurat.

Mahomet loua fort le chevalier qui fut chargé de lui porter la réponse :

« Et n'a-t-il ajouté aucunes menaces ? demanda Pierre d'Aubusson à l'ambassadeur de retour.

— Nulles, Monseigneur; tout a été grâces et aménités...

— En ce cas, s'écria Pierre, voici l'orage qui crève ! je connais ce démon. »

Il disait vrai : c'était en 1480 ; deux mois après, cent soixante voiles, portant cent mille hommes et un gigantesque attirail de siège, paraissaient devant Rhodes.

Mais, dans l'intervalle, d'Aubusson avait achevé ses préparatifs.

Rhodes renfermait pour deux ans de vivres ; tous les forts des îles avaient été remis à neuf et beaucoup de nouveaux construits. Les boulevards, remparts et bastions de la ville étaient en bon état ; les 3 tours du port (Saint-Jean, Saint-Elme et Saint-Nicolas), doublées et exhaussées ; le grand port fermé par une double chaîne et bordé, sur le quai, d'une muraille épaisse de seize pieds, crénelée et garnie d'artillerie ; l'arsenal regorgeait de munitions ; canons, bombardes, mortiers, couleuvrines, fauconneaux, balistes étaient partout disposés à leur poste ; toutes les provisions et même les personnes du dehors avaient assignation du lieu où elles se trouveraient pour ne pas tomber aux mains de l'ennemi ; le vaillant amiral de l'Ordre, Fabrizio Carretti (1), répondit de la défense maritime ; celle de terre ferme fut confiée, par un vœu unanime du Conseil de l'Ordre, à un capitaine-général digne de la diriger : c'était Antoine de Monteil, vicomte d'Aubusson, frère aîné du grand-maître, subitement arrivé avec une troupe de Français dévoués que commandaient, sous lui, des officiers pleins de talent et de bravoure : Louis de Craon, Gomare de Saint-Ange, Matthieu Brangelier (de Périgueux), Claude Collomb (de Bordeaux), Charles le Roy (de Dijon) et Louis Sanguin (de Paris).

Enfin, l'assignation donnée au 1er mai ayant été reculée au 1er octobre 1478, tous les chevaliers s'y étaient trouvés, avec les revenus

(1) Qui fut plus tard grand-maître. D'Aubusson lui prophétisa cette future élévation par un mot singulier pendant la terrible lutte dite « première attaque » des Turcs contre le fort Saint-Nicolas. Comme l'amiral suppliait le grand-maître, atteint de plusieurs *carreaux* sur ses armes et ayant eu son casque enlevé par un boulet de pierre, de ne pas s'exposer ainsi, d'Aubusson lui répondit avec un sourire : « *Bah ! il y a plus à espérer pour vous, qu'à craindre pour moi.* » Et il ajouta, en le regardant avec bonté : « *Vous recueillerez un jour le fruit de mes peines.* »

et fermages payés à l'avance, sauf un petit nombre qui fut immédiatement cité à présenter ses excuses ; — quelques-uns, qui n'en purent fournir de suffisantes, furent dégradés et chassés de l'Ordre ; on vit même le grand Hospitalier, Molay, qui avait cru pouvoir se dispenser de comparaître au jour fixé, à cause de son haut rang (1), dépouillé de ses honneurs et remis au rang de simple chevalier... Devant cette énergie dans le devoir, tout pliait... La petite république de Saint-Jean pouvait braver sans crainte l'assaut du grand empire mahométan.

§ 3.

Le 23 mai 1480, la grande armée turque, embarquée à Physco (Anatolie), parut devant Rhodes et opéra son débarquement sur la plage située au pied de la colline Saint-Étienne : la campagne qui monte de la ville en pente douce était dans tout l'éclat de ses productions : grenadiers, orangers, citronniers, vignes aux grappes déjà formées, figuiers aux larges feuilles y mêlaient leurs ombrages ; de la colline Saint-Étienne descendaient partout des eaux vives et fraîches ; en arrière, le mont Philerme offrait sa masse verdoyante, surmontée d'un célèbre sanctuaire de la Sainte Vierge, lieu de pèlerinage de tous les chrétiens de l'Asie occidentale.

Devant la flotte se présentait, comme une tache sombre entre les verdures de la campagne et le bleu profond des eaux, la ville de Rhodes, fortement assise dans sa ceinture de créneaux, gardée par le massif *château magistral* à 4 enceintes et précédée de ses deux ports et de ses deux golfes annexes, avec leurs remparts, leurs jetées et leurs énormes tours.

Celle du Nord, la tour Saint-Nicolas, dont une légende arabe veut faire remonter la première fondation au fameux calife syrien, Moawiah Ier, mais qui ne datait alors, en réalité, que de quelques années (2), dépassait tout le reste en hauteur et épaisseur, et sa prise pouvait décider du sort de la place ; le grand visir la désignait du doigt à ses officiers, pendant que l'immense flotte de transport,

---

(1) Il était le 4me en préséance et le 2me en dignité, avant les autres *piliers*.
(2) Elle fut bâtie par le grand-maître Zacosta, avec l'argent que donna le duc de Bourgogne ; aussi portait-elle les armes de Bourgogne

UN ÉPISODE DU SIÈGE DE RHODES DIRIGÉ PAR MISACH PALÉOLOGUE.
(D'après un manuscrit du xve siècle de Guillaume Caoursin, à la Bibliothèque nationale.)

défilant à l'abri de la ligne de bataille formée par les navires de guerre, allait se vider de combattants sur la plage.

Comme pour mieux marquer d'où sortait cette force, si redoutable en apparence, des Ottomans, quatre renégats, aussi pleins de talent que d'infamie, dirigeaient l'expédition. C'étaient, avec les deux déjà cités (Démétrius et Méligale), un ingénieur allemand de grande réputation, nommé Georges Frapan, dont le plan d'attaque avait été adopté et imposé par Mahomet, — et le chef suprême des forces ottomanes, le grand visir Misach Paléologue, indigne descendant des empereurs chrétiens, qui avait abjuré la foi pour laquelle se fit tuer Constantin XII. Avant d'attaquer Rhodes, Paléologue avait successivement exécuté, sans grand succès, avec une avant-garde de navires légers, des tentatives sur Fano et sur l'île de Tilo, d'où il avait dû se retirer avec perte.

Le petit nombre des soldats chrétiens ne leur permettait pas de s'opposer efficacement au débarquement des troupes; le visir le savait. Néanmoins, afin de les retenir en ville, il rangea sa flotte en demi cercle, à portée des forts, et entama avec le port un vigoureux duel d'artillerie. Bientôt, les grands-gardes de l'Ordre rentrent pourchassés par des escadrons de spahis qui, les premiers, avaient pris terre; les chevaliers, voyant le peuple consterné, prient le grand-maître d'autoriser une sortie de reconnaissance avant la nuit; l'honneur le commandait... Ce fût le premier engagement entre les deux armées. L'Ordre y perdit un de ses meilleurs chevaliers, Murat de la Tour d'Auvergne, qui fut tué par un gros de spahis en déroute au milieu desquels il s'était jeté, sans calculer leur nombre; en revanche, le renégat Démétrius, à qui l'on ne pouvait refuser la seule qualité qui lui fût demeurée, une bravoure sauvage, fut abattu par un Hospitalier, et écrasé sous les pieds des chevaux; son émule en trahison, Méligale, achevait alors de mourir, comme mourut Antiochus Épiphane, rongé vivant par les vers sous la tente qu'il venait de faire dresser en haut de la colline Saint-Étienne.

Cette colline était devenue de prime abord le quartier général des Turcs, et ils l'avaient hérissée de plusieurs rangs de batteries. C'est de là que le misérable Misach envoya sommer Rhodes; on ne daigna même pas répondre à ce renégat doublement parjure.

Le siège une fois établi, d'Aubusson ne néglige aucune précaution. Outre les chefs des compagnies et des batteries, il s'est fait adjuger par le Conseil quatre adjudants-majors qui, se partageant avec lui la surveillance, ne laisseront aucun point faible ou dégarni. Pour empêcher l'ennemi de rapprocher ses batteries, d'un calibre énorme, l'on faisait de fréquentes et meurtrières sorties. Enfin, l'entente fut établie entre le visir et l'ingénieur Frapan; des travaux bien défilés permirent de mettre en batterie de grosses pièces sur le revers nord du deuxième port, et de canonner sans relâche le fort Saint-Nicolas. Puis les Turcs en préparèrent l'attaque de vive force, avec l'aide des galères.

L'entrée de ce port, peu profonde, formait un long bourrelet protecteur, favorable à des navires à fonds plats, et infranchissable par les basses mers aux *nefs* ou gros vaisseaux. Misach résolut de s'en faire un chemin, par lequel ses hommes n'auraient d'eau que jusqu'à la poitrine. Comme s'il eût instantanément pénétré ce projet, d'Aubusson, pour rendre l'abord plus difficile, y fait jeter pendant la nuit des planches ferrées, formant herses, c'est-à-dire garnies de grosses pointes de fer ; en même temps, il dispose dans le fond du port, de concert avec l'amiral Carretti, une masse de petits brûlots.

L'attaque se dessine : toutes les galères turques, protégées par le feu infernal des *nefs*, et faisant elles-mêmes un feu incessant de leurs *coursiers* (1), s'approchent à la fois et jettent sur le môle un flot d'assaillants qui se renouvelle sans cesse. Ils alignent des échelles à crampons et montent de tous côtés à l'assaut; mais tout ce qui arrive à hauteur des parapets est rejeté à pied de mur à grands coups de lances, de haches et d'épées. La seconde ligne des galères prend position et, tirant en hauteur, couvre de projectiles l'extérieur du fort, grâce aux mortiers de bronze dont elle est pourvue. Mais d'Aubusson, qui est là avec son frère, anime les chevaliers par son exemple, et fait prévenir l'amiral. Celui-ci, ouvrant sa ligne de bataille, lance brusquement ses brûlots, à peine distincts dans les nuages de fumée qui enveloppent les deux flottes ; l'incendie éclate et se propage; à la vue des navires en feu, les Turcs, menacés de perdre toute retraite, se rejettent précipitamment à bord ; d'autres

---

(1) Le *coursier* était une grosse pièce placée sur la *coursive*, ou allée moyenne de la galère, allant de bout en bout et servant à la circulation des hommes et à la surveillance des rameurs. Il tirait par-dessus la *rambade* ou gaillard d'avant.

s'élancent sur les bas fonds ou à la nage; les pierriers (1) en font un massacre, que les hommes des chaloupes complètent à coups d'arquebuse et d'arbalète. L'assaut est manqué; deux mille Turcs ont péri.

Le visir ne renonça pas à son dessein, mais il en prépara l'exécution par d'autres moyens. En attendant, il resserra le blocus et, instruit par ses espions que la partie faible des remparts était au quartier des Juifs et dans une partie du bastion d'Italie, il porta de ce côté l'investissement; il fit élever des terre-pleins qui dominaient la crête des murailles et qui reçurent des pièces d'un calibre inusité; c'étaient les plus grosses connues. Pendant qu'elles battaient, de leurs projectiles immenses, les remparts du Sud, des batteries de gros mortiers envoyaient dans le quartier juif des pierres d'une taille gigantesque, qui crevaient les terrasses et les plafonds, ruinaient les maisons et écrasaient leurs habitants. Ce fut un cri de désespoir, et l'on parla de se rendre.

Le grand-maître, aussitôt accouru, fait évacuer les maisons, en s'engageant à les rebâtir aux frais de l'Ordre. Toute la population, et lui en tête, se mettent à élever, derrière les murs attaqués, une seconde enceinte, séparée de la première par un fossé profond. Derrière cette enceinte, on creuse la terre et on y établit des logements protégés par d'énormes croisements de poutres empruntées à l'arsenal du port; la population juive s'y trouve casematée, à l'abri de tout danger; certaine de ne rien perdre dans la destruction de ses maisons, elle suit d'un œil narquois le déluge de projectiles dont l'ennemi les accable inutilement.

A côté des moyens ordinaires, le grand visir en avait d'autres sur lesquels il comptait fort. Le premier fut l'introduction, dans Rhodes, de l'ingénieur Frapan, qui vint se livrer en manifestant son indignation d'avoir été rendu responsable, disait-il, de l'échec des Turcs à Saint-Nicolas, et demanda à participer à la défense, en livrant tous les plans de l'ennemi. Le fait est qu'il livra le sien, revêtu de l'approbation de Mahomet. D'Aubusson le reçoit bien, l'encourage à persévérer, lui montre beaucoup de confiance, mais détache autour de lui, pour le suivre et l'observer partout, les six plus adroits soldats de l'Ordre.

(1) Petits canons portant des boulets de pierre et des paquets de balles; toutes les galères en avaient, ainsi que les chaloupes et *gripes*.

Quelques jours après, deux renégats de basse extraction se firent prendre avec d'autres déserteurs turcs, chacun séparément, et s'abouchèrent par signes avec Frapan. Bientôt, des rumeurs décourageantes circulent dans la place. Le nombre de l'ennemi, la puissance de ses moyens d'attaque, les résolutions de ses chefs qui jouent leur tête dans l'entreprise, sont connus, commentés, accrus même de bouche en bouche. Une partie des chevaliers de la langue d'Italie devient négligente au devoir et sombre de caractère ; quelques Espagnols, portant toujours au cœur la rancune de l'ancienne querelle des *Langues,* tranchée par l'éloquence du commandeur d'Aubusson, les imitent. Le grand-maître s'en aperçoit et redouble de vigilance, car tous les mouvements de l'ennemi lui faisaient pressentir un second assaut sur Saint-Nicolas.

Cette fois, le Turc avait fait construire, sur des bateaux plats, un pont volant qui, en se développant par portions, devait joindre le bord de l'eau, du côté du camp, au pied du fort Saint-Nicolas. Pendant la nuit, un navire vint heurter le môle comme par hasard et se replia sous le feu des chrétiens, mais non sans avoir mouillé, tout près du fort, une ancre en croix d'un poids énorme ; un solide câble graissé, roulant sur poulies, rattachait l'ancre à la tête du pont, et des palans, passant sous l'eau de chaque côté, venaient amarrer leur bout libre sur le rivage à des cabestans destinés à mettre le pont en mouvement. Misach s'applaudissait de son invention qu'il croyait toujours secrète ; mais les Rhodiens veillaient ; leurs plongeurs renommés avaient déjà reconnu tout ce système. Quand les Turcs virèrent au cabestan, ils n'amenèrent que le bout du câble tranché à coups de hache par un matelot chrétien. Ce fut une déconvenue ; elle s'augmenta encore des lazzis que les chrétiens adressaient, du haut de leurs créneaux, aux Turcs embarrassés : « Ils rient là-bas, dit le visir à l'agha (colonel) des spahis ; les vois-tu plaisanter ?... C'est signe que le fort est occupé par des Français... La besogne sera rude ; mais j'en viendrai à bout ! »

L'armée resta sous les armes et reçut sa ration, sans quitter les rangs. La nuit venue, toute la droite et le centre sont brusquement lancés à l'assaut des remparts ; la gauche, uniquement formée de troupes d'élite, attend, cachée dans les rochers. Tout à coup, une multitude de barques, accrochant le pont mobile, l'entraînent rapidement vers le môle et l'y appuient ; en même temps, toutes les galères et les chaloupes vomissent sur la jetée, dans toute sa longueur, une avalanche d'assaillants. Le pont est noir de janissaires, qui le franchissent au pas de course; la canonnade éclate sur toute la ligne.

Le grand-maître avait prévu cette attaque ; il avait renforcé la défense et l'armement du fort, et y était demeuré de sa personne. En une seconde, les pots à feu éclairent la scène; grenades, mousqueterie et pierriers éclatent en un feu roulant; rien n'arrête l'élan furieux des Ottomans; tout ce qui tombe est aussitôt remplacé, et le pont mobile au Nord, les galères à l'Est lancent et renouvellent constamment d'épaisses colonnes d'attaque. Les soldats turcs sont parvenus sur les crêtes éboulées du rempart et poussent des cris de victoire... A leur tête, le gendre même du Sultan, reconnaissable à son turban vert garni de pierreries, s'escrime terriblement et abat plus d'un chrétien... Mais devant eux se dresse subitement un second parapet, rapidement formé pendant la journée des débris de l'autre, à mesure que les boulets turcs y faisaient brèche. Debout sur cet ouvrage improvisé, le grand-maître combat de sa personne à la tête des chevaliers de son pays. Il est soldat et général tout ensemble ; sans cesser de commander, il frappe sur les assaillants. Un coup de pierrier lui enlève son casque en traçant sur son front un sillon sanguinolent. Il sourit: « Montholon, dit-il au commandeur Charles, debout auprès de lui, les nuits sont fraîches à mon âge, passez-moi un chapeau... » Et Montholon lui passe rapidement le chapeau de fer d'un soldat étendu mort à côté d'eux. Les arbalétriers des galères, qui voient le reflet doré de ses armes, le couvrent de projectiles; sa cuirasse est faussée en plusieurs endroits par les *carreaux*, et ne protège plus son corps; le grand prieur de France, Bertrand de Cluys, le conjure de se mettre à l'abri : « Monseigneur, lui crie-t-il, mettez la Maîtrise à couvert ! Sommes icy assez de chevaliers du bon sang de France pour mourir ce que de besoin sur la brèche. » Il se retourne et répond: « Le poste d'honneur est icy ; c'est le mien et le veulx garder ! » A travers les feux de mousqueterie, les fusées à grenades et les crochets et harpons lancés pour attirer les défenseurs en bas, les chevaliers combattent de la lance et du sabre, et font pleuvoir sur l'assaillant des matières enflammées, et jusqu'aux pierres de taille descellées par les boulets. Mais les Turcs s'obstinaient, quand de grandes clameurs, suivies d'une lueur rougeâtre, leur arrivent de l'Est; ce sont les galères chrétiennes qui, ayant pu s'élever au large, sont revenues en un seul corps sur l'ennemi : on dirait un peloton de cavalerie chargeant sur une armée entière ; l'intrépide amiral Caretti a fait son trou dans la ligne et accroché subitement ses brûlots, qu'il traînait à la remorque. Cette fois, le désastre est complet ; toute la deuxième ligne turque est en feu, et le reste se dérobe par une retraite précipitée à l'incendie qui le menace. Débarrassés alors du déluge de projectiles que lançait la flotte ennemie, les canonniers du fort sautent sur leurs pièces et coupent à toute volée, en trois endroits, le pont mobile, sous les pieds de la réserve des janissaires qui déjà s'élançait pour achever la victoire. Leur chef, Ibrahim, gendre de Mahomet, ne veut pas reculer et se fait tuer sur le rempart. Le reste se sauve par débris, à travers les corps brisés ou noyés de 3000 soldats d'élite. Le second assaut était manqué. Outre les morts, presque tous janissaires, 5000 blessés encombraient le rivage.

Force fut donc aux Turcs de changer de tactique, et de reporter toutes leurs attaques sur le corps de place, en se contentant d'un blocus maritime. Le pacha n'y épargna rien et, pour ranimer l'armée, fit annoncer la prochaine arrivée du sultan. Ce simple bruit remonta tous les courages. Habile à profiter des côtés faibles de l'adversaire, Misach porta d'abord tout le fort de l'attaque contre le bastion d'Italie déjà entamé.

Le découragement s'accroît dans cette Langue ; un des secrétaires du grand-maître, Italien lui aussi, et s'en rapportant à ce que disent ses compatriotes, se laisse peu à peu gagner à une espèce de petit complot ourdi par Frapan pour peser sur le grand-maître, afin qu'il capitule à des conditions honorables. Ce fut le succès même de l'espion qui le perdit ; il s'avança trop dans ses confidences au secrétaire qui, ému enfin et comprenant le piège, le dévoila au grand-maître, en le priant de lui pardonner à cause de la sincérité de ses intentions. Frapan est saisi, avoue son crime, et est immédiatement pendu haut et court. Pour qu'il n'en soit ignoré, sa tête est envoyée au visir. Peu après, les deux autres espions, qui cherchaient l'occasion d'empoisonner d'Aubusson, furent également découverts ; et cette fois, la colère populaire n'attendit pas leur exécution légale ; malgré les archers de l'Ordre, les deux coquins furent enlevés par les habitants et littéralement mis en pièces.

(Voir page 147.)

D'Aubusson avait les noms des comploteurs italiens. Il les fit venir et leur dit froidement, sur un ton de dédain : « Messires.....

— Monseigneur, nous sommes vos frères, interrompit l'un d'eux.....

— *Messires,* reprit d'Aubusson, la place est démantelée et court péril ; cela ne plaît pas à tous, paraît-il ; eh bien ! si certains craignent pour leur vie, je puis les faire s'enfuir par la voie de mer ; car le blocus du port n'est pas si rigoureux qu'on ne le puisse forcer par ruse... Je vous prie de me dire de suite qui de vous désire en profiter.

Ils se regardaient tous, muets et confus..... Soudain, le grand-maître se redresse, marche sur eux et, d'une voix tonnante : « Vous » hésitez ? Si vous restez ici, sachez que la place s'appelle Rhodes, » qu'elle est à la *Religion,* que j'en suis le grand-maître, et que, » maintenant, si vous osez parler de composition malgré la Règle, » je vous ferai tous mettre à mort sans délai ! » Les chevaliers baissèrent la tête ; ils étaient placés entre deux morts.

Le dilemme produisit son effet. Le lendemain, une députation des mêmes chevaliers venait demander pardon au grand-maître, et solliciter l'honneur des postes les plus exposés. D'Aubusson les chargea d'une sortie de nuit, pour détruire un vaste cavalier (1) qui, garni de monstrueux canons apportés à cet effet, prenait toute la ville à revers, et allait rendre la défense impossible. Cette expédition fut faite d'emblée ; les Italiens, au nombre de cinquante (non compris les servants et soldats), y mirent une telle vigueur que le *cavalier* fut enlevé et rasé en quelques heures ; et le grand-maître qui, jusque-là, leur avait tenu rigueur, leur adressa un laconique compliment et les reçut en grâce.

Dès lors, jour par jour, c'est une incessante lutte de canonnades, de sorties, de mines, de contre-mines, de sapes, de surprises. Toute l'artillerie que les navires peuvent fournir est débarquée. La malheureuse place, entourée d'un réseau vivant de projectiles, voit ses remparts s'écrouler, ses fossés se combler, les cheminements de l'ennemi arriver sous terre jusqu'à elle. Le grand-maître, impassible, s'occupe surtout de protéger la vie des faibles, des malades, des

---

(1) En termes d'art militaire, le cavalier est un ouvrage à parapet, surélevé, où l'on installe ordinairement une batterie plongeante.

enfants, des femmes. Quant aux hommes, ils ont ordre de mourir à leur poste, si besoin est. Jour et nuit, l'on travaille à réparer les ruines, à élever de nouvelles défenses ; et c'est d'Aubusson, l'ingénieur sans rival, que l'on voit partout, dirigeant tout et travaillant de ses mains pour encourager ses soldats.

Il reçut alors du prince Paléologue une proposition de conférence et l'accepta, dans l'unique vue de gagner du temps pour la réfection de ses ouvrages défensifs. Le visir le crut ébranlé.

Le Pacha avait désigné, pour le représenter, un ancien bey nommé Soliman, conseiller vieilli dans les ambassades ; le grand-maître s'était fait représenter par frère Antoine Gaultier, châtelain de Rhodes ; mais lui-même, dissimulé derrière un pan de mur, écoutait l'entretien. Les compliments, les promesses et les menaces du Turc se heurtèrent à une inflexible fermeté ; et quand il allégua les engagements que Mahomet était prêt à signer envers l'Ordre, il lui fut répondu ironiquement par l'exemple de l'empereur David (Comnène) et des princes de Métélin et de Bosnie, dernières victimes des parjures du Sultan.

L'exaspération des Musulmans n'eut plus de bornes, et l'armée réclama l'assaut ; le Pacha le lui promit, en déclarant qu'il abandonnait toute la ville au pillage pourvu qu'on tuât les hommes. En attendant, les *basilics* continuèrent de foudroyer les remparts, qui bientôt n'eurent plus une seule pierre debout. Comme revanche, le grand-maître ripostait par une baliste de son invention qui, saisissant et enlevant des blocs de pierre et de roc de 600 livres, les envoyait à toute volée dans le camp turc ; chaque coup broyait des hommes, enfonçait des cloisons ou renversait des canons...

Ce fut le 27 juillet 1480 qu'eut lieu cet assaut final, le plus meurtrier peut-être dont l'histoire moderne ait fait mention jusqu'à celui de Sébastopol. La première colonne d'attaque, ayant réussi à surprendre un pan de mur écroulé du Quartier Juif, y arbora les étendards verts et fit main-basse sur tout ce qui se présenta. Le pillage commençait, quand le grand-maître survint et lança son frère Antoine de Monteil, avec les volontaires français ; il se fit là en quelques minutes un carnage incroyable : rejetés sur le bastion d'Italie, les Turcs y sont reçus à coups de piques par les chevaliers de cette langue, qui en massacrent tout un bataillon. Mais le Pacha est arrivé au galop et, de sa voix stridente, exhorte les siens ; il frappe sans pitié, à coups de cimeterre, tous ceux qui reculent. Un flot nouveau d'assaillants couronne les remparts écroulés, pousse et jette au dedans la petite troupe française débordée, et, par son aile droite déployée en potence, contient et refoule les charges désespérées des Italiens. Le grand-maître s'était éloigné pour inspecter les défenses, car il y avait assaut sur tous les points. Quarante mille hommes se ruaient à la fois sur la ville. Du côté des chrétiens, aux soldats et aux volontaires s'étaient joints les habitants, puis les femmes habillées en hommes et résolues à se faire tuer plutôt que de tomber vivantes aux mains des Turcs. Avec une ardeur sans bornes, elles aidaient à charger les canons et arquebuses, ramassaient les blessés, couvraient l'ennemi d'huile bouillante, de pierres et de masses de fer et, s'emparant des armes des morts, frappaient elles-mêmes au premier rang... Partout où passait le grand-maître avec ses gardes et ses officiers, de longues acclamations s'élevaient ; il y répondait en chargeant l'assaillant, l'estoc à la main, et le forçant à reculer.

Comme il venait de constater et de louer la belle défense du port et de la partie nord, et qu'il se reposait, ruisselant de sueur et de sang, sur le terre-plein du bastion d'Auvergne, l'effroyable tumulte de l'assaut redouble à sa gauche. En même temps, des Juifs épouvantés débouchent en fuyant et crient que l'ennemi est maître de leur quartier... La panique devient générale. Mais déjà d'Aubusson, faisant le signe de la Croix, s'est élancé vers la porte d'Angleterre, en ordonnant à ses *sergents-majors*, — le grand-Hospitalier, l'amiral Caretti, le chancelier, le trésorier et le grand-prieur de Brandebourg, Rudolf de Wirtemberg, d'aller, chacun à un bastion, rassurer les soldats et prendre la direction de la défense. Il se heurte à des amas de blessés et de morts, les franchit et, suivi des plus vieux commandeurs et d'un peloton de jeunes profès, renverse l'une des échelles par où l'ennemi, déjà maître des murs, descendait dans la ville ; il se sert d'une autre pour arriver au sommet et charge en soldat, sa grande épée à deux mains tournoyant et s'abattant sans jamais s'arrêter. A ce moment, « il avait **30** ans », dit un chroniqueur ; chaque coup jetait un homme à terre ; entouré de Turcs qui se pendaient à ses bras, il les secouait en tournant violemment sur lui-même et les envoyait « à la volée » en bas du mur ; ses officiers, émerveillés, le secondaient de leur mieux, et les Italiens qui l'apercevaient, à deux cents pas à peine de leur bastion, se ruaient

contre le flot pressé des Musulmans et criaient : Au grand-maître !
Péril ! Péril !... A rescousse !...

A cet appel, une troupe de bourgeois se précipite, escalade le mur comme elle peut, se jette devant l'intrépide d'Aubusson et lui fait rempart. Le commandeur Charles de Montholon place sur la tour d'Angleterre une compagnie d'archers *cranequiniers* (arbalétriers) qui, par un tir d'écharpe, arrêtent un instant les colonnes d'attaque et couvrent de morts les revers de l'enceinte. Se retournant vers lui et l'appelant du geste : « Mourons ici pour la Foi, mes frères, s'écrie » d'Aubusson, c'est mort glorieuse devant les hommes et pré- » cieuse devant Dieu ! » Montholon revient tête baissée sur les porte-enseigne de l'ennemi, leur arrache des mains leurs drapeaux et les renverse à coups de talons dans les fossés.

Il y eut un instant de répit. L'on vit alors un groupe brillant arriver à travers les combattants, par la route de Cosquino : c'était le Pacha qui croyait le bastion d'Italie au pouvoir de ses soldats. A la vue de son erreur, il pique des deux, arrive sur le glacis, reconnaît le grand-maître à ses armes dorées et, le désignant à sa garde, détache contre lui ses douze plus vigoureux janissaires, avec ordre de ne s'attacher qu'à lui, et la promesse d'immenses récompenses s'ils parviennent à l'abattre. Une nouvelle colonne d'attaque toute fraîche se précipite sur la brèche, balaye tout sur son passage et entoure d'Aubusson que les vieux chevaliers essayent en vain de couvrir de leur corps ; ils sont renversés ; le grand-maître a toutes ses armes brisées ; ses pièces d'armure, faussées, tombent à ses pieds ; son sang coule par quatre profondes blessures ; et cet homme de cinquante-sept ans, sans en rien laisser paraître, combat toujours, refoule à coups de dague ceux qui le serrent de plus près et continue de donner à haute voix ses indications aux commandeurs qui l'entourent... Mais sa voix faiblit peu à peu... Il chancelle en murmurant : *Fortiter obsta !* (Tenez bon, vaillamment !) A cette heure critique, un mouvement terrible se produisit, si imprévu que Turcs et Chrétiens roulèrent d'abord confondus... Antoine de Monteil, apprenant que son frère le grand-maître était blessé et en danger, avait poussé un cri de fureur et arrivait à son secours. Ce fut comme le passage d'une trombe : l'œil étincelant, les Français assomment l'ennemi à coups de *masses* comme on faisait au xiie siècle, et tuent sans pitié tout ce qui tombe. On raconta ensuite (c'est la narration d'un des chefs de l'état-major turc) que la Sainte Vierge, vêtue de blanc et tenant une épée d'or, était apparue au-dessus du grand-maître, ayant à côté d'elle un homme de haute taille, aux cheveux roux, vêtu de peaux de moutons et qui, d'un geste irrésistible, entraînait l'armée chrétienne à la suite de la bannière de l'Ordre Saint-Jean. Ce fut, en quelques minutes, une panique générale; les chevaliers, exaspérés d'avoir vu tomber le grand-maître, ne font aucun quartier; ils sautent à cheval et poursuivent une armée quatorze fois supérieure en nombre. Animé par l'exemple, le peuple s'élance sur toutes les routes et massacre tous les fuyards qu'il peut atteindre. Consterné, se meurtrissant la bouche et crachant ses dents, Paléologue est entraîné dans la fuite générale. Les fossés du camp ne paraissent pas un abri suffisant aux Turcs; et déjà les audacieux pêcheurs de Rhodes se sont jetés dans l'enceinte et ont mis le feu au quartier des spahis, tandis que leurs femmes, chargées de grands paniers, s'occupent flegmatiquement de le piller avec méthode. La masse des troupes ennemies se rejette au Nord et à l'Est, et ne s'arrête que sur les rochers de la côte, rassurée par l'aspect des vaisseaux qui ont ouvert leur feu et refoulé enfin l'élan des poursuivants.

Telle fut cette mémorable journée du 27 juillet, célèbre dans l'Histoire à l'égal des journées de Poitiers, de las Navas de Tolosa, de Lépante, et aussi de celles que l'Ordre allait inscrire au siècle suivant dans les fastes de la chrétienté. La même nuit, le renégat impérial recensa sommairement l'état exact de son armée; il demeura anéanti devant les rapports des chefs de corps : neuf mille morts, quinze mille blessés étaient tombés sous les épées chrétiennes... Le désastre était sans remède, on annonçait la prochaine arrivée d'une flotte d'Occident; bientôt on vit deux grands vaisseaux ou *galions,* aux couleurs napolitaines, arrivant d'Italie, se lancer audacieusement vers l'entrée du port, malgré une tempête du Nord; l'un d'eux entra, quoique ayant cassé un mât; l'autre dut, pour ne pas échouer, s'abriter dans la baie du Sud, et le visir essaya le lendemain de l'y faire enlever par vingt galères. Entouré de cette nuée d'ennemis, qu'il ravageait de sa grosse artillerie, le vaillant navire fit route, reçut un abordage continu de trois heures, tua deux cents hommes aux Turcs, y compris le commandant en chef des galères, et finalement dispersa son armée d'assaillants.

Devant cette dernière honte, la flotte turque, qui achevait d'embarquer l'armée vaincue, ne bronchait pas. Elle appareilla le 18 août, jeta à terre l'armée à Physco, et vint s'excuser à Constantinople... Mahomet, frappé au cœur, prépara aussitôt une gigantesque expédition de trois cent mille hommes, qu'il conduirait lui-même. Il mourut en chemin (1).

Pendant ce temps, Rhodes, qui avait cru perdre son grand-maître, célébrait avec transports sa convalescence et le départ de l'ennemi. De grandes actions de grâces et des églises magnifiques (Sainte-Marie de la Victoire, à Rhodes, la messe hebdomadaire du siège, au grand autel du Saint-Sépulcre à Jérusalem, l'église et le couvent de Saint-Jean-Baptiste de Gênes) attestèrent d'abord la munificence et la piété du grand-maître reconnaissant. Puis, dans toute l'Europe, un concert de louanges et d'admiration s'éleva, pour célébrer l'illustre d'Aubusson et ses intrépides chevaliers, à qui le monde chrétien devait d'avoir échappé à la sujétion du sabre musulman.

§ 4.

Redirons-nous maintenant les 23 années, si remplies d'événements, que dura encore le gouvernement du grand-maître d'Aubusson, ère glorieuse entre toutes? Les maux qu'il sut réparer : famines, incendies, tremblements de terre? Ses lois si justes, sa sincère piété, son équitable administration, sa sagacité politique qui le fit craindre, rechercher et admirer par tous les princes musulmans, depuis la Perse et le Kharisme jusqu'à Tlemcen en Berbérie? La longue histoire de l'hospitalité qu'il donna au rival de Bajazet II, au prince Zizim, et les malheurs de ce dernier? L'immense influence qu'il exerçait, par l'ascendant de son génie et de ses vertus, sur les rois européens? Les marques d'honneur que lui prodigua Bajazet, et le don que fit le Sultan à l'Ordre de la précieuse et célèbre relique majeure de son patron, la main droite de saint Jean-Baptiste, seule partie du corps du saint Précurseur qui n'eût pas été brûlée par les officiers de Julien l'Apostat? Les grands chapitres de l'Ordre, et les

---

(1) Il ordonna de graver sur son tombeau ces seuls mots, qui indiquent clairement à quels périls la résistance de Rhodes avait arraché la société chrétienne: « *Je voulais prendre Rhodes et l'Italie* ».

décrets pontificaux, qui concédèrent *in perpetuum,* aux grands-maîtres de l'Hôpital, tous les droits que les papes se réservaient sur les autres Ordres? L'accueil enthousiaste que reçut d'Aubusson lorsqu'il parut à Rome, et sa promotion au cardinalat du titre de Saint-Adrien? Enfin, la formation d'une vaste ligue chrétienne, due aux soins de d'Aubusson, et sa nomination par le pape comme Légat *a latere,* par les princes comme capitaine général de toutes les armées chrétiennes?... A ce moment, le grand-maître des Hospitaliers était le premier souverain connu selon l'estime publique, et le vice-roi Oussouf-Bey de Karmanie disait de lui : « Il y a, dans une
» île de quatre pieds de tour, une poignée d'hommes héroïques qui
» font ce que les empires n'osent entreprendre : leur chef domine
» les princes par sa vertu, les dirige par la sagesse de ses conseils,
» les étonne par la hardiesse de ses résolutions ; il est humble, il
» couche sur une paillasse, dans une chambre sans meubles ; son
» ombre couvre et protège tout l'Occident. »

Mais, ô faiblesse des choses humaines! la Ligue tomba par les querelles des princes, et le pape lui-même (Alexandre VI) porta un coup cruel au grand-maître, en retirant en un jour tout ce que ses prédécesseurs avaient accordé à l'Ordre qui sauva la chrétienté. Assombri par le chagrin et la vue des périls à venir, le vaillant et humble vieillard prit le lit, le 24 juin 1503, et mourut le surlendemain. Il était âgé de 80 ans, et avait régné pendant 27 ans. Sa mort fut simple. Il reçut les sacrements, fit sa profession publique de cardinal et de grand-maître, et dit adieu, en quelques mots affectueux, à ses frères en religion (1) ; puis il passa pieusement.

Tous les rois furent représentés à ses pompeuses funérailles, et l'Ordre, qui n'avait pour ainsi dire vécu que d'illustrations se succédant à la grande-maîtrise, déclara n'avoir jamais eu, et ne pouvoir plus avoir un grand-maître qui réunit à autant de vertus plus de génie militaire, de puissance de caractère, et de talents politiques. En cela, l'Ordre se trompait : la France lui en gardait encore *deux* de cette taille, et une vingtaine de *dignitaires* qui les valurent presque.

(1) On a conservé ses paroles : « Frères bien chers, je n'ai qu'un moment à vivre : je vous exhorte à choisir plus digne que moi pour remplir ma place ; et vous conjure de mettre votre unique gloire à défendre généreusement la Foi, et à bien garder votre Règle ». Il se tut, saisit son crucifix, sourit à Dieu et expira.

RHODES

QUATRIÈME RÉCIT

§ 1.

QUELQUES USAGES DE RHODES ET QUELQUES COURSES DE CHEVALIERS

Pierre d'Aubusson avait été enterré avec des honneurs royaux. Sa réputation planait sur la redoutable grande-maîtrise de Saint-Jean, devenue un fardeau qu'on estimait bien lourd désormais aux plus fortes épaules quand, le 10 juillet 1503, le huitième jour après le décès du chef de la Religion, le drapeau de Saint-Jean, mis en berne et traversé de deuil, s'éleva lentement à mi-hauteur de sa grande hampe, sur la façade du couvent. A ce signal, tous les Hospitaliers présents à Rhodes se rendirent à l'église Saint-Jean-Baptiste, où ils entendirent la messe du Saint-Esprit, célébrée par l'archevêque assisté des quatre chapelains du château. Puis, revêtus de leurs costumes et du long manteau noir, ils entrèrent dans la grande salle de l'Hôpital Saint-Jean, tendue de rouge et gardée par les soldats de Rhodes. Là, sur l'estrade dressée dans le fond, le fauteuil du grand-maître, recouvert de noir, était tourné contre le mur; au pied du degré, sur un siège sans bras, était assis le *lieutenant du Magistère*, le sire Guy de Blanchefort (1), prieur de la langue d'Auvergne, tenant sur ses genoux le livre des Évangiles,

---

(1) Neveu, par sa mère, de Pierre d'Aubusson. (*Voir p. 119-120.*)

ouvert au chapitre Ier de saint Jean: *In principio erat Verbum...* Quand il ne se présenta plus aucun membre de l'Ordre pour entrer, le capitaine de la garde rhodiote fit fermer les portes de la salle; des patrouilles parcoururent la ville et s'arrêtèrent à tous les carrefours, sonnant de la trompe et sommant tout chevalier, chapelain ou servant de Saint-Jean de se rendre immédiatement à la salle de l'Hôpital de Rhodes pour y participer à l'assemblée générale « *de eligendo magistro.* » Ceci fait, et le capitaine étant venu déclarer à haute voix qu'il n'y avait plus, à sa connaissance, aucun frère Saint-Jean qui ne se trouvât dûment convoqué, le chancelier fit l'appel des membres un par un. Chacun des présents répondait en se levant et en venant prêter serment sur le livre tenu par le lieutenant du Magistère; le Pilier, ou à son défaut le grand-prieur de chaque langue, répondait pour les absents de sa langue : *Abest hinc* (il n'est pas ici). Trois cent quatre-vingt-sept membres ayant été vérifiés présents et nominalement contrôlés, le lieutenant général les invita à désigner sans désemparer ceux d'entre eux qui, un par langue, devaient contribuer à l'élection du nouveau grand-maître. Chaque langue désigna un électeur, la langue de Provence votant la première et celle d'Auvergne (quoique deuxième en dignité) votant en dernier, parce que le président du vote, Guy de Blanchefort, en faisait partie. Quand le chancelier proclama, au nom de la langue d'Italie (la 4me), le vice-amiral Scalenghi, il se fit un grand mouvement et plusieurs voix s'élevèrent pour réclamer, attendu que l'amiral était, outre sa charge, grand-croix de l'Ordre, et que ce fait contrevenait au décret du conseil, rendu en 1346, après l'élection de Gozon. Le vice-chancelier, prenant le registre des élections, lut tout haut la dernière, celle de Pierre d'Aubusson, dans laquelle trois grands-croix avaient été élus par les langues ; il fit observer que ce décret, rendu dans des circonstances spéciales, ne pouvait en principe prédominer sur la liberté absolue qu'avait chaque langue de choisir son délégué *à son gré,* selon les termes des statuts de l'Ordre.

Ce discours persuada l'assemblée, et la désignation de l'amiral ne fut plus contestée. Les *huit* étant dûment proclamés, ils firent serment à genoux, selon la formule prescrite, et les deux mains posées sur la croix, « de choisir en leur seule conscience, pour la seule vue du bien de la Religion, sans s'arrêter à aucune prévention humaine », et se retirèrent en la chapelle du couvent. Là, après les prières accoutumées, ils choisirent d'abord entre eux un président ou *précepteur* de l'élection, qui fut le même amiral Scalenghi, et ce précepteur nomma à sa volonté les *trois*, à savoir : un chevalier, un chapelain et un servant qui, réunis aux cinq grands-croix formèrent huit autres électeurs que les huit des langues. Le comité se trouvant ainsi composé de seize électeurs, on l'enferma, et *les Seize* ne sortirent qu'après avoir choisi le grand-maître, qui fut aussitôt proclamé ; c'était Aymeri d'Amboise, grand-prieur de France, alors absent comme ambassadeur à la cour du roi Louis XII, et conseiller d'État de ce roi, qui l'aimait beaucoup ; il était frère de deux évêques réputés pour leur prudence et leur austérité, et du célèbre Georges d'Estouteville, cardinal d'Amboise, premier ministre de France et l'un des plus grands hommes d'État de son siècle. Il y eut trois jours de réjouissances publiques. Après quoi, le *Conseil complet* prononça, à son tour, sur les autres charges vacantes : il nomma le lieutenant général, qui fut celui déjà en charge, l'ambassadeur de l'élection qui fut le chevalier Matthieu de Gavreston (Anglais), et le capitaine-général des galères, don Francisco de Zapota, bailli de Caspe (Aragon) sans préjudice de l'autorité de l'amiral, pilier d'Italie. Puis il changea les capitaines de chaque navire ; car on s'attendait à des querelles du Turc sur la mer, bien que Bajazet II fît des protestations d'amitié à l'Ordre.

Effectivement, le jour même que le conseil se tenait, seize *fustes* (1) turques apparaissaient au sud de l'île de Rhodes, remontaient la côte orientale, s'arrêtaient dans un petit golfe en vue d'Arkhangelo et jetaient subitement chacune un peloton de vingt-cinq soldats à terre. En moins de deux heures, les mécréants avaient pillé cinq villages et la bourgade, et cerné dans les champs une quantité de travailleurs qui ne les avaient pas d'abord reconnus. Malgré l'énergie de leur fuite, tous ne purent échapper, et près de cinquante furent chargés de liens et emmenés deux à deux à bord des fustes.

---

(1) La *fuste*, surtout usitée par les Orientaux, tenait de la *nave* par les voiles et de la *galère* par les grands avirons. C'étaient des espèces de brigantins allongés et bons pour la course et la piraterie.

Cette escadre de *fustes*, afin de sauvegarder l'apparence de la paix encore existante, était formée de corsaires subventionnés secrètement par la Porte : elle avait à bord des compagnies d'infanterie régulière à la solde du Sultan, comme on le verra.

Le lieutenant-général sortait du conseil, quand cette nouvelle lui parvint. Aussitôt il mande don Francisco et lui ordonne de mettre en état ses galères pour aller chercher l'escadre turque; celui-ci court au port. En attendant, les trompettes du château ont appelé *aux armes!* Les chevaliers accourent de tous côtés. Le sire de Blanchefort, passant dans leurs rangs, désigne les vingt mieux montés et leur ordonne de se porter, bride abattue, au secours des pauvres gens d'Arkhangelo. Sans répondre, ils se rangent par quatre. D'un geste, le grand-prieur a invité le commandeur de Parme, Jean André Guasco, à prendre la tête de la petite troupe; celui-ci salue et, de la main, appelle à lui, comme *sergent,* le nouveau commandeur d'Oisemont, le sire du Fay, de la langue de France. Un trompette vient se placer derrière eux. La grande porte s'ouvre; le roulement des chevaux lancés au galop et le cliquetis des armures retentissent et s'éloignent. Le grand-prieur, après s'être réfecté, descend alors vers le port.

Un spectacle singulier l'arrêta net sur les quais. Les mariniers, rassemblés en tenue sous leurs *maîtres,* restaient immobiles, la tête basse, l'air sombre et résolu, pendant que le nouveau capitaine général, entouré de ses six capitaines de galères, les haranguait de son mieux. Le sire de Blanchefort fronça le sourcil :

— Qu'est-cecy, braves gens ? s'écria-t-il, et quel besoin vous tient de muser sur un quai, lorsqu'il s'agit de courir à la rescousse de vos frères ?

Un vieux patron, dont la barbe grise tranchait violemment sur sa face bistrée, s'approcha du lieutenant-général et, le bonnet à la main, répondit avec respect, mais d'un ton décidé :

— Monseigneur, ce n'est pas muser que de réclamer le *droit* de chacun. S'est-il jamais vu à Rhodes que l'on fit partir les galères subitement, sous un général dont nous ne connaissons pas le titre, avec des capitaines que nous n'avions pas vus encore ce matin? En vérité, nous n'avons pas même aperçu ici un seul chevalier d'Italie... (1) Il n'a point été ouvert de ban pour nous commander de reconnaître les gradés, et les anciens capitaines réclament leur droit. C'est à eux que nous devons obéissance; sinon, il faut que l'amiral nous l'ordonne.

(1) La langue d'Italie ayant encore le privilège de l'Amirauté de l'Ordre (qu'elle allait perdre) exerçait une grande influence dans le port et sur les équipages.

Le lieutenant-général savait trop bien ce que pouvaient coûter les querelles entre *langues,* surtout avec les Italiens et les Espagnols qui n'avaient pas, malheureusement, déposé tout préjugé ni abdiqué toute prétention en entrant dans l'Ordre. Il se contint donc, et se contenta d'invoquer l'urgence :

— De quoi vous inquiétez-vous, mariniers ? En vérité, le ban n'a pas été signifié parce que le conseil ne fait que de se séparer, mais je vais le proclamer sur l'heure, moi, lieutenant-général du Magistère et pourvu de l'autorité du grand-maître en son absence. Qu'on m'aille quérir un trompette ! En attendant, le péril presse. Je vous donne ordre à tous de monter à bord. Ne voyez-vous pas que les soldats y sont déjà rendus ?

Le trompette arrivé, le ban fut ouvert et les promotions publiées. Mais vainement le capitaine-général Zapota et les six capitaines de navires montèrent-ils à leurs postes ; pas un marin n'avait bougé du quai. Entêtés dans ce qu'ils appelaient « leurs droits », qu'ils confondaient avec le privilège de l'amirauté, ils prétendaient n'avoir d'ordres à recevoir que du vice-amiral Scalenghi, et celui-ci, en véritable Italien, ne se trouvait plus nulle part, quoiqu'on l'eût fait mander.

Les mariniers de Rhodes formaient l'élite des troupes soldées de la Religion ; devait-on les faire charger à la lance par les soldats ?... C'eût été cruel pour de braves gens, qui ne faisaient que répéter une erreur accréditée chez eux par l'orgueil national des chevaliers d'Italie. Le lieutenant-général n'hésita pas :

— Bailli de Caspe, dit-il tout haut à Zapota, restez en votre poste sur la capitane ; je vais vous servir de lieutenant, puisque c'est trop demander à ces gens-là que de vous obéir.

Un mouvement de surprise et de honte fit onduler les rangs des matelots. Sans daigner leur parler davantage, le lieutenant du Magistère s'était jeté dans une barque et abordait la galère capitane. Au même instant, un groupe de chevaliers arrivait en courant, sous la conduite du grand-croix don Diégo d'Almeyda, grand-prieur de Portugal. La langue de Portugal partageait avec celle d'Italie les faveurs des matelots, et don Diégo d'Almeyda était l'orgueil de Rhodes, tant par ses exploits sans nombre que par sa haute naissance et son affabilité avec les gens du pays. Il venait se ranger sous les ordres de son inférieur en dignité, le bailli-châtelain de

Caspe, et les chevaliers de Portugal se faisaient simples matelots...

A cette vue, tous les rangs se rompirent; un flot de mariniers se jeta dans les embarcations; quelques minutes après, les six bâtiments disponibles de la Religion étaient au complet de leurs hommes de manœuvre. La générosité des chevaliers avait triomphé de cette mutinerie. En débarquant sur le quai, le sire de Blanchefort ne vit plus un seul homme en arrière; sur les vaisseaux, les commandements retentissaient, le grincement des poulies se mêlait au sifflet des *maîtres de manœuvre* et des *maîtres de vogue* (1), le chant cadencé des *vireurs* (2) accompagnait les longues vergues et antennes dans leur lente ascension à la tête des mâts. Bientôt l'escadre sortit du port et disparut vers le Sud. Elle se composait de 3 galères dont la *capitane* (3), d'un vaisseau rond ou *galion* (4), haut et lourd, appartenant au chevalier Nicolao de Turin, d'une *barque longue* et d'un *palandier* (5) armé en guerre.

Ce soir-là, les gardes des remparts furent doublées et des patrouilles envoyées dans tous les environs. Vers les huit heures, on vit arriver deux paysans d'Arkhangelo, au galop de leurs petits chevaux, montrant pour signe de leur mission le gantelet droit du commandeur Guasco, avec ses armoiries gravées sur la paume. Ils venaient annoncer le rembarquement des Turcs et le fait d'armes des vingt chevaliers.

En arrivant au village de Tricopia, del Guasco avait trouvé plus de deux mille femmes et enfants réfugiés dans des grottes, à mi-hauteur des rochers que baigne la rivière de Gadora; une centaine de paysans résolus, armés de faux et d'arbalètes, gardaient l'abord des roches, du côté opposé au fleuve; les Turcs, après avoir emmagasiné leurs prises à bord des fustes, avaient renforcé de 200 hommes la troupe de débarquement; c'étaient 600 soldats bien armés qui allaient attaquer les grottes.

(1) Sous-officiers directeurs des *vogues* ou pelotons de rameurs.
(2) Des hommes qui *virent* (ou tournent) au cabestan, pour le roulage des câbles d'ancre et des gros cordages, tels que les *guideresses* de mâts et les *drisses* des vergues ou antennes.
(3) La capitane de Rhodes avait 3 rangs d'avirons, 260 hommes de manœuvre, 228 de chiourme, et portait de 450 à 500 soldats et canonniers. Son artillerie était de 8 pierriers, 12 pièces longues, 5 mortiers et 4 gros canons.
(4) Il y avait des galions de diverse taille, tous élevés sur l'eau, hauts mâtés, ne marchant qu'à la voile. Ils portaient beaucoup de canons en batterie.
(5) Le *Palandier* était un navire propre au transport de la cavalerie, plus usité chez les Turcs que chez les chrétiens.

LA VIE A RHODES. — LES PRÊTRES. — LES CHEVALIERS. — LES ARTISANS
(D'après un manuscrit du xve siècle de Guillaume Caoursin, à la Bibliothèque nationale.

ZIZIM, FILS DE MAHOMET II, QUI DISPUTAIT A SON FRÈRE BAJAZET L'HÉRITAGE DE LEUR PÈRE, S'ÉTANT VU CONTRAINT APRÈS SA DÉFAITE ET APRÈS D'ÉTRANGES VICISSITUDES, DE DEMANDER ASILE AU GRAND-MAITRE, FUT REÇU AVEC ÉGARDS, QUOIQU'IL EUT ÉTÉ UN DES PLUS RUDES ASSAILLANTS DU SIÈGE. PIERRE D'AUBUSSON LUI OFFRE UNE GÉNÉREUSE HOSPITALITÉ ET LE REÇOIT A SA TABLE.

(D'après un manuscrit du xvᵉ siècle de Guillaume Caoursin, à la Bibliothèque nationale.)

LES CHEVALIERS DE SAINT-JEAN LIVRAISON Nº 11

— Mais où sont les autres hommes du canton ? demanda Guasco.

— Monseigneur, il y en a eu de pris; les autres se sont sauvés vers la chute (la grande chute de la Gadora, au sortir des défilés du Philerme), pour de là gagner la montagne; ils ne veulent mie être esclaves du Turc.

— Et vous ?

— Nous ? fit avec énergie le chef des paysans, nous voulons protéger ces pauvres femmes et enfantelets, et sommes décidés à mourir avant que le Turc ne les emmène.

— O braves laboureurs, à qui Dieu fist cœurs de vrais chevaliers ! s'écria Guasco, en embrassant le robuste métayer. Tiens, camarade, voici ma bague, et je tiens à honneur que tu sois *dès ores et mais* mon ami. Mais ce beau courage ne sera pas déçu. Paysans, allez vous mettre en bataille droit à l'issue des rocs, en ce petit endroit bas, votre gauche tenant la rive du fleuve ; et si vous tenez bien contre la première assaillie du Turc, par saint Étienne ! je vous promets belle victoire et grand honneur, comme il convient aux vrais soldats.

Les cent campagnards, sous la conduite de leur chef qui était un métayer grec de Phéracle, nommé Phérécydos, allèrent bravement s'établir au poste assigné, tandis que les chevaliers, entrant dans l'eau avec leurs bêtes, gagnaient en silence un bouquet de saules et de viornes, et s'y dissimulaient avec soin, après que chacun d'eux eût attaché une grosse pierre à la queue de son cheval, pour l'empêcher de hennir (1).

Dix minutes à peine s'étaient écoulées que les Turcs apparaissaient. Ils étaient conduits par un Cypriote, marchand de chevaux à Satalié, qui venait souvent commercer dans le pays rhodien.

Le capitaine ou *agha* de la troupe s'avança et somma les paysans de se retirer, en leur promettant qu'il ne leur serait fait aucun mal, et leur offrant pour passer la rivière quatre barques plates qui venaient d'apparaître, conduites chacune par cinq ou six hommes. Phérécydos, qui s'était avancé pour répondre, reconnut aussitôt le guide des infidèles, bien qu'il cherchât à se dissimuler, et le couvrit d'injures:

---

(1) Cet usage est toujours pratiqué en Orient pour les chevaux et les ânes. Les chevaux pour hennir (et les ânes pour braire), commencent toujours par redresser horizontalement la racine de leur queue. En la retenant abaissée, on les empêche de donner de la voix.

— Ah, le traître ! ah, le vendeur de sang chrétien ! Va, va, ton compte est bon, hypocrite, et si jamais tu revois Satalié, les enfants grecs t'y arracheront la barbe, et te chasseront à coups de pierres, Judas !...

— Ne réponds pas, dit le capitaine à son guide. Amis, nous avons assez de butin, nous ne voulons plus faire de prisonniers. Retirez-vous seulement de notre passage.

— Ce parjure a deviné la cachette des femmes, murmura le métayer; il a vendu l'honneur des filles de Rhodes... Je veux le tuer de ma main... Agha, dit-il à haute voix, regagne ta troupe et partez d'ici. Nous n'avons rien à te céder, et les chevaliers pourraient bien survenir. Rhodes n'est pas si loin...

A ces mots, des railleries éclatèrent dans les rangs musulmans, et l'attaque commença. Abrités par des saules et des flaques d'eau, les paysans tenaient bon. Alors, l'agha fit défiler la moitié de son monde par la gauche, pour assaillir directement les grottes, pendant que les autres continuaient de combattre. A cette vue, les paysans reculèrent lentement. Pour en finir plus vite, les musulmans, forts de leur nombre, s'étaient jetés dans les alluvions et combattaient les jambes enfoncées dans la vase. Phérécydos vit alors, derrière eux, le traître qui regardait la lutte sans y prendre part; il appuya son arbalète dans la fourche d'une branche basse, et lâcha la détente; le carreau, bien dirigé, renversa le Cypriote et resta planté dans sa gorge.

— Très bien ajusté ! s'écria l'agha en ricanant. *Ia Radjel* (1), tu m'as épargné un coup de cimeterre ; c'est tout ce que l'individu valait. Rends-toi ; je te ferai chef d'une compagnie du sultan.

Un second coup de *carreau*, qu'il put éviter à temps, fut la riposte de Phérécydos. Mais les paysans étaient inquiets, et la réserve turque, arrivée au pied des grottes, répondait par des cris de joie aux cris de détresse des femmes qui, se croyant déjà prisonnières, oubliaient toute prudence ; quand tout à coup, un cri plus mâle, sorti à l'unisson de vingt poitrines d'hommes, traversa l'air et glaça l'ardeur des musulmans : *Saint Jean à l'aide ! Guasco !*

Il y eut une ondulation de quelques secondes dans les rangs turcs;

---

(1) *Homme!* c'est l'apostrophe ordinaire en turc, d'un homme à un autre qu'il ne connaît pas.

on entendit galoper des chevaux, on vit étinceler les armures et briller la rouge soubreveste de l'Hôpital ; la voix de l'agha s'éleva, disant : Mahom ! Ils ne sont que vingt ; face en arrière, et croisez vos piques !...

Ce fut tout. La ligne des vingt chevaliers était entrée, en se brisant en zigzags, dans le bataillon turc effaré ; un bruit confus sortait des groupes, fait de hennissements de chevaux, de cris douloureux d'hommes, d'imprécations, de coups portés et reçus et de quelques détonations d'arquebuses. Deux minutes après, les Turcs fuyaient débandés, et seize chevaliers (les quatre autres avaient eu leurs montures tuées) fondaient à travers marais sur le second bataillon, qui reçut au même instant une furieuse décharge de la troupe des paysans. Il n'y eut plus qu'à poursuivre.

Le commandeur Guasco se dressa sur sa haute selle, essuya du coin de sa soubreveste le sang qui coulait sur son épaisse barbe noire, par suite d'un coup de pique qui lui avait traversé la joue, et fit signe à Phérécydos d'arriver :

— Vous avez fait très sagement et en bons soldats, dit-il, parlant avec un peu de gêne à cause de sa blessure, mais sans qu'il parût autrement s'en apercevoir ; prenez les barques qui sont échouées là, descendez vite la rivière, et allez couper retraite à qui vous pourrez. Ne faites que des prisonniers jeunes et forts, qui puissent être d'un bon usage sur les galères ; tuez tous les autres et achevez les blessés. Ils ont rompu la trêve jurée et méritent tous la mort ; vous nous ôterez ainsi la peine de les faire accrocher aux potences du cap des Moulins. Donnez-moi deux coureurs pour aller informer à Rhodes du petit fait qui se vient de passer ici. Je vais descendre jusqu'au rivage du golfe pour m'assurer du départ du Turc et voir si notre flotte arrive, puis reviendrai coucher au bourg ; car il se fait soir et suis un peu fatigué. Dites aux femmes de s'en retourner tranquilles, et qu'on nous fasse à souper pour vingt. Est ce jour d'huy jeûne et abstinence : nous mangerons soupe maigre, selon la Règle, et vous délivrerai un *bon* sur *l'auberge*.

— Monseigneur, dit Phérécydos, n'êtes-vous point bien meurtri de la face ? voyez votre sang.

— Il est vrai, fit le commandeur ; je sens quelque douleur d'un petit coup de pique ; mais j'ai tué l'homme qui me fit cela, pardieu ! d'une bonne taillade à travers turban et cervelle. Ceci est affaire à notre frère infirmier. Me donnerez seulement ce soir un peu de vin et d'huile pour me oindre avant que de dormir.

Il cracha flegmatiquement une dent cassée qui branlait dans sa mâchoire saignante et piqua des deux.

Tel était le récit que venaient faire les deux paysans au lieutenant du Magistère, lequel écouta avec attention, envoya les deux hommes à l'hospitalité gratuite du couvent, et fit simplement prévenir le prieur de Rhodes que les vingt chevaliers ne souperaient pas ce soir à l'*auberge*, et que l'infirmerie aurait quelques blessures à panser le lendemain.

Cependant la petite escadre chrétienne avait détaché en reconnaissance la *barque* et le *palandier* qui, arrivés à la hauteur d'Arkhangelo, ne virent pas de Turcs ; car ceux-ci, après avoir rembarqué les débris de leur expédition, et prévoyant bien l'arrivée prochaine des navires, avaient filé à forces de rames, sans déployer une voile, vers la côte asiatique. Si l'on avait eu soin de diriger le regard des vigies, celles-ci auraient peut-être pu voir l'ennemi, glissant à l'horizon à sec de toile. On dépassa donc Arkhangelo et la Gadora, et l'on allait doubler Lindo et son énorme promontoire, aux dernières lueurs du crépuscule, quand un feu brillant jaillit en haut du rocher, puis deux autres à gauche, en contre-bas. C'étaient les *guetteurs* du château qui, voyant l'erreur de la flotte, lui signalaient l'ennemi et sa direction.

Il était nuit fermée quand les cinq navires (car la barque longue ne pouvait compter) se trouvèrent rassemblés par le travers de Lindo ; le galion avait traversé ses huniers et pris la panne en dérive ; le palandier, sur un signal de la capitane, chassait en reconnaissance au vent de l'escadre, l'aviron aidant la voile. Les trois galères avaient rallié le galion et pris la dérive, les voiles sur les cargues ; les poupes se touchaient. En quelques mots, le capitaine général Zapota déclara s'en remettre à son supérieur en grade, dom Diégo d'Almeyda, attendu que celui-ci était aussi expérimenté sur mer que sur terre. Almeyda indiqua brièvement avec le porte-voix le plan à suivre : les Turcs avaient dû se replier vers Macri, sur la côte carienne ; mais ils n'y entreraient pas facilement, avec le vent du sud-ouest qui adonnait ; on n'avait qu'à les poursuivre, galères en tête, à l'aviron et sans voiles (sauf le galion) ; — pour le cas où l'on tomberait en pleine nuit au milieu de la flotte ennemie, chaque galère devait chercher un groupe de fustes, l'abîmer de son artillerie, et chercher à lui jeter du monde à l'abordage, parce qu'il y avait des prisonniers à délivrer.

On fit la route prescrite. Mais, six heures après, quand le ciel se colora et que les bizarres promontoires des côtes cariennes se découpèrent en sombres festons à l'avant de la capitane, on n'avait pas encore reconnu la flotte. Bientôt, l'horizon blanchit, et l'aube rapide de ces climats rendit la vue distincte au loin. Les deux galères rhodiennes, pour reposer leurs chiourmes, se laissaient doucement porter grand largue, sous le *tréou* (1) et la trinquette, à une bonne demi-heure de marche de la capitane... Le jour grandit, le soleil jaillit entre deux crêtes de la côte ; et, de la capitane, l'on vit alors, à bâbord devant, les seize fustes basses et longues qui arrondissaient leur course vers l'entrée du golfe de Macri. Elles n'étaient pas à deux milles de distance : « Sus ! Sus ! Pilote, s'écria don Diégo. En plein milieu ! ne laisse pas cette chiennaille aborder la terre ! Comites (2), éveillez vos chiourmes, donnez-leur un bon coup de vin épicé, et vogue ! »

Trois minutes après, la superbe capitane, dédaignant d'attendre les secours et se contentant d'arborer le signal de *l'ennemi en vue* pour les avertir, fendait l'onde avec une merveilleuse rapidité. Les canonniers étaient postés aux pièces, sur la *rambade* du gaillard d'avant et dans les sabords de la poupe ; les soldats se massaient par pelotons sur la coursie ; les arbalétriers remontaient leurs rouets en huilant les ressorts, et plaçaient les redoutables *carrelets* autour de leur ceinture ; bombardes, fauconneaux et pierriers recevaient leurs charges, pendant que les sous-comites et les chefs de nage (ou capitaines de vogue), levant et abaissant le bras à l'unisson, accéléraient par leur chant rythmé les mouvements des rameurs.

Le Turc eut honte, à la fin, de se sauver devant un seul navire. Quelle gloire si l'on pouvait rapporter à Constantinople l'étendard-maître de la Religion, et traîner dans la Corne d'Or la fine galère à la poupe élevée, incrustée d'or fin ! Subitement, toute la ligne turque abat ses voiles, revire cap pour cap, les deux extrémités les pre-

---

(1) Nom de la grand'voile des galères ; elle s'envergait sur antenne ; mais, depuis un siècle, elle était carrée (ou plutôt trapézoïde), et non triangulaire. La trinquette était la petite voile d'arrière.

(2) Sous-officiers des chiourmes.

mières, de façon à former un demi-cercle, et, prenant de la vitesse à l'aviron, s'abat sur la capitane, afin de l'encercler. Mais cette vive attaque était prévue et calculée. Almeyda donne un ordre : relevant la tête, le vieux maître-pilote lance brusquement le beau bâtiment sur tribord ; avant que le cercle ait pu se refermer, la proue rouge et or de la capitane, armée de son éperon, s'est dressée devant les deux premières *fustes* de la gauche ennemie. Un craquement strident monte en l'air et se prolonge, accompagné d'une volée de mousqueterie et d'arbalètes : c'est l'une des fustes qui, prise en travers avant d'avoir pu évoluer, vient d'avoir son avant broyé sous le puissant éperon, et son pont balayé par la décharge. Elle est hors de combat ; de sanglants débris sont collés à ses pavois mis en pièces ; des morts gisent, des blessés s'agitent et hurlent sur le pont ; l'eau pénètre à flots par son avant rompu. Sans s'arrêter dans son évolution, la belle galère, arrondissant toujours sur tribord, se trouve portée hors du cercle ennemi et tombe en travers de la deuxième fuste ; un commandement retentit : les cinq fauconneaux de droite éclatent et ravagent lamentablement les pavois trop bas du Turc ; déjà la capitane a achevé son tour ; de sa proue, qui domine l'arrière de l'ennemi, elle lui envoie une volée d'enfilade pour l'achever ; les deux bombardiers, visant aux mâts, ont pointé si juste qu'ils les abattent..... Puis la galère reprend du champ et, tout en rechargeant ses pièces, se remet au vent de l'ennemi, afin d'avoir le soleil dans le dos et non dans les yeux.

Devant cette terrible charge, la résolution des Turcs s'était évanouie ; ils ne songeaient déjà plus qu'à se garer et à conserver le butin fait la veille aux bords de la Gadora. Vainement, le chef de cette flotte de bandits, le fameux pirate Kamali, fait-il signaler le *ralliement* et *l'attaque en masse* des seize navires, et donne-t-il lui-même l'exemple, en venant hardiment se jeter sous le canon de la capitane, avec les plus grosses fustes, qui dirigent sur le haut-bord chrétien un feu roulant d'artillerie. Il ne peut entraîner que trois ou quatre de ses confrères en piraterie ; les onze autres, apercevant les deux galères rhodiennes qui approchent à toute vitesse et les hautes voiles du galion un peu en arrière, n'ont pas même osé gagner Macri, en passant sous le feu de l'intrépide Almeyda qui, seul contre tous, leur barre la route et tient ses bombardes pointées sur le passage. Ils forcent de rames et vont se mettre à la côte une demi-lieue plus loin, dans l'espoir de débarquer à temps leur butin. Mais il leur faut doubler une petite pointe rocailleuse et élevée qui les mettra à l'abri. Almeyda, éventant sa *civadière* (1), s'en rapproche lentement et ouvre son feu sur l'avant des rochers ; on voit jaillir des gerbes d'eau sous le ricochet des gros boulets ; affolés, les patrons turcs appuient un peu plus sur bâbord, manquent le passage et se jettent sur des bas-fonds rocailleux où huit des fustes sont entr'ouvertes et coulées. Dans ce désordre, les deux autres galères ont eu le temps d'arriver, de doubler les récifs, d'amariner deux fustes déjà échouées, la proue dans les sables. Les soldats rhodiots, sautant sur le rivage, taillent sans pitié à grands coups de sabre tout ce qui porte turban ; mais déjà les équipages musulmans ont fui ; quarante morts sont étendus, la tête fracassée ; dix-huit, portant des insignes d'officiers ou de sous-officiers, ont été épargnés et sont attachés par les mains et les chevilles. Une quarantaine de paysans d'Arkhangelo, délivrés de leurs liens et les poignets encore tuméfiés, pleurent de joie et, dans leur ivresse de liberté, sautent et tournent en rond sur la plage.

On était en pays ennemi, en vue d'une place forte, et le secours ennemi allait arriver. Sur un signal du grand-prieur, les hommes furent rembarqués avec les Rhodiots délivrés et les Turcs prisonniers ; les équipages déjeunèrent, puis les soldats et canonniers. Après quoi, l'on distribua une nouvelle ration de récompense aux chiourmes, pour leur vigueur pendant l'attaque. Pour les mariniers, quand on vint à eux, ils baissèrent la tête et, montrant de la main les soldats de Saint-Jean : « Que ceux-là, dirent-ils, reçoivent l'honneur et
» aient part à la prise ! nous n'avons rien mérité, et sommes résolus
» entre nous ne pas même recevoir le salaire de ces deux journées,
» parce que nous reconnaissons avoir grièvement offensé l'Ordre,
» et compromis nos frères prisonniers. »

Le soir même, l'escadre chrétienne rentrait à Rhodes. Sur le rapport du frère Almeyda, le lieutenant-général du Magistère approuva la résolution des marins et, le lendemain, en référa au Conseil ordinaire, en demandant que les chefs de la mutinerie reçussent pardon plein et entier, à raison de leur belle conduite et repentance. Ce qui eut lieu.

(1) Voile carrée de la proue.

LE CARREAU, BIEN DIRIGÉ, RENVERSA LE CYPRIOTE.
(Voir page 159.)

Quelque temps après, le grand-maître Aymeri d'Amboise arriva et fut reçu avec honneur et enthousiasme. Sur la demande réitérée du roi Louis XII, le *Conseil complet* autorisa alors le sire Guy de Blanchefort à s'en aller résider en cour de France comme premier conseiller d'État de sa Majesté très chrétienne, à la condition qu'il conserverait l'administration de son grand-prieuré, et qu'il aurait titre et fonction d'ambassadeur et plaideur de la Religion en France. Ce à quoi Louis se prêta avec grand plaisir; car, en ce temps, la prudence et les avisés conseils des chevaliers de Rhodes étaient aussi haut prisés que leur vaillantise, et moult recherchés par tous les princes chrétiens.

§ 2.

LA MOGHARBINE; LE COMMANDEUR DE GASTINEAU

A mesure que vieillissait Bajazet, il devenait plus hostile à la *Religion* de Rhodes; son fils Korkut, prince de Konieh (ou de Karmanie) et le soudan d'Égypte, rivalisaient avec lui de haine contre les chevaliers. Nous passerons sous silence les trahisons et violences répétées du prince Korkut qui n'en récolta rien, sinon la mort de son ambassadeur, noyé par accident, et la grande entreprise des chefs corsaires Kamali et Kourtogli contre Rhodes et toutes les îles de Saint-Jean, qui tourna à leur déroute et confusion (1).

L'an 1505, une alliance fut conclue entre Bajazet II et le soudan Camsoun-Gauri; ce dernier avait assumé la protection des princes musulmans du Malabar contre les entreprises des Portugais, et il tenait aussi à se venger des désastres que l'Ordre de Rhodes lui avait infligés. Bajazet, de son côté, ne pardonnait pas aux chevaliers d'avoir reçu comme hôte perpétuel et pourvu d'un traitement royal son neveu Mourad, fils du malheureux Zizim. Le roi d'Aden, imam de Mascate et d'Oman et suzerain de Zanzibar, Magadouch et Mounfia, était de la Ligue. Faut-il ajouter qu'une nation chrétienne, les Vénitiens, mue par la jalousie commerciale, était la plus acharnée

(1) Nous ne faisons pas l'*Histoire* suivie de l'Ordre; nous offrons aux lecteurs quelques épisodes qui leur retracent le caractère et l'allure des hommes et des choses.

à pousser les forces musulmanes contre les Portugais, et qu'elle avait fourni aux princes mahométans des ingénieurs-constructeurs et des ingénieurs-artilleurs ?.....

Camsoun-Gauri, ayant résolu de construire une grande flotte sur la mer Rouge, obtint du Grand-Seigneur un firman pour l'abattage des bois nécessaires en Cilicie. C'est pendant ce temps que Kamali et Kourtogli tentèrent leur vaine entreprise sur les îles de la Religion. Désormais, l'Ordre se considéra en état de guerre, et se tint sur ses gardes. La seconde tentative fut faite par le soudan, et ne réussit pas mieux que celle des corsaires turcs et syriens. Elle était dirigée contre Lango, et comprenait sept grandes flûtes (1), chargées de troupes. Les galères de l'Ordre les surprirent à l'ancre et s'en emparèrent ; pas un Sarrasin n'échappa ; tout fut tué ou mis à la chaîne.

C'était en 1506. L'année suivante, dès le printemps, Bajazet donna de fortes sommes aux corsaires pour attaquer la *Religion,* et il leur prêta l'appui de sa flotte, qui sortit de Gallipoli, au nombre de quinze grandes galères trirèmes, et de vingt-cinq fustes. Le grand-maître Aymeri, dûment averti, avait massé toutes les forces navales de la *Religion* sous l'abri de l'île Karchi, d'où elles étaient à portée de tout secourir.

Bien que cet armement fût à peine la moitié de celui des Turcs, et le tiers de leurs forces jointes à celles de Kamali, les musulmans n'osèrent rien entreprendre, et se contentèrent de courses et de pillages.

Il y avait alors un navire célèbre dans le monde entier ; c'était la *Mogharbine* ou *Mograbine* (en français l'*Occidentale*), ainsi nommée parce qu'elle sortait des chantiers tunisiens. On l'appelait aussi *la Reine des mers*. Cet immense vaisseau, construit en bois de chêne, de cèdre et de teck, et chevillé de cuivre, portait 1200 hommes d'équipage et pouvait recevoir encore 1000 hommes de troupe pour sa défense. Il avait quatre mâts droits énormes, outre le beaupré et la trinquette, *sept ponts,* dont deux au-dessous de la flottaison, et trois capitaines, outre le capitaine en chef, savoir : l'agha des troupes, le capitaine de manœuvre ou pilote chef, et le commandant de l'artillerie ; il mettait en batterie, tant sur ses ponts qu'en barbette et sur les gaillards, **120** pièces de gros calibre.

---

(1) Vaisseau bas, portant beaucoup 'e monde.

Construit spécialement pour les marchandises de l'Inde, il les recevait à Alexandrie, arrivant de Suez par caravane, et les transportait à Tunis, à Constantinople et à Venise (aussi était-il reconnu *neutre*, même en temps de guerre, par décret du Sénat Vénitien). Ses dimensions étaient telles que la capitane de Rhodes, la plus grande galère connue, à peine atteignait avec la tête de son *arbre de mestre* (son grand mât) à la hauteur du château de proue de cet immense navire.

Deux fois d'Aubusson avait imaginé des plans pour s'en emparer, sans y parvenir. Cette fortune était réservée à la maîtrise d'Aimery d'Amboise et au courage d'un Français, Jacques de Gastineau, commandeur de Limoges (au prieuré d'Aquitaine). Les attaques publiques et quatre fois renouvelées qui venaient, en moins de trois ans, de se produire contre l'Ordre, en dépit des trêves existantes, l'avaient dégagé de tous ménagements ; et c'est ce que le grand-maître avait fait récemment signifier à la fois à Bajazet, au prince Korkut et à Camsoun-Gauri, qui s'étaient contentés de protester sans essayer de justifier leurs corsaires ni leurs amiraux. On apprit alors que la *Grande caraque* (1), ainsi qu'on la nommait en Europe, allait mettre à la voile du port d'Alexandrie. Il y avait là une bien belle revanche à prendre des déprédations égyptiennes... Le commandeur de Gastineau, marin plein d'expérience et capitaine en titre du *grand navire* de l'Ordre (2), vint aussitôt en faire la proposition au grand-maître. Celui-ci, qui avait comme un bonheur particulier dans les expéditions de mer, lui demanda de revenir dans deux heures. Gastineau passa ces deux heures à se confesser, à inspecter son navire et à recruter, avec l'argent de sa vaisselle qu'il mit en gage, tout ce qu'il trouva de bons marins et soldats de La Rochelle, Cap-Breton, Bayonne, Aigues-Mortes, Marseille et autres localités de France, d'Auvergne et de Provence; car, disait-il, « c'était d'abord entre compatriotes que s'agissait faire le coup » et gaigner ensemble honour et proufict. » Il s'était à peine expliqué que, des tavernes de la rue des Juifs et du quai Saint-Michel, cent vingt hommes résolus, le bonnet sur les yeux et la dague à la cein-

---

(1) *Caraque* était le nom technique des vaisseaux de haut bord de la plus grande dimension.

(2) On ne dit pas quel était ce *grand navire,* ou *nave.* Il s'agit ici d'une *caraque* ou d'un *galion,* marchant à la voile, et non de la galère capitane

ture, la plupart appartenant à d'autres équipages de l'Ordre, venaient s'offrir. Satisfait, il les adressa à son lieutenant d'Ecluzaux, et revint au château. Le grand-maître lui sourit en le revoyant et lui donna congé d'aller à son entreprise. Une heure après, le galion, chargé de toile depuis les flèches de perroquet jusqu'aux bordages du pont, s'éloignait vers le Sud par la bordée de bâbord, virait au large de l'île et, la doublant, disparaissait à l'Ouest. Les grains d'équinoxe (on était au printemps) abrégèrent sa route et le portèrent en une seule nuit à la vue de Retymo, en Candie ; il prolongea l'île à l'Ouest, et établit sa croisière entre Candie et la Cyrénaïque, malgré l'avis de ses pilotes qui lui remontraient que la *Mogharbine* étant partie d'Alexandrie sous le régime des vents d'Ouest, avait dû s'élever d'abord au Nord jusqu'en vue de Chypre, ou de Castel-Rosso, et qu'elle n'avait pu trouver que là les vents du Nord, qui lui permettraient d'embouquer le canal de Cérigo. Mais le commandeur, vieux pratique de ces mers et des habitudes des Sarrasins, augurait bien qu'en prévision des changements de temps, la Grande Caraque avait dû attendre deux ou trois jours de plus au port, plutôt que de venir chercher sa route si près des îles de l'Ordre et dans un canal fréquenté par des flottes chrétiennes tout entières, alors que la route par la Cyrénaïque était libre.

L'événement lui donna raison. Le lendemain, pendant la messe que disait sur le pont le chapelain du navire, en présence de tout l'équipage, un des hommes en vigie descendit et vint parler bas au *sergent de manœuvre* (officier de quart) qui, à son tour, grimpa jusqu'en tête de la misaine et y demeura un instant. Lorsqu'il revint, la messe était achevée; le commandeur, selon son habitude, prosterné le front contre le plancher, murmurait une action de grâces. Il fit signe qu'on ne le dérangeât pas, car il était bon religieux et mettait les affaires de Dieu avant toutes autres; et il continua de prier, les bras étendus. En sorte que lorsqu'il eut fini, point ne fut besoin de lui dire de quoi il s'agissait : tout l'équipage, groupé le long des lisses et sur les tillacs, contemplait vers l'Est une pyramide blanche élevée au-dessus des flots bleus, qui grossissait à vue d'œil et laissa bientôt apercevoir les lignes régulières de ses agrès. Pas un souffle ne s'entendait à bord du chrétien; chacun regardait.

— Ho, ho! fit le bon commandeur, qu'est ceci, pilotes? Dites-moi, avais-je la berlue hier, ou l'ai-je maintenant? Qu'est-ce qu'on voit là-bas?

Les pilotes confessèrent qu'ils s'étaient trompés et que le commandeur avait eu bon flair.

— Cela suffit, dit le chevalier. Point n'est l'heure de muser. Les soldats ont-ils mangé?

— Ils sont présentement à la réfection, dit l'officier de service.

— Je vais les inspecter; qu'ils s'arment et prennent leurs rangs; canonniers, garnissez vos pièces à double charge, pointez avec soin, et ne boutez le feu qu'à mon commandement... Sergent de manœuvre, sifflez à l'assemblée!

Les matelots furent bientôt réunis sur le pont; les canonniers, arquebusiers et cranequiniers à leurs postes, les soldats par pelotons sur les deux tillacs. Le commandeur, assis sous le tendelet de l'arrière, mangeait un bon morceau et humait un grand bol de vin de Chypre cuit avec des épices; — car les Gastineau, comme tous ceux de Limoges, étaient gens de bel appétit et de gaillarde humeur.

Il regarda avec plaisir tout ce monde bien rangé et bien commandé, se leva et, d'une voix vibrante, prononça ce discours:

— Soldats et matelots de la *Religion*, remerciez Dieu et Monseigneur saint Jean qui vous ont octroyé la grâce de rencontrer si belle proie que oncques ne s'en mit telle en mer depuis la grande nef que fit de ses mains le saint patriarche Noé. Le ciel se conquiert par grand effort, et les caraques pareillement. C'est donc à vous de ne pas démériter de l'occasion qui vous est offerte, si vous ne voulez encourir l'ire (1) de Dieu et le mépris des hommes. Soyez prêts à tout braver, vous souvenant que la mort sous l'étendard Saint-Jean est un bon billet pour obtenir miséricorde de Dieu, et que l'obéissance aux ordres des capitaines vous donnera victoire. Mais premièrement, je préviens les compagnons du sang de France, Auvergne et Provence, que j'ai enrôlés ici, qu'ils ne se fassent pas déshonneur, ni à moi qui les ai appelés devant tous les Rhodiots: si la peine est grosse, la récompense le sera davantage. Frère chapelain, nous allons réciter tous ensemble *Confiteor*, afin de ne pas laisser traîner en dérive quelques malins péchés, dont par adventure le diable prendrait avantage contre nos gens, et de mettre

(1) La colère.

en dernière sûreté nos povres âmes; et nous baillerez absolution en meilleure forme que se pourra...

Lors, tout le monde se mit à genoux, bien que chaque frère, selon la règle de Saint-Jean eût déclaré s'être confessé avant le départ; le commandeur et les chevaliers qui l'entouraient récitèrent tout haut le *Confiteor;* le chapelain, revêtu de son étole, les deux mains étendues, prononça lentement la formule de l'absolution, puis chacun courut à son poste. L'immense caraque sarrasine, parvenue à moins de deux portées de canon, déployait à tous les yeux sa gracieuse et formidable masse; étonnée de voir un navire chrétien se risquer aussi près de ses canons, elle continuait sa route sans se déranger. Les deux vaisseaux allaient, dans quelques minutes, se trouver bord à bord. Du haut de leurs ponts, les mahométans considéraient avec curiosité la manœuvre du chrétien.

Soudain, le galion de Rhodes, qui naviguait sous le vent de l'Égyptien, toutes voiles dehors, se lance dans le lit du vent, vire lof pour lof, et cargue brusquement toutes ses basses voiles et ses perroquets. Jeté ainsi au travers de la caraque, il la menace de son artillerie de tribord qui la tient en enfilade. Le mahométan, surpris mais non effrayé, laisse porter, et ralentit sa marche. Un *esquif* (ou canot), aux armes de la Religion, s'est détaché des flancs du galion et aborde la caraque; un *chevalier rouge* monte à bord et, devant les mille hommes de garnison de l'énorme bâtiment, marche droit au Capitan-Raïs, le salue civilement et lui déclare, au nom de l'Ordre, qu'il ait à se constituer prisonnier avec son navire, lui garantissant la vie sauve.

Indignés de cette audace, les soldats égyptiens murmuraient déjà; leurs officiers les firent taire. Quant au Capitan-Raïs, homme mûr et d'aspect grave, il savait trop bien ce qu'étaient les chevaliers de Rhodes pour avoir envie de plaisanter. Caressant de la main sa barbe grise, il fit monter l'envoyé chrétien sur le tillac d'arrière, lui montra les deux navires, dont l'un semblait être la chaloupe de l'autre, puis les longues lignes des batteries avec leurs artilleurs, et l'infanterie rangée sur les passavants :

— Chevalier, dit-il, la partie n'est pas égale, bien que je vous tienne pour des hommes incapables de reculer. La *Mogharbine* est le joyau de la couronne d'Égypte; voilà huit ans que j'ai l'honneur de la conduire, par ordre du très-haut Soudan et grand prince

LE FRÈRE DE NAUROY REGARDA FIXEMENT LE RÉIS.....

Camsoun-Gauri, sans avoir encore trouvé navire au monde assez hardi pour se risquer dans l'ombre de ses voiles. Il fallait pour cela des frères Saint-Jean. Eh bien! dites à votre commandant que j'ai là, avec mes canons et mon équipage, un millier de bons soldats musulmans, résolus à perdre la vie plutôt que perdre honneur et liberté. C'est toute ma réponse.

Frère de Nauroy, qui était un grand Champenois aux longues moustaches blondes, regarda fixement le *Réis-Kbir* de ses yeux d'acier clair et lui fit baisser les paupières ; sa lèvre se plissa légèrement :

— Voilà, fit-il avec sécheresse, un bien long discours pour des gens si résolus. J'en rapporterai au commandeur ce que j'aurai pu en retenir.

Et il redescendit dans l'esquif.

Le commandeur reçut son rapport, examina avec soin la caraque, et y renvoya un second messager, un simple servant cette fois, avec ordre d'exposer au musulman, « qu'il avait ordre positif de l'attaquer, fort ou faible, et le priait de l'excuser s'il y obéissait selon son devoir ; à moins que, pour épargner une lutte certainement meurtrière, la *caraque* ne voulût se rendre. »

Il voulait gagner du temps pour se rapprocher davantage de l'ennemi sur lequel il dérivait lentement de l'arrière ; mais il avait également ordre précis du grand-maître d'éviter le plus possible d'endommager la *Mogharbine* et son chargement.

L'Égyptien se fâcha cette fois, et menaça de faire jeter le délégué à la mer. Celui-ci revint à bord. Il était à peine remonté et son esquif rétabli droit sur les pistolets (1), que le galion se trouva, par sa manœuvre lente et bien calculée, juste par le travers de la caraque. Une ligne de feu, suivie d'un nuage de fumée, jaillit de ses flancs arrondis ; sa bordée de tribord, lancée presque à bout portant, défonce subitement l'une des batteries de la *Mogharbine ;* une seconde, envoyée aussitôt et tirée à cartouches, fauche en tous sens l'énorme bataillon serré qui se tenait sur le milieu du pont ; — puis, le cri : *Saint Jean à l'aide !* et le mouvement des gabiers chrétiens qui s'accrochent aux longues antennes pour, de là, envoyer leurs

---

(1) Ou *porte-manteaux*, crochets ou potences auxquels, par un palan d'avant et un d'arrière, on hisse et amarre à *bloc* les embarcations de service.

grappins d'abordage, jettent chez les musulmans une terreur panique. Leurs pièces de batterie haute et des tillacs, trop élevées, ne peuvent plus porter sur le galion, qui s'est rapproché bord à bord par un mouvement des plus hardis. L'épouvante de l'abordage, de ce terrible corps à corps sans merci où jamais les chevaliers n'avaient eu le dessous, saisit les plus braves. Tandis que les uns baissent les yeux et annoncent par leur contenance qu'ils tiennent pour inutile de résister davantage, d'autres s'élancent vers l'arrière pour amener les couleurs égyptiennes. En vain les *raïs* veulent-ils s'y opposer; les soldats, mornes et embarrassés au milieu des passagers qui hurlent et se démènent, ne sont plus d'aucun secours. Un matelot, plus hardi dans son égoïsme que les autres, fait résolument glisser les drisses du pavillon en disant tout haut : « J'aime mieux aller ramer sur les galères de Rhodes, d'où l'on peut s'échapper, que me faire tuer ici d'un coup de mitraille ou couler à fond sans pouvoir riposter... Si nous sommes mal commandés, à qui la faute ? » Et toutes les figures témoignent qu'il a exprimé l'avis secret de chacun.

C'est à ce moment qu'un choc subit, suivi d'un long craquement, annonça que les deux navires étaient accrochés et se tenaient serrés. Une seconde après, trente chevaliers portant la cotte rouge et suivis des cent vingt recrues de Gastineau, tombaient à bord de la *Mogharbine*... Un frémissement de honte secoua les soldats égyptiens; de leurs rangs, un commandement s'éleva et ils firent face à l'ennemi; mais, derrière la ligne d'acier qui les menaçait, leurs regards distinguèrent le château de poupe du navire chrétien encombré d'arbalétriers qui, l'arme chargée, les tenaient en joue, tandis que du haut des hunes, les matelots pointaient sur eux les pierriers et les espingoles. Ils hésitèrent... Alors le second capitaine, le commandeur d'Ecluzeaux, l'épée haute, salua courtoisement et cria en arabe : « Qui veut éviter la mort, qu'il dépose ses armes devant lui et se recule ! » Ce fut fait. En se retournant, les soldats désarmés se trouvèrent aux mains des matelots de Rhodes qui, le sabre au poing, les firent descendre dans les deux bas ponts et les cales, et les y enfermèrent...

Le surlendemain, la *Mogharbine,* avec ses 2 200 prisonniers et son chargement précieux qui se chiffrait par millions, entrait au port de Rhodes, portant au grand mât l'étendard du Soudan *frappé et traversé en berne,* au-dessous de celui de Saint-Jean déployé. Et le grand-maître, en embrassant Gastineau, lui disait à demi-voix : « Je crains d'être plus content encore que le coup ait été fait par » des Français, que de le voir fait tout bonnement. Il faut que j'en » écrive quelque chose au bon roi Loys, qui s'épanouit merveil- » leusement à entendre toute prouesse française. »

Après quoi, il complimenta aussi d'Écluzeaux d'avoir si promptement achevé sa part de cette grande besogne. Le commandeur eut un léger sourire d'ironie ; il regarda Gastineau, puis les prisonniers, et répondit au grand-maître : « Pas si grande que vous dites, monseigneur.... Ces Égyptiens nous ont aidés plutôt que traversés ; ils sont moins méchantes gens qu'on ne croit au pays de France ».

Ce entendant, les chevaliers présents se mirent à rire et s'en allèrent ensemble dîner en « *l'auberge* » de la Religion, abandonnant leurs parts de prise aux volontaires de Gastineau.

§ 3

D'AMARAL ET VILLIERS DE L'ISLE-ADAM ; LA BATAILLE D'AIAZZO

L'an 1510, le grand-maître Aymeri tint son second chapitre général où furent établis des règlements nouveaux pour le commandement des navires. Ceci fait, il proposa au Conseil une grosse entreprise. Il s'agissait d'attaquer et de détruire les forces navales que le Soudan d'Égypte avait concentrées en Cilicie, au golfe d'Aïazzo (ou d'Alexandrette), et qui protégeaient l'abattage des bois destinés à construire une grande flotte sur la mer Rouge, pour aller attaquer les Portugais dans l'Inde.

Le but même de l'Ordre étant d'abord la protection du pavillon chrétien contre les musulmans, le grand-maître considérait comme son devoir de tout risquer plutôt que de laisser s'amonceler un tel orage sur une nation que ses exploits contre les Maures, ses découvertes maritimes et son amitié même pour l'Ordre Saint-Jean recommandaient au dévouement particulier du Conseil. Mais l'entreprise était grosse de périls : il n'y avait pas, à l'Aïazzo (1) moins

(1) Le golfe d'Aïazzo (aujourd'hui Ayaz) s'ouvre dans la partie occidentale du golfe d'Issus ou d'Alexandrette (aujourd'hui Scanderoun) ; Ayaz, bourgade ruinée, était alors une petite ville qui fournissait du bois et des charpentiers à toutes les marines de la Méditerranée orientale.

de vingt-cinq gros navires, bien montés et bien manœuvrés, pourvus de soldats d'élite et d'une puissante artillerie. De plus, en prévision d'une attaque possible, Camsoun-Gauri avait envoyé son vice-amiral, Achmet-Raïs, en ambassade au Sultan des Turcs et obtenu de lui contre l'ennemi, comme prémisses d'un secours plus sérieux, quatre galères armées et plusieurs galiotes ; plus trois grandes *nefs* et trois *palandiers* que les Égyptiens payèrent comptant, et le droit d'acheter à discrétion, aux magasins de Galata, poudre et boulets, canons, armes de tout genre, espars, vêtements et vivres. Bien muni d'argent, Achmet-Raïs était demeuré tout exprès à Stamboul, afin d'y presser l'armement et le départ de ce grand secours, dont il devait prendre le commandement.

Ce fut précisément cette information qui décida le Conseil à incliner dans le sens des désirs du grand-maître. Depuis sept ans, la *Religion* avait infligé de si cuisants échecs à la marine égyptienne que, très certainement, il fallait s'attendre à voir celle-ci, dès qu'elle aurait terminé son œuvre de transport et fait jonction avec le secours ramassé en Turquie, se lancer dans quelque grande attaque contre l'Ordre. Il valait mieux la prévenir que l'attendre ; c'est la maxime de tous les bons capitaines. En effet, les sept *fustes* d'Alexandrie surprises et enlevées à Léro, avec tous leurs soldats et matelots, la ruine complète de la grande tentative des Corsaires réunis (et soudoyés par le Soudan de concert avec Bajazet), l'échec des Égyptiens à Lango, la prise récente de trois grands navires de Damiette par de simples *palandiers* de l'Ordre, et surtout la perte de la célèbre *Mogharbine* — fait d'armes dont le retentissement courait encore à travers l'Europe et l'Asie (1) — étaient des faits plus que suffisants pour motiver les fureurs sarrasines.

La dépense seule était un obstacle. Mais à ce moment, on vint remettre au grand-maître Aymeri d'Amboise une lettre d'un de ses frères, de l'évêque de Tulle, lui annonçant que la vente des trois dernières prises de l'Ordre, réalisée à la Bourse de Marseille, avait produit une somme énorme sur laquelle l'agent de la Religion

---

(1) Le Soudan, qui était premier intéresssé dans les chargements de cet énorme vaisseau et devait en faire, à ses risques, des livraisons garanties par conventions spéciales, avait subi l'humiliation de solliciter et obtenu avec peine du grand-maître, la permission de racheter *au-dessus de leur valeur*, les deux-tiers de la cargaison, afin de la livrer dans les délais stipu's. Cet affront l'avait rendu malade.

avait immédiatement fait acheter beaucoup de canons, des armes de tout genre et des munitions de guerre, lesquelles arriveraient sous peu à Rhodes. Les trois grand-croix qui s'étaient jusque-là opposés à l'entreprise retirèrent leur avis, et le Conseil ordonna au trésorier de Rhodes de remettre la clé du trésor Saint-Nicolas ès-mains du grand-maître, pour que celui-ci se pourvût « jusqu'à telle somme que besoin serait ».

L'armement fut de quatre grandes galères, dont la capitane, et de dix-huit navires à voiles, parmi lesquels plusieurs nefs et galions. Mais ce qui attirait d'abord l'attention, c'était la *Mogharbine*, dont le nom avait été changé en celui de « *Grande Caraque*, » et la construction remaniée de façon qu'elle fût plus propre à la guerre : une *contre-étrave* pour l'allonger et donner plus de force à ses membrures d'avant, la suppression d'un de ses mâts et la fortification des autres d'après le système génois, le rasement de deux des ponts au-dessus de la flottaison et d'un au-dessous, et la transformation des cales à marchandises en soutes d'armement, dortoirs, chambres à soldats et infirmerie; enfin la disparition de ses entassements de sculptures de mauvais goût et l'abaissement de ses trop lourds châteaux d'avant et d'arrière, en avaient fait le type du grand vaisseau de guerre, bien assis sur l'eau, bien manœuvrant, largement aéré, pourvu de bons canons et de multiples rechanges.

L'ordonnance de guerre (l'instruction générale) remise par le grand-maître aux deux chefs d'escadre des galères et des vaisseaux recommandait le combat *navire à navire,* puisque le nombre était le même des deux côtés, d'après le compte suivant : « La *grande » caraque* valant bien deux grosses nefs et son équipage et com- » mandant deux fois plus que des musulmans, homme par homme, » elle comptera pour deux fois deux, qui font quatre. » Et plus loin : « Comme il est vrai qu'il y a en la flotte plusieurs pôvres *gripes* et *brigantins,* de chétive grosseur, ainsi que des *palandiers* qui ont lenteur à virer, et ne comportent pas armement complet, cestuy deffaut sera compensé par les *naves* (nefs) et les galions, chacun desquels se doyt tenir, au faict du corps à corps, comme obligé devant Dieu et la Religion d'en valoir un et demi ou deux, sinon mieux, des Sarrasins, à sorte que se puyssent les chétifs et povres compaignons cy-dessus dits n'avoir chacun affaire qu'à un vaisseau ennemi, ou, si bien gros est, se pouvoir allier par advanture deux petits contre sa grosseur. Sy ainsi faictes, Dieu aydant, ne sommes en peine du succès final selon ce que l'expérience a toujours montré. »

Les deux chefs étaient: pour les galères, le Portugais don Andrea, marquis d'Amaral, commandeur de la Vera-Cruz, homme de guerre réputé et fin marin, mais d'un caractère hautain, implacable dans ses haines et dans ses vanités; pour les vaisseaux, le commandeur de Moulins, Philippe Villiers de l'Isle-Adam, fils d'un chambellan du roi de France, et depuis longtemps estimé dans l'Ordre comme un homme accompli dans tous les genres de mérite que requièrent la guerre et le commandement; mais surtout comme un religieux d'une austère piété et d'une rare modestie. Il allait en donner de nouvelles preuves. Il avait comme page le jeune Jean de Lavalette, dit Parisot, novice-chevalier de la langue de Provence au prieuré de Saint-Gilles.

Les deux chefs s'accordèrent, avant le départ, sur le rendez-vous général, qui fut donné au cap Saint-André, extrémité orientale de l'île de Chypre; car ils ne pouvaient tenir même route, à cause que les vents régnants de la partie Ouest et Sud-Ouest, gênants pour les galères par la grosse mer qu'ils déterminent, étaient favorables aux navires à voile qui les recevaient presque de l'arrière, ou *grand-largue,* par la hanche de tribord. De plus, il importait de n'être pas aperçus des navires musulmans soit de commerce, soit de guerre.

En conséquence, d'Amaral partit le premier, dès la nuit faite, et se dirigea droit sur Chypre, dont il côtoya ensuite à l'aviron le bord septentrional jusqu'au lieu du rendez-vous. Ne mettant pas de toile au vent, et ayant traversé de nuit la région sud-rhodienne, la plus fréquentée par les navires, il se trouva, le troisième jour, à l'abri du *Suroît* et des grosses houles, le long de la côte cypriote; n'ayant que quatre galères et toujours prêt à se jeter dans les ports ou les golfes de l'île chrétienne, il échappait ainsi aux soupçons comme aux attaques, et put atteindre sans encombre le cap Saint-André.

La tâche était plus difficile pour l'Isle-Adam. Partir de nuit et manœuvrer dix-huit voiles sans accident ni perte, et sans se laisser apercevoir, n'était guère aisé dans cette mer houleuse et fréquentée. Il y parvint cependant et, après avoir franchi à toute vitesse, sous une grande brise d'Ouest, près de cent quarante lieues en se maintenant toujours à vue de vigie des sommets de Lycie et de Karamanie,

DISPUTE DE L'ISLE-ADAM ET D'AMARAL

il respira plus à l'aise et put enfin, le troisième jour, signaler à son armée le changement de route presqu'à angle droit et la lancer à travers les creux profonds des grandes lames, vers le Sud, en serrant le vent. A cette distance, Chypre n'était pas une gêne, et l'on avait évité les *bonaces* (calmes). Sous leur allure nouvelle, et malgré les plongeons d'un énorme tangage, les petits bâtiments tenaient mieux la route que les gros, trop épais pour bien gouverner *au plus près* et subissant l'effet d'une forte dérive d'arrière. Aussi les cinq *grips* et *brigantins* et les deux fustes qui suivaient le gros de la flotte se trouvèrent-ils en tête, lorsque le jour s'éteignit; à l'aube du lendemain, ils étaient en vue des galères et se trouvaient bientôt mouillés à peu de distance, en eau tranquille, alors que les têtes de mât des gros voiliers n'apparaissaient pas encore à l'horizon, et ne furent enfin distinguées que vers le milieu du jour.

Cette journée de navigation forcée, pour couper en flèche les abords du grand golfe syrien où s'abritait l'armée navale du Soudan, exposait trop les hautes voiles des navires à être aperçues (et elles le furent en effet) par les croiseurs et *mouches* des musulmans. Dans cette crainte, les deux généraux chrétiens se hâtèrent de se concerter, afin de brusquer l'attaque; c'est alors qu'éclata, avec la différence de leurs caractères, le fatal conflit qui devait plus tard, par la progression croissante d'une passion envenimée, pousser d'Amaral jusqu'à la trahison et causer la perte de Rhodes.

L'Isle-Adam était d'avis d'établir une croisière de surveillance avec les petits navires, afin de tomber sur la flotte ennemie quand elle reprendrait la haute mer, ce qui ne pouvait plus tarder; chargée outre mesure, avec ses ponts couverts de bois coupé, elle serait dans une situation qui lui rendrait l'offensive impossible et la défensive difficile. Si, au contraire, on prétendait l'attaquer sur ses ancres, elle aurait toujours le temps de les lever et de se mettre en défense, et elle serait appuyée par la terre; car il était plus que probable qu'elle avait déjà, par mesure de précaution, couvert l'abord de l'Aïazzo avec des batteries construites sur les hauteurs; en tout cas, deux heures lui suffisaient pour cela. Or, rien n'est plus dangereux pour une flotte que d'avoir à combattre à la fois des navires et la terre.

D'Amaral, fier de ses exploits maritimes, rejeta tout net cette sagesse qui, selon lui, n'était pas applicable au cas présent. Ses galères qui avançaient, reculaient et pivotaient sans effort, grâce à leurs puissants avirons (comme les navires à vapeur de nos jours), n'avaient pas les mêmes précautions à garder que les pesants voiliers de l'Isle-Adam, obligés de se soutenir à la fois contre le vent et l'ennemi, et ne pouvant avancer et reculer que dans certaines situations qui dépendaient à la fois du vent, de sa force et de sa direction, de la configuration des côtes et de la disposition de l'escadre adverse. Tout navire qui, ayant manqué une manœuvre, se verrait affalé de trop près sur la côte, risquait d'être détruit, soit par un naufrage, soit par une batterie de terre, sans riposte possible.

C'est de quoi se souciait fort peu le commandeur portugais, qui n'envisageait déjà, dans l'action qui se préparait, qu'une gloire nouvelle à recueillir pour lui et ses galères, dussent les autres navires y être sacrifiés. Quand il vit que la majorité des capitaines se prononçait pour l'avis de l'Isle-Adam, la colère l'emporta jusqu'à de sanglantes apostrophes, qui mettaient en question le courage même de ces vieux marins, blanchis à la tempête et au combat. Indigné, le commandeur français, qui n'avait pas relevé son injure personnelle, ne put se contenir et releva vertement celle de tous ces braves gens à qui la discipline imposait la dure loi du silence sous l'affront. A ce coup, l'orgueil blessé du Portugais s'exaspère ; il bondit l'épée en main vers le collègue qui l'a rappelé si énergiquement au respect de la Règle et de ses frères en religion. Le front du Français a pâli ; il se contient avec peine devant cette attaque, et, malgré lui, sa main se porte sur sa dague. Tous les capitaines sont debout, s'attendant à un dénouement tragique, quand le chapelain qui, de sa cellule, voisine de la chambre du Conseil, avait entendu les éclats de voix et vu se dérouler toute la querelle, s'élance entre les deux hommes et étend, sans dire un mot, son bras armé du crucifix qu'il portait à la ceinture ; son geste ému, son regard suppliant désignent à d'Amaral et à Villiers la croix blanche qui brille sur leurs armures et les fait frères devant Dieu... D'Amaral, le sourcil froncé, la lèvre dédaigneuse, se contente de détourner les yeux sans proférer une parole. Le commandeur Villiers a rougi ; il regarde longuement la croix qui lui est présentée, puis ses frères qui l'entourent ; on sent qu'il concentre en lui toute sa volonté dans un effort suprême... La flamme de son regard s'éteint ; il repousse au fourreau sa dague à demi tirée, fait un pas vers d'Amaral, et, lui posant la main sur le bras :

CONSEIL DES RÉIS (Voir page 187.)

« Commandeur, lui dit-il d'une voix calme, où ne perce plus aucune émotion, nous avons grand tort tous deux de nous échauffer, et c'est d'un mauvais exemple devant nos frères, comme aussi fort répréhensible devant Dieu. En vérité, je crois avoir toute bonne raison pour ce que j'ai soutenu. Mais s'il devait en arriver que nous rompions absolument sur ce point, ce serait alors le plus grand dommage du monde, et tel que nul pareil ne peut advenir à l'Ordre en ce moment. Je vous cède donc volontiers, sous la condition toutefois que nos capitaines, gens de grand honneur et de grande expérience, y consentent de leur côté. Car je ne puis engager leur vie et leur responsabilité malgré leur droit de délibération ».

Il lut dans tous les yeux l'approbation unanime de sa généreuse conduite, et poursuivit :

« En tenant pour plus difficile l'attaque que vous voulez faire, je ne la tiens pas impossible, et suis persuadé que Dieu nous saura gré de ces concessions de bonne volonté, en écartant quelque chose des périls que j'envisageais. Puisqu'il en est ainsi, je vous propose, commandeur, ainsi qu'à nos frères capitaines, de reprendre et achever vitement cette conférence ; il n'y a plus qu'à établir l'ordre et la marche de l'attaque, telle que vous l'avez proposée ».

Vaincu en générosité, d'Amaral s'empressa de balbutier quelques paroles d'excuse, puis on passa à la délibération, qui fut courte et bonne. Le temps pressait ; car on n'osait guère espérer que l'ennemi n'eût pas eu vent du rassemblement des navires chrétiens à Saint-André. La journée fut donc employée par les deux chefs à inspecter minutieusement leurs bâtiments respectifs et, quand la nuit fut venue, galères et naves, galions, fustes, palandiers, brigantins et gripes, toutes voiles au vent, cinglaient au Nord-Ouest vers l'angle profond que forme la côte montueuse de Cilicie avec celle de la Syrie septentrionale, golfe à plusieurs golfes, qui peut abriter toutes les flottes de l'univers sans qu'elles y paraissent autrement que comme des points mobiles semés sur l'eau, et dont les rivages même sont restés célèbres par les grandes actions qui s'y déroulèrent ; il suffit d'en nommer une seule : la bataille d'Issus (1).

---

(1) Une tradition immémoriale chez les musulmans affirme que c'est là que se donnera la bataille navale décisive entre chrétiens et mahométans, de même que la grande bataille terrestre doit avoir lieu entre Jérusalem et Damas.

C'est à l'ouvert de ce grand cirque de montagnes qui enserrent dans leur aisselle les eaux noires de la mer de Syrie que, dès les premières lueurs du matin, la flotte rhodienne se présenta.

Elle était attendue. Bosio, Naberat, Vertot et les autres historiens de l'Ordre nous ont laissé la description du tumulte qui, la veille, avait éclaté à l'Aïazzo, lorsqu'un brigantin égyptien était venu narrer l'approche d'une flotte de guerre dont il avait pu compter les mâts, et qui avait dû mouiller sous Saint-André de Chypre. On crut d'abord à une erreur ; le patron avait sans doute pris l'armement attendu de Stamboul pour une escadre rhodienne..... Mais celui-ci, appelant en témoignage les hommes de son équipage, précisa le nombre, le genre, la taille des vaisseaux ; il en avait compté plus de quinze, presque tous nefs ou galions, et parmi eux, à n'en pas douter, la *grande Caraque*, l'orgueil de Rhodes, le cauchemar du Soudan. Il n'y eut plus qu'à tenir conseil, et l'on s'agita beaucoup ce soir-là, à bord de l'amiral égyptien. La flotte musulmane était, comme nombre et échantillon, certainement supérieure à la chrétienne et elle la surpassait de beaucoup en artillerie. Cependant, la plupart des capitaines (*raïs*) furent d'avis que l'on passât la nuit à débarquer une partie de la grosse artillerie, et qu'on la disposât en batteries sur les points élevés du rivage, pendant que la flotte, s'embossant sur une ancre à jet (1) vers la mer et une de longue touée vers la terre, se préparerait à recevoir l'attaque des chevaliers ; on ne faisait, hélas ! point doute qu'il ne fallût d'abord s'attendre à reculer ; mais, en filant du câble d'une part et se touant de l'autre, en attirerait les vaisseaux chrétiens, déjà endommagés par le feu de la flotte, sous les batteries de terre qui en auraient beau jeu ; alors, par un mouvement de retour offensif, on pourrait les envelopper en les acculant au rivage, et...

L'amiral-prince se leva brusquement et coupa net la parole à l'orateur, que chacun approuvait du turban :

« Par la barbe de mon oncle (2), dit-il avec ironie, je vois déjà

---

(1) *L'ancre à jet* est une ancre de soutien, facile à lever. On appelle *touée* ce que nous appellerions *tirage* ou hâlage. Un navire *se toue* lorsqu'il se hâle à force de bras ou de cabestan vers un point fixe. Une ancre de touée est donc une grosse ancre, solidement fixée, capable de résister à de fortes tractions.

(2) Il était neveu du Soudan Camsoun-Gauri, et destiné à lui succéder ; mais les historiens n'ont pas gardé le nom de ce brave et hardi prince.

les chrétiens vaincus et enchaînés... pour le cas où ils se risqueraient à nous attaquer dans cette position. Mais s'ils s'avisaient de n'en rien faire et de nous bloquer sur cette côte ?... Combien de temps resterons-nous en pareille situation ?... Et dites-moi, vous tous, raïs, qui avez combattu les Frères Saint-Jean, êtes-vous bien sûrs de résister, dépourvus de vos plus grosses pièces qui sont votre vraie supériorité, à un ennemi dont l'attaque est plus prompte que la foudre et qui ne sait s'arrêter que quand la mort l'a renversé ?...

Il jeta un coup d'œil circulaire et ne vit que des visages étonnés, des physionomies embarrassées. Un sourire amer plissa ses lèvres, sa voix s'éleva tonnante :

« Fils du prophète, cria-t-il, écoutez la vérité : vos équipages tremblent à la pensée de se mesurer avec les Croix-blanches, oui, ils tremblent et vous aussi, raïs, je vous le dis en face ! Voilà tout le secret de vos combinaisons savantes. Allah ! En fallait-il venir à cette honte que les descendants des conquérants de Jérusalem et de toute la Syrie, les victorieux de Tripoli et de Kairouan, tremblassent à l'idée de se mesurer avec les chrétiens, non pas homme à homme et navire à navire, mais leur étant supérieurs en grosseur, supérieurs en armements, supérieurs en soldats !... Et c'est un neveu du Soudan qui voit ces choses !... Mais qu'ont-ils donc fait, ces *maudits*, pour se faire ainsi craindre ?... Quelques coups de hardiesse, quelques exploits faciles sur des Musulmans qui déshonoraient le Coran par leur lâcheté !... En vérité, laissez-moi les affronter, seul avec mon vaisseau, et je vous montrerai s'il est si difficile à un homme de mourir ; car je ne rapporterai pas à mon oncle des étendards déshonorés. Puisque l'ennemi se présente, je ne rentrerai à Alexandrie que vainqueur ou mort. Je l'ai juré sur le tombeau sacré (1) !

Un long murmure courut dans le conseil ; un vieux réis se leva et demanda d'une voix sourde à l'amiral :

— *Ia ebn elémir* (ô fils de prince !) ta face est jeune ; regarde nos rides ; pourquoi insultes-tu à nos barbes grises ?...

Le prince répondit avec sécheresse :

— Jurez-moi sur vos têtes que j'ai menti...

---

(1) Serment solennel chez les Musulmans. Il s'agit du tombeau de Mahomet, conservé dans la grande mosquée de La Mecque, appelée *El-Kaâba*.

LE COMBAT A BORD (Voir page 201).

Les *réis* se taisaient; il reprit : Vous ne répondez pas .. Est-il donc si difficile de voir dans les cœurs ce que la raison fait lire sur le visage ? Vous me proposez là des expédients savants, mais connus de tout homme de guerre pour n'être employés que contre un ennemi supérieur auquel on ne se sent pas la force de résister en pleine mer, bord à bord. Ai-je dit vrai ?

Alors les capitaines, jetant leurs turbans sur le parquet de la salle, posèrent le pied dessus et jurèrent tous qu'ils avaient eu tort de se laisser impressionner et de mal juger de leurs forces et de leurs hommes.

« Quant aux chrétiens, dit l'un d'eux, ils sont vaillants, nous le savons; mais ce serait le pire des déshonneurs que de ne pas l'être autant qu'eux; et cela suffit pour que nous gagnions la bataille. La puissance du Soudan n'a pas à craindre un échec ignominieux, nous ne laisserons pas à l'ennemi les navires que Son Altesse nous a confiés, et cette autre flotte encore en germe, mais toute préparée et découpée d'avance, qui gît là sur le rivage. Et quant à fuir, tu verras aujourd'hui, amiral, qui doit reculer d'un *Franghi* (1) ou d'un Égyptien.

Il fut donc résolu que l'on combattrait en haute mer.

Le golfe d'Aïazzo (ou d'Aïas) est formé dans la partie occidentale du grand golfe d'Issus, au sud par des rochers entremêlés de longues plages marécageuses, au nord par les dernières pentes, découpées en abrupts promontoires, du *Dourdoun-dagh*, dernier chaînon du massif tauro-cilicien ; le haut sommet du *Nour-dagh* le couvre dans le fond, et c'est sur ses flancs qu'avaient été découpés les bois destinés à construire la flotte de la mer Rouge; déjà cintrés et secs en grande partie, ils s'empilaient, par amas réguliers, sous de vastes hangars couverts, à côté desquels s'élevaient, formés d'arbres équarris à la hâte, les logements provisoires de la troupe et des ouvriers, avec des parcs à bétail et des jardins maraîchers, improvisés au milieu des nombreux ruisseaux qui, même en été, coulent sans se tarir du mont Nour à la mer.

---

(1) Les Français ayant été les premiers en date et de tout temps les plus nombreux et audacieux dans les guerres contre l'Infidèle, c'est sous le nom générique de *Franghis* que les Orientaux désignaient couramment les soldats chrétiens ; de même que les chrétiens appelaient *Maures* ou *Sarrasins* tous les Musulmans de Syrie et d'Afrique, et *Turcs*, tous ceux d'Asie-Mineure et d'Europe.

L'armée égyptienne venait de sortir de son abri et de se lancer au large, quand l'éclaireur de tête signala des voiles à l'ouverture du golfe. Le vent, qui se renverse souvent en cette région, venait alors des sommets glacés de l'Arménie et, franchissant la coupure profonde des Pyles amaniennes (entre le Taurus et l'Amanus), que l'on apercevait à plus de 12 lieues en arrière, au Nord-Est, il tombait vif et sec sur la mer dont il émaillait de moutonnements blancs la surface azurée. Bientôt on put discerner la flotte de Rhodes et compter ses voiles. Elle s'avançait sur une seule ligne, parallèlement à l'ennemi. Mais, arrivée à moins d'une lieue, elle obliqua subitement à gauche et parut vouloir chercher abri sous les hautes terres de Cilicie.

— Ils veulent nous attirer en nous ouvrant la sortie, fit observer le pilote de l'amiral égyptien ; c'est pour se ménager une retraite.

— Je crois plutôt, répliqua l'amiral, qu'ils hésitent à s'engager parce qu'ils ont reconnu notre force et veulent refaire un autre plan d'attaque... En tout cas, il est certain qu'ils ne sont pas pressés de combattre.

L'un et l'autre se trompaient. Grâce à la parfaite connaissance qu'avaient de cette région les pilotes cypriotes et lyciens de la flotte rhodienne, les amiraux de la *Religion* cherchaient tout simplement à prendre le dessus du vent sur l'ennemi, et ils faisaient appuyer les amures à tribord, le long de la côte cilicienne, jusqu'à ce que la baie d'Aïazzo s'ouvrît à leurs regards ; alors, après avoir prolongé leur bordée jusqu'à une petite portée de terre sous les yeux des Égyptiens étonnés, tous les vaisseaux revirèrent brusquement au même signal en serrant de leur mieux le vent, les galères remorquant en ralingue ceux à qui leur lourdeur ne permettait pas de *loffer* suffisamment, et, moins d'une demi-heure après, toute la flotte chrétienne, laissant abattre de quelques points et rentrant une partie de sa toile, se retrouvait en face des Égyptiens, mais de l'autre côté, entre eux et le fond du golfe d'Issus, prête à combattre bâbord amures, avec l'avantage du vent (1). Par cette marche savante et audacieuse, exécutée dans l'ordre le plus difficile à tenir en mer pour une escadre (l'ordre de file) avec un ensemble parfait,

---

(1) Cette belle manœuvre, quoique décrite en termes différents, nous a été indiquée avec soin par Bosio et Baudouin, membres de l'Ordre ; les historiens subséquents, peu entendus en termes maritimes, l'ont omise ou défigurée.

les chrétiens devenaient les maîtres de régler leur attaque, de forcer l'ennemi au combat et de le poursuivre s'il s'y dérobait.

— Ah, ils n'ont pas peur ? fit le prince égyptien. Eh bien, nous non plus ; montrez-leur le Croissant !

Alors, on vit monter au grand mât de l'amiral le large étendard vert orné d'un croissant d'or, signe distinctif des princes égyptiens, protecteurs officiels de La Mecque ; tous les vaisseaux arborèrent leurs étendards particuliers, et flûtes, cymbales et trompettes éclatèrent sur tous les bords à la fois, mêlés aux cris d'enthousiasme et aux hurlements de défi qui pleuvaient sur l'armée chrétienne ; une fureur belliqueuse s'était emparée des musulmans ; ils agitaient leurs armes; et leurs habiles *topdjis* (canonniers) caressaient doucement la culasse de leurs pièces, en lançant aux Rhodiots des regards enflammés, pendant que leurs officiers vérifiaient le pointage et leur promettaient de riches récompenses pour chaque coup bien tiré qui ferait trou chez l'ennemi, ou qui endommagerait mâts, vergues ou gouvernail.

Quand le bruit s'apaisa un peu, l'on vit les vaisseaux chrétiens hisser leurs couleurs et l'on entendit s'élever les chants vibrants des équipages accompagnés en cadence par les musiques, clairons et tambours de l'escadre dont le commandeur Villiers dirigeait les mouvements.

Couverte de ses riches banderolles de pourpre à la croix lamée d'argent, et des *guidons* et *enseignes* particuliers de chaque navire, l'escadre de Rhodes glissait lentement, par un mouvement unique et parfait, le long de la tête de l'escadre égyptienne, en suivant une ligne oblique qui l'en rapprochait peu à peu. Sa superbe contenance et la beauté de ses évolutions avaient refroidi l'enthousiasme des musulmans ; et un commencement d'inquiétude se lisait sur leurs visages rembrunis. Mais un éclair jaillit des sabords d'avant du prince-amiral ; une forte détonation, roulant sur les flots, alla se répercuter à l'infini, en s'amoindrissant et s'éteignant dans les gorges profondes de l'Amanus.

A ce signal, tous les canonniers avaient vérifié leurs charges et assuré leur pointage ; dix secondes après, un fracas épouvantable emplissait l'espace, et des volutes d'épaisse fumée enveloppaient les deux flottes ; les projectiles traversaient l'air avec des sifflements aigus ou des bourdonnements sonores, coupaient les cordages, abattaient les pesantes vergues, s'enfonçaient avec un bruit sourd et profond dans les bordages et les ponts, trouaient les voiles et écrasaient, mutilaient ou même emportaient avec eux au loin des têtes, des membres, des troncs humains. Pendant deux heures, ce fracas n'arrêta point.

A mesure cependant que le soleil gagnait vers le zénith et que ses rayons brûlants se faisaient sentir davantage, la force du vent tombait. Gênés par les masses de fumée qui se rabattaient à chaque instant sur eux, les musulmans ne parvenaient pas à maintenir à leur tir sa justesse accoutumée. Par moments, le besoin de repos, la nécessité de réparer une avarie grave ou de mieux discerner l'ennemi, le souci d'emporter les blessés et de dégager les ponts faisaient, comme par une entente secrète, suspendre le feu entre plusieurs navires des deux côtés à la fois ; il se produisait ainsi des espèces d'accalmies pendant lesquelles les amiraux se rendaient rapidement compte de la situation. Évidemment, les Sarrasins conservaient sinon leur supériorité, du moins une égalité momentanée toute à leur avantage ; car plus la lutte se prolongerait, plus les vaisseaux de petit échantillon qui abondaient dans l'escadre de Rhodes allaient devenir impropres à tout effort, sous les coups répétés de la grosse artillerie des Égyptiens. Ceux-ci, sentant bien que là était leur véritable salut, n'épargnaient point la poudre. Cédant lentement à la brise du nord-est et à la terrible pression exercée sur la queue de leur ligne par la *Grande Caraque* et les vigoureux galions qui la suivaient, ils avaient opéré par degrés ce qu'on appellerait, au régiment, *un quart de conversion*, et se trouvaient maintenant en ligne un peu sinueuse orientée du nord au sud, les poupes tournées à la haute mer, la côte d'Aïazzo sous le vent, l'escadre chrétienne au vent, par la hanche de tribord. Dans cette position, animés par l'espoir de regagner le vent en continuant cette manœuvre circulaire, et de voir bientôt les chrétiens, privés de leurs bâtiments légers, céder à la fortune et profiter de ce qu'on leur laissait la mer libre pour se retirer (car c'était là tout ce qu'ambitionnaient les capitaines musulmans), ils redoublent leur feu, excitent leurs pointeurs, en venant eux-mêmes les diriger dans les batteries, et font tomber sur la faible queue de la flotte de Rhodes un tel déluge de gros boulets, que le commandeur Villiers n'hésite pas à la faire toute passer en seconde ligne ; ce que ces braves équipages font à regret, mais sans broncher, la discipline étant la loi suprême. Dès lors, il ne resta plus en ligne, contre les vingt-cinq vaisseaux égyptiens, que les onze nefs et galions de l'Isle-Adam et les quatre galères de d'Amaral. Mais l'immense *Mogharbine,* exécutant à la lettre ses instructions, n'avait pas hésité à se jeter en travers d'un groupe de cinq navires ennemis formés en arc de cercle, sur lesquels elle distribuait un feu prodigieux, ne tirant que par bordées entières et écartant incessamment, sous ces coups de foudre réguliers, les vaisseaux de tête et de queue qui cherchaient à la dépasser pour la prendre d'enfilade. De son côté d'Amaral, tombé avec sa capitane par la hanche de tribord arrière de l'amiral égyptien, lui servait un feu roulant de pierriers et arquebusés qui paralysaient ses hunes et hâchaient ses gréements, tandis que ses arbalétriers abattaient à coup de *carreaux* les canonniers ennemis dans les embrasures des sabords et que, de ses grosses pièces de chasse et de retraite, la galère, par des séries d'embardées à droite et à gauche, démolissait la poupe de l'Égyptien et multipliait ses coups sur la ligne de flottaison (1). Le vent, n'arrivant plus que par bouffées irrégulières, balayait la fumée dans l'espace ouvert entre les deux flottes, dont le feu mieux réglé, mieux assuré, devenait à la fois moins rapide et plus meurtrier.

L'Isle-Adam ne veut pas plus longtemps laisser se prolonger cette dangereuse situation. Au travers des éclairs, des nuages de poudre et des projectiles qui font de toute part jaillir l'eau en longues fusées, un esquif léger, manœuvré en godille par un vigoureux marin, se glisse entre les vaisseaux, file sur les vagues, et accoste la capitane par la hanche du vent. Un chevalier monte rapidement à bord et présente au commandeur portugais un billet de l'Isle-Adam ; sans souci du fracas des détonations et du sifflement des boulets, les deux hommes se promènent un instant sur la dunette, discutant avec animation. Enfin, l'on est tombé d'accord ; le chevalier se suspend à la légère corde à nœuds, dite *échelle,* se laisse glisser dans l'esquif et reprend sa route en sens inverse, pendant que d'Amaral, l'œil étincelant, le sourire aux lèvres, rentre dans sa *galerie* (2). Il en ressort deux minutes après, armé cette fois de

---

(1) Ce qu'on appelle *tirer à couler bas.*
(2) Nom du logement d'un commandant ou d'un amiral.

pied en cap, avec la grande épée, la dague et la *miséricorde* (1), et son double morion d'acier doré qui portait en relief le blason de sa maison. Un frémissement court tout au long de la belle galère.

Officiers, soldats, marins, et la chiourme elle-même, composée d'hommes libres, de *bonevoglies,* se renvoient un coup d'œil plein d'espoir; chacun étreint ses armes avec une nouvelle vigueur... L'abordage, le terrible élan si souvent fatal au Sarrasin, n'est pas loin... Mais si les galères, avec leurs avirons, peuvent le donner presque à volonté, il n'en va pas de même des vaisseaux ronds, manœuvrant à la voile avec peine et lenteur; il faut donc attendre leur signal pour agir ensemble.

(1) Coutelas aigu qui, passé entre les joints d'une armure, faisait crier *miséricorde* (ou se rendre) l'ennemi renversé.

La brise était entièrement tombée et le feu ralenti des deux parts; sur les ponts, les larges gouttes de sueur tombaient mêlées aux flaques de sang, quand soudain un bruissement léger, suivi de fraîches bouffées, fit relever les fronts penchés par la fatigue; les pavillons qui pendaient se redressent, et flottent au haut des mâts avec de petits claquements. Sur la mer sans rides, polie comme l'acier, une ligne sombre, presque noire, émaillée d'ourlets blancs, se dessine à l'avant du vaste golfe; elle se rapproche, accourt, et fait bientôt onduler, sous le cliquetis précipité de ses vagues courtes et rapides, les vaisseaux des deux nations. C'est la grande brise de mer (1) qui, sous l'action de l'écrasante chaleur, est arrivée plus tôt que de coutume, telle que l'avait prévue et attendue le sagace l'Isle-Adam. Dans la position tournante prise peu à peu par l'ennemi, la flotte chrétienne est la première à recevoir le vent par son bossoir de bâbord; un double signal monte et se déploie en tête des mâts de la *Grande Caraque*: celui de prolonger au vent l'ennemi en suivant l'amiral, et celui de se tenir prêts pour l'abordage... Avant même que les *guetteurs* de poupe aient lu et traduit les signaux, les équipages les ont compris. Les hommes bondissent sur les écoutes, bras, drisses et balancines; les capitaines, souriants et émus de joie, sont obéis avant d'avoir pu commander; en cinq minutes à peine, toute l'armée est orientée comme par miracle sur son nouveau bord et glisse, en serrant le vent, dans le sillage de la *Grande Caraque,* sans répondre au feu de l'ennemi qui contemple, incertain, ce mouvement rapide.

Tout à coup, la *Grande Caraque* s'entoure d'un épais nuage d'éclairs et de fumée; les volées de ses gros canons criblent les derniers vaisseaux égyptiens, et cette ligne de flamme se répète, s'allonge à la fois sur toute la ligne des navires chrétiens. Étourdis et furieux, les musulmans sautent sur leurs pièces et ripostent un instant avec une ardeur sauvage, sans compter les coups, chacun droit en face de soi; mais un cri d'alarme s'élève, gagne de proche en proche, et vient les glacer à leurs postes... Couverte par l'énorme masse de fumée qu'elle a elle-même provoquée à dessein, l'armée

(1) Régulière à partir de 10 ou 11 heures; par les temps chauds, elle a une force proportionnée à l'échauffement des côtes voisines, et tombe avec le coucher du soleil.

de Rhodes, abattant de six points à la fois (1) et toutes les barres
poussées au vent, vient d'apparaître à 300 mètres à peine, lancée
grand largue et fondant sur la ligne ennemie avec la rapidité d'une
rangée de chevaux de course. De longs roulements de sifflets retentissent; instantanément, les voiles légères et les basses sont carguées sur chaque navire par cent bras vigoureux, s'entraînant au
pas de course. C'est en vain que les *réis* appellent à grands cris
leurs soldats, aghas en tête, et veulent opposer une digue au torrent
qui arrive; sortant de la fumée, les navires chrétiens sont déjà sur
eux; les vergues frappent les vergues; les mâts choquent les mâts
dans le roulis, les carènes craquent en se heurtant; par-dessus tous
les bruits, les trompettes stridentes sonnent la *Charge de l'Hôpital,*
ce glas de mort pour le Coran, bien connu dans tout l'Orient, et
qui n'a pas changé depuis près de quatre cents ans, le même sur
mer que sur terre. Un immense cri de : *Saint Jean, à l'aide!*
éclate par-dessus les bords; les grappins lancés des hunes, ceux
envoyés des bossoirs et des poupes, ont rivé les navires deux à
deux; un feu roulant d'arbalètes, d'espingoles et de pierriers balaye
les ponts égyptiens; puis des grappes d'hommes y tombent de tous
côtés; devant chaque groupe brille la casaque rouge à croix blanche.
C'est une lutte corps à corps, furieuse, sans merci, où chacun tue
pour n'être pas tué. Les musulmans, se faisant arme de tout, résistent
en bondissant sur l'assaillant comme des chats sauvages; mais rien
ne prévaut contre l'implacable abordage des *franghis,* la supériorité
de leur force corporelle et la rapidité de leurs coups. Les grandes
épées à deux mains tranchent les membres et défoncent les crânes à
travers la feuille d'acier des casques ; les longs *estocs* gascons des
soldats d'Auvergne et de Provence parent habilement les coups
des musulmans, et leur trouent la gorge par de rapides ripostes;
les dagues, maniées de la main gauche, préservent contre les attaques
de flanc et déchirent horriblement les visages. Bientôt, par-dessus
les râles et les respirations haletantes, s'élèvent des cris déchirants
de douleur. Les meilleurs canonniers du Soudan gisent dans leur
sang, autour de leurs pièces; les mariniers, s'élançant dans le dédale
des cordages pour y chercher un refuge, y ont rencontré les

---

(1) Comme un escadron qui, après avoir prolongé l'ennemi, chargerait brusquement
par un *à droite* ou un *à gauche* en bataille.

matelots de Rhodes qui, du haut de leurs mâts, viennent de s'y jeter, le couteau dans les dents, la hachette passée à la ceinture. Là se livrent d'impitoyables duels, à cent pieds au-dessus de l'eau profonde. La résistance devient inutile ; se glissant rapidement sous le couronnement, sautant à l'eau par les sabords des batteries basses, les musulmans abandonnent leurs navires, et, les uns avec des esquifs détachés à la hâte, les autres en s'appuyant sur des espars flottants, les meilleurs nageurs en se confiant à leur seule vigueur et plongeant longuement pour éviter la vue de l'ennemi et les coups de flèches, tous se dirigent vers le rivage d'Aïazzo, au milieu des corps humains que le flot roule tout saignants. La passion de vivre domine tout; ceux qui se voient serrés ou menacés de trop près par les chrétiens lèvent les mains en signe de capitulation et se rendent d'eux-mêmes, dociles, aux canots où les attendent les *comites* chargés de les entraver et de les jeter à fond de cale ; ceux qui espèrent atteindre le rivage s'épuisent en efforts et, pour y arriver plus vite, écartent, frappent, coulent sans pitié leurs propres coreligionnaires.

Pendant que la moitié des vaisseaux égyptiens subissait ce désastre, leur amiral, brusquement abordé par la capitane de Rhodes, avait deux fois brisé les grappins, et son artillerie de poupe, foudroyant la coursive plus basse de la galère, y avait fait une hécatombe de soldats et de rameurs. Pour l'intrépide neveu du Soudan, l'heure était venue de vaincre ou de périr avec honneur; et déjà il n'espérait plus vaincre, et ne s'acharnait qu'à faire payer sa mort le plus cher possible aux chrétiens. Sombres et dévoués, ses officiers et ses matelots, résolus comme lui, se multipliaient contre toutes les attaques, en hommes qui ont fait le sacrifice de leur vie. C'est en vain que la grande galère, élongeant l'amiral à contre bord, essaye de lui jeter ses pelotons d'abordage ; le prince, qui a vu le danger, est le premier à la riposte : il pointe de sa main les fauconneaux d'avant, dont la mitraille couche les assaillants, mutilés, sur leur propre *rambade;* puis il se penche dans le panneau de misaine et commande le feu à la batterie couverte; les boulets, envoyés à bout portant, traversent de part en part la galère en y laissant de chaque côté de larges trous arrondis sur lesquels s'écrase une bouillie de chairs sanglantes. Devant cette fureur désespérée, il a fallu reculer. D'Amaral, accoutumé à vaincre, coupe avec rage ses longues moustaches entre ses dents serrées; il murmure à voix basse, et de nouveau la jalousie le mord au cœur; car il vient d'apercevoir la *Grande Caraque*, montée par Villiers qui, se dégageant d'un groupe sarrasin qu'elle vient d'amariner, lève son grand hunier et serre au lof en arrière de la ligne pour examiner l'ensemble du combat. Du côté de Villiers, le triomphe paraît assuré; il va s'apercevoir de ce qui se passe autour de l'amiral sarrasin, encore en belle posture, et, sans doute, arrondir sa barre pour venir en aide à d'Amaral. Cette pensée exaspère l'amiral portugais; il reste sombre, l'œil fixe et la tête basse, oubliant de commander, rongé par toutes les tortures de l'orgueil malade... Une main posée sur son bras le tire de sa funeste rêverie; il entend une voix connue, celle du chevalier de Vasconcellos, de sa nation, qui l'apostrophait gaiement :

— Commandeur, quelle méditation profonde sous le feu de seize canons qui vont partir ! mettez-vous un peu à l'abri ; par saint Jacques, vous ne digèreriez pas les boulets de pierre des mécréants!

Il aimait Vasconcellos, il lui sourit.

— Comment êtes-vous ici, chevalier? Où est votre brigantin ?

— Quoi ! ne l'avez-vous pas senti accoster la capitane? Ha ! ha ! mon pauvre *esquif*, que tu es petit vraiment à côté de cette haute galère ! Commandeur, je viens de recevoir de frère Villiers, en lui passant à poupe, avis que vous deviez avoir perdu des rameurs par le feu de ces gros galions, et peut-être de bons soldats ; et le brave chevalier, jugeant que vous n'attendiez qu'un renfort pour en finir avec le mécréant, a voulu que je vinsse, en ma qualité d'ami et de compatriote, m'offrir à vous de préférence, si vous voulez m'accepter. Me voilà donc passé sous vos ordres pour cette heure-ci.

D'Amaral rougit et pâlit plusieurs fois : la générosité de son rival qui, pouvant en quelques minutes achever la victoire en écrasant lui-même l'amiral, lui cédait et lui ménageait en quelque sorte tout l'honneur du triomphe, l'impressionnait vivement. Il regarda le brigantin qui se balançait derrière le couronnement et dont les hunes n'atteignaient pas à la hauteur de l'immense poupe de la capitane ; sa figure se transfigura; d'un geste et d'un éclat de voix, il appela ses compatriotes. En un clin d'œil, il eut autour de lui huit chevaliers et trente soldats déterminés, tandis que les hommes de manœuvre du brigantin prenaient la place à l'aviron des *bonevo-*

glies enlevés par le feu de l'ennemi. Avec ce renfort, il pouvait se lancer.

Le *comite-chef* éleva le bras droit, puis le laissa retomber vivement; cent-vingt grands avirons, maniés par 240 hommes robustes, enlevèrent subitement la puissante galère qui bondit sur la lame et, pour la troisième fois, se rapprocha de l'amiral égyptien. Une bordée, qui jaillit alors des flancs de l'ennemi, passa avec un ronflement sonore et des chocs sourds, tuant quelques hommes et enlevant des éclats de bois, mais sans arrêter l'élan donné. Encore une *coupe*, et le premier sous-comite, celui de tribord, debout sur sa petite estrade carrée, lance un coup de sifflet; instantanément, tous les avirons s'arrêtent, puis sont à demi rentrés et couchés le long de la galère; elle élonge le vaisseau plus haut qu'elle, et reçoit encore, sans y répondre, une volée de mitraille; mais voilà que de son *château de poupe,* infiniment plus élevé que tout le reste, deux grappins tombent dans les porte-haubans égyptiens, deux petits ponts mobiles s'abaissent; quarante hommes, sautant sur ces planchers légers, crient ensemble d'une voix retentissante: *San-Juan è Amaral!* Amaral est à leur tête, terrible comme les Sarrasins l'ont vu déjà dans d'autres rencontres. Le second raïs, un géant syrien, armé d'un pistolet tromblon et d'une lourde hache d'armes, s'est placé devant lui; l'épée du commandeur décrit en une demi-seconde un cercle fulgurant et la tête du géant brun, enlevée de ses robustes épaules, roule inerte sur le pont; le corps reste debout oscillant, et lance par le cou tranché deux longs jets de sang; d'Amaral, le jetant d'un coup de coude à la renverse, s'est élancé contre un groupe de soldats qui lui barrent la vue du prince; devant ce lion furieux, tout plie; ses chevaliers ont peine à le suivre.

Au cri de guerre de Saint-Jean, au nom de d'Amaral, le prince égyptien avait vu ses soldats hésiter; il voulut au moins finir en brave, et courut à la rencontre du Portugais. D'un premier coup de pique il atteignit le commandeur à l'épaule; il allait redoubler quand Vasconscellos lui trancha à demi le poignet avec sa dague; alors saisissant son cimeterre de la main gauche, le jeune amiral se jeta tête baissée au milieu des Portugais, frappant au hasard, jusqu'à ce qu'il tombât criblé lui-même de blessures. Ce fut comme le signal de la déroute pour tout ce qui tenait encore... Un chevalier tranche avec son épée la drisse du pavillon amiral, qui tombe à l'eau; à cette vue, des cris de désespoir s'élèvent des autres navires, toute résistance cesse, chacun ne songe qu'à son salut. D'Amaral, légèrement blessé, a repris sa sérénité et dirige la poursuite. En un instant, le rivage se couvre de fuyards qui cherchent à se cacher dans les montagnes, et de cadavres apportés par le flot avec des débris de tout genre.

Mais l'Isle-Adam avait bien pris ses mesures. A peine les premiers groupes d'Égyptiens avaient-ils pu se rallier qu'ils furent surpris, dans les rochers où ils espéraient s'abriter, par des pelotons de soldats rhodiots, débarqués à l'aide des brigantins et déjà maîtres des hauteurs. Là encore, le désespoir rendant un instant d'énergie aux musulmans, il se fit un carnage à l'arme blanche. C'était leur dernière étincelle de vigueur qui brillait, pour s'éteindre bientôt devant l'arrivée des renforts chrétiens. Les yeux baissés, le genou en terre, les survivants lèvent les mains vers le ciel ou les croisent sur leurs têtes, sans proférer une parole. Les Rhodiots les désarment et les livrent par groupes aux matelots dont les embarcations bordent la plage à petite distance; ceux-ci, avec leur prestesse accoutumée et leur dextérité à manier le chanvre, attachent en un tour de main les prisonniers et les ramènent à leurs propres navires convertis en cachots flottants. De là, les Égyptiens assistent au dernier acte de la tragédie : l'incendie de leurs magasins, de leurs approvisionnements et des immenses piles de bois déjà tout taillé qu'ils se préparaient à embarquer pour les rapporter triomphalement à Damiette. La flamme, activée par le vent marin, éclairait de ses reflets tout le golfe et jetait sur les eaux assombries par le crépuscule de longues traînées rougeâtres ; de Scanderoun, à huit heures en face, et d'Usserléik, sur la côte nord, on voyait ses hautes colonnes éclairer les rocs et les forêts, et verser dans le rose pâlissant du ciel d'épais nuages de fumée noire.

Le lendemain, l'escadre chrétienne, après avoir célébré une messe d'actions de grâces, enterré avec honneur ses morts et ceux de l'ennemi et dénombré ses prises, reprenait la direction de Rhodes où elle arriva sans encombre. Elle rapportait plus de quinze cents prisonniers, toutes les provisions, tous les canons, toutes les armes de l'ennemi, et *onze* vaisseaux intacts, dont la seule valeur suffisait à couvrir amplement tous les frais de cette brillante expédition. Les quatorze autres navires du Soudan avaient été coulés à fond dans l'action ou détruits par le feu, une fois pris et amarinés, comme impossibles à réparer et à remettre en mer. De ce formidable armement, il restait quelques douzaines d'hommes demi-nus, tapis dans les cavités du Nour-dagh, et que la pitié des bergers ciliciens sauva

de la faim; ils allèrent porter au Soudan le récit de cet affreux désastre et de la mort héroïque de son neveu.....

Quand les navires de la Religion donnèrent entre les deux môles, et qu'ils eurent franchi la petite entrée, traînant à leur suite les onze vaisseaux égyptiens au pavillon vert demi-ferlé, le canon des forts tonna en leur honneur, toutes les cloches des églises sonnèrent en volée; et des tillacs, l'on aperçut la population de l'île rangée presque tout entière sur les môles, sur les quais, sur les murailles et s'allongeant jusque sur la route de Cosquino. Le grand-maître, entouré des grands-croix et ayant l'archevêque à sa droite, attendait les vainqueurs au débarcadère. Je vous laisse à penser quels furent les compliments des confrères, les allégresses et les cris de joie du peuple..... Les Juifs eux-mêmes, soupesant de l'œil les coques des navires du Soudan et calculant tout de suite ce qu'elles

pourraient porter à chaque voyage en bonnes marchandises, combien il faudrait d'hommes pour la manœuvre, et quels rabais on pourrait faire sur la mise à prix, en s'arrangeant sous main avec les commissaires de la vente, les Juifs étaient sortis de leurs maisons basses et louaient tout haut en hébreu le Dieu d'Israël d'avoir, par la défaite des Sarrasins et la victoire des *Goyms* (c'est ainsi qu'entre eux ils désignaient les chrétiens), si bien relevé les petites affaires du *peuple choisi*. Ce fut donc grand jour de liesse à Rhodes pour tout le monde.

Le soir, après le souper, qui avait réuni autour de la table à la fois somptueuse et frugale du grand-maître tous les chevaliers de l'escadre mêlés aux dignitaires de la Religion, un exprès apporta la nouvelle que le secours turco-égyptien, commandé par Achmet-Raïs, avait appareillé de Constantinople et devait, à l'heure présente, avoir franchi les Dardanelles. Le seigneur Aymeri, se tournant aussitôt vers le commandeur de l'Isle-Adam, lui dit très haut avec un sourire bienveillant : « Frère Villiers, oyez-vous le » messager? Ce malandrin d'Achmet, enflé de vanité, a passé les

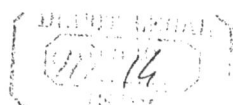

LE GRAND-MAITRE VILLIERS DE L'ISLE-ADAM

LES CHEVALIERS DE SAINT-JEAN　　　　　　　　LIVRAISON N° 14

» détroits ; il me semble qu'à nul autre mieux que vous, n'appartient
» d'aller, pour abréger sa route, lui porter nouvelles de la flotte
» d'Aïazzo. »

Le frère Villiers s'inclina avec respect et répondit qu'il était prêt à reprendre la mer sur le champ, mais que, pour une croisière de ce genre, c'était avant tout l'affaire des galères. Il lui suffirait donc d'un ou deux brigantins comme éclaireurs, et de deux *naves* solides et bien outillées comme appui et réserve; mais il demandait qu'on lui donnât les quatre galères qui venaient de rentrer, qui se trouvaient encore en bon état et déjà suffisamment réparées, en y ajoutant les deux birêmes qui avaient fait, les jours précédents, la garde du port et de ses approches pendant l'absence de l'escadre. En quatre heures, on pouvait avoir relevé les chiourmes, complété l'approvisionnement et les munitions et repris la mer. A minuit, on serait dehors. Il n'y avait pas deux croisières à chercher : celle de la mer de Karpathos (1) se trouvait d'abord indiquée.

Le grand-maître se dirigeait vers son cabinet pour y signer les ordres nécessaires, lorsqu'un chevalier lui barra la route en s'inclinant profondément. C'était le marquis d'Amaral, commandeur de la Vera-Cruz. Il releva sa figure aux traits altérés et, d'une voix basse, mais ferme, demanda la permission de présenter une observation urgente.

— Certes, commandeur, c'est votre droit bien acquis, répondit Aymeri d'Amboise en le considérant avec surprise.

— Je croyais, dit alors tout haut le commandeur, que la règle ne permettait pas de transférer un commandement en chef de chevalier à autre, et surtout de langue à autre, sans un avis du conseil complet. Daigne monseigneur notre grand-maître faire remarque que je, d'Amaral, Portugais, de la langue de Castille, suis seul investi par délibération dudit conseil du commandement des galères.

— Pardon, commandeur, répliqua d'Amboise : vous avez été investi *pour l'expédition d'Aïazzo*, et non autrement. De plus, en cas d'urgence, et celui-ci est tel, puisqu'il faut partir sur le champ, toute désignation dépend de la seule autorité du grand-maître, chargé de la sécurité de la république Saint-Jean. Ne le savez-vous pas ? Quant à ce qui regarde les *langues*, Dieu me donne

---

(1) Au sud de Rhodes.

garde de les offenser en rien! Je les honore et les aime toutes également devant Lui, selon mon devoir. Mais vous n'ignorez pas que les commandements sont attribuables, qu'il n'y a de fixe pour les langues que les charges de grands-croix, et que, pour la mer, c'est à la langue d'Italie qu'appartient l'amirauté... Encore le Chapitre général a-t-il pouvoir de réformer ce point, comme tout autre article de la règle.

Il adoucit la sévérité de son ton et ajouta d'un air aimable, en observant attentivement le Portugais :

— Je pensais, mon cher commandeur et bon frère, que vous approuveriez avec plaisir le choix que je fais du commandeur de l'Isle-Adam, pour achever en quelque sorte une œuvre à laquelle vous avez eu tous deux si noble part, mais où il a montré, non seulement mérites et talents, mais, je crois bien, exceptionnelle confraternité et chrétienne affection envers tous.

La figure brune du marquis devint d'une pâleur mate... Il fit une inclination, et un pas en arrière. Mais déjà frère Villiers s'était avancé et, lui saisissant la main, fixant sur lui ses yeux d'un bleu brillant, au regard si bon et si franc, il se tourna vers le grand-maître, avec cette prestance vive et gracieuse qui le faisait aimer des gens de Rhodes et qui corrigeait l'effet un peu trop majestueux de sa taille d'athlète :

— Monseigneur, fit-il en lui montrant d'Amaral, nous ne pouvons pas oublier comment le commandeur de la Vraie Croix, avec M. de Vasconscellos et ceux de sa nation, a réduit la nef amirale à force de prouesse. En vérité, je ne céderais à personne la charge qu'il vous convient me bailler, sauf à lui. Et je reconnais bien hautement, avec tous les frères chevaliers ici présents, qu'il n'est point en l'Ordre quelqu'un qui veuille disputer avec lui sur le fait de la guerre, et particulièrement de la guerre maritime. Ce me serait grand regret que, par ma personne, il advînt déplaisir à un frère dont la prouesse honore l'Hôpital.

Les Portugais et Castillans présents, fort émus de cette rare magnanimité, élevèrent aussitôt la voix tous ensemble pour protester de leur soumission au chef de la Religion. Celui-ci, les yeux baissés, observait à la dérobée d'Amaral, qui n'avait pas bougé et paraissait impassible. Quand les chevaliers se furent tus, il promena sur eux un regard calme et profond, qu'il arrêta enfin sur le commandeur de la Vraie Croix, et prononça, en accentuant lentement ses paroles, la décision attendue :

— Mes frères et *commilitons* (1), il m'est très agréable, comme sans doute à chacun de vous, de voir ce débat de générosité, et d'entendre l'exemple et leçon de sacrifice et modestie confraternelle qui nous est donnée par notre frère Villiers, *non certes pour la première fois*. Je ne veux pas juger entre des chevaliers si estimables et si capables à tous égards. Aussi bien l'un que l'autre peut remplir cette mission. Mais je veux que les règles dont je suis constitué gardien soient bien reconnues et sauves en tout. C'est donc de mon autorité certaine et unique, et sur la prière du frère Philippe Villiers de l'Isle-Adam, que je lui retire le commandement des galères, et en charge, pour cette fois et à mon choix, notre frère don Andréa d'Amaral... Commandeur, venez avec moi, je vous prie, conférer un instant sur votre mission.

D'Amaral, visé par tous les regards, serra fortement la main à l'Isle-Adam et lui dit tout haut avec une véritable émotion : — Commandeur, vous faites mieux que moi et je vous remercie pour moi et pour ma nation. Puis son regard s'éteignit, la parole s'étrangla dans sa gorge et, comme s'il eût fait un trop grand effort, il redevint sombre et hautain, et suivit brusquement le grand-maître qui l'attendait à la porte de la salle.

La même nuit, les galères de Rhodes prirent le large; elles se portèrent au sud, où elles établirent une *chaîne,* c'est-à-dire une ligne d'observation, sur une longueur de plus de quinze lieues, sans jamais se perdre de vue, deux à deux; pendant ce temps, une escadrille de gros bâtiments, se portant sous le couvert de l'île Simia, tenait sous ses explorations, pour plus de précautions, l'étroit canal de Carie.

Mais, pendant dix jours, il ne se présenta pas un seul navire de guerre musulman, pas plus d'un côté que de l'autre. Enfin, des galères cypriotes, qui venaient à Rhodes pour le commerce, apprirent à d'Amaral d'une manière certaine que l'escadre d'Achmet-raïs ayant eu connaissance, par des barques aussitôt envoyées de Smyrne, des funestes nouvelles d'Aïazzo, avait pointé droit au sud-ouest à travers les Cyclades, passé à la vue de Candie et gagné

(1) Compagnons de guerre.

Damiette en longeant l'Afrique. Ce prodigieux détour provoqua les sarcasmes des équipages chrétiens. Mais le chef pilote de la capitane crut devoir énoncer son avis, avec la liberté que lui donnaient son âge et son rang :

— Sire Commandeur, nous avons peut-être eu tort de nous retenir si longtemps à *chaîner* en Karpathos ; je me souviens qu'étant en la salle du château magistral le soir du départ, et causant avec le commandeur Villiers, il fit la remarque que, si le mécréant ne paraissait pas au bout de deux jours, il serait sage de l'aller chercher plus au Midi et proche le rivage Cyrénéen ; et pour ce, il fallait, disait-il, tenir une birème légère ou un bon et rapide brigantin en croisière dans les eaux vénitiennes (1). Nous n'aurions pas ainsi manqué le rusé poltron. Le frère Villiers avait...

Il s'interrompit avec étonnement, sous le regard foudroyant que lui lançait le commandeur qui, d'une voix irritée, ordonna de signaler le ralliement sur la rade de Rhodes, et alla s'enfermer dans sa galerie de poupe. La croisière était manquée...

Quand le grand-maître Aymeri d'Amboise mourut, en 1512, le commandeur d'Amaral, au nom d'une partie des chevaliers portugais, demanda à faire partie du Conseil des Seize, parce qu'il était temporairement chargé d'une fonction qui lui donnait égalité d'honneurs avec les grands-croix. Mais cette demande fut jugée incompatible avec les statuts de l'Ordre, et le marquis d'Amaral ne put avoir part directe à l'élection du nouveau grand-maître, qui fut un Français de la langue d'Auvergne, grand-prieur de cette langue et ancien lieutenant du Magistère, le sage et fin Guy de Blanchefort, neveu du grand d'Aubusson. Cela fit quelques troubles dans le parti portugais. Frère Villiers de l'Isle-Adam, qui était alors grand-prieur de France, et par suite grand-hospitalier de l'Ordre, avait eu bonne part au choix que l'on fit de Blanchefort. Ce grand-maître qui était (on se le rappelle) premier conseiller d'État à la cour de France et ambassadeur extraordinaire de la Religion près cette cour, ne put s'embarquer aussitôt qu'il le voulait, et mourut ensuite en mer. Ce qui obligea de procéder à une autre élection, l'an 1513 (14 décembre). Dans l'intervalle, don André d'Amaral, dont les rares talents étaient

---

(1) C'est-à-dire *grecques ;* la Morée orientale et les Cyclades appartenaient encore en partie aux Vénitiens.

appréciés de tout l'Ordre, en dépit de son intraitable orgueil, avait été nommé grand-prieur dans sa langue (Castille et Portugal), et promu presque aussitôt chancelier de Saint-Jean. Il prit donc part, comme nouveau grand-croix, à l'élection qui se préparait.

Dès la réunion des Seize, il demanda sur un ton impérieux que la règle de l'Hôpital ne fût pas plus longtemps foulée aux pieds, et que le Conseil des Seize ne se crût pas obligé de chercher servilement un grand-maître dans *certaines* familles et *certaines* langues qui accaparaient à elles seules toute la Religion et traitaient les autres en subalternes. L'étonnement fut extrême ; le grand-prieur d'Italie, l'amiral Caretti, faisant fonction de lieutenant du Magistère et précepteur de l'élection, fit une grave remontrance au frère d'Amaral, et justifia avec force les précédentes décisions du Conseil des Seize, qui avaient procuré à l'Ordre une suite ininterrompue de princes tels que les grands États de la chrétienté les enviaient ; mais quand il ajouta que, du reste, les rivalités de personnes n'avaient pas eu et n'auraient pas de place en si sainte affaire, le chancelier se leva, et lui demanda avec violence si c'était à lui-même que s'adressait cette insinuation. L'intervention des autres membres apaisa la querelle. Ce fut le même Fabrizio Caretti, pilier d'Italie et amiral en titre, qui fut élu, grâce au groupe des grands-croix et chevaliers français (Provence, Auvergne et France), qui suivaient les inspirations du grand-hospitalier l'Isle-Adam.

Caretti, célèbre dans toute l'Europe par sa belle conduite comme amiral au dernier siège de Rhodes, non moins célèbre par sa prudence diplomatique et sa science extraordinaire (il parlait toutes les langues européennes, et connaissait à fond toutes les langues mortes littéraires), avait été procureur général de la Religion à Rome, et suppléé dans sa charge, pendant neuf ans, par le vice-amiral Scalenghi, de la même langue. Il fut, dans un transport de joie, saisi par les grands-croix et porté sur leurs épaules, malgré lui, jusque devant l'autel, au trône du Magistère.

Chose étrange pour qui ne connaît pas les secrets ressorts des passions humaines : ce choix si bien justifié, qui semblait répondre aux vœux (nous n'osons dire à la *sommation*) formulés par le grand-prieur de Castille, ne fit qu'exaspérer celui-ci contre les chevaliers français qui l'avaient fait décider, et en particulier contre l'Isle-Adam, dont la haute influence l'obsédait.

Tout en continuant de remplir avec soin et sagesse les devoirs de sa charge, le chancelier marqua bientôt de si hautaines animosités dans ses relations avec quelques membres de l'Ordre que ceux-ci, pour le bien de la paix, se résolurent à l'éviter le plus possible, et que, dans la masse des chevaliers, il s'éleva de sourds mécontentements que ne pouvait apaiser même la considération de ses grands services.

5ᵉᵐᵉ RÉCIT

SOLIMAN LE MAGNIFIQUE ET VILLIERS DE L'ISLE-ADAM — PERTE DE RHODES

§ 1ᵉʳ

Guy de Blanchefort était mort de fatigue à la suite des peines qu'il avait prises, dès son élection, pour concentrer et diriger sur Rhodes toutes les ressources et les forces vivantes de l'Ordre, Fabrizio Caretti héritait de cette redoutable tâche. Car l'orage qui avait fondu sur Rhodes, au temps de Pierre d'Aubusson, s'amoncelait plus sombre encore dans la capitale d'un empire qui ne cessait de doubler ses triomphes et ses forces. Sélim 1ᵉʳ régnait, après avoir fait déposer et empoisonner son père Bajazet et massacrer ses deux frères aînés, Acomat et Korcut. Impitoyable batailleur, il avait pris pour devise le mot de Mahomet II. « Les deux piliers de la puissance ottomane seront Belgrade et Rhodes »; mais, avant de s'en emparer, il avait dû d'abord réduire les inimitiés d'Ismaël-Sophi, roi de Perse, en le battant et lui enlevant ses provinces occidentales (Tauris). L'intérêt personnel dominant toute autre question, l'on avait vu alors le Sophi vaincu se liguer avec le Soudan d'Égypte contre l'ambition absorbante des Ottomans, et tous deux rechercher le secours des chevaliers de Rhodes. Le conseil de l'Hôpital, jugeant utile de rabaisser en les opposant les princes musulmans, n'avait pas refusé les avances de son ancien ennemi Camsoun-Gauri, ne fût-ce que pour le fortifier dans sa résistance aux Turcs et détourner pour un temps l'orage qui menaçait Rhodes. Mais la vigilance de Sélim était en éveil; il connut le traité, chercha d'abord à persuader le Soudan de s'en détacher et, voyant l'inutilité de ses efforts, tomba comme la foudre sur la Syrie. En quatre ans, il avait conquis la Palestine et les deux Syries, l'Arabie occidentale, l'Égypte, détruit l'empire des Mamelouks et fait de ce grand royaume deux vastes pachaliks dont l'un, l'Égypte, fut confié à Kaïr-Bey; l'autre, la Syrie, à Ghazel-Bey, tous deux anciens chefs mamelouks qui, pressentant l'avenir, avaient su passer à temps au service ottoman. L'Europe inquiète crut voir renaître Mahomet II.

L'implacable conquérant donna dès lors tous ses soins à préparer la conquête de Belgrade et celle de Rhodes. Pour cette dernière, un Juif, médecin de profession, lui prépara les moyens en venant habiter Rhodes en qualité de converti (il se fit même baptiser), et obtenant ainsi la faveur des chevaliers et des négociants dont il devint le médecin attitré. Reçu dans toutes les maisons, il put bientôt adresser au Sultan une série d'informations de la plus rigoureuse exactitude. Un incident suspendit pourtant l'expédition: Sélim, attaqué de la pierre, mourut à l'âge de quarante ans (1521). En huit ans, il avait doublé l'étendue de l'empire turc et triplé ses armées.

Soliman II (dit le *Magnifique*), son seul fils, le remplaça, presqu'en même temps que Charles-Quint ceignait la couronne germanique. Ces deux empires se partageaient la puissance de la terre. Comme il arrive toujours en ces moments, il y eut divers mouvements dans l'empire turc: Ghazel voulut refaire à son profit le royaume de Syrie; mais il succomba dans la lutte et se fit tuer pour ne pas se rendre.

Caretti, désireux d'amoindrir l'effrayante puissance ottomane, avait consenti à soutenir Ghazel en lui envoyant des canons, des munitions et d'excellents officiers d'artillerie et de génie. La défaite du parti Mamelouk laissa l'Ordre exposé aux vengeances du jeune empereur, qui déclara publiquement vouloir s'emparer de Rhodes.

Cependant, ce n'était encore qu'une feinte ; Soliman, qui avait envoyé une ambassade en Hongrie et n'en avait retiré qu'affronts imprudents, jeta subitement toutes ses forces sur le Danube et la Save ; il vint assiéger Belgrade avec 200 000 hommes choisis.

Depuis la mort de Ghazel, une activité fébrile régnait à Rhodes : une nouvelle enceinte, doublant les points faibles de la première, avait été entreprise et toutes les tours réparées et consolidées, tous les magasins bondés d'approvisionnements. Dans toutes les cours européennes, les envoyés extraordinaires de la Religion pressaient les princes chrétiens de fournir, dans leur propre intérêt, des secours sérieux à l'Ordre ; le pape, donnant l'exemple malgré la pénurie de son trésor, avait envoyé trois galions bien armés ; le roi de France, François Ier, toute une escadre de neuf grandes galères, quatre brigantins et quatre barques longues sous le baron de Saint-Blancard. L'empire Germanique (qui eût dû marcher le premier) annonçait un prochain armement, et les États italiens promettaient beaucoup... pour plus tard, quand on apprit l'investissement de Belgrade.

Ce fut le coup de grâce pour cet enthousiasme momentané, si modéré qu'il fût, qui avait poussé les puissances chrétiennes à ne pas laisser sans secours leurs plus constants, leurs plus intrépides défenseurs. Les chefs des escadres de secours, suivant les ordres de leurs souverains, se retirèrent à regret, et toute la platitude des rivalités d'orgueil entre chrétiens, toute la hautaine lâcheté des calculs politiques prétendus nationaux s'étala triomphante, dans l'inconscient abandon de Rhodes et de ses soixante mille citoyens chrétiens en face de Soliman et de ses soixante millions de sujets : une seule ville contre un triple empire formé de onze grands royaumes ; une poignée de moines cuirassés contre le grand Soliman, le Charles-Quint de l'Orient, et ses huit armées.

Carotti ne désespéra point ; il avait appris sous d'Aubusson ce que valent des hommes avec l'aide de Dieu. Il ne songea qu'à son devoir. Ce n'étaient pas les Ottomans et leurs trois cent mille soldats qui devaient prendre Rhodes, pas même la délation sarrazine, grecque ou juive ; un proverbe accrédité en Orient disait que « Rhodes seule était capable de vaincre Rhodes. » Il allait se vérifier par la trahison d'un des grands-croix.

Quant aux États chrétiens, satisfaits les uns d'avoir envoyé, puis rappelé leurs minces secours, les autres d'avoir failli en envoyer, ils s'admirèrent dans leur propre générosité ; et lorsque, Belgrade prise, Soliman se retourna contre Rhodes, ils se figurèrent sans doute avoir fait leur devoir parce qu'ils avaient eu, un instant, une vague intention d'y songer, et s'en allèrent chacun à leurs affaires. L'Europe allait payer de 300 ans de guerres extérieures sa lâcheté d'un jour. Rhodes resta seule.

Comme si Dieu eût permis tous les combles à cette détresse, l'intrépide, savant et affable Caretti tomba subitement malade, et mourut le 10 janvier 1521.

Jamais élection de grand-maître n'avait eu lieu dans des circonstances aussi graves. Le 22 du même mois, le Conseil des Seize entra en délibération, après les cérémonies accoutumées, sous la présidence du lieutenant provisoire du magistère, Gabriel de Pomerols, grand-commandeur de l'Ordre et pilier de Provence. Trois noms de haute valeur se partageaient l'opinion de Rhodes : le marquis d'Amarel, chancelier, grand-prieur de Castille et Portugal ; le chevalier baron Thomas d'Ockeray, grand-prieur d'Angleterre, et le frère Philippe de Villiers de l'Isle-Adam, grand-hospitalier, grand-prieur de France (ce dernier alors absent comme ambassadeur de l'Ordre à Paris (1).

Au moment du vote, d'Amaral se leva pour parler ; le précepteur de l'élection lui lut aussitôt le décret non abrogé du chapitre général tenu en 1346, sous la grande maîtrise de Gozon, qui interdisait à un grand-croix de se présenter de sa personne et de soutenir luimême sa candidature. Si le chancelier persistait, le Conseil des Seize allait se séparer, et l'on recommencerait l'élection après avoir fait prononcer par l'assemblée générale l'exclusion momentanée du grand-croix et son remplacement par un élu des Huit. Le règlement était indiscutable sur ce point. Les quatorze autres électeurs présents s'étant prononcés pour l'avis du précepteur, le sire chancelier fut sommé de se déclarer, sans discours, oui ou non candidat Le chancelier, resté debout, promena autour de lui un regard dédaigneux et répliqua d'une voix mordante :

— Messeigneurs et frères, je n'ai point de discours à faire et n'en veux point faire. Suis-je ou non candidat ? Ni plus, ni moins que

---

(1) La langue de France, en raison de la grande quantité de ses membres, comptait comme subdivision, trois grand -prieurés : ceux de France, d'Aquitaine et de Champagne.

chacun de vous, puisque tout chevalier le peut être après cinq ans de profession. J'ai le droit de formuler tout haut mon avis sur ce qui se prépare, et de dire que si l'on nommait, comme il peut arriver, le chancelier de l'Ordre, en vérité, je ne vois pas quelle grâce ce serait pour lui ; ainsi qu'on a paru le faire entendre, en célébrant en phrases ridicules d'autres mérites qui, peut-être, n'apparaîtront pas aussi clairs au jugement et opinion de tout l'Ordre ; mais peut-être la Religion en tirerait-elle plutôt avantage et profit, si l'on compare les services passés, la conjoncture présente et l'illustration des origines.....

— Frère d'Amaral, interrompit le Précepteur, ceci est mal dit et vous ne devez tant parler, car il s'agit bien de vous dans ce discours. Je vous intime silence, de par saint Jean, ou je romps l'élection.

— Je me tais, fit le hautain chancelier en se rasseyant avec un sourire de mépris. Aussi bien, voilà tantôt trois siècles qu'il est coutume pour certains de l'Hôpital que Castille soit appelée la première à la peine et la dernière au Conseil.

— *Absit! Absit!* criaient plusieurs électeurs. Précepteur, ceci est insulte à la Religion... tandis que d'autres, suppliant l'irascible Portugais de se taire, réclamaient le vote. D'Amaral protesta aussitôt de son respect pour l'Ordre en général ; le Précepteur accepta la parole de d'Amaral et l'on passa au vote.

Sur les seize suffrages, onze étaient pour l'Isle-Adam, quatre pour le grand-prieur anglais (1) ; il y avait un bulletin blanc... la hauteur de d'Amaral lui avait nui.

A la nouvelle de l'élection, les paysans de Rhodes firent de grands feux de joie qui portèrent l'étonnement et l'inquiétude chez les Turcs de la côte voisine, en Carie. Une démonstration d'un autre genre avait eu lieu dans l'Ordre même ; quand les Seize rentrèrent dans la grande salle de l'Hôpital pour la proclamation officielle les membres présents, après avoir longuement applaudi, votèrent à l'unanimité une *action de grâces* et *d'honneur* aux Seize :

---

(1) Le baron d'Ockeray, l'un des premiers diplomates de son temps, et jouissant d'une fortune immense, eût été mieux partagé dans les voix si l'on n'avait pas eu à préférer, pour le moment, un grand-maître habile et prudent, mais, avant tout, aussi bon guerrier que possible, à tous les autres intérêts. L'Isle-Adam réunissait à un degré parfait ces qualités ; il était de médiocre fortune, et avait toujours fui plutôt que recherché les grandes amitiés princières. Seule, celle du roi de France lui restait acquise, en raison des fonctions de son père, ancien chambellan et secrétaire de Louis XII.

« car jamais meilleur choix ne s'était pu voir ni si visiblement inspiré de Dieu tout-puissant et de monseigneur saint Jean. »

Le chancelier rentra chez lui le cœur transpercé. Vainement un de ses vieux amis, le commandeur Honoré de Mendoza, et son confident et compagnon d'armes ordinaire, don Sancho Nûnez de l'Aguila, essayèrent de l'arracher aux tortures de ses propres passions..... Il finit par les quitter en les priant de l'excuser, et jeta froidement au commandeur de Mendoza cette seule phrase :

— C'est malheur pour la Religion ; le voilà grand-maître, oui ! mais ce sera le dernier.

— Chancelier, chancelier, dit Mendoza en courant après lui, je vous en conjure, par le sang de Jésus-Christ, retirez cette parole que certes ne pensez point, et songez à votre âme qui se compromet par colère.

— Mon âme ? s'écria le chancelier avec un ricanement furieux... Ha ! Ha ! Je voudrais certes de grand cœur qu'elle fût déjà au diable, et que Rhodes et la Religion fussent aussi perdues qu'elles vont l'être sous peu !... (1)

Il se jeta sous les épais ombrages des jardins du couvent et disparut. Mendoza, stupéfait, hochait la tête quand, en se retournant, il vit plusieurs chevaliers qui, ayant entendu l'exclamation du chancelier, faisaient des signes de croix.

— Ce n'est rien, mes frères, dit-il, qu'une malheureuse fumée qui souvent monte à la tête du pauvre chancelier... chacun a ses maladies. Ne jugeons pas pour n'être pas jugés.

— Ainsi soit fait, répondirent indulgemment les chevaliers. Mais, un peu plus tard, cette scène devait leur revenir à l'esprit, éclairée d'un jour nouveau par toutes ses tragiques conséquences.

§ 2.

Le grand-Hospitalier se trouvait en Bourgogne, auprès du roi François Ier, quand il reçut avis de son élection. Il fit aussitôt

---

(1) Nous empruntons ces termes à la relation d'un des témoins, Jacques, bâtard de Bourbon, commandeur de Maulvis et d'Oisemont, qui a écrit ensuite le récit curieux de la « *grande et merveilleuse et très cruelle oppugnation de la noble cité de Rhodes, prinse naguère par Sultan Soleyman.* » Paris, 1527, rue Saint-Jacques, à l'enseigne des Trois-Couronnes.

envoyer sommation à tous les membres non résidents que leur fonction n'obligeait pas de rester en Europe, de passer à Rhodes sous trois mois, et à tous les commandeurs et baillis de fournir leurs *respensions*. Lui-même en récolta une partie, à l'aide de laquelle il acheta une grande quantité d'armes et munitions ; puis il prit congé du roi et alla s'embarquer, à Marseille, sur la *Grande Caraque* qui l'y attendait ; une flottille légère portait ses achats.

De tristes présages signalèrent ce voyage : à la hauteur de Nice, un incendie qui éclata dans les soutes à vivres faillit dévorer tout le bâtiment. Par sa présence d'esprit, le grand-maître retint chacun à son poste et l'on se rendit maître du feu, non sans avoir beaucoup perdu. Le surlendemain, en pleine mer tyrrhénienne, un ouragan d'une violence inouïe assaillait le navire ; l'Isle-Adam défendit que l'on cherchât refuge dans les bouches du Golo (en Corse), où l'on courrait plutôt risque de se briser, et fit tenir tête au grain en prenant la cape. Des lames courtes et hautes balayaient incessamment le pont ; le vieillard s'y présente et se place au poste le plus dangereux, à côté du gouvernail. La foudre éclate quatre fois de suite sur le bâtiment, met le feu à la mâture, troue l'arrière en deux endroits et tue neuf matelots ; une cinquième décharge électrique renverse le grand-maître devant l'entrée de ses appartements ; il se relève en souriant. Un cri s'élève : *Dieu a frappé l'épée du grand-maître ! Dieu est contre Rhodes !* Il regarde à son flanc, et voit la garde de son épée toute fondue, ne formant plus qu'un paquet informe. Il y porte aussitôt la main, dégaine, et agitant la lame, heureusement intacte : « Voilà, dit-il, ce qui doit répondre aux Turcs... Que cherchez-vous à voir dans les éléments, esprits faibles et puérils ? Vous n'y verrez que la puissance du Dieu qui sait récompenser les bons et châtier les méchants... Que chacun aille à son devoir ! y manquer est la seule chose qui doive faire trembler des chrétiens. »

La *Caraque*, ayant pris chasse devant l'orage, doubla la Sicile et vint se réparer à Syracuse. Là, le grand-maître reçut avis que l'habile Courtogli, son ennemi personnel (il l'avait quatre fois battu sur mer, en diverses occasions), s'était établi en embuscade avec une escadre de guerre complète dans le canal de Cérigo, et qu'il serait indispensable de changer la route de la *Caraque*, ou même de changer secrètement de navire. On lui en offrait un, aux couleurs vénitiennes, ayant un *connaissement* en règle pour Négrepont.

Mais l'Isle-Adam, qui avait en Sicile des chevaliers, apprit aussi que Courtogli avait reçu de Soliman une commission de chef d'escadre, avec la promesse de la grande amirauté (*Capitan-Pacha*), qui était la seconde dignité de l'Empire (1), s'il parvenait à s'emparer du grand-maître. Et Courtogli avait publiquement déclaré que : « l'étendard de Saint-Jean irait prisonnier à Stamboul avec l'Isle-Adam, ou n'entrerait à Rhodes que s'il parvenait à se cacher et après avoir fui devant le Croissant. »

Indigné, le grand-maître écarta tous les conseils timides, fit chanter la messe votive de saint Jean-Baptiste, en le chargeant de veiller lui-même à l'honneur de son propre pavillon et de ceux qui le gardaient, et donna droit dans le canal de Cérigo, pièces chargées, chacun à son poste de combat. Pendant la nuit, l'on doubla le cap de Gallo ; le cap Saint-Ange (ancien promontoire Malée) apparut à l'aube, à bâbord arrière ; Cérigo dressait à droite ses rocs violacés, et l'on s'apprêta à combattre ; mais l'étonnement fut grand, quand on eut dépassé l'île, de n'apercevoir aucun navire de guerre. La *caraque*, suivie de sa flottille de felouques, continua sa route sous bonne brise, et donna quelques heures après dans les Cyclades. Courtogli, trop pressé de la rencontrer, avait voulu se mieux poster cette même nuit. Il avait fait lever les ancres et porter une longue bordée au sud, afin de s'assurer que la *caraque* n'y passait pas. Il revint se poster en ligne au débouché même du canal ; c'est précisément pendant cette absence de cinq ou six heures à peine que la *caraque*, protégée par les dernières ombres de la nuit qui finissait, avait tranquillement passé avec son entourage léger.

Ce fut une déception pour l'amiral-pirate ; et chacun à Rhodes y vit l'intervention de saint Jean. Aussitôt débarqué, l'Isle-Adam s'occupa de la défense.

Cependant, Soliman, maître de Belgrade, avait mis en délibération la prise de Rhodes ; et telle était la réputation des chevaliers-moines que la majorité de son Conseil jugea l'entreprise impossible ;

(1) Elle venait immédiatement après celle du grand-Vizirat. Par défiance, les Sultans n'avaient pas de grand-maréchal ou connétable ; ils nommaient des généralissimes selon l'occasion. La grande amirauté, ne donnant pas autorité sur les troupes de terre, leur inspirait moins d'ombrage.

AU PRINTEMPS L'AVANT-GARDE OTTOMANE PARUT (Voir p. 227.)

il fallait s'attendre à une résistance surhumaine, et l'on s'exposait à voir les princes chrétiens, émus de la chute de Belgrade et de leur propre danger, arriver bientôt avec des forces extraordinaires. En ce cas, c'était la honte de la retraite, telle que le grand Mahomet lui-même l'avait déjà dû subir, et d'immenses frais perdus sans nulle compensation.

Soliman, qui était avant tout homme de grande réflexion, inclinait, quoique à regret, à cet avis, lorsqu'il en fut détourné par son beau-frère Mustapha, qui savait exactement les faiblesses, les rivalités et jusqu'aux desseins secrets de tous les États chrétiens, par les banquiers juifs avec lesquels il était en affaires. Il représenta au sultan le véritable état de la politique en Occident, le rassura contre la formation d'une nouvelle croisade et, sans rien dissimuler de l'énergie des chevaliers, lui garantit le succès s'il voulait l'acheter à force d'hommes, de persévérance et d'argent, car les Rhodiens ne pourraient pas réparer leurs pertes. Si, au contraire, l'on attendait davantage, la situation politique pourrait changer en Occident et Rhodes recevoir de grands secours.

Soliman se rangea à son avis. Il nomma pour généralissime Mustapha, en lui adjoignant trois hommes hors de pair. Péri-Pacha (1) (son ancien gouverneur particulier), le plus fin et le plus rusé des maîtres, à titre de *Conseil*, Courtogli comme amiral, et Achmet-Pacha, ingénieur célèbre qui venait de consacrer sa réputation sous Belgrade, comme directeur des travaux du siège. Puis il envoya tout à la fois complimenter et menacer l'Isle-Adam par une lettre trop célèbre pour n'être pas reproduite ici.

Soliman, sultan, *par la volonté de Dieu, roi des rois, souverain des souverains, très haut empereur de Byzance et Trébizonde, très puissant roi de Perse, d'Arabie, de Syrie, d'Égypte, grand seigneur d'Europe et d'Asie, prince de La Mecque et d'Alger, maître de Jérusalem et dominateur des mers,*

à Philippe Villiers de l'Isle-Adam, *grand-maître de l'île de Rhodes,*

SALUT:

« *Je te félicite de ta nouvelle dignité et de ton arrivée dans ton*

___
(1) Ou *Pyrrhus*. C'était le fils d'un marchand épirote; il avait renié la religion grecque et, après avoir servi dans les grades subalternes, s'était fait distinguer par ses qualités et sa finesse politique. Sélim l'avait fait gouverneur de son fils.

» État; je te souhaite d'y régner heureusement et avec encore
» plus de gloire que tes prédécesseurs. Il dépend de toi d'avoir
» part à notre bienveillance. Accepte donc notre amitié et ne sois
» pas le dernier à nous féliciter de nos conquêtes en Hongrie, où
» nous avons réduit la très grande place de Belgrade et fait passer
» au fil de l'épée tous ceux qui avaient eu l'audace de résister.
» Adieu.
» Donné au camp d'Andrinople, le... »

Le grand-maître envoya la lettre au Conseil de l'Hôpital et répondit ainsi :

Frère PHILIPPE VILLIERS DE L'ISLE-ADAM, *grand-maître de Rhodes et humble gardien des pauvres et malades chrétiens de l'Hôpital Saint-Jean, à* SOLIMAN, *sultan turc :*

« J'ai très bien compris le sens de la lettre que tu m'as envoyée
» par ambassadeur; tes offres de paix me sont aussi agréables
» qu'elles causeront de peine à Courtogli. Ce pirate, quand je
» venais de France, a tout tenté pour me surprendre en route;
» mais il a échoué dans ses ruses. Ne pouvant se résoudre à
» quitter nos parages sans nous avoir causé de dommages, il s'est
» jeté dans la rivière de Lycie (1) pour y enlever deux navires
» marchands sortis de nos ports. Il a même attaqué un navire
» candiot ; mais les galères que j'ai fait sortir du port l'ont con-
» traint de lâcher sa prise, et pour ne pas devenir lui-même notre
» prisonnier, il a cherché son salut dans une prompte fuite. Adieu
» Donné à Rhodes, le... »

Pour qui réfléchit aux préparatifs publics du sultan et à la promotion de Courtogli au rang d'amiral turc, chaque mot de cette réponse portait coup. Le grand-maître, incapable de s'abaisser aux feintes, se dispensait, du reste, d'accorder les félicitations qu'on lui demandait pour la prise d'une ville chrétienne.

Se défiant du peu de scrupule des Turcs quant au *droit des gens*, l'Isle-Adam n'avait pas voulu envoyer sa réponse par un chevalier, et l'avait confiée à un marchand grec. Soliman, qui avait l'esprit naturellement élevé, la lut en Conseil et l'admira. Mais Péri-Pacha, avec sa ruse ordinaire, songea à se procurer des otages de marque. Il écrivit donc lui-même à l'Isle-Adam : qu'il n'avait pas osé faire présenter sa lettre, attendu que le sultan, eu égard à son Empire

(1) Nom de la partie de mer qui est au sud de l'Anatolie.

qui était le plus vaste du monde, et à son titre d'héritier (par la force) des empereurs d'Orient, recevait des rois chrétiens eux-mêmes, dans les relations diplomatiques, les honneurs réservés par eux au Pape et à l'empereur d'Allemagne ; — mais que s'il voulait charger un ou deux grands-croix du Conseil de pouvoirs suffisants, il se faisait fort d'empêcher Soliman de détruire Rhodes, et qu'il lui ferait renouveler l'ancien traité d'Amurat, jadis si favorable aux chevaliers.

En même temps, Soliman envoyait au grand-maître l'espèce *d'ultimatum* suivant:

« SOLIMAN, *sultan, etc.*,

» *Nous avons su que la lettre que Notre Hautesse t'envoyait*
» *t'avait été remise, et qu'elle t'a causé plus de surprise que de*
» *plaisir. Sois bien assuré que je ne me contenterai pas de la prise*
» *de Belgrade, mais que j'ai dessein d'en faire une autre aussi*
» *importante, de laquelle tu seras bientôt averti. Car toi et tes*
» *chevaliers ne sortez guère de ma mémoire.* »

A cette menace, le grand-maître répondit en ces termes :

« *Je ne suis pas fâché qu'il te souvienne de moi et des chevaliers*
» *de mon Ordre. Tu m'as parlé de tes conquêtes en Hongrie, et tu*
» *m'annonces le dessein d'en faire d'autres avec le même succès.*
» *Tu dois savoir que, de tous les projets humains, il n'en est pas*
» *de plus incertains que ceux qui dépendent du sort des armes.* »

Puis il écrivit en particulier à Péri qu'il enverrait volontiers traiter de la paix si on lui fournissait des saufs-conduits pour ses ambassadeurs. Mais déjà, les corsaires turcs ravageaient le canal de Carie et la rivière de Lycie ; ils pillaient les îles rhodiennes et enlevaient un brig armé de l'Ordre. — C'était la guerre.

Le souvenir et les exemples de d'Aubusson n'étaient pas vains, et toutes les précautions utiles furent prises. Outre les approvisionnements entassés déjà dans les magasins de la ville et du château, l'on fit couper les blés et foins des îles, qui furent payés aux paysans et mis au château ; les hommes valides reçurent ordre ou de se mettre à l'abri des Turcs, ou de s'enrôler dans la milice ; on utilisa les campagnards comme pionniers ; tous les navires de course (dont le nombre était grand) armés à Rhodes y furent rappelés ; et l'on rasa les églises hors murs, pour éviter leur profanation et le profit que les Turcs en auraient tiré comme magasins ou casernes.

Un frère servant des plus entendus avait été envoyé à Candie (alors possession de Venise) pour y compléter les achats de la Religion. Il parvint, en dépit du gouverneur vénitien, à y enrôler plus de 500 bons soldats de renfort. Mais sa conquête la plus précieuse fut celle d'un célèbre officier-ingénieur, nommé Martinenghi, qui se prit, en traitant avec les gens de la Religion, d'une grande estime pour leur simplicité, leurs vertus et le courage sans faste qu'ils apportaient à remplir leurs devoirs. Malgré la défense formelle du gouverneur, Martinenghi accepta les offres de l'Ordre et, quittant nuitamment Candie, dont les mœurs équivoques et le laisser-aller semi-musulman déplaisaient à son âme droite et honnête, il se rendit à Rhodes pour voir de près ces fameux chevaliers, dont la seule liste formait comme un tableau de toutes les illustrations du monde chrétien. L'affabilité empressée de leur réception, les honneurs dont, à cause de son talent, il se vit comblé par des hommes qui dédaignaient leur propre renom pour s'appliquer à rehausser celui d'autrui, la pratique simple et gaie d'une vie austère et d'une règle inflexible, tant religieuse que militaire, par ces fils des plus grandes maisons de la Chrétienté, et cette large allure de liberté vraie et d'affection mutuelle, de sacrifices volontaires et de respect réciproque sous le couvert de la Charité qui transforme et élève les rigueurs apparentes du dévouement chrétien, — tout cela frappa si vivement le grand ingénieur qu'il sollicita, le mois suivant, l'honneur d'être admis au noviciat, malgré sa barbe grise. Il venait de corriger et de renforcer avec un art étonnant toutes les défenses de la place. En raison de ses services et de ses mérites, le grand-maître n'hésita pas à tenir « un chapitre général » qui prononça toutes dispenses en faveur de Martinenghi. L'ingénieur fut donc reçu directement chevalier, sans noviciat ni *preuves*, et pourvu, dès le lendemain, du titre de grand-croix ; — selon sa coutume envers ceux qui lui rendaient service, l'Ordre lui avait déjà assigné une large pension perpétuelle.

Rhodes, avec ses quinze grandes tours, son château magistral, ses vastes couvents, ses superbes églises aux flèches élevées, ses maisons chevalières et d'armateurs, ses cinq grands bastions, ou *bolloüards* (1), ses belles places, son double port, sa riche cam-

(1) Dont on a fait *boulevard*, équivalent de « remparts épais plantés d'arbres. »

pagne et sa population cosmopolite, où retentissaient tous les idiomes, où se mêlaient toutes les races, était alors regardée comme la perle de l'Orient. Martinenghi n'épargna rien pour la renforcer contre l'attaque qui se préparait.

Au printemps, l'avant-garde ottomane parut; elle se composait de trente grandes galères chargées de troupes, qui commencèrent par ravager l'île de Cos. Mais là, une flottille de la Religion veillait, sous le commandement d'un des plus grands marins du siècle, du chevalier Prégent de Bidoulx, prieur-grand-croix de Saint-Gilles (de la langue de Provence), ancien capitaine-général et amiral des galères de France, célèbre par plus de quarante combats héroïques et quatre victoires navales, dont la dernière était la destruction de la flotte anglaise de la Manche, commandée par l'amiral Charles Howard, qui y périt, et par le lieutenant-amiral Férers. Prégent, à la première sommation du grand-maître, était venu servir son Ordre en danger. Avec sa petite troupe, il tomba si rudement sur les Turcs qu'il les mit en déroute et les força de se rembarquer. Puis il vint rejoindre le grand-maître à Rhodes.

La défense organisée, il se trouva dans Rhodes 602 chevaliers, 4500 soldats réguliers, et l'on y adjoignit huit compagnies bourgeoises, suffisantes pour les services annexes.

Dans la petite phalange de Saint-Jean, les simples servants d'armes et chevaliers étaient d'anciens capitaines connus en divers pays pour leur mérite, des gentilshommes de race qui avaient renoncé à la certitude des plus hautes dignités pour embrasser la règle sévère de l'Hôpital; les chefs de compagnie étaient des hommes de guerre consommés, probes et austères, ayant rempli quelquefois, dans leurs pays respectifs, les plus grands emplois militaires et diplomatiques : généraux, amiraux, conseillers d'État, ambassadeurs, gonfaloniers, podestats, capitouls, mayeurs ou comtes des villes libres, chanceliers des princes ou des républiques, souvent même parents des rois (1). C'est ce qui explique le prodige apparent

(1) L'un des plus exacts récits qui soit demeuré du siège de Rhodes a été écrit, quatre ans après, par un prince du sang de Bourbon, qui y combattit comme *chef de poterne;* il était commandeur d'Oisemont, au grand prieuré de France.
Sa narration le montre très instruit de toutes les belles lettres; il cite couramment Perse, les classiques et les auteurs ecclésiastiques, selon la coutume des écrivains d'alors.

de ces luttes, de ces triomphes, de ces résistances à un contre cinquante et moins encore, qui sauvèrent la société chrétienne, arrivée à la floraison de sa civilisation, mais oubliant trop souvent l'origine et les principes de son bien-être, de la domination des Ottomans, parvenus de leur côté à l'apogée de leur organisation militaire, et manœuvrant avec une science supérieure des armées triples et quadruples de celles que les plus grands États chrétiens osaient mettre sur pied. Cette élite, triée entre les élites, et animée de la force surnaturelle du devoir monacal joint au plus haut degré de l'honneur militaire, pouvait seule offrir au monde et graver dans l'histoire le spectacle des deux grands sièges de Rhodes, et un peu plus tard, de celui de Malte, sous l'égide de ces trois grands noms : Pierre d'Aubusson, Villiers de l'Isle-Adam, Jean de La Valette-Parisot, sans compter les milliers d'autres que la France s'honore d'avoir fournis à l'Hôpital Saint-Jean. Là, l'honneur est pur et la gloire se décerne sans restriction ; car les vertus privées de l'homme de foi y dominent ses plus belles actions publiques et en sont comme l'inspiration, l'aliment et le régulateur.

Les galères ottomanes balayèrent pendant plusieurs semaines tous les abords des îles de la *Religion*, enveloppant ainsi Rhodes d'une espèce de blocus préliminaire ; puis la grande flotte aux ordres de Courtogli parut, forte de quatre cents bâtiments et portant deux cent mille hommes de troupes de débarquement, parmi lesquels le corps entier des fameux janissaires, garde privilégiée et réservée du sultan. Ils étaient dix-huit mille. Mustapha, beau-frère de Soliman et grand vizir promu, le rusé renégat Péri, l'habile Achmet (le Martinenghi des Turcs) et les quarante meilleurs généraux de l'Empire, tous réputés par leurs victoires en Perse, en Égypte, en Syrie, en Albanie, en Hongrie, dirigeaient avec science cette masse, qui tomba sur Rhodes et ses six mille défenseurs le 24 juin 1522, fête de saint Jean-Baptiste.

§ 3

Dès avant leur arrivée, le grand-maître avait désigné trois grands-croix comme inspecteurs généraux de l'armement, des vivres et de tous les moyens de subsistance. C'étaient le grand commandeur, pilier de Provence, Gabriel de Pomerols, lieutenant général du Magistère ;

le turcopolier, pilier d'Angleterre, messire John Buck, et le chancelier, pilier de Castille, don Andrea d'Amaral. Les rapports des deux premiers furent satisfaisants; mais l'Isle-Adam ne laissa pas de joindre aux provisions existantes celles qu'il tira encore de Candie et de Chypre. Le rapport de d'Amaral sur le vin et la poudre accusa des excédents inattendus; mais le grand-maître, toujours vigilant, n'hésita pas à acheter tout le stock à vendre des marchands de vin de Rhodes, avec clause restrictive; il eut le regret de n'en pouvoir faire autant pour la poudre. Elle était, selon le rapport, en tel excédent, qu'elle suffirait à deux années de siège... On devait bientôt s'apercevoir de la trahison; la poudre manqua au milieu du siège.

Parmi les chefs de la défense, il en est que l'histoire doit nommer avant tous autres. Le directeur des travaux était le bailli Martinenghi, avec les commandeurs Britto et Nüeres pour adjoints; les deux chefs de l'artillerie furent le général des galères (françaises), Prégent de Bidoulx, prieur de Saint-Gilles, et le bailli de Manosque, Tholon de Sainte-Jaille, tous deux de la langue de Provence. Le commandement des bastions fut ainsi distribué : *Auvergne,* frère du Mesnil; *Espagne,* frère Francisco de Carreras ; *Angleterre,* frère Nicholas Huzy; *Provence,* frère Bérenger de Lincel; *Italie,* frère Andelot Gentili.

Les remparts, divisés avec la ville en secteurs, chacun avec ses bataillons de service, eurent pour commandants des chevaliers de leurs langues respectives·

Secteur d'Aragon: Hernandez Soller;
   id   *de Castille:* don Juan de Barberan;
   id   *d'Allemagne:* le commandeur de Waldner;
   id   *d'Italie:* Giorgio Emara;
   id   *d'Angleterre:* sir William Whaston;
   id   *de France:* le commandeur Joachim de Saint-Simon (1);
   id   *d'Auvergne:* le vicomte Raymond Roger;
   id   *de Provence:* Raymond de Picard, doyen des commandeurs de sa langue.

La réserve active, ou *bataillon de secours,* formait quatre divisions, chargées chacune de deux secteurs, mais pouvant se porter partout où les enverrait le grand-maître. Elle avait pour chefs quatre

---

(1) Nous prenons les noms dans Fontanes et J. de Bourbon, témoin et acteur du siège. Vertot les a, non seulement corrigés, mais changés sans motif. Il appelle Whaston *Ouazon,* et Saint-Simon *Saint-Aubin.*

grands-croix, aidés chacun d'un commandeur-assistant, à la tête d'une troupe de *seconde réserve,* savoir:

1º Don André d'Amaral, ayant pour soutien Anastase de Sainte-Camèle;
2º Sir John Buck, Turcopolier, ayant pour soutien Guyot d'Assas;
3º Pierre de Cluys, grand-prieur de France, ayant pour soutien don Marino Furfan;
4º Grégoire de Morgut, grand-prieur de Navarre, ayant pour soutien don Ramon Marquez.

La tour Saint-Nicolas, considérée comme la clef de Rhodes, reçut 300 hommes choisis, avec 20 chevaliers, sous le commandeur Guyot de Castellane, de la langue de Provence, depuis longtemps surnommé: *le premier soldat de Saint-Jean.*

Les chefs de quartiers, chargés de la justice, du bon ordre, des magasins, et de la direction des bourgeois, chacun avec 150 hommes de pied, furent: don Lopez d'Ayala et don Hugo Cappone, Espagnols; Jean-Boniface d'Alluys et Claude de Saint-Prix, Français.

Le grand-commandeur Pomerols, en sa qualité de lieutenant général de l'Ordre, faisait fonction de chef d'état-major, assisté de quatre chevaliers; le grand-maître avec ses gardes, que commandait Louis de Bonneval (de la langue d'Auvergne), vint s'établir à proximité de la défense, au quartier de Notre-Dame de la Victoire. Le grand étendard de Rhodes fut confié à Antoine de Grôlée (Dauphinois); celui du saint Crucifix, 2me de l'Ordre, au neveu du grand-maître, le chevalier de Touteville; le guidon du Magistère à frère Henri de Mauselle, officier d'ordonnance du grand-maître.

Les deux archevêques (latin et grec), dom Léonard Balorestin et le Caloyer Clément, parfaitement unis de cœur, se chargeaient d'entretenir la paix et la concorde entre les deux communions.

Soliman, toujours ample et formaliste, fit remettre à l'Isle-Adam une sommation en règle de lui rendre immédiatement Rhodes et les îles. Comme dit très bien le frère Jacques de Bourbon : « Le très
» illustre grand-maître ne pensa poinct faire autre responce au
» Turc, sinon le bien recevoir à bons coups d'artillerie; aussy, à
» folle demande il n'y fault point de responce. » Elle était, au reste, conçue en termes des plus insolents (1).

(1) Elle garantissait les biens et la vie sauve à tous. En cas de refus, elle menaçait tout l'Ordre de le faire « moarir de male mort, moyennant voulenté divine » et du rasement du château « sens dessus-dessous. » Vertot, en la traduisant, l'a beaucoup trop défigurée

Le 26, le gros de l'armée navale défila devant Rhodes pour tâter le port; elle en trouva l'entrée fermée par deux chaînes et protégée par les puissantes batteries des tours et des môles ; de plus, l'Isle-Adam avait fait couler en avant une double ligne des navires les plus usés et les moins propres au combat. Les autres, postés en arrière, combinaient leurs feux avec ceux des forts. L'attaque par mer fut donc reconnue impossible. L'armée navale alla atterrir à six milles plus au nord, aux *Parabolins,* et en fit son mouillage ordinaire. Elle débarqua alors seulement le gros de son monde; il y avait 140 000 hommes de troupes de combat, et 60 000 pionniers et mineurs. Le grand-maître trouva moyen de faire passer la nuit un brigantin, chargé de toutes ses commissions, et portant des envoyés pour le Pape, pour le roi de France, pour les prieurs de Naples et de Barletta et le bailli de Saint-Estève, avec des instructions détaillées pour ces trois derniers. Mais il ne comptait pas beaucoup sur les secours du dehors, et ceux-ci, par diverses circonstances, devaient en effet lui faire défaut.

Les 13 premiers jours furent employés par l'armée à se poster, débarquer ses approvisionnements, reconnaître le terrain et établir ses premiers ouvrages. La tranchée fut ouverte hors de portée, puis conduite, pendant la nuit, à proximité de la Place. Mais les premières batteries, à peine dressées, furent écrasées sous le feu des chrétiens, bien qu'elles fussent épointées et gabionnées. Pendant deux semaines, l'assaillant se consuma en tentatives inutiles pour les rétablir ; grâce aux fusées de guerre des navires, apportées sur les remparts, il était criblé de projectiles partout où il entamait ses travaux ; les guetteurs du clocher Saint-Jean, marins à l'œil perçant, les dénonçaient par signaux aux canonniers des remparts.

Mustapha put en même temps constater le vide absolu de la campagne : pas un homme, pas un grain de blé ; il fallait tout faire venir de la côte asiatique, par un va-et-vient continuel et fatigant. Il voulut s'emparer des petites places de l'île, Lindo, Phéracle, Catavia, Arkhangelo... Elles étaient tenues par des chevaliers choisis, ayant sous eux les hardis marins de Lango et de Nissaro ; ils reçurent les Turcs de telle façon qu'on dut renoncer à ces entreprises secondaires, qui amoindriraient l'armée jusqu'à épuisement, pour ne songer qu'au siège de la capitale. On reprit de nuit les travaux d'attaque ; mais, dès l'aube, ils étaient signalés, parfois dès la nuit même, couverts de projectiles, puis renversés et comblés par les troupes de paysans qu'avait formées Martinenghi ; dans ces sorties, les chevaliers tenaient la tête pour charger. Au bout de quelques jours, le dégoût fut tel dans l'armée turque qu'elle murmura contre Péri. La sédition gagna les janissaires, et ce corps d'élite signifia tout haut à ses officiers qu'il n'aurait jamais imaginé pareille résistance et n'avait jamais vu pareils adversaires.

Péri, effrayé de ces murmures et des refus d'obéissance qui devenaient chaque jour plus nombreux, se hâta d'appeler Soliman. Celui-ci, malgré l'avis contraire du Divan, n'hésita pas à traverser la mer et arriva avec une garde de 15,000 vieux soldats albanais.

Pendant qu'il était en chemin, Péri tentait la ruse contre Rhodes ; grâce au médecin juif qui, chaque nuit, lui communiquait exactement l'état des choses dans la place, au moyen de flèches portant des billets enroulés, il parvint à organiser un complot parmi les femmes musulmanes prisonnières qui servaient dans les maisons de Rhodes à titre d'esclaves ; elles s'ameutèrent, sous la direction du Juif, pour mettre le feu à la fois dans tous les quartiers ; découverte à temps, la conspiratrice et ses principaux complices furent punis de mort, sans avoir rien voulu révéler.

Le 28 juillet 1522, Soliman parut à Physco et passa dans l'île au bruit du canon. Assis sur un monticule élevé, entouré de ses grands officiers, il fit ranger devant lui le corps des janissaires, sans armes (les soldats musulmans ne s'arment que pour le service commandé); puis, à un signal, les Albanais les entourèrent, mousquets chargés, pendant que l'artillerie légère se mettait en position derrière eux pour les foudroyer, et que les spahis se préparaient à les charger de front. Interdits et n'osant bouger, ils reçurent les reproches sanglants du sultan (1), qui se retira brusquement, cédant la place aux spahis ; les janissaires se virent perdus et tombèrent à genoux en levant les bras. Péri, qui attendait ce moment, intercéda pour eux et obtint un sursis de Soliman; quant à leur grâce, « il fallait aller la chercher sur les bastions de l'ennemi. »

Cette habile comédie rétablit la discipline, et le vrai siège commença dès lors avec une animation sans égale. Les Turcs ne regardaient ni à la dépense, ni à la perte d'hommes; les Rhodiens avaient à ménager tellement hommes et munitions, qu'ils durent bientôt renoncer aux

(1) Les historiens ont conservé ce singulier discours, plus ou moins authentique.

sorties, quelque mal qu'elles fissent à l'ennemi. Celui-ci en profita pour pousser ses approches de jour et de nuit; il n'avait jamais moins de douze mille travailleurs se relayant, soutenus par plus de trente mille hommes de secours. Néanmoins, le canon de la place, servant un feu prodigieux, les retarda beaucoup. Ils finirent par arriver à la contrescarpe et s'arrêtèrent, surpris de la hauteur et de la largeur des fossés.

Pendant les trois semaines que dura cette première période, l'ennemi avait perdu un nombre extraordinaire de travailleurs; le Juif en signala la cause: l'observatoire établi dans le clocher Saint-Jean, qui fut aussitôt abattu par les canonniers ottomans. Puis Rhodes était comme enterrée derrière ses bastions, Achmet fit élever, à petite portée, deux énormes *cavaliers* qui dominaient de plusieurs mètres les remparts, et y installa ses plus grosses pièces. Travaillant en plein jour aux *cavaliers*, et réparant la nuit les désordres qu'y faisait le feu de la place, il y perdit flegmatiquement des milliers de pionniers et plusieurs bataillons de soutien, mais la consigne était d'avancer le siège à tout prix.

Alors, on se partagea les attaques rapprochées: Mustapha prit pour lui celle du rempart d'Angleterre; Péri, celle d'Italie; Achmet, les bastions d'Auvergne et d'Espagne; contre Auvergne seul, il se fit adjoindre le corps entier des janissaires; le pacha d'Anatolie fut chargé de l'attaque de Provence et celui de Roumélie (Turquie d'Europe) de celle du Port, pris à revers. Dans la seconde moitié d'août, toutes les batteries ottomanes étaient en activité et tiraient jour et nuit.

On sut bientôt, au camp, qu'il y avait un point faible que la proximité du château magistral avait permis de négliger, c'était le rempart d'Allemagne. Aussitôt, tout le feu du pacha d'Anatolie fut concentré sur ce point. Mais le grand-maître s'y était porté avec ses gardes: on vit le prince de l'Ordre brouetter la terre, porter les fascines, boulonner les traverses de soutènement des remblais. Puis, quand Martinenghi, survenant, eût assuré le service des travaux, l'Isle-Adam, courant au château, fait hisser de la grosse artillerie à travers ses appartements jusque sur la porte massive d'entrée; on étançonne les murs et l'on tire le canon rhodien qui, servi par les pointeurs de l'escadre, démolit tous les travaux des Turcs.

Ils se rabattirent alors sur le point essentiel qui devait, s'il était pris, leur livrer la place, contre la tour Saint-Nicolas, devant laquelle Paléologue avait laissé, quarante ans avant, tant de milliers de morts, vainement sacrifiés. Le pacha de Roumélie, chargé de l'attaque, avait perdu d'abord ses batteries écrasées par la riposte. Il imagina de ne battre l'ouvrage que de loin pendant le jour, pour fatiguer ses défenseurs; puis, la nuit venue, il faisait surgir, des tranchées creusées dans le sable du rivage, de grosses pièces qui tiraient toutes au même point; en sorte qu'un matin, aux acclamations de l'armée, l'on vit s'écrouler la muraille occidentale. Les troupes enthousiasmées se forment aussitôt en colonnes d'assaut; mais leurs ingénieurs les arrêtent vivement: à travers la fumée et les nuages de poussière qui se dissipaient, un second mur épais, terrassé, crénelé, bordé, apparaissait à leurs yeux stupéfaits; et le commandeur de Castellane, riant de leur étonnement et tordant à deux mains sa longue barbe noire, disait à ses vieux camarades de course, les chefs de pièce de la capitane :

« Ces gens d'Asie ne savent ce que vaut bonne maçonnerie, et ils
» s'attardent à regarder, l'œil écarquillé, ce qui peut bien être encore
» par derrière. Allez, mes petits enfants, envoyez-leur baptesme de
» feu, puisque tant abhorrent celui d'eau ! »

La décharge éclata en un feu roulant, bouleversant les batteries turques, couchant à terre par rangs entiers les soldats des colonnes, qui se débandèrent à l'instant. Furieux, le pacha avait couru à ses batteries de réserve et fait signaler aux vaisseaux de tirer, eux aussi. Mais les batteries de terre manquaient de portée; quant aux vaisseaux, qui avaient expérimenté dès le début du siège le tir à ricochet du fort, ils se gardèrent de bouger.

Soliman, survenant le soir même, examina l'attaque, écouta le récit des deux assauts de 1480, fait par de vieux officiers de janissaires qui s'y étaient trouvés, et dit durement au pacha : « Qu'as-tu
» été chercher là ? Ma jeune tête est moins folle que la tienne qui
» n'a plus de cheveux. Regarde cette tour : il y a là des chrétiens
» qui se moquent de bon cœur de toi et de ton sultan; je devrais te
» faire couper le cou pour l'outrage que tu me vaux ! »

Et l'on reporta, par son ordre, le fort de l'attaque sur les bastions d'Angleterre, d'Espagne et d'Italie. Ce dernier, dont la position prêtait davantage aux coups du dehors, fut bientôt dans un état pitoyable; là tombèrent, repoussant les assauts des janissaires, les meilleurs chevaliers d'Espagne, Barberau en tête, après avoir accompli de tels exploits que les officiers turcs eux-mêmes vinrent prier le sultan de ne plus faire tenter d'assauts partiels.

La grande guerre, celle qui demanderait pour l'écrire un ingénieur compétent, fut alors entre Achmet, avec les 40 mille pionniers qui lui restaient, et Martinenghi avec ses 1700 paysans. Sapes profondes, mines, galeries; couvrirent les abords de Rhodes de leur immense et compliqué lacis; les cheminements souterrains égalèrent en nombre et en longueur les sapes volantes et travaux à ciel ouvert du siège de Belgrade. Sept galeries d'attaque, reliées par des boyaux et des places d'armes, se trouvèrent dirigées concentriquement sur les bastions

Manquant de bras pour répondre à ce prodigieux travail, Martinenghi obtint ceux des bourgeois; il déployait dans sa résistance des ressources infinies : c'est alors qu'il inventa, pour découvrir les travaux souterrains, les tambours en peaux minces sur lesquelles tremblait du sable fin. Il parvint, par une série d'observations et de reconnaissances comparées, à dresser le plan des cheminements ennemis, alla les chercher en passant par-dessous les fossés de la place, et donna successivement le camouflet à cinq des galeries turques. Dans ces luttes silencieuses sous terre, dont le résultat final ne se décelait que par une sourde explosion, des milliers d'hommes périrent asphyxiés par les gaz délétères, ou ensevelis sous les boyaux qui s'écroulèrent sur eux. Mais il ne put arriver à temps sur deux des galeries qui, parvenues à leur but, servirent à faire sauter simultanément deux endroits du bastion d'Italie.

Le grand-maître était à ce moment en prières près de là; il se lève, au moment où le clergé, préludant à l'office, entonnait sans s'émouvoir le *Deus in adjutorium* : « Voilà, s'écrie-t-il en bouclant » son casque, notre augure, et je le prends! Mes frères, allons » échanger le sacrifice de nos louanges pour celui de notre vie; allons » mourir pour la foi et nos serments! *Beati qui moriuntur in* » *Domino!* »

La pique en main, il s'élance de sa personne, à la tête de ses gardes et des grands-croix de l'Ordre, sur les terres éboulées, sur les pans de murs abattus : un flot d'assaillants avait submergé les défenseurs de la brèche; les cris de triomphe retentissaient au milieu du fracas des détonations; sept étendards ennemis flottaient déjà, plantés en signe de victoire; au loin, les trompettes appelaient toute l'armée turque à suivre l'assaut. Malgré son âge, l'Isle-Adam charge à pied, abat à coups d'épée drapeaux et soldats, et, protégé par une espèce de miracle, toujours en tête comme un simple sergent, balaye la brèche. Le vizir Mustapha, à cette vue, court sur les fuyards avec un peloton d'officiers et sabre sans pitié tous ceux qui hésitent à retourner au combat; puis il grimpe lui-même sur les murs, le cimeterre à la main, agitant en l'air son turban... Les quatre *renforts* de la Religion sont arrivés en courant; une lutte s'engage corps à corps, tellement acharnée que, jetant de côté épées et pistolets, les chrétiens se battent à coups de dague et de couteau, saisissent les musulmans dans leurs bras, les étranglent, les étouffent et, plutôt que de les laisser échapper, se jettent avec eux, à corps perdu, dans les fossés. Meurtri, sanglant, Mustapha jette un coup d'œil en arrière et se voit réduit à une poignée d'hommes; ses bataillons, criblés en flanc par le feu meurtrier des bastions latéraux, ont lâché pied. Il recule en pleurant de rage et maudissant tout haut sa naissance... fureur inutile!

Trois mille Turcs avaient, en moins d'une heure, couvert de leurs cadavres le rempart et ses abords. Soliman lui-même en fut consterné; la moitié des morts avaient péri étranglés ou tués à l'arme blanche par les grands chevaliers occidentaux et les robustes marins de la *Religion*. Une terreur morne planait sur le camp.

Mais, en retour, la *Religion* avait fait des pertes irréparables, parmi lesquelles deux des grands-croix, Buck et Pomerols; ainsi que l'écrit un historien du siège, *la mort de cinquante soldats d'élite du sultan n'était rien pour lui; celle d'un chevalier à Rhodes, ou de deux soldats, devenait une calamité publique.*

Un autre et plus grand malheur avait ému la vaillante population : la poudre vint à manquer subitement; cette poudre que d'Amaral avait estimée suffisante pour tirer jour et nuit pendant deux ans!... Là encore, l'extrême prévoyance de l'Isle-Adam répara en partie l'irréparable; il avait amassé du salpêtre, à toute prévision. Tous les moulins disponibles furent employés à le broyer; on refit de la poudre; gargousses, cartouches et pétards reparurent dans l'arsenal. Mais il n'y en avait pas assez pour tirer longtemps, si on ne la ménageait pas. Un service d'inspection sévère dut être créé; on ne tira plus qu'avec circonspection, selon la nécessité.

(Voir page 236.)

Alors, le Turc (informé par ses espions) reprit courage et dirigea contre le bastion d'Italie une série de travaux (1) qui lui permirent d'en faire écrouler une partie; puis, après une canonnade enragée, il reprit l'assaut de ce côté. Péri était à la tête, et les deux brèches réunies, déjà occupées par ses troupes, paraissaient bien perdues. Cette fois encore, ce fut le vieux l'Isle-Adam qui, tout en envoyant prévenir les *capitaines de secours,* sauva la place. Seul, avec les deux étendards de la Religion et une poignée de gardes, il sabra à tour de bras l'assaillant; et voyant ses gardes se montrer de l'œil les bataillons compacts qui montent à l'assaut, il leur crie d'une voix retentissante, sans cesser de frapper : « Allons donc, compagnons ! craindrions-nous des gens à qui nous avons accoutumé de faire peur ? Sus ! Sus ! »

Culbuté sous l'élan des compagnies de renfort, Péri, malgré ses invectives, vit ses soldats reculer comme ceux de Mustapha, et l'entraîner de force avec eux pour l'empêcher de se faire massacrer dans son désespoir.

(1) « Et pour ce comprendre, écrit le bâtard de Bourbon, sachiez que les officiers du Turc pressoient à coups de bâtons et de cimeterra ces Albanais, et les faisoient *crevier* par centaines à la fois, plutôt que cesser une minute travailler. »

La *Religion* restait invulnérable.

Sur les entrefaites, le Juif qui renseignait les assiégeants se laissa surprendre; mis à la question, il avoua son crime, fut condamné à mort et déclara qu'ayant été baptisé, il demandait à mourir en chré-

tien. Ce lui fut accordé selon son droit; mais la déclaration parut d'autant plus suspecte qu'il s'était fait baptiser pour trahir; aussi, quand on demanda sa grâce au grand-maître, il refusa net. L'espion fut pendu; et les capitaines délégués à l'ordre public, vulgairement appelés *Argousins,* apportèrent une vigilance plus grande à observer les allures suspectes. Ce zèle allait entraîner une grave découverte.

§ 3.

Il nous faut maintenant abréger, laissant à la curiosité noble du lecteur le soin d'aller chercher, dans les chroniqueurs attitrés de Rhodes, le détail quotidien de cette lutte d'un contre trente. Elle se prolongeait déjà depuis deux mois, quand Mustapha, voyant son crédit baisser (car c'était lui qui avait fait décider l'entreprise), demanda carte blanche au sultan, et s'entendit avec Achmet pour un coup décisif. L'habile ingénieur fit alors miner les murs du nord, contre lesquels la réserve ottomane d'Asie, qui n'avait plus guère agi depuis son échec de Saint-Nicolas, dessina une vigoureuse attaque. Pendant que toutes les compagnies de secours s'y portaient, 500 hommes résolus, faisant irruption de derrière les ouvrages du sud, s'élancent brusquement sur la brèche d'Italie et s'y établissent; 20 mille autres arrivent à leur soutien. Mustapha, saluant profondément le sultan, lui montre les étendards turcs engagés sur le rempart : « Seigneur, dit-il, en ce jour, tu auras Rhodes ou mon cadavre. » Il pique des deux et vient animer les siens.

Surprise, la compagnie de garde s'était laissé envelopper et avait reculé en se défendant jusque dans les maisons, lorsque le vizir arriva sur les terres écroulées. D'un coup d'œil il jugea la situation : les chrétiens allaient revenir par le nord et l'est, il fallait s'emparer de la tour d'Angleterre à demi ruinée pour empêcher leur attaque de flanc et les prendre eux-mêmes obliquement. Un bataillon marche vers le bastion, pendant que les sapeurs et l'infanterie de tête attaquent les maisons du faubourg.

Mais cette fois encore, Rhodes fut sauvée par l'excellente organisation de sa défense. Du Mesnil, commandant du poste d'Auvergne, après avoir jeté un regard sur toutes les attaques, reconnaît la feinte, enlève sa compagnie et se précipite à la rescousse à sa gauche, tandis qu'on l'appelait à droite ; le chef de la compagnie bourgeoise, de Grimereaux, devinant ce qui se passe à la vue de ce mouvement, le suit aussitôt ; les deux capitaines se jettent au travers des Turcs, et le terre-plein d'Aragon se couvre de morts ; mais la masse turque pousse lentement en avant et va triompher par sa propre poussée, quand l'inspecteur de l'artillerie, le valeureux Prégent de Bidoulx, « qui avait pour poste tout lieu où le péril était grand », survient avec une escouade de marins et entre à coups de piques dans le flanc de l'assaillant, qui s'arrête un instant. Atteint à la gorge d'un coup de mousquet, il continue de combattre et commande du geste, au défaut de la voix. Cet arrêt sauvait tout.

Le gros des chrétiens, revenant sur ses pas, arrivait en ce moment et garnissait les bastions d'où un feu roulant s'ouvrit sur les Turcs. Ils redescendirent lentement, laissant deux mille morts derrière eux; Mustapha, qui n'était ni vainqueur ni mort, alla se cacher dans sa tente.

Alors, Soliman résolut d'en finir : un grand Conseil fut tenu où

tous les chefs de corps parlèrent librement et discutèrent devant lui sans distinction de fonctions ni de grades. La conclusion en fut qu'on avait inutilement perdu du temps et des hommes en attaques sur des points détachés; qu'il n'y avait rien à espérer que d'un assaut général, donné sur tous les points à la fois, et qu'en forçant ainsi les défenseurs de plus en plus réduits à se disséminer par petits groupes séparés en face de troupes nombreuses, il se produirait forcément une trouée sur un point faible ; une réserve toute prête à s'y jeter déterminerait alors la prise de la ville. Mustapha, rendu responsable du succès, désigna les quatre points d'attaque.

Ce fut le 24 septembre 1522 que se donna ce mémorable assaut, l'un des plus meurtriers qui soient dans les annales des guerres. Soliman avait fait publier le pillage libre de la ville, pour enflammer l'ardeur des siens. Sur la pente d'un monticule qui commande la route de Cosquino, les sapeurs turcs élevèrent une riche tribune que dominait le trône du jeune sultan, résolu d'assister (de loin) aux exploits de son armée. Moins fastueux et plus soldat, le vieux grand-maître avait fait jeter une paillasse dans l'entrée d'une maisonnette démantelée par les boulets, à proximité des bastions ; c'est là qu'il venait se reposer tout habillé, de temps à autre, l'épée nue placée à portée de sa main.

L'assaut avait été résolu contre la partie sud-ouest de la ville : les bastions d'Auvergne et d'Aragon, le poste de Provence, le terre-plein d'Italie. Pendant deux jours, un feu terrible gronda jour et nuit contre Rhodes, déjà à demi ruinée. Ne se trompant point à cet indice, l'Isle-Adam, sans prendre une heure de repos, visita tous les postes, affermit chevaliers et bourgeois par des exhortations brèves et énergiques, et distribua avec soin la défense des endroits les plus exposés aux plus expérimentés commandeurs. Hélas ! plus d'un tiers de la petite garnison avait déjà succombé.

Le 24 septembre, au matin, le feu se ralentit ; les Rhodiens, réunis dans les églises, y reçurent l'absolution et s'embrassèrent en jurant devant Dieu de mourir tous en braves ; puis ils coururent aux remparts, au moment où le feu reprenait avec une violence inouïe, pour en écarter les défenseurs et masquer la sortie des colonnes d'attaque. Les femmes de Rhodes, célèbres en Orient par leur beauté, avaient fait entre elles serment de ne pas se laisser prendre vivantes par les Turcs ; beaucoup avaient revêtu des habits d'hommes et combattirent, dans l'espoir d'être tuées plutôt que prises ; d'autres apportaient les munitions et les rafraîchissements, emportaient les morts et les blessés, chargeaient les arquebuses et aidaient à manœuvrer les frondes à ressort et les balistes qui accablaient l'assaillant d'un déluge de pierres ; d'autres encore, bravant de près le danger, dirigeaient sur les Turcs les rigoles d'où tombait, comme une pluie de feu, l'huile bouillante. En un clin d'œil, l'attaque était devenue générale ; derrière le premier assaut et à sa faveur, une série de plates-formes roulantes, rapidement poussées contre le saillant des bastions, vomissait une seconde série d'agresseurs dont le courage, surexcité par la vue du sultan, par ses promesses et ses menaces, bravait canons et épées, lances et arquebuses ; submergés dans l'effrayant remous de ces masses furieuses, on entendait les vieux chevaliers se renvoyer de temps à autre le cri biblique que l'Isle-Adam leur avait jeté comme dernière devise : *Fortiter ad extremum !* (Tenons bien jusqu'au bout.)

Ce fut de l'immense nombre des assaillants que vint leur premier désavantage. Les trompettes de Saint-Jean, groupés sur les créneaux, lancèrent la sonnerie : *massez-vous en arrière !* si usitée dans les abordages maritimes où excellait l'Ordre ; les chevaliers, renversant violemment les échelles d'attaque, se rejettent donc en arrière du second flot des agresseurs qui remplit aussitôt l'espace libre ; les canonniers et arquebusiers, qui n'attendaient que cette occasion, tirent à mitraille dans cette foule, où « chaque boulet emportait neuf et dix hommes à la fois », écrit un chevalier. Le carnage est horrible ; l'ennemi, pour se retirer, passe sur ses propres cadavres amoncelés sur trois et quatre de hauteur dans le fossé de Provence. Vainement, le lieutenant général du vizir, chef de cette attaque, ramène un instant les plus braves ; un coup de canon l'abat ; ses hommes, plutôt que de reculer, s'accrochent aux chrétiens, qui s'en débarrassent en leur plantant leurs dagues dans les flancs ou dans le dos. A ce moment, prêtres et femmes, vieillards et enfants combattaient à côté des soldats (1), avec une bravoure que rien n'arrêtait.

(1) On cite une jeune femme qui, désespérée de voir tomber sous ses yeux un officier de la milice qu'elle devait épouser, lui prit son armure et tua de sa main plusieurs

Pendant que cette lutte sans merci se livrait au terre-plein d'Italie et au poste de Provence, l'Agha des janissaires avait dessiné une double attaque sur les bastions d'Angleterre et d'Espagne (ou d'Aragon) ; deux fois poussés à l'assaut, ces soldats d'élite, soutenus par 4 000 fantassins syriens du Liban et 6 000 mamelouks (arrivés la veille), étaient retombés dans leurs lignes, écrasés par le feu prodigieux des chrétiens. Ils engagent alors un duel d'artillerie à courte portée; les chevaliers ne s'aperçoivent pas, au milieu du fracas et de la fumée, que des sapeurs turcs, restés dans le fossé, minent et pétardent le rempart; le bastion d'Angleterre est de nouveau envahi; en quelques minutes, il regorge d'assaillants. Alors se produisit la seule faute commise par les Rhodiens en ce jour: la garde d'Espagne, qui assistait depuis près d'une heure à ce corps à corps, sans pouvoir tirer, ne voyant pas d'ennemis à sa droite, ne se contient plus et se porte, malgré la consigne, au secours de ses frères d'Angleterre et d'Italie, tandis que ceux qui restaient en soutien vont prêter main forte aux canonniers pour tourner les pièces de ce côté. Ils avaient oublié que l'ennemi s'appelait Légion · un bataillon turc, dissimulé depuis longtemps en réserve derrière les éboulis du rempart, s'aperçoit de ce mouvement, monte sur l'ouvrage et y arbore le Croissant; à ses cris de victoire, l'Agha se retourne et aussitôt l'envoie soutenir par d'autres réserves ; Espagne est couvert de janissaires. Pendant trois heures, ce poste demeura aux mains de l'ennemi, qui se mit à piller le quartier voisin.

L'Isle-Adam, qui dirigeait la résistance au boulevard d'Italie, fut enfin averti du péril; laissant le commandement au bailli de Morée (Méry de Gombault), il courut au rempart d'Espagne et chargea les janissaires, pendant que le chroniqueur de ces actions meurtrières, le commandeur de Bourbon, avec une troupe de marins, se glissait dans le fossé, remontait jusqu'à la gorge de l'ouverture faite par l'explosion des mines, et par cette voie se hissait dans le bastion qui fut enfin recouvré. De là, le grand-maître, toujours avec le *Saint-Insigne* (le crucifix) de l'Ordre, se porta aux autres endroits et y donna secours.

L'assaut durait depuis six heures sans avoir fait de progrès; la

Turcs. (Jacques Fontanes, *De belle Rhodio* lib. III). Elle tomba enfin percée de coups ; « *egregia bellatrix, inter confertas hostium phalangas, more virorum fortiter bellando, occubuit* »

consommation d'hommes était effrayante. Au boulevard d'Italie, qui s'appuyait à la mer, le sang filtrant à travers les cadavres entassés retombait par cascades régulières du bout du fossé dans la mer et la rougissait à longue distance. Là, étaient tombés 300 des vaillants défenseurs de Rhodes, parmi lesquels le commandant de la galère capitane, François du Fresnay, commandeur de Romagne, le commandeur de Sainte-Camèle, chef d'une des quatre *compagnies de secours,* et 151 chevaliers, ainsi qu'un grand nombre de femmes et d'enfants. Plus loin gisaient le commandeur de Chalon, Jean Leroux de Pradines, capitaine de galères, le bras droit emporté (1) après avoir tué sept spahis de sa main, le grand-croix William de Waston, turcopolier, et bien d'autres encore; le commandeur de Bourbon se battait depuis trois jours avec un coup d'escopette dans le ventre. En revanche, c'est par milliers que les cadavres turcs s'entassaient; il fallut six jours ensuite pour déblayer le fossé d'Italie.

Le soleil était à son zénith. Épuisées, les deux armées fléchissaient de lassitude, quand le dénouement se produisit, brusque et terrible. L'Isle-Adam, seul infatigable et invulnérable, avait couru au fort Saint-Nicolas, préservé par sa situation de toute attaque immédiate. Il en ramenait 200 vieux matelots-jurés formés en quatre pelotons. Ces intrépides marins se lancent sur la cohue des janissaires, la ramènent la pique aux reins sur le bastion d'Espagne, l'y pressent, l'y enferment, pendant que l'Isle-Adam, jetant tous ses canonniers dans le poste du Château et le bastion d'Auvergne, ouvre sur cette foule comprimée un feu rapide, d'un effet sans pareil. En quelques minutes, le carnage sur le bastion d'Espagne surpasse celui du rempart d'Italie; les janissaires tombent par milliers... Désespéré à cette vue, Soliman ordonne la retraite, se précipite de sa tribune et s'enferme dans l'appartement qu'il s'était choisi (2); on l'entendit là se rouler à terre en criant et se meurtrissant la tête, dans un long accès de fureur qui touchait à la folie.

Pendant qu'à Rhodes on relevait les morts et pansait les blessés (il ne se trouva que quatre chevaliers non touchés), et qu'on réorganisait le service de la place en remerciant Dieu, Soliman put compter

---

(1) Le boulet qui lui abattit le bras avait renversé morts *neuf* chevaliers et soldats.
(2) Il habitait un château de plaisance appartenant à un armateur de Rhodes, au pied de la colline Saint-Étienne.

ses pertes: elles seraient invraisemblables si tous les documents ne les attestaient, eu égard surtout au petit nombre des assiégés. L'assaut coûtait aux Turcs plus de *quinze mille hommes,* dont 5 pachas et au moins 600 officiers; ainsi, c'était près de quatre fois le chiffre des défenseurs de la place. Jamais l'histoire n'enregistra pareille

(Voir page précédente.)

proportion et, sans nul doute, elle ne se reverra jamais. Elle témoignait, du moins, de l'incroyable acharnement des Turcs, et surtout des janissaires et des Syriens qui, à eux seuls, avaient fourni les deux-tiers des morts. Mais que dire des défenseurs de Rhodes?...

Quand Soliman eut recouvré un peu de sang-froid, son premier soin fut de faire un exemple. Mustapha, dégradé et déclaré déchu de tous ses emplois, fut condamné à mort, et la charge de son exécution solennelle confiée à Péri. Puis le sultan, retombant dans ses humeurs noires, redevint invisible. Le renégat, qui le connaissait à fond pour l'avoir élevé, osa prendre alors sur lui de suspendre l'exécution de la sentence ; deux jours après, il affronta la colère du maître en avouant son action. Dans le premier moment de colère, Soliman le fit saisir et ordonna qu'on lui tranchât la tête; à cet ordre, les pachas qui, depuis cinq ans, regardaient Péri comme la colonne de l'empire, se concertèrent et, d'un commun accord, jetant leurs sabres et leurs turbans au pied du trône, implorèrent à genoux la grâce des deux condamnés... Ils l'obtinrent enfin, mais non leur rentrée en faveur. Mustapha partit exilé et Soliman, faisant appeler Achmet, lui confia le commandement de l'armée en lui ordonnant de procéder à son rembarquement. Il abandonnait la partie.....

Rhodes, disait la prophétie, *ne sera prise que par Rhodes.*

§ 4.

Le lendemain, les troupes du pacha d'Anatolie reçurent l'ordre de s'embarquer pour Physco et Macri, et leur mouvement commença. Le sultan se promenait avec agitation sur le rivage, jetant sur l'imprenable ville des regards furieux. Un *effendi* s'approcha et parla bas au capitaine des gardes. Soliman voulut être informé : on venait de recevoir un transfuge albanais; il affirmait que si l'assaut avait continué jusqu'au soir, la ville eût été prise. Il donna des détails sur l'état affreux des défenses extérieures, le manque croissant de munitions de guerre et la pénurie des défenseurs. Il n'y avait pas 1 200 hommes véritablement intacts.

Incertain, le sultan se taisait. Mais le soir venu, le pacha Achmet lui fit remettre une lettre qui venait d'arriver des avant-postes. Elle confirmait tous les dires de l'Albanais. Elle émanait du chancelier grand-croix don Andrea d'Amaral, l'un des principaux chefs de la défense... Ce n'était pas la première : depuis cinq mois, d'Amaral trahissait son Ordre, par haine et ressentiment contre le grand-maître l'Isle-Adam (1).

Le sultan passa cette nuit à conférer avec Achmet; au matin, de

---

(1) L'abbé de Vertot, en discutant les historiens précédents, émet des doutes sur certains détails et laisse flotter, par moments, son opinion au sujet de la trahison du chancelier; tous documents consultés, rien n'apparaît plus absolument certain et prouvé que toute cette trahison; et pas un des écrivains *appartenant à l'Ordre* n'a songé à la mettre en doute. Tous la relatent de la même manière avec les preuves judiciaires.

nouveaux ordres rappelèrent les troupes embarquées à leurs anciens postes; 200 pionniers, détachés au pied du mont Philerme, y construisirent en quelques jours, avec les débris des villages incendiés, une vaste et belle habitation où Soliman vint se fixer. Achmet, de son côté, renforça ses bataillons de mineurs et dressa un savant plan d'attaques souterraines. Le duel allait être entre lui, avec ses 35 000 pionniers, et Martinenghi avec ses 1 500 paysans. Grâce à d'Amaral, le troisième siège commençait. *Rhodes prendrait Rhodes.*

Achmet s'attacha dès lors uniquement au point le moins abrité, qui était le fossé d'Aragon; ses premiers efforts ayant échoué devant l'artillerie d'Auvergne, qui le prenait d'écharpe, il sacrifia, sans hésiter, plusieurs milliers de pionniers au feu des chrétiens, et parvint ainsi à se protéger et à se loger à portée; contre les projectiles incendiaires, il inventa des mantelets à l'épreuve du feu; de ce logement, gardé par une masse de troupes, il dirigea en tous sens ses nouvelles sapes et galeries.

Comme premiers résultats, il abattit ainsi un pan du mur d'Espagne et y lança aussitôt des troupes à l'escalade : mais elles se heurtèrent à une nouvelle muraille construite en arrière par Martinenghi, et déjà garnie d'artillerie dont le tir causa un véritable massacre de Turcs. On ne peut s'empêcher de rapprocher, à 340 ans de distance, le siège de Rhodes d'un autre également fameux: celui de Sébastopol. Martinenghi était le Todleben de Rhodes, mais un Todleben qui agissait sans armée, sans secours, avec quelques bras réduits à un nombre illusoire, contre une armée immense et des vingtaines de milliers de bras. Non content de multiplier et relever les résistances, il reportait par des galeries la guerre au delà des fossés, établissait des postes de tireurs au delà des glacis, et arquebusait l'ennemi dans ses lignes. De jour et de nuit, travaux souterrains, explosions, combats de détail se succédaient et se mêlaient. Achmet, payant de sa personne, parvint à ruiner la courtine du rempart d'Espagne. Obligés de ménager leurs combattants valides, les Rhodiens ne purent la relever. Les Turcs s'étaient enfin logés dans la contrescarpe et l'avaient taillée en meurtrières, d'où leur feu devenait intolérable. Martinenghi en fit autant dans les murailles et y ajouta des casemates à triple étage, d'où ses tireurs foudroyaient tout ce qui paraissait de l'adversaire, tête ou membre.

Avec lui, l'illustre Prégent de Bidoulx, l'infatigable commandeur Guyot de Castellane, le bailli de Morée, Aymeri de Gombault, le grand-prieur Pierre de Cluys et le bailli de Manosque, Didier de Tholon de Sainte-Jaille, dirigeant et aidant les rares paysans, marins et soldats survivants, prolongeaient cette extraordinaire défense, dont l'âme vivante était le grand-maître, présent partout et le premier à toutes les alertes.

L'audace des marins de la *Religion* devait être aussi d'un grand secours ; ils forçaient sans crainte, presque à volonté, le blocus des ports, en profitant, la nuit, des vents changeants d'automne. Le 10 octobre, un brigantin partit pour aller chercher des secours à Naples ; le 14, un autre entra, venant de Candie et apportant quelques hommes de renfort, dont trois vaillants chevaliers ; le 15, une barque de Lindo amena vingt soldats et quatre canonniers ; le 16, le brig du château Saint-Pierre passa aussi, avec Robert de Roques-Martine, lieutenant du fort, et repartit chercher de la poudre et des hommes, dont il amena une centaine quinze jours après ; le 24, une chaloupe de Lindo apporta douze hommes et deux maîtres-mineurs... En face de ces minces ravitaillements, il fallait enregistrer l'écroulement des murs, la mort de centaines de soldats, la perte de nouveaux chevaliers qui, toujours les premiers au danger, étaient aussi les premiers frappés : entre autres, le neveu de Martinenghi, les capitaines de galères Baptiste de Broc et Boniface d'Alluys

Quant aux Turcs, ils se renforçaient par 6 et 8 mille à la fois, et ne daignaient plus compter leurs morts. Les plus chaudes affaires eurent lieu le 12, au boulevard d'Angleterre, le 17 au rempart d'Espagne, le 20 à la Tour d'Angleterre et à celle d'Auvergne ; à chacune, l'ennemi perdit de 400 à 600 hommes, sans avancer d'un pouce.

S'il s'acharnait ainsi en tentatives répétées, c'est qu'il avait appris que *frère Gabriel* (Martinenghi) n'était plus là : l'intrépide ingénieur, en vérifiant les travaux de l'ennemi, avait été atteint d'une balle dans l'œil, qui ressortit derrière l'oreille. Il n'en mourut pas cependant, et demeura 34 jours étendu sur un des cadres de l'infirmerie Saint-Jean, pendant que le grand-maître, très expert lui-même en art militaire, remplissait sa place avec Prégent de Bidoulx pour adjoint. Le 23, nouvel assaut du rempart d'Angleterre ; les éboulis étaient si étendus, que l'ennemi monta à l'attaque en ordre déployé et non en colonne; ce fut la troisième *Compagnie de secours,* sous le grand prieur de Navarre Morgut qui, ce jour-là, sauva Rhodes et eut l'honneur de l'affaire.

Rhodes, comme un lion entouré d'une nuée de chasseurs, devait cependant finir par succomber. Mais, avant qu'elle ne s'ensevelît dans la gloire de sa défense, une grande justice allait la consoler.

Le 30 octobre, un canonnier d'Auvergne se présentait au grand-maître pour lui parler en secret. Il avait vu quatre fois de suite un valet de confiance du chancelier, le sieur Blaise Diez, s'introduire dans la canonnière du bastion d'Auvergne et, ne se croyant pas observé, disparaître dans le fossé, puis revenir un instant après. Ces expéditions avaient toujours lieu le soir, à la tombée de la nuit. Plusieurs chevaliers les avaient remarquées aussi; mais ils n'osaient supposer, sans autres preuves, une trahison de la part d'un des hommes attachés au grand-croix de Castille.

Le jour même, Diez fut interrogé; son trouble le fit aussitôt mettre en arrestation régulière, et déférer aux juges. Devant la

seule menace de la *question*, il avoua, en demandant la vie sauve. Il envoyait régulièrement des lettres au camp turc en un point déterminé, à l'aide d'un arc qui fut trouvé caché dans un recoin du fossé. Mais ce n'était pas lui qui les fabriquait; c'était le chancelier qui les lui dictait. Pressé de questions, il en dit la teneur... Soliman était informé, chaque semaine, de l'état *intérieur* des remparts, de la liste des morts et des blessés, du manque d'approvisionnements, etc.

Les juges effrayés transmirent l'enquête au Conseil des grands-croix ; le tribunal fut aussitôt reconstitué avec les deux plus anciens grands-croix pour président et premier assesseur, et le chancelier fut arrêté chez lui par le grand-maréchal de l'Ordre. Alors des témoins, que la crainte avait retenus, vinrent révéler des faits probants et décisifs : un prêtre grec prouva que d'Amaral avait lui-même envoyé une missive au camp turc à l'aide d'une arbalète, mesuré la portée de l'arme et instruit Diez à la manœuvrer avec précision. Il avait failli payer de sa vie sa présence involontaire à cet endroit, pendant que le chancelier s'y trouvait avec Diez.

Bientôt la vérité entière éclata ; on sut alors que le malheureux chancelier avait lui-même *provoqué* le siège de Rhodes en écrivant à ce sujet une longue lettre à Soliman, et la lui adressant par un de ses serviteurs, un esclave turc, lettré et fort adroit, qui s'était entendu à Constantinople même avec Péri-Pacha. On sut la scène du jardin du couvent et les terribles imprécations proférées par le Portugais contre l'Ordre entier... Malgré l'évidence, le chancelier nia tout avec sang-froid. Son caractère altier ne se démentit pas une minute. Dégradé solennellement dans la grande église Saint-Jean, il vit avec un sourire sarcastique tomber la tête de son complice Diez, refusa, dit le chroniqueur, « de se recommander à la Sainte Vierge, en détournant les yeux des images saintes que le prêtre, chargé de l'assister, lui présentait », et se laissa trancher la tête sans avoir exprimé un regret.

§ 5.

Un dernier devoir restait aux chevaliers : prolonger la résistance jusqu'à l'arrivée des secours d'Europe, ou jusqu'à la mort. Ils n'eurent plus d'autre pensée.

Les secours d'Europe ne vinrent pas ; à quoi bon insister sur ce triste et honteux abandon ? Seuls, les chevaliers de la *Religion*, à Marseille, à Brindisi, à Barcelone, équipèrent à leurs frais des vaisseaux de secours que la tempête, les accidents, les croisières turques arrêtèrent en route. Pour ne rien laisser en arrière de son devoir, le grand-maître acheva de rappeler à lui les détachements qui gardaient encore quelques postes extérieurs : ceux de Saint-Pierre, de Cos, de Simia, de Lindo, de Phéracle, parvinrent à rallier Rhodes sur de frêles barques, la nuit, par les gros temps de novembre, à force d'audace et d'habileté; ils y apportèrent par fractions environ 200 hommes de renfort et, ce qui était plus précieux encore à ce moment, quelques munitions de guerre. Ainsi se passa novembre. Canonnade et attaques de détail ne s'arrêtèrent pas ; le bastion d'Italie fut peu à peu entièrement nivelé par le feu d'une batterie turque de 17 grosses pièces, abritées au nord de toute riposte de la place par des rochers, et appuyées par leur gauche à la mer ; les murs d'enceinte, complètement ruinés, croulèrent par larges places, et la défense, réduite à se replier, se fit aussitôt une nouvelle muraille en travers du quartier des Juifs, avec les matériaux de deux belles églises qui furent démolies (Notre-Dame de la Victoire et Saint-Pantaléon). Au premier coup de pioche qui attaqua la superbe église de la Victoire, le grand-maître, qui présidait aux travaux, eut un violent tressaillement ; deux larmes coulèrent lentement de ses yeux dans sa barbe blanche, et on l'entendit murmurer : « Cette victoire, » ô Vierge, n'est plus celle que vous nous voulez accorder : mais » nous aurons l'autre, celle de notre *Foi, quæ vincit mundum,* » que vous nous devez et que nous cueillerons par notre sang. » C'est la seule marque de ses douleurs intimes qu'il ait laissé paraître durant ce long siège.

Maîtres du terre-plein d'Italie, les Turcs reportèrent leurs efforts sur le poste d'Angleterre, que le chevalier Bin de Malicorne, chargé de le commander sur sa propre demande, défendit vigoureusement et conserva intact jusqu'au bout.

Le 22 novembre et le 30 novembre, deux nouveaux assauts furent donnés. Le 22, l'effort se porta sur la nouvelle barrière d'Italie, et ne produisit d'autre résultat que l'écrasement des assaillants par l'excellente artillerie chrétienne, que servaient les pointeurs revenus des fronts extérieurs Le 30, après une longue journée de canonnade, l'attaque se dessina à la fois contre les postes d'Auvergne, Angleterre, Espagne, Provence et Italie. Le nombre prodigieux des assaillants triompha de toutes les résistances. En vain, le redoutable Prégent combattait avec les officiers des galères, qui formaient comme une compagnie spéciale; en vain, le grand-maître avec ses gardes, et Martinenghi lui-même, accouru de son lit à demi guéri, à demi vêtu, à la tête de quelques pionniers, arrêtent-ils le torrent; ils sont débordés et ne peuvent plus tenir, quand un orage subit éclate; une pluie diluvienne, noyant les terres meubles qui formaient la base de la ligne d'abri des Turcs, fait glisser tout leur ouvrage dans le fossé; les pointeurs d'Auvergne, le tenant à découvert sous leurs pièces, couvrent aussitôt l'armée turque de projectiles, et la forcent encore une fois à reculer, pendant que les batteries légères établies à la hâte sur la Jetée des Moulins en font autant au poste d'Italie.

En revenant de cette rude alerte, Martinenghi dit au commandeur de Bourbon : « Je suis, ma foi, bien étonné de rentrer à l'infirmerie sous l'étendard St-Jean ; je croyais n'y retrouver que celui du Turc.

— Bailli (1), fit tristement le commandeur, ce nous est revanche due et payée, en ce 30 de novembre, par Monseigneur saint André, patron du maulvais traitre que savez ; le voilà quitte, mais ne comptez plus sur autre occasion. » Puis il regarda le ciel, sourit, et ajouta: « Peu importe ; mourir pour Dieu, c'est gagner vie. Sommes tous prêts depuis longtemps. »

Soliman, exaspéré par l'échec du 30, s'était enfermé, dans un de ces accès de misanthropie d'où il ne sortait que pour ordonner des mesures capitales; Achmet, craignant pour sa tête, lui dépêcha Péri, qui parvint encore une fois à calmer cette fureur. Le Grand-Seigneur déclara qu'il prenait lui-même le commandement en chef. Péri se proposa comme adjoint ; il fut accepté. Laissant Achmet pousser ses travaux, le rusé renégat en entreprit d'un autre genre : il envoya une série d'émissaires pour fléchir la population; des lettres, attachées à des flèches, tombèrent dans tous les quartiers, déclarant aux bourgeois de Rhodes qu'ils avaient à opter entre les horreurs d'une prise d'assaut qui ne pouvait plus tarder, et la vie sauve, avec garantie de leur honneur, de leur religion et de leurs biens, si la place, pour éviter les derniers maux, consentait à capituler.

(1) Martinenghi avait été créé bailli de Saint-Étienne.

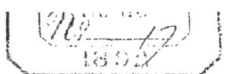

IL MONTRA DE LOIN LE CACHET IMPÉRIAL (Voir page 255).

LES CHEVALIERS DE SAINT-JEAN — LIVRAISON nº 17

Un Gênois, qui servait au camp turc et avait longtemps habité Rhodes, fut le premier envoyé pour proposer capitulation. Après s'être abouché, sous divers prétextes, avec la garde du rempart, par-dessus la largeur des fossés, il se déclara chargé d'un message du sultan pour le grand-maître; il montra de loin le cachet impérial. Mais on avait des ordres formels. « Sur cela, luy fust dict qu'il s'en allast; et por le advancer d'aller, on luy tira ung coup d'artillerie. » *(Jacques de Bourbon, l'oppugnation de Rhodes, etc.)* La réponse n'était pas encourageante. Péri persista néanmoins; d'autres émissaires se risquèrent. Et bientôt les bourgeois, s'étant concertés, vinrent démontrer au métropolitain : « qu'il était de leur devoir de songer au moins à sauver leurs femmes et leurs enfants; que si les Turcs montaient à l'assaut, les chevaliers, qui étaient sans famille, n'avaient rien à faire qu'à mourir sans souci, tandis qu'eux, pères de famille, verraient leurs femmes et leurs filles perdues d'honneur, leurs garçons massacrés ou enlevés pour être faits musulmans et janissaires (1), leurs églises profanées, leurs biens pillés. »

Le métropolitain, après avoir examiné la requête, crut bon d'en parler au grand-maître; mais d'abord, il en conféra avec plusieurs grands-croix qui se chargèrent d'informer l'Isle-Adam de cette disposition des esprits, « de quoy ne est merveile, dit naïvement le » chroniqueur de l'Ordre, là où y a populaire; car ces infortunés » gens, mal instruits de ce qui est bien, regardent plus souvent à » saulver leur vie ou celles de leurs enfants, que ne regardent le » debvoir d'honneur. » En effet, le grand-maître, qui s'attendait tranquillement à mourir avec tous les chevaliers sous les décombres de Rhodes — car c'est ainsi qu'il entendait le *serment de Saint-Jean*, « de ne jamais reculer en bataille » — demeura d'abord stupéfait, et eut beaucoup de peine à comprendre ce que demandaient les bourgeois. Sans se fâcher et avec douceur, il démontra à l'archevêque que l'honneur et la religion interdisaient un *tel égoïsme*, et que « telle chose ne se debvait faire ny mesme penser pour rien au » monde, mais plustôt luy et eulx mourir bien contents, rien n'estant » si beau ny profitable que martyre, en quoy l'on a vu des mères » exhorter leurs chers enfants, et ensuyte les aller joindre dans le » ciel, où l'on est bien. »

(1) Les janissaires ne se recrutaient jamais autrement; c'étaient des enfants chrétiens, enlevés jeunes, n'ayant d'autre famille que le régiment, d'autre maître que le sultan.

Le siège continua donc, avec un redoublement d'intensité ; les chevaliers ne quittaient même plus leurs cuirasses, et couchaient armés sur les terre-pleins, au milieu des décombres.

Une seconde démarche eut lieu le surlendemain : cette fois, l'on représenta au grand-maître que l'intérêt de la *Religion* pouvait être d'épargner à la ville l'assaut général et la mort de tous les membres de l'Ordre ; qu'elle pourrait ainsi se restaurer et reprendre force ailleurs ; d'autre part, les bourgeois, n'ayant pas fait les mêmes vœux que les chevaliers, n'étaient pas tenus aux mêmes devoirs, et le disaient tout haut. Or, on ne pouvait se passer d'eux.

Ces raisons émurent l'Isle-Adam ; il assembla le Conseil. Pendant la délibération, une députation formée des trois principaux armateurs demanda la permission de présenter la requête des bourgeois. Ils demandaient nettement que, la ville étant perdue, si le grand-maître ne voulait pas essayer un accommodement, il leur donnât au moins la permission et les moyens de faire passer à Candie leurs femmes et leurs enfants, attendu que Dieu lui-même leur défendait, par sa loi, de les laisser périr ou tomber captifs des Turcs, qui les forceraient à renier la foi après leur avoir infligé tous les déshonneurs ; et si le prince de Rhodes n'y pourvoyait, ils se regarderaient comme tenus eux-mêmes d'y pourvoir, fût-ce même par un accord, car un accord pouvait au moins sauver les âmes et l'honneur de milliers de chrétiens, et peut-être aussi leur vie et leur liberté.

« ... La dite requeste ouïe, le dit Seigneur et les seigneurs du Conseil furent esbahis et mal contents, comme voulait la raison, vu que c'estoyt leur offrir *jeu forcé*. » Ils délibérèrent là-dessus. Lors, l'Isle-Adam ordonna au bailli de Saint-Gilles et à celui de Saint-Étienne de déclarer exactement l'état des choses en ce qui les regardait.

Ces deux grands hommes, dont l'un était alors le plus vieux et glorieux amiral d'Europe, et l'autre le plus savant ingénieur de la chrétienté, donnèrent des réponses décisives, *sur leur honneur et conscience*. La place n'était plus défendable, en aucune façon ; il n'y avait plus moyen d'établir une seule batterie ni de réparer un seul ouvrage ; les deux-tiers de l'enceinte éventrés, la moitié des maisons rasées, les enceintes supplémentaires rompues, l'ennemi déjà installé dans deux quartiers, le manque de bras, de munitions, de combattants, faisaient de Rhodes une ville prise...

Les autres grands-croix songèrent alors à sauver non leurs vies, mais, d'abord, les âmes chrétiennes — puis leur honneur; — puis, si possible, la vie des femmes et des enfants, et à protéger les reliques des saints. Seul, un traité pouvait conduire à ces résultats...

Le 10 décembre, une bannière fut hissée par les Turcs sur l'église des Lymonîtres, quartier suburbain, qu'ils occupaient; une autre leur répondit sur la porte de Cosquino, et les pourparlers commencèrent. Deux fois rompus, et suivis d'assauts terribles où les derniers défenseurs de Rhodes accomplirent des prouesses presque fabuleuses, ils furent deux fois repris, et aboutirent à la capitulation suivante :

« Les églises et enceintes religieuses resteraient intactes; l'exercice de la religion chrétienne assuré, les enfants respectés et non enlevés par les janissaires; le peuple exempt d'impôts pendant cinq ans; chacun libre de se retirer où il voudrait; l'Ordre, à ces conditions, évacuait l'île et ses dépendances dans un délai de douze jours à dater de la signature du traité, emportant ses insignes, ses reliques, ses armes et munitions. L'armée turque devait se retirer à six milles de la ville pour garantir l'exécution libre du traité; 4000 janissaires, avec l'Agha, occuperaient seuls la place; 25 chevaliers (dont 2 grands-croix) et 25 bourgeois seraient fournis comme otages. »

Le 20 décembre, le traité fut signé, et les janissaires prirent possession des remparts et des ports. Malgré les garanties données, ils se livrèrent à des violences telles qu'il fallut l'intervention d'Achmet et du sultan en personne, pour rétablir l'ordre. Au moment où les troupes ottomanes reculaient vers les limites convenues et où les janissaires arboraient l'étendard ottoman sur le bastion d'Auvergne, une grande flotte apparut... On courut aux armes, croyant à un secours des princes chrétiens... C'était un renfort de 60 voiles, amenant au sultan des munitions, des pionniers et 15 000 vieux soldats de la mer Noire et des frontières de Perse, sous les ordres du pacha de Tauris, Farrouk. Les chrétiens remercièrent Dieu tout bas; si ce renfort était arrivé douze heures plus tôt, les Turcs n'auraient pas signé le traité, et rien n'eût pu empêcher l'assaut général et la mise à sac de la ville... Soliman, rendu généreux par la victoire, déclara n'avoir qu'une parole. La capitulation resta conclue.

Elle lui coûtait cher. Nous pouvons ici en dresser le bilan : six mois de siège, QUARANTE-QUATRE MILLE HOMMES TUÉS AUX ASSAUTS, *une fois et demie* autant dans les travaux et par les maladies. Plus de *cent dix mille hommes tués* pour prendre une place défendue par *moins de six mille*.

En dépenses de tout genre, la valeur de trois années d'impôts de l'empire. La consommation des munitions de guerre avait égalé celle des douze dernières années réunies, y compris les guerres de Perse, de Syrie, d'Égypte, d'Albanie et de Hongrie

Il restait au glorieux chef de l'Ordre de l'Hôpital un dernier sacrifice à accomplir. Achmet lui fit entendre que le sultan désirait le voir. Le prince de Saint-Jean, qui ne savait pas abaisser sa foi, n'hésita pas à humilier sa personne pour le salut des pauvres gens dont le sort était à la merci de l'infidèle. Il se rendit donc au camp et attendit toute une journée, sous la neige et le vent, les pieds dans la boue, avec les grands-croix, l'audience impériale. Après cet affront, grossière et lâche satisfaction donnée par Soliman à son armée, et peut-être à son amour-propre secret, le jeune empereur prodigua au prince de Rhodes les témoignages de sa considération. Il lui en donna même un fort singulier; il lui fit proposer de l'associer à l'empire, avec la qualité de Vicaire impérial et les honneurs royaux. Frère Villiers lui fit simplement répondre : « Tu perdrais toi-même l'estime que tu prétends faire de moi, si je trahissais ma foi, mes frères et mon passé. »

Le sultan vint en personne visiter Rhodes. Il entra à cheval par le *jardin d'Auvergne*, visita le château, le couvent, le quartier des chevaliers, descendit au port, traversa la basse ville et sortit par la porte de Cosquino. Pour la dernière fois debout dans son palais magistral, entouré du peu qui restait de dignitaires, le grand-maître reçut l'empereur turc, surpris et ému de la grave austérité de ces hommes de fer. Comme il descendait les degrés du palais, il se tourna vers son vizir et lui dit : « Voilà une grande infortune ; ce n'est pas sans quelque peine que j'oblige ce chrétien, à son âge, à sortir de sa maison. »

Nous passerons sur les douloureuses scènes du départ, les sanglots, les cris, les désespoirs de la population, les adieux des partants aux restants (les chevaliers, fidèles à leurs sujets, avaient stipulé le départ libre de qui voudrait les suivre et 4 000 Rhodiens s'embarquèrent aussitôt à leur suite). Seuls, les petits pelotons de l'Ordre, graves et impassibles, récitant l'office du soir, la main posée sur leurs épées, avaient comprimé tout signe extérieur de leur profonde douleur, à l'exemple de leur chef qui donnait ses ordres avec le même calme qu'aux jours de paix et de joie. L'Isle-Adam veilla à tout, et s'embarqua le dernier. A ce moment seulement, le cœur trop gonflé de l'illustre vieillard éclata en un geste de douleur et d'affection. Il ouvrit ses bras étendus vers le peuple qu'il quittait et les superbes monuments que la valeur et la piété de ses frères avaient érigés pendant 220 ans de glorieux règne... Puis il essuya une larme et ordonna au commandeur de Pradine, le vaillant manchot (1) qui avait reçu le poste de commandant de la Capitane, de « servir le vent » (c'est-à-dire d'appareiller.)

Neuf heures du soir sonnaient aux églises démantelées de Rhodes, le 1ᵉʳ janvier 1523, quand l'escadre chrétienne appareilla, par un temps sombre, à grains, et disparut avec ses fanaux dans la direction du sud-ouest. Cette fois, la galère-amirale portait en tête de mât, au lieu du grand pavillon de l'Ordre, la bannière de Notre-Dame des Sept-Douleurs dont l'image, représentée en broderies, tenant son divin Fils mort entre ses bras, avait pour exergue ce cri de foi : *Dans l'extrémité de mon affliction, il reste ma seule espérance.* C'est sous cette douloureuse enseigne que l'errante colonie chrétienne aborda successivement à Candie, à Messine, à Baïes, à Civitta-Vecchia, partout reçue avec des honneurs et des attendrissements qu'elle avait bien mérités, mais qui la laissaient insensible. Tous les cœurs étaient, comme celui du grand-maître, concentrés dans le regret de l'île perdue et dans la volonté de relever l'Ordre Saint-Jean.

Il devait se relever bientôt. Dieu ne laisse pas tomber, même dès ce monde et aux yeux des hommes, les fruits de tels dévouements. Quelques années encore de vie agitée, errante, et les *chevaliers de Rhodes,* devenus *chevaliers de Malte,* mais toujours fils de l'Hôpital Saint-Jean, allaient prendre, du vivant même de Soliman, dans un siège égal en gloire à celui de Rhodes, et plus heureux par

---

(1) Celui qui, au grand assaut du 24 septembre, armé seulement d'un esponton, avait tué successivement les sept officiers qui menaient la tête de colonne assaillante, et allait continuer, quand un boulet lui coupa le bras droit.

l'issue, leur plus belle revanche. Comme Gérard Tuncq et Raymond Dupuy, l'un créateur, l'autre premier général, aussi pleins de sainteté que de génie, de la Chevalerie de Saint-Jean, comme Gozon, comme les Villaret, comme les de Comps et les de Pins, comme Jean de Lastic, Pierre d'Aubusson et Villiers de l'Isle-Adam, comme enfin presque tous les grands-maîtres de l'Hôpital, c'était encore un Français, Jean de Lavalette-Parisot, l'un des plus jeunes héros de la défense de Rhodes, qui devait léguer à son tour, à son pays autant qu'à son Ordre, la gloire de la défense de Malte. Le Croissant pouvait étaler ses triomphes: les merveilles qu'enfante la Foi n'étaient pas plus taries dans l'Hôpital Saint-Jean que l'intrépidité du sang qui coule dans les veines françaises.

C'est ce que la suite va montrer.

LE SULTAN VINT LUI-MÊME VISITER RHODES (Voir page 258).

MALTE

PREMIER RÉCIT

ÉTABLISSEMENT A MALTE — LA TENTATIVE SUR MODON — GRECS ET TURCS

Lorsque l'empereur Charles-Quint, à la prière du Pape, offrit à l'Ordre Saint-Jean la cession de Tripoli d'Afrique et du groupe de Malte, ce fut à de si onéreuses conditions que le premier mouvement du Conseil complet fut de refuser, et d'essayer de reprendre, par la force des armes, un pied-à-terre dans l'Archipel: soit une des îles Cyclades, soit un point solide sur la côte de Morée, enlevée par les Turcs aux Vénitiens. Mais bientôt, il ne fallut plus songer aux Cyclades. Dans une terrible campagne sur mer, le fameux Khaireddin Barberousse, roi d'Alger et grand amiral ottoman, avait chassé de ces îles presque tous les seigneurs italiens qui les détenaient à titre de fiefs de la puissante république vénitienne, enlevé vingt-cinq îles et rasé par le feu quatre-vingts villes. Après bien des débats, le grand-maître l'Isle-Adam se résigna, et il accepta la petite souveraineté qui lui était offerte : une île ovale de sept lieues sur quatre, rocailleuse sans montagnes, escarpée sans vallées ni eau potable, dont toute l'utilité pour l'Ordre consistait uniquement dans sa situation géographique de gardienne avancée de la Croix sur les mers, de sentinelle jetée entre les deux parties de la Méditerranée, et dans une baie profonde aux multiples rameaux, pouvant faire un excellent port militaire, sur la côte du Sud-Est. Au nord de Malte, sa sœur cadette, Gozzo, séparée d'elle par un étroit canal, lui servait d'éclaireur.

L'espoir de faire de Malte un centre de courses maritimes et de Tripoli un second Saint-Jean d'Acre, décida les chevaliers à se soumettre aux conditions léonines de l'Empereur. Au fond, Charles-

Quint se procurait ainsi, sans frais, un solide appui pour ses conquêtes en Afrique et une vigoureuse barrière contre les progrès des Turcs vers l'Occident, du côté de la mer. A cet égoïsme de grand potentat, l'Ordre ne répondait que par la soumission du sacrifice. Il ne demandait qu'à reprendre son métier de défenseur de la Chrétienté, et à prodiguer de nouveau, pour lui épargner le joug musulman, le plus noble sang de l'Europe. Mais le désir de reporter le pavillon de Saint-Jean sur les côtes de l'Archipel ne devait pas abandonner de sitôt les cœurs des grands vaincus de Rhodes. Ils avaient gardé des intelligences dans la place. L'Isle-Adam alla en personne débattre le projet de cette expédition avec Charles-Quint, l'an 1526 ; et l'illustre vieillard, entouré des respects de la plus imposante cour de l'univers, parvint à adoucir les rigueurs de la captivité infligée à son « seigneur naturel » le roi de France, fait prisonnier à Pavie. Ce fut même à lui que François Ier dut de recouvrer sa liberté. Toujours dévoué à son Ordre, l'infatigable vieillard ne craignit pas d'aller, pour arrêter les usurpations commises sur les préceptoreries anglaises, s'adresser lui-même à Henri VIII : Londres vit, au plus fort du rigoureux hiver de 1523, le grand-maître qui, depuis longtemps, ne connaissait plus que les climats brûlants de l'Orient et du Midi, subjuguer par l'admiration de ses vertus et de ses travaux guerriers un roi voluptueux et hautain, et recevoir de lui pour son Ordre, avec satisfaction entière au sujet de ses réclamations, de riches présents en or, armes et munitions.

A son retour à Viterbe, où la protection pontificale avait assigné la résidence provisoire des grands-maîtres de Saint-Jean, le plus navrant spectacle l'attendait : Rome était livrée aux fureurs effrénées des bandes pillardes de Frondsberg et de Charles de Bourbon. Il fallut l'arrivée d'une armée française pour obtenir la mise en liberté du Pape Clément VII. Transporté d'indignation, le vénérable prince de l'Ordre Saint-Jean s'écriait, dans un chapitre général tenu à Viterbe : « J'ai trop vécu, puisque j'ai vu la main sacrilège d'un prince déserteur de tout honneur se lever sur la personne sacrée de Pierre, et le Croissant dominer les tours écroulées de Rhodes ! »

Le chapitre fut d'avis de s'établir à Malte, en attendant mieux. De son côté, le grand-maître continuait ses intelligences avec les Rhodiens ; mais elles furent malheureusement découvertes, et le Sultan

Soliman prit aussitôt de telles mesures que Villiers dut renoncer à l'espoir de reconquérir l'île perdue.

Son agent le plus actif dans cette entreprise avait été le dévoué commandeur Bosio. Ne pouvant, pas plus que son chef, se résoudre à voir le pavillon de Saint-Jean banni pour toujours des mers grecques, Bosio entama, avec l'aveu du grand-maître, une négociation nouvelle. Il s'agissait de s'emparer de Modon (1) avec la connivence du capitaine du port et du chef de la douane, tous deux nés Grecs, devenus musulmans moitié par crainte, moitié par force, et désireux de rentrer en grâce avec Dieu. Les affaires d'Europe retardèrent cette entreprise, et le commandeur Bosio mourut par accident. Mais, une fois installé à Malte, le grand-maître reprit son projet.

Le 17 août 1531, une flotte de huit galères bien armées partit du *Bourg*, résidence provisoire des chevaliers à Malte. Trois de ces galères étaient à la *Religion*, une au vice-roi de Sicile, deux à l'amiral génois Grimaldi, qui les conduisait lui-même, et deux à l'armateur vicomte Cicala, Romain, qui avait également voulu se joindre à l'expédition. Plusieurs *grips* et brigantins suivaient la flotte, ainsi que deux grosses *nefs* marchandes, chargées de planches en apparence, mais cachant sous leurs ponts des compagnies de soldats levées en Toscane. Le commandant en chef de l'expédition était frère Salviati, prieur de Rome; le commandant particulier des galères était frère Boniface, bailli de Manosque; celui des compagnies franches, le chevalier de Broc (Provence.)

En quelques jours, l'escadre fut rendue à l'île Sapienza qui, avec Cabrera, forme un groupe couvrant la côte à deux lieues au sud de Modon. Elle s'y dissimula dans une *cale*, ou anse profonde et étroite, se désarbora (2), et mit en mer une barque enlevée aux Turcs et portant encore sur son avant la demi-lune centrée d'une étoile.

A la première fraîcheur de l'aube, l'esquif déborda, conduit par deux Rhodiens réfugiés, Straligo-Poulo et Marchetti. Les audacieux aventuriers étaient connus à Modon, où ils avaient de la famille. Ils

---

(1) Sur la côte de Messénie, au nord de Navarin.
(2) Abattit ses mâts pour se cacher. Les mâts des galères s'appelaient *arbres*, et les vergues *antennes*. On a dû remarquer, dans les récits précédents, des termes absolument spéciaux aux galères ; nous les épargnons le plus possible. Ils formaient une phraséologie à part, complètement distincte du reste de la *langue navale*.

déclarèrent qu'ils venaient de passer quelques jours à chasser dans les taillis de Sapienza, exhibèrent du gibier dont ils acquittèrent les droits, et remontèrent la grande rue en causant amicalement avec le chef de la douane, Caloyano. Le soir, une longue barque à voiles pointues, dite *sandale,* abordait à son tour à l'entrée du port et débarquait trois marchands grecs venus de Coron pour acheter des poulains. L'officier de la douane les interpellait, quand le commandant du fort, s'élançant à leur rencontre, les embrassa avec effusion en appuyant leur tête contre son cœur, et les emmena dîner chez lui, C'étaient, dit-il, trois de ses vieux amis : l'officier de douane salua très bas. Dix minutes après, les trois amis du commandant, assis à la turque sur les tapis d'une salle à manger confortable, entamaient la discussion sur les moyens de prendre la ville. Les prétendus marchands étaient: l'amiral génois Grimaldi, le commandeur Scialèse et le chevalier de Broc.

Le chef de la douane vint les rejoindre et sortit avec eux dans la ville. Tout étant convenu, les trois chrétiens prirent l'esquif qui avait amené le matin les deux émissaires rhodiens, rentrèrent à Sapienza et firent leur rapport au général.

Le principal obstacle à l'entreprise était la grosse tour du môle que commandait l'un des deux conjurés, le renégat Iskander-Ali. Elle était gardée par une compagnie de janissaires, soldats intrépides et disciplinés qui ne se laissaient pas surprendre facilement. De plus, elle était en dehors et à plus de cinq cents pas de l'enceinte de Modon : le bruit d'une lutte, un coup de feu tiré mal à propos, un homme s'échappant à la dérobée pendant le tumulte, suffiraient à jeter l'alarme en ville et à faire fermer les portes. Ce n'étaient pas les 300 soldats embarqués sur les nefs qui forceraient une place forte mise sur ses gardes, défendue par 4000 hommes de garnison, du canon, une citadelle et 16 000 habitants musulmans.

L'incertitude était donc grande dans le Conseil, quand l'officier de garde vint prévenir Salviati que le patron de la plus grande nef demandait à être introduit.

— Messieurs, dit Salviati au Conseil, je dois vous prévenir que ce patron est chrétien, qu'il habite Zante, et qu'il est le propre fils d'Iskander-Ali, le renégat... Le Conseil croit-il devoir l'entendre ?

— Pourquoi n'habite-t-il pas avec son père ? demanda Grimaldi.

— Parce qu'il a refusé d'abjurer, et que nul chrétien étranger n'est admis à coucher dans une place forte de Morée ou des Iles, répondit le général.

Le Conseil opina pour qu'on l'entendît.

Un grand jeune homme de 25 ans au plus, la moustache relevée en pointe, l'air hardi et assuré, entra et vint baiser la main du général.

— Excellence, dit-il en se redressant, j'ai pensé, en voyant le Conseil prolonger sa séance, qu'il était arrêté dans ses résolutions par la crainte d'une trahison de la part de mon père ou de Caloyano. Je viens d'abord déclarer qu'en m'appelant de Zante, où j'ai maison, femme et enfant, mon père a eu l'intention de m'offrir à la *Religion* comme garantie de la pureté de ses intentions, et que j'ai accepté.

— Tu es prêt à demeurer ici comme ôtage ?

— Je m'offre comme ôtage. Ma femme et mon petit garçon viennent d'arriver sur une *sandale* à moi : nous sommes, avec nos vies, dans les mains du Conseil.

Les chefs se regardèrent. Le chevalier de Broc dit au jeune Grec:

— Par mon père, je veux te croire! Mais il y a une autre difficulté.

— Laquelle?

— Les janissaires de la tour.

Le Grec sourit :

— Seigneur, vous n'en êtes pas sans doute à votre première *caravane ?*... Vous connaissez les Turcs ?

— Si je les connais! Eh! mon ami, je leur ai livré combat trente-deux fois, sans parler du grand siège, et j'ai été leur prisonnier un an et demi.

— Le chevalier doit savoir alors que la vigilance du Turc s'endort de la même manière que celle du chrétien... Mon père a l'intention de les faire boire. Il me destinait même un rôle dans le souper; tout autre le remplirait aussi bien que moi.

— Et la ville, dit le vicomte Cicala, qui nous la donnera ?

— Vous-même, monseigneur. Il ne s'agit pas ici d'attaque ouverte, mais de surprise. Je vous garantis la prise du môle sans bruit, et l'entrée en ville également sans bruit. Je vous offre des guides dans la place, que vous-même avez déjà parcourue hier... Que voulez-vous de plus ?

— Eh! per Bacco! s'écria Scialèse, ce garçon ne peut pourtant pas nous l'apporter sur une assiette ! Il a fait plus que le possible : seigneur prieur, je m'en remets à lui.

— Moi aussi, firent à la fois de Broc et Cicala.

Ainsi nanti de la décision, le Grec, sans se troubler, exposa en quelques mots son plan personnel : il accosterait le port avec deux felouques, dont l'une débarquerait du bois près la porte de la ville, dont l'autre le débarquerait lui-même avec quelques Grecs déterminés de la nef, habillés en soldats *arnautes,* à la tour du môle. La nuit venue, il se chargeait du fort, tandis que les hommes de la première felouque, renforcés par ceux qui se trouveraient amenés à proximité à la faveur des ténèbres, s'empareraient de la porte de la ville. On savait que le gouverneur provincial en était sorti depuis deux jours, avec 6 000 soldats, pour rallier l'armée de Roumélie. La circonstance était propice ; il ne restait que deux bataillons.....

Le plan convenu, restait à l'exécuter.

Le 27 août au soir, deux felouques débordèrent de l'île Sapienza. L'une, chargée de traverses et de planches, vint se présenter à l'entrée du port. Le directeur de la douane, Caloyano, interrompant sa conversation avec un officier des janissaires, monta lui-même à bord de la felouque, la visita avec soin et revint, après lui avoir fait signe d'aller mouiller au fond du port, en face de la porte de la ville.

— Ce sont, dit-il à l'officier, les charpentiers corinthiens qui ont abattu et scié tout le chevronnage du *palazzo* neuf d'Hamida-bey ; ils sont pressés de repartir pour aller prendre un nouveau chargement, et je leur ai dit de débarquer leurs planches à proximité de la Bab-el-Behar (Porte de la marine). Hamida ne sera pas fâché que j'aie épargné à ses charretiers la moitié du trajet. Hé ! mon ami (*ia, habibi*), il faut toujours se mettre bien avec les puissants. Voilà ma maxime.

L'officier allongea sa moustache, et répliqua avec ironie :

— Il y a longtemps que vous savez la mettre en pratique, vous autres Grecs. Le fait est que tu es devenu *croyant* bien à propos pour tes intérêts. Mais qui donc nous arrive là-bas dans cette felouque basse à la pointe du môle ? En vérité, l'on dirait que ce sont des hommes de ma troupe... Tiens, regarde donc, tête crépue, n'est-ce pas le fils d'Iskander qui les amène ?

Le chef de la douane se fit un abat-jour de sa main gauche :

IL N'ACHEVA PAS : DEUX BRAS D'ACIER L'ÉTREIGNAIENT...
(Voir page 273.)

— *Aghié-Vasili* (grand saint Basile)! s'écria-t-il, lieutenant, je parie que tes hommes apportent de la contrebande! Vois-les retirer de la felouque des objets qui me paraissent joliment ressembler à des *botas* de vin de Zante... Ce coquin de petit Ben-Iskander (fils d'Iskander) n'en fait jamais d'autres! Mais je vais y mettre bon ordre.

— Bon ordre à quoi? fit l'officier. Ne connais-tu pas les privilèges de la tour du môle? Nous sommes ici hors du terrain douanier, entends-tu, vieux barbon!... Laisse mes janissaires tranquilles, et contente-toi de les inspecter à leur entrée en ville. Sinon, je ne te garantis pas contre les désagréments qui pourraient t'en arriver.

Tout en énonçant cet avertissement, l'officier, Bel-Eudj-Rasseik, suivait rapidement le chef de la douane vers la tour du môle. Celui-ci, en arrivant auprès des débarquants, avait enlevé son turban comme pour l'arranger et le mieux assujettir; de son côté, le fils d'Iskander avait répondu à ce geste convenu en retirant de son *tarbouche* la queue d'une grappe d'acacia dont la fleur, suivant une habitude grecque, lui pendait le long de l'oreille Puis il se tourna vers les soldats et leur cria :

— Alerte, là-bas! et enlevez-moi promptement les dernières *botas*, avant que le *Goumrok-Emineh* (le chef des douanes) ne mette la main dessus Nul ne peut entrer dans vos postes sans un ordre écrit du *Sandjiak* (gouverneur provincial).

— J'y entrerai bien, moi! riposta Caloyano. Et malgré son âge et son obésité, il s'élança au pas de course et arriva assez tôt pour barrer le chemin aux deux derniers soldats chargés de leurs petites outres noires, au col soigneusement empaqueté, ficelé et cacheté.

Mais une main vigoureuse s'était abattue sur son épaule; deux bras solides entourèrent les siens et comprimèrent ses mouvements, pendant que la voix de Bel-Eudj murmurait à son oreille avec un accent de menace :

— Doucement, doucement, vieux fou! Ne va pas te faire une querelle avec mes hommes pour si peu, ou ta tête de Grec ne resterait pas longtemps sur tes épaules!

Caloyano se débattait :

— *Moul-ázim* (lieutenant), dit-il avec effort, cesse de jouer. Laisse-moi remplir mon devoir de *Goumroki*. Tu connais mon titre, je pense?... Je suis ton supérieur en grade.

— Ha, ha, ha! s'exclama Bel-Eudj en éclatant de rire, mon supérieur, toi, un Grec! « Frottez un âne avec une rose, et il vous criera qu'il est le sultan. » Retiens bien ceci : un janissaire n'a d'autres supérieurs que ses officiers et le sultan lui-même — Dieu le conserve! — et j'ai là (il frappa sur son cimeterre) un titre qui efface tous les autres..... Enfants, avez-vous fini?

— C'est fini, dit un soldat en approchant. *Moul-azim*, nous venons de recevoir douze janissaires arnaoutes venus d'Ithaque avec le fils du *bimbachi* (commandant) Iskander; — un bien aimable garçon, qui ne manque jamais d'apporter de quoi passer une bonne soirée. Le *bimbachi* m'ordonne de vous inviter à souper avec nous (1).

— Vous avez fraudé la douane! gémit encore Caloyano.

Les soldats se mirent à rire de bon cœur, et l'un d'eux, lui tapant sur l'abdomen, lui répondit :

— Allons, mon gros père, ne fais pas tant de zèle : personne n'est là pour t'en complimenter. Nous disons, en Albanie, qu' « à un chien de garde qui aboie à tout passant, son maître donne le fouet, et non des os ». Ce soir, après la fermeture de la ville, viens boire un coup avec nous.

La voix grasse et joyeuse d'Iskander accentua, de loin, l'invitation :

— Comment, mon vieux compère, tu veux verbaliser contre des janissaires? Ce serait un grand péché envers Allah et sa Hautesse Soliman — Dieu lui donne victoire!..... — Retourne à ta douane et viens nous faire compagnie dans une petite heure. Mon fils nous a apporté un bien agréable souvenir du pays. Tu sais que le vin de Zante n'est pas prohibé par le *Ch'rifyiè* (la loi religieuse)... Mais non! j'ai lu cela moi-même dans le..... où donc l'ai-je lu, lieutenant?

— C'est écrit sur la langue de l'agha et à la voûte de son palais, répondit gravement Bel-Eudj. Bimbachi, puis-je entrer?

— Entre mon ami, entre, il faut que la fête soit complète. A ce soir, Caloyano!

Le *Goumrok-Emineh* fit un geste d'acceptation embarrassée qui provoqua de nouveaux rires; puis il s'en retourna lentement, en se grattant l'oreille, vers le quai où s'élevait son bureau.

(1) Les officiers des janissaires faisaient table commune avec leurs hommes.

Deux heures après, les cent soixante hommes de la tour, réunis par escouades autour de vastes plats de bois creux remplis de *pilau*, que surmontaient des cordons de poulets rôtis assaisonnés de safran et de raisins secs, festoyaient avec leurs douze camarades arnaoutes, apportés par la felouque; les *botas* (1) entr'ouvertes, passant rapidement de main en main, achevaient d'épancher leur jus dans les gosiers de tous ces bons musulmans. Avant que sonnât une heure du matin, ils étaient tous étendus ivres. Seul, le lieutenant Bel-Eudj, quoique étourdi par le vin, avait les yeux ouverts. Il promena sur l'orgie terminée un regard atone, et murmura :

— Tous par terre, même le chien de Grec! Allons, il n'y a que moi qui aie la tête solide, cette nuit, et c'est heureux vraiment, car si une alerte survenait...

Il se dressa soudain: par la porte entr'ouverte de la salle, il avait aperçu une masse sombre, se profilant à petite distance sur la mer. Rappelé à son rôle d'officier, il courut au perron de la tour : un brigantin, sous l'action de son foc et de quatre paires de rames, s'avançait lentement vers le môle. Bel-Eudj chercha des yeux la sentinelle extérieure et l'aperçut, écroulée contre le parapet et ronflant avec force. Subitement dégrisé, le lieutenant tira son cimeterre et se précipita à la porte de la grande salle en criant:

— *Harbi-tchalmi!* (Prenez vos armes!)

Il n'acheva pas : deux bras d'acier l'étreignaient, comme il avait étreint, le même soir, le gros chef de la douane.

— *Krayn!* (traître!) fit-il, en se débattant péniblement.

Un foulard roulé en tampon lui entra dans la bouche et étouffa sa voix. En quelques secondes, il gisait, inerte et garrotté, aux pieds de Ben-Iskander; celui-ci lui dit, avec le plus grand calme :

— Bel-Eudj, nous avons plus d'une fois trinqué ensemble, et j'ai à te remercier du concours que tu nous as prêté ce soir sans le vouloir. Un autre que toi aurait déjà la tête par terre . toi, je te fais prisonnier. On ne te tuera pas.

Il fit un signe : deux arnaoutes soulevèrent le lieutenant, l'assirent à terre au fond du corridor et l'attachèrent, tout garrotté, à l'un des anneaux de fer scellés dans l'épaisse muraille. Puis le jeune Grec, qui était au fait des aîtres de la tour, alla ramasser, dans un réduit

(1) Petites outres de cuir.

d'où sortait une odeur de térébenthine, un pinceau et un pot de couleur, de ceux qui servaient à peindre les portes ou à dessiner des emblèmes sur l'avant des barques. Avec le plus grand sérieux, il traça sur le front de Bel-Eudj une croix blanche à huit pointes, lui en dessina une plus grande sur la poitrine, sans souci du beau gilet de satin bleu qu'il gâtait ainsi, et donna ensuite à son ami ce conseil pratique :

— Si je ne te marque pas, tu es mort. Laisse-toi donc prendre par les chrétiens, Bel-Eudj..... Le pis qui t'attende, ce sera les galères; on en sort des galères. N'oublie pas, si tu deviens puissant, que Ben-Iskander t'a sauvé la vie ; la fortune est variable.... je me recommande à toi.

Un bruit sourd, suivi d'un frottement bien connu de toute oreille de marin, l'avertit que le brigantin venait de se ranger contre le petit débarcadère carré situé à l'extrémité du môle. Il courut à la porte et y reçut les arrivants : Deux cents hommes déterminés, presque tous vieux *landsknechts* bavarois et milanais, s'alignaient silencieusement devant la tour. A côté d'eux, la tête de la sentinelle turque, abattue, oscillait à terre comme une boule qu'on agite, ballottée par le jeu saccadé des artères qui se vidaient de sang; la lune, qui surgissait à l'horizon, donnait un aspect de vie étrange à cette face brune contractée, dont la bouche restait ouverte et les paupières encore battantes. Le corps gisait plus loin, le long du mur.

— Tiens, c'est Saffi, murmura tranquillement le Grec. Mon père l'avait bien choisi pour cette nuit : paresseux, ivrogne et dormeur...

Les arnaoutes avaient pris des fanaux sur le brigantin. Le chevalier de Broc leur donna un ordre à voix basse : ils entrèrent brusquement dans la vaste salle et accrochèrent les fanaux aux murs. Plusieurs janissaires se soulevèrent en murmurant : — Ah! de la lumière comme en plein jour ! qu'y a-t-il ?

Le sergent des arnaoutes jeta bas son uniforme et apparut en *foustanelle* grecque.

— Les chrétiens ! répondit-il d'une voix sonore.

Des éclats de rire se mêlèrent au brouhaha produit par la réponse.

Quelques hommes s'armaient. Les douze Arnaoutes, silencieux, avaient imité leur chef : c'étaient douze Grecs, armés du cangiar et du tromblon, qui gardaient maintenant la porte Un silence étrange, plein d'inquiétude, s'établit dans la salle ; et les janissaires les plus rapprochés de la sortie purent entendre ces mots prononcés au dehors en grec courant (*romaïque*) :

..... Et combien sont-ils là-dedans?

— Cent-soixante.

— Armés?

— Quelques-uns...

— Hum! Ce sont des soldats, et nous ne sommes pas des garçons d'abattoir. Donnez-leur l'éveil et qu'ils se défendent! Cinquante hommes suffiront contre eux. Prenez le reste, et conduisez-les au pas de course jusqu'à la porte de la ville : Caloyano les y recevra.

Comme si tout le monde avait pu entendre, il y eut une seconde rumeur dans la salle; puis, des clameurs retentirent..... Mais les Arnaoutes avaient fermé les petites fenêtres élevées : le bruit n'alla pas à cent pas au dehors. Le chevalier de Broc parut dans l'encadrement, couvert de son armure étincelante et de sa riche soubreveste de velours rouge à la croix d'argent ; la clameur cessa deux secondes, pendant lesquelles, il cria en turc, de sa voix de commandement :

— Qui veut la vie sauve se rende sur-le-champ!

Une tempête de malédictions vibra sous les voûtes, et la bataille commença. Les janissaires se ruaient sur les Arnaoutes, qui les étendaient morts à coups de cangiars. Le chevalier de Broc intervint encore et s'avança pour proposer de nouveau la soumission : dix coups de cimeterre résonnèrent sur son armure. Il fit un pas en arrière sans tirer l'épée, et commanda aux lansquenets :

— *Forwertz!*

Et ils entrèrent, la hallebarde en avant, la toque jetée de travers sur leurs cheveux frisés, blonds ou rouges, la barbe hérissée, comme ils étaient entrés le mois d'avant dans Florence, pour y rétablir Médicis. Quand, à coups de hallebardes, ils eurent élargi le terrain de façon à y tenir tous, ils formèrent un demi-cercle et dégainèrent leurs longues rapières.

« Et là fust clairement veüe l'excellence supérieure de *l'estoc* des Gascons et Milanais, qui bien pare et bien transperce, au-dessus du cimeterre des Turcs qui seulement coupe et tranche, ains ne peut poincter en l'estomac n'y arriver assez vite à la grande parade, pour ce que il descript trop longs cercles en l'air. » (*Baudouin* et *Naberat.*)

En un quart d'heure, tous les Turcs avaient été passés au fil de l'épée. On traîna les cadavres au dehors, et les lansquenets, avant de les lancer à l'eau comme ils en avaient l'ordre, ne se firent pas

faute de les dépouiller et piller consciencieusement... De Broc ne pouvait rien contre ces habitudes de soudards; ils étaient loués au mois et conservaient leur discipline à eux.

— Der Teufel! s'écria un sergent, en voilà un qui n'est pas mort... A moi l'homme!

D'un coup de couteau, il avait tranché la corde qui tenait Bel-Eudj captif au fond du corridor. D'un second, il allait sans façon lui couper la gorge. Mais Ben-Iskander para le coup et lui montra la croix blanche peinte sur le front et les habits du Turc.

Le Bavarois éclata bruyamment de rire; c'était un géant roux, large d'épaules.

— Oh! les drôles d'idées qu'ont ces gens d'Orient! Schültz, regarde donc cette peinture! Est-il drôle le Turc?... Je conterai cela en Flandre, pour sûr, et on rira bien... Mais pas de çà, l'ami, eh, le Grec! Tout est pour le soldat, on nous l'a promis. Celui-là m'appartient, puisque je l'ai trouvé. Mazette, un officier.....

Il étendit son énorme main sur Bel-Eudj, et l'attira à lui.

D'un coup sec, Ben-Iskander fit retomber sa main engourdie. Puis le jeune Grec, mince et souple, saisit brusquement le colosse allemand par le col et la taille, l'enleva de terre comme un paquet, et le jeta à trois pas, sur un tas de cordes roulées. Les lansquenets applaudirent à cet exploit. Heureusement, l'intervention du chevalier de Broc empêcha un conflit. Les poches de Bel-Eudj furent vidées, ses habits estimés, et Ben-Iskander dut payer le double du prix total au sergent allemand. Celui-ci empocha l'argent, pendant que Bel-Eudj suivait son libérateur vers le brigantin; mais il murmura dans ses dents :

« Coquin de buveur d'huile, je mourrai ici, ou j'aurai ta peau brune avant le coucher du soleil de demain ! »

Le temps s'écoulait. Au signal du chevalier, les lansquenets se mirent en marche et arrivèrent, en longeant la jetée, jusque sur le quai où les attendait la plus grosse partie de la troupe.

Les prétendus charpentiers de la felouque, costumés cette fois en soldats de Saint-Jean et commandés par Scialèse, formaient la tête de colonne. Ils avaient, d'avance, habilement disposé leurs poutres et leurs planches, en sorte qu'ils n'eurent presque qu'à les pousser pour établir un passage au-dessus du fossé, du reste fort peu large, qui ceignait la ville. En une minute, les agiles mariniers, serpentant le long des murs, sont arrivés su-dessus du poste intérieur qui gardait la *Porte de Mer*; ils se laissent tomber comme des chats, et sautent à la gorge des soldats turcs. Après un court tumulte, le pont-levis s'abaisse, la troupe des lansquenets entre au pas de charge et se répand dans les rues; des cris d'alarme retentissent. Mais déjà les *engagés* sont maîtres du bas-quartier et en gardent les issues. Le commandeur Scialèse charge de Broc de surprendre la citadelle avec cent hommes résolus : lui-même, avec le reste, se barricade dans le quartier conquis, et envoie la moitié de son monde, par pelotons de dix hommes, forcer les principales maisons et en désarmer les habitants.

Le brigantin était toujours mouillé à la pointe du môle ; un éclair illumine la nuit, une éclatante détonation fait trembler la ville et se répercute sur les flots. C'est le signal convenu avec l'île Sapienza pour annoncer la réussite, et appeler la masse de l'escadre à la rescousse. Mais, presque aussitôt, de toutes les terrasses partent des coups d'arquebuse et de tromblon : les habitants, surpris, se sont armés à la hâte. Ils entendent bien ne pas céder sans combat leur liberté, leurs familles, leurs biens aux *giaours*..... Le soleil levant vint éclairer une guerre de rues.

La citadelle était occupée par deux bataillons *rédifs*, ou soldats de levée. Leur commandant, Aristarki-Effendi, était un homme énergique. Dès la première minute, averti par un janissaire qui s'était échappé de la Porte de Mer, il s'était mis en défense et avait envoyé, en les faisant descendre par-dessus les murs du côté de la campagne, deux hommes prévenir le *sandjiak* (gouverneur) Hamida-bey, qui devait se trouver, avec quatre mille fantassins, deux mille chevaux et deux compagnies de *topdjis* (canonniers), à cinq ou six kilomètres de là, prêt à partir pour rallier l'armée de Soliman. Les émissaires trouvèrent le camp déjà levé et la troupe en marche ; ils n'eurent pas de peine à la rejoindre. Aussitôt, faisant faire demi-tour à ses hommes, le sandjiak marcha sur Modon.

Arrivé sous la porte du Nord, il s'arrêta et prit langue, tandis que sa troupe se reposait et mangeait. Les chrétiens n'étaient que peu de monde, trois à quatre cents au plus; ils venaient de tenter un quatrième assaut contre la citadelle, après avoir pointé sur sa porte deux canons tirés du brigantin. Hamida, divisant aussitôt sa troupe en deux, en lance une moitié sur les lansquenets, pendant que l'autre moitié, tournant la ville, va réoccuper le môle et couper la retraite aux envahisseurs. La vue de la grande tour, d'où le sang coulait encore en ruisselets jusque sur les marches du perron, et des cadavres défigurés, dépouillés, mutilés, que le flot roulait et rejetait au pied de la digue, exaspéra les musulmans. Ils jurèrent de ne pas faire de quartier aux chrétiens.

Cependant le brigantin, étonné de ne pas voir arriver l'escadre, avait éventé ses voiles et se laissait porter vers le sud. Bientôt il distingua l'anse où étaient ancrés les navires et renouvela ses signaux. Par un singulier hasard, son canon n'avait pas été entendu; et l'homme chargé d'observer l'horizon de son côté, s'étant détourné pour répondre à un appel d'en bas, n'avait pas aperçu la lueur du coup tiré pendant la nuit. Le fait fut vérifié par une exacte comparaison des heures.

A midi, l'escadre entière donnait en plein port, galères en tête. Avant même d'avoir accosté le quai, elle essuyait des mousquetades. Sans y répondre, Salviati, Boniface, Grimaldi et Cicala sautèrent à terre, suivis de tous les hommes que la manœuvre ne retenait pas à bord, et se portèrent au secours de la petite troupe engagée depuis le matin. Il était temps. Surpris par l'arrivée inattendue du sandjiak, les lansquenets, déjà répandus dans les habitations pour y piller, suivant leur vieille habitude d'Allemagne et d'Italie, avaient dès le début perdu la moitié de leurs hommes; le reste, dégagé par la petite troupe des soldats de Saint-Jean et des Grecs de Zante, se défendait désespérément derrière deux fortes barricades contre les assauts répétés des Turcs.

— L'affaire est manquée, dit le prieur à ses compagnons, il y a ici tout un corps d'armée. Sauvons nos engagés, c'est tout ce que nous pouvons faire.

La bannière à la croix blanche surgit de la Porte de Mer, et le cri : *Saint Jean à l'aide!* retentit, poussé par 400 voix. Telle était sa puissance que les rues voisines se dégarnirent instantanément. 400 hommes venaient, par leur seule apparition, d'en faire reculer 3000.

Les spahis d'Hamida ayant mis pied à terre pour assaillir la barricade du sud, beaucoup de chevaux hennissaient, tout sellés, dans les cours des maisons. Les soldats de Saint-Jean sautèrent dessus et chargèrent à fond ; trente chevaliers à la cotte rouge galopaient en tête, la lance au poing. La fuite turque devint une immense débandade; les chrétiens n'avaient qu'à tuer ; ils se dispersèrent par groupes pour achever de nettoyer les rues.

Devant l'irruption soudaine des fuyards, que poussaient à coups de lance les redoutés chevaliers, Hamida forma rapidement la moitié intacte de ses troupes et ouvrit un feu roulant en avant de lui, sans distinction d'amis ni d'ennemis. Cette énergie à la turque arrêta le désordre. Mais, pour rassurer les esprits et faire reculer les terribles Chevaliers Rouges, il fallut déployer quatre pièces de campagne (coulevrines) dont le premier feu démonta vingt-trois chevaliers sur trente. Les autres mirent pied à terre et, pour ne rien laisser à l'ennemi, coupèrent la gorge aux chevaux qu'ils abandonnaient. Le combat continua jusqu'au soir. Puisqu'on ne pouvait vaincre, il fallait, suivant un vieux proverbe de l'Ordre, « graver ès-cueur du Turc le seing de l'Hospital, en telle façon que ny années ny siècles ne l'en pussent gratter » (1).

(1) Le combat de rues de Modon est, encore aujourd'hui, célèbre chez les Turcs.

Pendant que les Grecs de Zante et les matelots de Saint-Jean couvraient la retraite, le vicomte Cicala, à la tête des lansquenets, opérait une gigantesque rafle dans le quartier riche, avoisinant le port. Ses deux galères, les brigantins de l'escadre et les deux nefs marchandes furent bientôt encombrés de ballots. Huit cents femmes et jeunes filles, toute la fleur de la *société* de Modon, y étaient entassées pêle-mêle, avec les tapis précieux, les beaux meubles et les riches écrins.

Le soleil disparaissait derrière l'horizon marin quand l'escadre chrétienne, envoyant, en signe de défi, ses derniers boulets sur le fort, prit la haute mer et fit route vers l'Ouest. Ses 900 combattants avaient dû, à la fin, reculer devant 14 000 hommes. Les Turcs, pour se venger, assemblèrent en un tas sur le môle les planches, les armes, les vêtements laissés par l'assaillant ; ils empilèrent au-dessus les cadavres des morts pêle-mêle avec les blessés et les prisonniers, et firent tout flamber. Bel-Eudj-Rasseik, échappé du brigantin, avait effacé, à force d'huile et de savon, la marque qui le faisait esclave de l'Ordre Saint-Jean ; ce fut lui qui mit le feu au bûcher. Par ce zèle, il dissipa l'irritation du sandjiak à son égard.

Comme la flamme s'étendait en crépitant, un corps glissa dans la fumée, un homme se laissa tomber à côté du *Moulâzim*, qui reconnut le fils d'Iskander.

— Qu'on me remette ce chien à griller ! tonnait la voix du sandjiak Bel-Eudj le saisit d'une main et leva l'autre en criant :

— *Aman !* (1) Il est à moi ! Je l'ai fait prisonnier ce matin. Payez-le moi ou laissez-le moi.

Les janissaires d'Hamida entouraient le lieutenant et l'approuvaient. Avant même le plaisir de brûler vif un *giaour*, ils faisaient passer le respect de leurs droits acquis. Le bey n'osa résister et dit à l'officier :

— Combien l'estimes-tu ?

— Deux cents dinars.

— Tu es fou !

— Non certes. J'en aurai cent de plus à Smyrne sur le marché, et le triple si je le mets à rançon. Cet homme est riche, jeune et fort. Il a, devant moi, enlevé comme une plume le chef des Allemands, ce géant qui est là-haut, la tête fendue.

(1) L'*aman* est la grâce ou le pardon sous conditions.

Le sergent allemand, étendu sans connaissance apparente sur le bûcher, gémissait sourdement ; déjà la fumée l'asphyxiait. Il reprit un reste de forces, souleva sa tête ensanglantée, et lança avec peine ces mots :

— Le fils d'Iskander ? Tuez-le donc, au moins !

On l'avait compris : « Ben-Iskander ! Ben-Iskander ! » répétèrent cent voix irritées. Le bey, qui allait céder, se ravisa :

— Le fils du traître ? cria-t-il, je le prends pour moi à trois cents dinars comptant. Je veux l'offrir au sultan, pour qu'il en fasse selon son bon plaisir.., Trésorier, fais au lieutenant un bon de trois cents dinars (1) sur ma caisse : je vais le signer.

Bel-Eudj ne pouvait plus refuser. Il jeta un rapide regard à son ami, et murmura entre ses dents :

— J'ai fait de mon mieux. C'est l'Allemand qui t'a perdu.

— Il a son compte, *Allah K'bir !* (2) répliqua sentencieusement le jeune homme, de la même façon. Et, fermant les yeux, il se laissa traîner vers le môle. Une de ses jambes, à demi ployée, ballottait comme si elle eût été cassée. Il serrait les dents, et paraissait près de s'évanouir.

Le trésorier, assis sur les marches du débarcadère, achevait de libeller le bon de trois cents dinars. C'était un petit vieillard sec, à l'œil bilieux. Il jeta un regard sur le Grec et marmotta :

— Trois cents dinars ! Il les vaut, le brigand ! On n'en donnera jamais autant de moi..... Mais prenez donc garde, vous autres ! Ne voyez-vous pas qu'il a une jambe blessée ? N'estropiez pas la marchandise achetée par Sa Seigneurie le sandjiak ! Il faut qu'elle paraisse intacte devant Sa Hautesse.

Les rédifs détachèrent les liens du Grec ; il ne put le sentir, car il avait perdu connaissance. Ils le couchèrent sur les marches et se tournèrent pour voir flamber le bûcher, d'où s'élevait un concert de hurlements à terrifier tout autre que des Turcs. Des cris de vengeance et des ricanements sauvages répondaient aux cris d'agonie. Absorbés par ce spectacle, les musulmans n'en virent pas un autre, bien différent, qui se passait sur le môle, à deux cent pas d'eux.

---

(1) Le *dinar* (or) vaudrait aujourd'hui de 12 à 14 francs.
(2) *Dieu est grand.* Locution qui revient sous toutes les formes dans les conversations orientales.

Le prétendu blessé s'était redressé d'un seul élan. Arrachant le sabre courbe passé dans la ceinture du trésorier stupéfait, il avait, d'un coup violent sur la tête, renversé tout sanglant l'un des *redifs* qui le gardaient; l'autre se mit bravement à fuir. Le Grec le poursuivit quelques pas et lui tailla une *croupière* en plein... dos pour accélérer sa course; puis, revenant au petit vieillard, il l'enleva dans ses bras :

— Sais-tu nager? lui dit-il brièvement.

— Oui, je..... je..... sais, répliqua le trésorier ahuri et désarmé.

La seconde d'après il était dans l'eau; et la main gauche du Grec, appliquée sur sa nuque, le stimulait vigoureusement.

— Nage vite, ou je t'étrangle!

Il nageait avec effort, se sentant perdu s'il n'obéissait pas. Comme ils étaient déjà assez loin du rivage, il entendit crier son nom. La fuite du Grec avait été enfin aperçue. Plusieurs balles vinrent ricocher autour d'eux.

— Nage, dit impérieusement Ben-Iskander.

Le trésorier avait compris le plan du fugitif. Il s'arrêta court et répondit :

— Non! tue-moi si tu le veux; mais tu seras repris et écorché vif.

Ben-Iskander jeta un regard autour de lui, aperçut une poutrelle flottante, l'atteignit, la ramena, saisit le vieillard dans ses doigts de fer et l'attacha, malgré sa résistance, à l'aide de sa longue ceinture de soie. Puis il se mit à remorquer la poutre. Les Turcs avaient cessé de tirer pour ne pas tuer leur trésorier, mais ils tenaient à le ravoir. Une douzaine de bons nageurs, jetant bas leurs habits, sautèrent à l'eau, le couteau entre les dents. Les chrétiens avaient brûlé ou emmené toutes les barques du port, selon leur coutume invariable; mais ils avaient oublié le canot de la douane, mouillé sur un grappin à une centaine de brasses du môle, vers l'entrée du port. Le Grec se hâtait d'y arriver, tenant toujours son compagnon improvisé entre lui et les balles turques; les nageurs qui le poursuivaient, devinant son but, coupaient droit en flèche.

Il atteignit l'esquif, y monta, tira à lui le trésorier, le délia de sa planche et l'attacha à un banc; puis il fila vivement le cablot. Un des nageurs arrivait : d'un coup de planche sur le crâne, le Grec l'envoya au fond de l'eau. A cette vue, l'ardeur des suivants se ralentit. Ben-Iskander dressa le mât, hissa la voile (le canot manquait d'avirons) et, s'installant à la barre, fut bientôt hors de portée.

C'est ainsi que le sandjiak, heureux d'avoir pu recouvrer à temps son chef-lieu, perdit son trésorier. Comme l'avait très justement supposé celui-ci, il ne fut pas vendu trois cents dinars, mais simplement cédé pour quarante ducats à un marchand vénitien qui en fit son comptable. Le sandjiak, exaspéré, refusa de racheter le pauvre homme, qui dut se résigner à finir ses jours dans un entresol du quai des Esclavons, les lunettes sur le nez et la plume à l'oreille.

Le surlendemain du combat, la flotte chrétienne étant à la hauteur du cap Passaro, Cicala vint en travers et, s'étant accosté bord à bord de la capitane de Malte, souhaita bon voyage aux chevaliers. Il leur offrit de partager son butin.

— A Dieu ne plaise! répondit le prieur Salviati. Il n'est pas dans les us de l'Hôpital d'enlever femmes et enfants. Sans vouloir vous blesser, vicomte, j'ai peur que Dieu n'ait permis notre échec et cette surprenante arrivée du sandjiak à cause des mœurs effrénées de ces lansquenets, et du peu de convenance de vos pillages.

L'œil du vicomte Cicala étincela; mais il ne se fâcha point, et répondit au porte-voix, du haut de sa pouppe :

— J'honore les scrupules de l'*Hôpital;* mais nous autres, qui ne sommes pas moines, avions à prendre une revanche. Les huit cents femmes de Modon payeront pour les six mille Italiennes que Khaïr-Ed-Din a enlevées de nos ports et vendues en Asie. Elles serviront celles qui nous restent.

On se sépara froidement.

Cicala n'avait pas dit toute la vérité, car il épousa, quelques mois après, une de ses captives qu'il avait secrètement remarquée. Elle parut épouse soumise et même dévouée. Elle eut un fils qu'elle laissa très volontiers baptiser, et se consacra à son éducation. Quand elle mourut, elle fit venir l'enfant, lui passa au cou une chaîne d'or avec un croissant, qu'elle avait toujours portée, et lui dit tout bas : « Souviens-toi! » L'enfant baissa affirmativement la tête. On remarqua qu'il ne pleura point sa mère, et les serviteurs se dirent : « C'est parce qu'il sait qu'elle était turque; il en a honte. »

A dix-neuf ans, il disparut subitement. On apprit qu'il était passé au service du sultan. Cicala, l'écumeur de mer, devint la terreur de l'Archipel et des ports italiens du sud. Quand il prenait des Romains, il ne les envoyait pas à la chiourme : il les faisait tous pendre aux vergues. Et le vieux commandeur de Broc disait tout haut : « C'est la punition de Dieu sur le vicomte. »

Quant à l'illustre grand-maître Villiers de l'Isle-Adam, il renouvela, peu de temps après, une tentative du même genre sur Coron de Messénie ; elle échoua par des circonstances bizarres.

Il jugea alors que Dieu voulait réellement fixer l'Ordre à Malte, et activa de tout son pouvoir les travaux du Bourg et du fort Saint-Ange.

A sa mort, l'an 1534, toutes les cours d'Europe prirent le grand deuil du héros chrétien qui, avec une poignée d'autres héros, avait fait, sans elles, leur ouvrage et sauvé la civilisation. Soliman fit lire dans toutes les mosquées de l'Empire le récit de ses vertus, en y faisant ajouter cette phrase : « Croyants, apprenez d'un *Kafir* (1) comment on remplit ses devoirs jusqu'à être admiré et honoré par ses ennemis. »

(1) Incroyant, nom injurieux donné à tous ceux qui ne sont pas musulmans. C'est ainsi que les idolâtres de l'Afrique méridionale sont appelés *Cafres*, nom qui leur a été donné par les musulmans de Zanzibar.

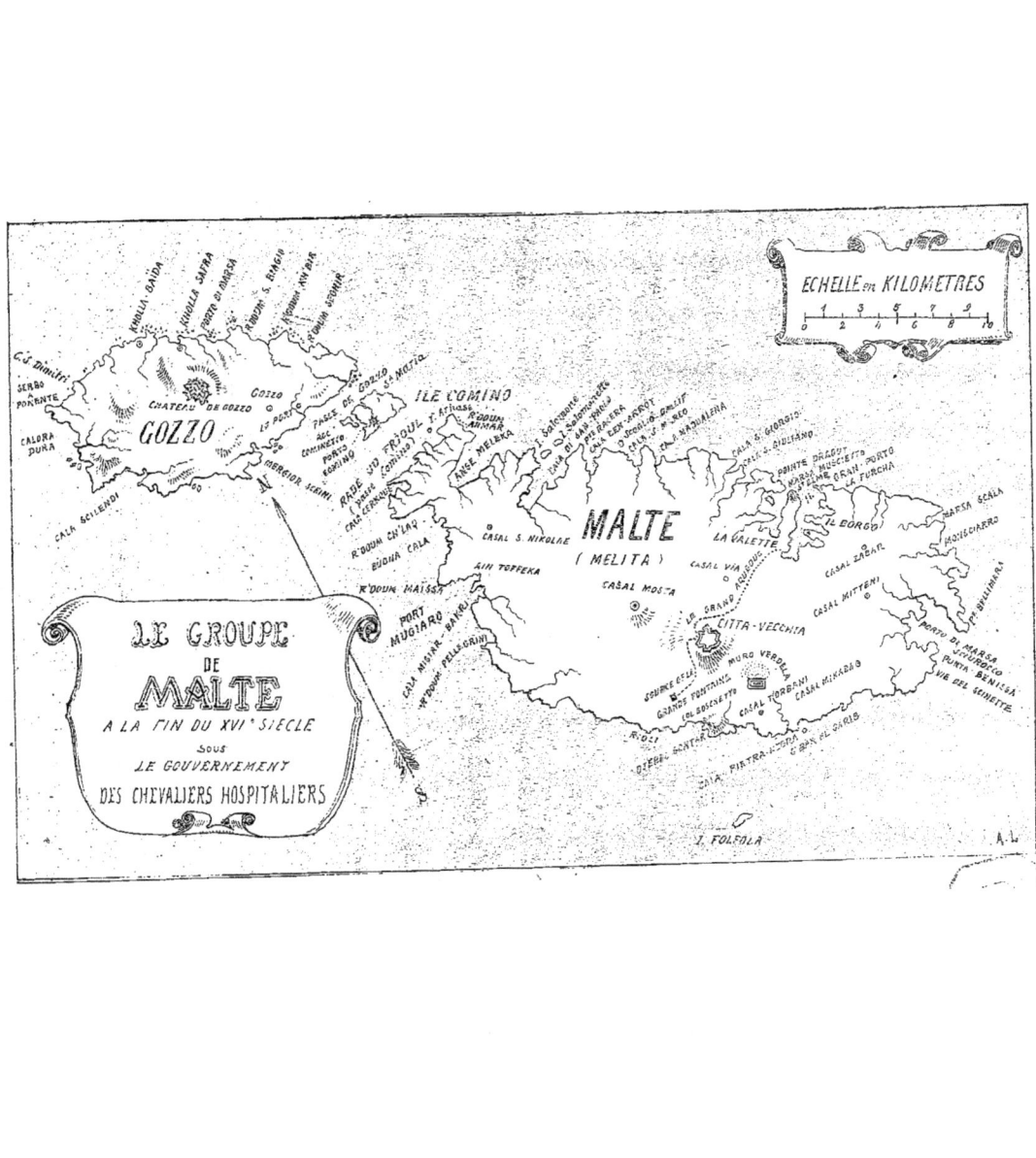

DEUXIÈME RÉCIT

QUELQUES CARAVANES — SIMÉONI — BOTIGELLA — STROZZI — ROMÉGAS JEAN DE LAVALETTE — LES RENÉGATS

Les Chevaliers n'avaient pas voulu s'établir dans le chef-lieu de Malte, dit *la Cité-Notable,* parce qu'il était situé au centre de l'île. C'était un port qu'il leur fallait.

Malte est de forme ovale, et son grand diamètre est dirigé du Nord-Ouest au Sud-Est. La côte Sud-Ouest (occidentale) est escarpée et n'a pas une seule baie. Celle du Nord-Est (orientale) en compte beaucoup, et possède le célèbre port naturel où s'étaient établis les Chevaliers. (*Voir la carte.*)

Ce port se compose d'une entrée large et aisée, s'ouvrant entre deux pointes rocailleuses : la pointe Dragut, au Nord-Ouest, la pointe des Fourches, au Sud-Est, et d'une baie intérieure profonde coupée en deux par une longue presqu'île, un véritable promontoire au dos montueux, qui présente sa pointe comme une *langue,* droit en face de l'entrée. Le port du Nord, *Marsa-Muscietto* (1), s'échancre en deux autres baies dont la plus large porte un îlot rocailleux ; le port du Sud-Est, ou Grand-Port (*Porto-Grande*) s'échancre en cinq autres baies ou anses ; une au fond, basse et peu importante, dite la *Marsa,* et quatre autres, découpées dans la côte orientale, étroites, profondes et laissant entre elles trois péninsules allongées. Ce sont, en partant du fond du port vers l'embouchure : le port ou baie de *la Sangle ;* le port des *Galères ;* le port des *Anglais* et le port de la *Renelle.* C'est sur les deux presqu'îles qui enferment le port des *Galères* que les chevaliers s'étaient établis. Il y avait, sur celle de droite, une bourgade, *il Borgo* (le bourg) ; ils l'agrandirent, lui firent une enceinte fortifiée du côté de la terre, et élevèrent à sa pointe le célèbre *château Saint-Ange.* Puis ils tracèrent sur la presqu'île de gauche un vaste ouvrage fortifié, renfermant des dépôts,

(1) Mélange d'arabe et d'italien : *Marsa* en arabe (ou Mersa) signifie *port, abri.*

des magasins, des arsenaux, et l'appelèrent le *fort Saint-Michel*. Ces noms étaient donnés en souvenir de Rhodes. Le fossé qui coupait cette presqu'île à sa gorge, allant du port de *la Sangle* au port des *Galères*, en faisait une véritable île qu'on appelait souvent l'*île de la Sangle* (1). Un faubourg qui s'éleva hors le *Bourg*, sur le dernier enfoncement allongé du port des *Galères*, s'appela *la Bormula*.

Les hauteurs qui commandaient de loin cet établissement étaient :

Entre la *Marsa* et le port de la Sangle, le massif du *Corradino* (le Conradin) ; — au sud-est de Saint-Michel et de la Bormula et, par conséquent, du Bourg, le riant côteau de *Sainte-Marguerite* ; au nord-est, jusqu'à la mer, la croupe mamelonnée dite : *les hauts de Sainte-Catherine*, dont les détachements allaient former, sur le grand port, la pointe du *Salvador* et la pointe des *fourches* (2). Cette dernière s'est appelée ensuite pointe *Ricasoli*.

Les anses du port *Muset* ou *Muscietto* n'étaient occupées que par des pêcheurs. La forte presqu'île du milieu entre les deux ports, siège actuel du chef-lieu, n'offrait alors que son arête nue, allongée, le mont *Scéberras,* terminée par un plateau plus étroit, presque carré, abrupt, dominant à la fois les entrées est et ouest. Sur cette extrémité, le général des galères, Strozzi, fit élever un fort peu étendu, mais très solide et bien muni, qu'on appela le *fort Saint-Elme,* toujours en souvenir de Rhodes (3).

La *Cité-Notable*, n'étant plus le chef-lieu, s'appela la *Cité-Vieille*. Elle était groupée sur un roc dominant les alentours, à huit ou neuf kilomètres du Bourg en droite ligne, à onze par la route.

Parmi les autres découpures de l'île, nous mentionnerons au Sud-Est, regardant l'Afrique, la baie du *Sirocco (Marsa Sciurocco)*, qui, en effet, reçoit en plein le souffle brûlant de ce vent des sables ; à l'Est, la *cale Saint-Paul* où la tradition place le naufrage du grand apôtre, spécial protecteur et patron de l'île. Enfin, à l'extrémité Nord-Ouest de l'île, sous le retour d'une presqu'île en forme de marteau, les mouillages importants du *Frioul* et du

---

(1) Ce nom de la *Sangle* vient du 3ᵉ grand-maître qui régna à Malte, le Français Claude de la Sangle. On lui doit la plupart des travaux exécutés de ce côté. Il fut prédécesseur de La Valette.

(2) Ou des *Potences* ; on y pendait des criminels.

(3) *Saint-Elme* a été le nom du *château de France* rebâti et agrandi par Aymeri d'Amboise

Mugiaro. L'île Gozzo, séparée de Malte par un canal de deux lieues, que partage la petite île *Comino*, s'élève en pain de sucre à 175 mètres. Elle n'a ni ports ni baies, mais de bonnes cultures; sa surface est le quart de celle de Malte, sa population le sixième ou le septième. (Voir la carte, page 293).

Tel était l'empire concédé à l'Ordre Saint-Jean : deux rocs, un port et la mer partout.

Frère Périn du Pont, bailli de Sainte-Euphémie, en Calabre, régnait depuis quelques mois à la place du grand l'Isle-Adam, quand les événements de Tripoli firent décider la *Religion* à venir en aide à Charles-Quint dans son expédition sur Tunis.

La garde de Tripoli d'Afrique était une des conditions imposées par l'empereur à l'Ordre Saint-Jean lorsqu'il lui céda Malte. Or, un protégé de Barberousse, le renégat corse Khérédine, venait de s'emparer de Tadjourah, tout près de Tripoli. Le roi de Tunis, Mouley-Hassan, avait essayé de l'en chasser, avec un petit renfort de canonniers de Saint-Jean ; mais il avait échoué ; et quelque temps après, Barberousse, muni d'un firman du sultan, était venu assiéger et enlever la Goulette, puis Tunis. L'immense extension de puissance du nouveau roi d'Alger, assis sur les ruines de quatre Etats barbaresques et disposant, comme grand amiral du sultan, de forces maritimes sans rivales au monde, devenait un péril imminent. Mouley-Hassan, ayant réclamé à la fois l'assistance de Charles-Quint et celle de l'Ordre Saint-Jean, fut bien reçu des deux parts, et l'on résolut de le rétablir à Tunis avec le titre de vassal de l'empereur. La Religion fournit pour sa part quatre grandes galères, dix-huit brigantins et la célèbre *Caraque* « qui, seule, rendit plus de services qu'une escadre entière. » (Vertot.)

Nous passerons sur le siège de la Goulette et la prise de Tunis par l'armée impériale l'an 1533; mais un souvenir s'impose : celui du commandeur italien Paul Siméoni.

Siméoni, connu dans toute l'Europe pour la valeur qu'il avait déployée, dès l'âge de dix-huit ans, dans sa célèbre défense de l'île Léro contre Courtougli, avait été blessé et pris, depuis lors, dans un engagement contre l'escadre de Sinan-Pacha (1) ; et les Turcs,

---

(1) Sinan, rival de Barberousse et de Dragut, était un juif de Smyrne. Il écumait la mer pour acquérir des esclaves. Un tiers de ceux enfermés au bagne de Tunis lui appartenaient : près de sept mille.

fiers de cette prise, avaient constamment refusé les rançons offertes par l'Ordre.

Quand on sut à Tunis que la Goulette avait capitulé aux mains des chrétiens, et que l'armée musulmane venait d'être vaincue au pied du Laradera, la confusion fut immense. Barberousse et Khérédine opinèrent qu'il fallait égorger les 20 000 chrétiens détenus dans le bagne de la Casbah. Sinan, qui en possédait une bonne partie, s'y opposa par avidité. Pour éviter une discussion inopportune, Barberousse céda; mais il prit ses mesures pour évacuer la Casbah pendant la nuit, en y glissant des amas de poudre qui devaient la faire sauter après son départ.

Cette cruelle précaution, qui devait ensevelir 20 000 hommes et la moitié de la ville, fut au contraire leur salut. Deux des chefs de chiourme, renégats italiens, éventèrent les mesures prises par les canonniers d'Alger. Furieux de se voir enfermés avec des esclaves et condamnés à sauter comme eux, ils écoutent les propositions de Siméoni, et lui procurent des marteaux et des limes. Pendant huit heures, les chrétiens enchaînés travaillèrent à se délivrer mutuellement. Les soldats algériens avaient évacué la Casbah. Deux compagnies d'artilleurs restaient seules, occupées à préparer le sinistre écroulement du fort, de façon à ce que l'armée impériale ne pût profiter de ses ruines, lorsque, soudain, Siméoni apparut à la tête de ses camarades armés de pinces et de leviers. Tout ce que la Casbah renfermait encore de Turcs ou d'Algériens fut mis à mort. Deux heures après, Charles-Quint y entrait avec l'élite de son armée et y était reçu par Siméoni, encore entouré de six mille esclaves déferrés.

L'impassible empereur, à la vue de cette armée de confesseurs amaigrie, décharnée, couverte de plaies, se jeta en pleurant au cou du brave chevalier, pendant que les orgueilleux généraux d'Espagne, les vice-rois de Lombardie, de Naples et de Sicile, les hautains ducs et marquis, se mettant à genoux, baisaient « avec larmes et dévotion » les mains de leurs frères captifs, auxquels ils devaient la prise et la conservation d'une ville de 300 000 âmes.

Avant de rentrer en Espagne, Charles-Quint accepta une fête brillante, donnée en son honneur sur la célèbre *Caraque* de la Religion. Soixante chevaliers portant les noms les plus retentissants de la Chrétienté lui rendirent les honneurs et le servirent tête-nue, revêtus de leurs armures milanaises à filets dorés, les éperons d'or aux talons, l'épée au côté, la soubreveste de velours écarlate, à croix de satin blanc, passée sur la cuirasse. A la fin du repas, l'empereur, se tournant vers le duc de Médina-Cœli, lui dit : « Mon cousin, je suis confus des respects que me prodiguent ces hommes vaillants, dont les vertus et le renom éclairent l'Europe..... Que font-ils de mieux pour Dieu? — Sire, dit le Grand-Prieur de Pise, l'amiral Botigella, qui se tenait debout derrière lui, nos chevaliers rendent à César ce qui lui est dû. Devant Dieu, ils ne paraissent pas armés, ni brodés, ni blasonnés, mais en sandales et cape simple, avec cilice sur la peau ; et ils ne sont pas debout, mais couchés la face en terre. Si l'empereur s'y trouvait, ils lui offriraient une place au chœur, un capuchon noir et un *Ave Maria*, sans plus. » — L'empereur embrassa l'amiral de Malte et s'écria : « Si Dieu ne m'avait imposé la charge de l'empire, c'est là tout ce que je voudrais sur terre. » Vingt ans après, il se retirait chez des moines, afin d'apprendre à bien mourir.

Il combla l'Ordre de faveurs et se désista par édit des juridictions qu'il s'était réservées sur les biens de Saint-Jean, dans l'étendue de l'empire. Mais toutes ces fêtes et amabilités ne purent pallier la conduite des troupes impériales, tant flamandes et germaniques qu'italiennes et espagnoles. La prise de Tunis avait été signalée par un horrible carnage de gens sans défense, un pillage effréné et des orgies sans nom. Le drapeau impérial n'y devait flotter que quelques années ; jadis, saint Louis était mort sur la colline de Byrsa, en pleurant sur les mœurs dissolues de son armée ; Dieu n'aime pas confier ses œuvres à des mains qui ne savent pas rester pures.

Hamida, ce fils rusé de Mouley-Hassan, trouva moyen de se faire reconnaître à son tour, et jeta en prison son père, déjà discrédité par sa soumission aux chrétiens.

La *Renaissance,* ce précurseur gracieux et attrayant de la Révolution, comme elle fille du diable, pleine de décevantes séductions et dissimulant sous les plus aimables contours le vide des formules et le mensonge du fond, atteignait alors à l'apogée de ses succès. Ce brillant *seizième siècle,* si vanté par les écrivains subséquents à raison du *renouveau* qu'il apporta dans les lettres et les arts — simple fruit éclos, cultivé et mené à maturité par les robustes labeurs des siècles croyants — n'offre, à qui l'étudie sans parti pris, qu'un gigantesque mélange de voluptés insolentes et de cruautés affreuses, de recherches érudites et de mensonges inouïs, de raffinements dans tous les plaisirs de l'esprit et du corps, et d'abominable tyrannie. Les érudits ne recherchent plus le *vrai*, mais le *curieux*; ils ont des idoles, ils se prosternent devant l'antiquité (1); nul n'a le droit de parler s'il n'est imbu des formes grecque et latine; et les prélats eux-mêmes vont mêler la mythologie à leurs écrits pastoraux. Les écrivains cesseront bientôt de louer Dieu pour flagorner les princes; les grands artistes, d'édifier et d'orner des cathédrales pour élever des palais somptueux aux puissants de la terre et mettre leur talent au service des pauvres passions humaines. En politique, la ruse allemande, l'*astuzia* italienne sont devenues des vertus aimées des grands, admirées des peuples qui en pâtissent. La mouvante hiérarchie des classes, où le simple *manant* parvenu à l'aisance par son travail portait blason, et marchait appuyé sur sa *corporation* ou sa *confrérie*, se fige peu à peu et s'immobilise lentement dans des formules vaniteuses. L'action des princes s'étend d'un bout à l'autre d'immenses territoires, mais au prix de l'indépendance locale, la seule vraie et palpable, désormais refoulée, comprimée, lentement réduite à néant, et entraînant dans sa perte la dignité personnelle et le sentiment de l'égalité chrétienne. Les guerres d'ambition et les querelles de *nationalisme* prennent un caractère aigu et détournent constamment les princes d'un objectif plus pressant et plus élevé : la défense générale des principes vitaux sur lesquels a grandi la société européenne; des principes de l'Évangile.

Les hérésies locales et sanguinaires des siècles précédents : *Patarins*, *Albigeois*, *Hussites*, *Wicléfistes*, vont reparaître et se fondre en une attaque générale contre l'Église, attaque où l'ennemi n'arbore aucun principe, mais combat tous les principes; où il ne proclame aucune vérité, mais sape des vérités reconnues; où il n'apporte aucune autorité, mais *proteste* contre toutes les autorités,

---

(1) Par un excès contraire, le xixe siècle, écœuré et saturé de cette admiration, ne veut plus même admettre l'antiquité comme « simple étude de formes ». Il en arrive à proscrire des études tout ce qui n'est pas purement utilitaire.

de façon à admettre à titre d'alliées toutes les erreurs, si variées et si contradictoires soient-elles, à la seule condition qu'elles nient ou abaissent quelque chose d'existant, sous le large et commode drapeau du *protestantisme*.

Et à mesure que recule la foi des princes et que se multiplient les mensonges, la marée mahométane monte et s'étale. L'empire de Soliman a trois fois l'étendue de celui de Charles-Quint, et le surpasse en population. Sur mer, il n'a pas de rivaux; sur terre, il a capté et mis à profit, pour la première fois, une alliance chrétienne contre des chrétiens; et cette alliance (faut-il l'avouer pour notre honte?) est celle de la France!......

L'heure était venue, cependant, si les princes l'avaient *fermement* voulu, d'achever l'œuvre des Croisades. Christophe Colomb et Fernand Cortez, Pizarre et Almagro venaient de découvrir et de conquérir le Nouveau-Monde; les Jacques Cartier, les Villegaignon et les Drake allaient compléter leur œuvre. En Orient, Vasco de Gama, les Albuquerque, et la longue liste des conquérants et des *descubridores* portugais, tous hommes exceptionnels par le talent et l'énergie, rétablissaient entre les deux bouts de l'Ancien Monde, entre les fils d'Arphaxad et ceux de Japhet, les rapports interrompus depuis neuf cents ans par l'interposition subite du mahométisme. Le programme de l'Europe chrétienne était donc tout tracé : opposer par une solide union religieuse et militaire un front infranchissable à l'islamisme, du Danube à l'Archipel, en s'aidant des ressources qu'apportaient les trésors du Nouveau-Monde. Puis, s'établissant dans la mer des Indes et entraînant avec soi les nations *philosophiques* de l'Extrême-Orient, dont les intérêts étaient conformes à ceux de l'Europe, prendre à revers l'ennemi commun, le presser, l'écraser par portions successives dans son centre, jusqu'à ce qu'on eût reporté la Croix victorieuse à Jérusalem; et, de là, tendre la main, par terre et par mer, aux établissements d'Orient. Coupé en deux tronçons : le tronçon mongol dans les déserts froids, le tronçon arabe dans les déserts chauds, l'islamisme était vaincu d'avance. Le monde, dont il arrêtait la marche depuis neuf siècles, reprenait son mouvement vers la vérité, en y associant, sous le niveau de l'égalité chrétienne et par l'action du dévouement apostolique, les populations innombrables des deux continents que Dieu lui offrait à civiliser sous la Croix.

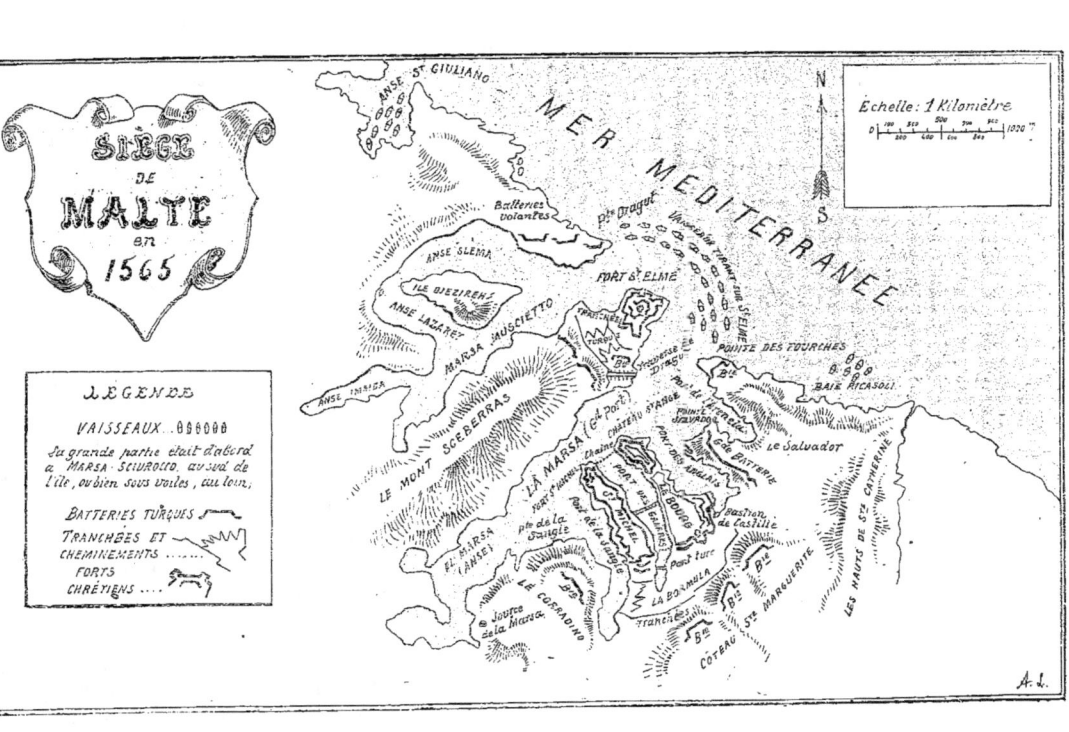

De ce grand rôle et de ce grand mouvement, l'Histoire ne peut, hélas ! offrir que quelques lambeaux et quelques faits isolés — d'autant plus glorieux pour ceux qui y eurent part, que la défection générale était plus réelle dans les autres. L'invasion du sensualisme païen, suivie aussitôt des guerres religieuses déchaînées par le protestantisme, avait coupé court aux grandes espérances et aux féconds projets. Mais si Lépante et Vienne honorent à jamais l'Église, l'Espagne et la Pologne, n'oublions pas que, seule, la résistance héroïque et le dévouement chrétien de l'Ordre Saint-Jean les ont rendues possibles en contenant sur place et en usant, à force d'énergie, l'énorme développement de la puissance ottomane, près de tout submerger.

Pour bien se représenter le rôle joué, avec une abnégation qui ne faiblit pas durant trois siècles, par les *chevaliers de Rhodes* (puis de *Malte*), il faudrait se représenter l'île de Jersey formant un État à part et soutenant une guerre contre la France ou l'Angleterre; ou bien la ville de Toul, avec ses forts et son *arrondissement* administratif, entamant une lutte de plusieurs siècles sans reculer contre l'empire d'Allemagne. Il est vrai que, selon la juste expression d'un historien (1), « c'était, au moral, une grave réunion de moines prêts au martyre ; en politique, un incomparable sénat de chevaliers et de barons élevés dans toute la science des cours; en guerre, une milice de grands capitaines. »

Nous avons cité la réponse de Botigella à l'empereur Charles-Quint parce que, malgré quelques vices inhérents au caractère de l'époque, la foi des aventureux et batailleurs chevaliers restait vigoureuse, et se retrempait dans un contact de tous les jours avec l'ennemi féroce, implacable : le corsaire musulman, pour qui le terme *générosité* est exactement synonyme de *lâcheté;* qui ment par principe, fuit, au besoin, sans rougir (2), et se fait honneur, lorsqu'il triomphe, de porter au comble tous les excès de la force victorieuse. A ceux qui, admirant esthétiquement la sauvage énergie,

---

(1) *Léon Guérin*, « Histoire générale de la marine française. »

(2) Nous avons plusieurs fois rappelé que la règle de Saint-Jean défendait, *sans atténuation,* de fuir une fois l'action engagée, fût-on cent fois inférieur en forces. Il est vrai qu'elle châtiait avec rigueur le *chef* qui s'exposait par témérité pure. De ces deux articles, sagement combinés et dirigés par le sentiment chrétien, sont sortis les prodiges qui saisissent le lecteur d'étonnement, et dont les chevaliers étaient si coutumiers qu'ils ne s'étonnaient que de l'étonnement d'autrui.

la patience rusée et l'indomptable bravoure de ces hommes de sang voudraient en reporter l'honneur — tout matériel, du reste, et nullement moral, — au Coran ou à la race turque, nous ferons simplement observer que les Piali, les Khérédine, les Kourtougli, les Mami, les Redjeb, les Djaffer et cinquante autres *illustrations* de la terrible course barbaresque, étaient des renégats chrétiens (sauf Sinan, qui naquit et resta juif), tous sortis des îles grecques, de l'Italie méridionale, de la Sardaigne et de la Corse. De même, cette infanterie célèbre et si privilégiée qui n'eut pas d'égale au monde pendant deux cents ans, les *janissaires,* était uniquement composée d'enfants chrétiens enlevés à leur famille. Rien ne démontre mieux le mot connu que « le diable passe son temps à singer Dieu. » Et le commandeur de Lucques répondait fort justement à un capitaine turc qui, pendant une trêve, lui racontait les exploits de son bataillon. « Oh! nous vous connaissons; car c'est dans notre sang que vous
» avez puisé force et courage ; et si le diable n'avait eu la malice
» de vous pousser à susciter sang chrétien contre sang chrétien et
» renégat contre fidèle, il y a bien cent ans que votre grande
» *Turquerie* serait rapetissée jusqu'à tenir dans le creux de ma
» main. »

Ce fait explique également et justifie encore mieux que le droit de représailles les prétendues « cruautés » des chevaliers envers leurs captifs. S'ils les mettaient à la chiourme, chaîne au pied, ce n'était que par imitation de ce que le Turc faisait du chrétien ; mais il est bon d'ajouter que le rameur des galères chrétiennes était bien mieux traité que celui des navires turcs. Quant aux renégats, ordinairement pendus haut et court, il suffit de se rappeler que l'un d'eux, un Corse paré du surnom de Djilali, s'était enfui de sa *piève* (son canton) après y avoir assassiné quatre personnes et que, depuis qu'il courait la mer sous pavillon ottoman, il avait enlevé plus de deux mille chrétiens, surtout des femmes et des enfants, destinés au sort le plus odieux, et fait massacrer de sang-froid, par plaisir, des équipages prisonniers. Les quatre cinquièmes des fameux *réïs* musulmans étaient des renégats comme Djilali, et agissaient de même.

Tels sont les bandits pour lesquels nos libérâtres écrivains ont gardé leur sensibilité, en dépeignant, par contre, les chevaliers de Saint-Jean comme de cruels fanatiques, rivaux de férocité de leurs adversaires. Les récentes guerres d'Afrique nous ont appris ce qu'il en est; et déjà, dans ces temps-là, le bon sens populaire basé sur les faits avait établi le dicton: « Doux comme un petit Saint-Jean, » (1) pour exprimer la débonnaireté après la victoire. Nous n'insisterons pas davantage; nous nous sommes contenté d'en donner un exemple dans le *récit de Modon*.

Un marin aussi réputé comme écrivain que comme homme de guerre (2), séduit par ces vaillantes physionomies, a étudié à fond, dans des publications récentes, les marines de cette époque mouvementée, décrit leurs luttes en connaisseur, et rendu à tous les mérites un impartial éloge. Avant tous, il célèbre cet *Ordre de Malte* qui accomplit de si grandes choses avec si peu de forces; et sa plume animée, exhumant les titres oubliés de cette légion de capitaines chrétiens, a résumé et offert en exemple au xix° siècle, sceptique et jouisseur, ces centaines de noms sonores dans lesquels se résume la plus vraie et la plus pure gloire militaire des pays latins.

Il en est un surtout qui attire, par le charme gascon de sa vaillance : c'est celui du commandeur d'Aulx-Lescout (de la fameuse maison d'Armagnac) surnommé communément *Romégas,* du nom d'une terre qu'il tenait en fief pour cette maison. Le récit de ses exploits défraierait largement une douzaine de romans de cape et d'épée. Capitaine d'une des galères de la *Religion,* Romégas ne cessa pas un jour, jusqu'à sa retraite, de courir sus aux infidèles pour délivrer les captifs chrétiens, ou faire de riches prises en hommes et en marchandises, qu'il échangeait ensuite contre les prisonniers des bagnes barbaresques. C'est par milliers que le généreux moine-soldat arrachait ainsi leurs proies aux musulmans. A chaque victoire, il faisait dire une messe et jeûnait avec son équipage, « pour rendre grâces à Dieu des âmes rachetées par sa permission »; car il envisageait surtout, dans la liberté rendue à ses frères chrétiens, le salut de leurs âmes. Quand il opérait ses échanges, il demandait de préférence les enfants, les malades, les vieillards, les jeunes femmes, « comme étant plus exposés à succomber sous la crainte, la flatterie ou l'illusion, et à perdre le trésor de la vraie foy. » Quel est le capitaine qui, aujourd'hui, joindrait aussi hardiment la foi la plus éclairée à une vaillance incomparable ?

---

(1) Comme un petit *chevalier* de Saint-Jean.
(2) Le vice-amiral Jurien de la Gravière, membre de l'Académie française.

Quant aux prouesses qui séduisent dans les types inventés par les romanciers modernes, il en est peu que la réalité n'ait surpassées, quand il s'agissait des galères de l'Hôpital. Romégas, pour sa part, avait tellement parcouru toutes les criques, anses, baies et *cales*, sondé tous les fonds, franchi tous les caps et détroits de la Méditerranée, sur plus de trois mille lieues de pourtour, qu'il servait lui-même de pilote à ses pilotes, dans toutes les occasions difficiles. Les plus hardis matelots rendaient leurs galons pour obtenir la faveur enviée de servir à son bord, quoique la discipline y fût inexorable. Un jour, il enlevait deux galiotes à Barberousse en pleine rade d'Alger, sous le feu du fort Bab-Azoun et des batteries de la Marine et délivrait du coup 400 chrétiens. Pendant l'action, n'ayant plus rien à commander, il récitait avec piété, à genoux sur le tillac que balayaient des volées de projectiles, l'office quotidien prescrit par la Règle (1).

Un autre jour, il pénétrait audacieusement dans l'embouchure du Nil, la remontait, capturait l'une après l'autre une douzaine de *djermes* qu'on lui avait dit être chargées de chrétiens napolitains (ce qui se trouva être vrai), et renvoyait les équipages arabes au pacha du Caire, après leur avoir fait administrer une immense volée de coups de corde « de laquelle ils ne purent s'asseoir plus de dix jours », pour les châtier de la violence avec laquelle ils avaient traité ses coreligionnaires. Il les chargea de dire au pacha que : « s'il
» voulait conserver la peau qu'il avait de ce côté-là, il ne se risquât
» point en mer tant que Romégas aurait soufflé, pour ce qu'il avait
» mauvais rapports de son inhumanité envers les captifs. » Et le pacha le prit assez au sérieux pour refuser, l'année suivante, de se rendre par mer à Constantinople, et se résigner aux fatigues de l'interminable route de terre. A cette occasion, plusieurs marins du pacha revinrent sur leurs pas et demandèrent à se faire chrétiens,

---

(1) Les auteurs contemporains disent que lorsque Romégas, La Valette ou Botigella relâchaient dans un port d'Italie ou de Provence, le peuple accourait pour les acclamer, et que les femmes, auxquelles ces braves chevaliers avaient rendu, soit la liberté, soit un père, un fils ou un époux, faisaient de véritables émeutes d'enthousiasme en leur honneur.

A Naples, en 1557, elles portèrent Romégas en triomphe (bien qu'il leur répétât rudement : *La paix, femelles, la paix!*) et battirent la garnison qui voulait les en empêcher; elles disaient aux soldats : « Vous êtes quatre mille, faites en autant que celui-là tout seul ! »

Il avait délivré ou racheté, en quatre ans, plus de huit cents Napolitains.

voulant servir sous le grand capitaine Romégas : « Quand vous serez guéris, leur cria le Gascon toujours avisé. Je ne crois mie à la seule prédication du filin. » Guéris, ils revinrent : cette fois, Romégas les accueillit et les combla d'attentions. « Mais il attendit, pour les
» embrasser, qu'ils eussent été lavés de leurs péchés par le saint
» baptesme, et aussi qu'ils fusssent devenus un peu plus décents et
» débarbouillés au savon, selon l'habitude des marins de la Reli-
» gion ; car les matelots égyptiens sont communément tout vermi-
» neux, et ne lavent presque jamais leurs habits. »

En 1556, avec deux galères, il établissait une croisière dans les parages, si connus pour lui, de Rhodes et de la côte carienne ; sur le seul bruit de sa présence, les navires musulmans ne prirent plus la mer que par associations, et bien garnis de soldats. Romégas y trouva l'avantage de les enlever plusieurs ensemble, « quand ils n'étaient pas vraiment trop gros ».

Un incident dramatique faillit, cette année, priver l'Ordre Saint-Jean des services du vaillant Gascon. Il était lors au mouillage de Malte, dans le port de la Renelle. Une nuit, par un temps clair et calme, un nuage s'éleva au sud de l'île, forma trombe avec les eaux de la mer, aborda Malte par le travers, rasant tout sur son passage, et descendit, avec la vitesse de la foudre, dans le port où étaient les galères, qui furent enlevées de leurs amarres et retournées la coque en l'air. On courut du Bourg à leur aide ; on put sauver une partie des équipages ; mais presque toute la chiourme, qui dormait attachée par le pied à ses bancs (car on allait reprendre la mer), (1) fut noyée sous les navires renversés, avec beaucoup de matelots et de soldats et plusieurs chevaliers.

Au petit jour, comme les plongeurs installaient des barils vides sous les bordages pour retourner les épaves, l'un deux entendit frapper à petits coups répétés dans l'intérieur de la *Capitane*, qui gisait la quille en l'air. Aussitôt, on employa les grandes tarières pour percer une ouverture carrée dans la coque ; quand ce fut fait, on aperçut Romégas, qui dit gravement aux travailleurs : « Je suis tout de même un peu fatigué ; çà, bonnes gens, envoyez-moi un *car-*

---

(1) Un Tunisien de la chiourme fit vœu de se convertir, au moment où la galère, en se retournant, le *capela*. Il fut sauvé aussitôt par la chute d'une pierre qui fit un trou au navire, tout près de sa tête, ce qui lui permit de se hisser au dehors et de respirer. Il abjura solennellement et devint moine-servant de l'Hôpital.

tahu (1) sous les bras, et me tirez d'ici. » Commandant de la galère capitane, il avait été surpris en plein sommeil, dans sa cabine, par la secousse que produisit le chavirement du navire, et par l'eau qui faisait irruption; mais l'air enfermé n'ayant pu s'échapper, avait fait résistance, et Romégas, plongé dans l'eau jusqu'au cou et la tête seule dehors, se soutenant par les poignets à un *barrotin* (traverse) qu'il avait eu le bon esprit de saisir dès la première seconde, avait attendu avec sang-froid, pendant cinq heures, que l'on fût à portée d'entendre ses signaux et de le délivrer. Il avait le droit d'être « un peu fatigué » de ce séjour dans l'eau et le noir, d'autant que sa provision d'air commençait à se vicier. Il conserva de l'accident, dit un historien, « un grand mal dans l'estomach et une foiblesse des nerfs (il veut dire des muscles) qui, lorsqu'elle le prenoit, le faisoit tomber en syncope. » Cette prétendue « foiblesse » n'empêcha pas, au reste, Romégas de se distinguer sans trêve pendant 15 ans sur les galères de l'Ordre, au siège d'Afrika et à la célèbre défense de Malte, où il commandait l'état-major qui accompagnait et protégeait le grand-maître La Valette; et plus tard encore à Lépante (2).

Parmi les principaux *Raïs* musulmans, il y en avait un nommé Yousouf Concini, renégat calabrais, qui surpassait tous les autres en cruauté. Il s'amusait à inventer des supplices pour les chrétiens qui lui tombaient sous la main, et avait coutume de dire : « Puisque je dois aller en enfer, je rends d'avance avec usure aux chrétiens les tortures que j'y subirai. » Son tour arriva.

Romégas apprit que le coquin croisait avec une grosse galiote sur les côtes de la Sicile. Il vint aussitôt l'y chercher avec sa galère. Le combat était égal de part et d'autre. Les deux adversaires, après le duel d'artillerie préliminaire, se rapprochent et s'abordent. Deux fois le pont de la galiote est envahi par les chrétiens : deux fois des volées de mitraille à bout portant, habilement calculées, les

(1) Tout cordage courant, formant une suspension à boucle, avec ou sans traverse de bois, s'appelle *cartahu*.
(2) Regardé comme le marin le plus consommé de son siècle, il fut appelé par Don Juan d'Autriche, à titre de *conseil*, sur la galère Amirale, et prêta au prince le secours de son expérience. Le capitaine de la galère, le désignant du geste, s'écriait un jour : « Quel homme ! Voilà un soldat ! » Don Juan le corrigea ainsi : « Voilà LE soldat ! » Romégas accompagna Marc-Antoine Colonna à Rome, après Lépante; le Pape le logea au Quirinal et lui prodigua les marques de considération; mais l'affluence de la noblesse romaine était telle, qu'au bout de quelques semaines il obtint de se soustraire à sa curiosité en reprenant son service à Malte.

font reculer au moment où ils croient triompher. Ces longueurs ne faisaient pas l'affaire du commandeur. Il confie la galère à son second, le frère servant Nicolas Brasquin, deuxième pilote de Malte, franchit les *pavesades* et tombe au milieu de la galiote en criant : « Concini, vieille *canaglia*, où es-tu ? à Romégas ! »

Le Calabrais, qui avait entendu parler de l'accident de Malte et des « nerfs affaiblis », n'hésite pas à répondre de sa voix retentissante : « *Ecco il Concini ! Ecco il figlio di Satanas !* » (1) Et, bousculant à coups d'épaule les soldats, foulant au passage les rameurs, il vient dresser en ricanant devant le commandeur sa haute taille et sa face sombre, marquée d'une brûlure à la joue. Un duel s'engage entre les deux commandants ; le chrétien a sa lame brisée! il se jette sur le grand Calabrais, le renverse, et tous deux roulent à plat-pont, en se mordant et cherchant à s'étouffer. Du haut du château de poupe de la galère, frère Brasquin s'écrie : « Au fer, commandeur, au fer ! Voici mon arme ! » et il lance son estoc, qui vient se piquer dans la coursie du musulman. Romégas se redresse, se jette sur l'arme, et le combat reprend ; cette fois, le renégat, malgré sa force prodigieuse, lâche pied et se défend avec peine ; d'un coup de pointe terrible, Romégas lui traverse le côté et l'étend sur la coursie. A cette vue, les Turcs reculent et se réfugient dans le château d'arrière.

Alors se passa un fait qui, du reste, n'est pas unique en son genre. Le colosse blessé était tombé en travers, les pieds portant sur l'un des rameurs chrétiens enchaînés ; lâchant sa rame, l'esclave le tire à lui, et lui enlève un doigt d'un coup de dent ; un cri de joie court dans la chiourme, dont les trois quarts portaient les marques des cruautés raffinées de Concini. Vivant et hurlant, il est passé de main en main et dépecé, morceau à morceau, par les ongles et les dents des malheureux ; chacun d'eux en arrache un lambeau (2). Quand ce corps déchiqueté, couvert d'une colle noirâtre de sang figé, et montrant, par places, le brillant des os, eut fait le tour des bancs sans que Turcs ni Chrétiens osâssent s'opposer à cette vengeance, il continuait de s'agiter, avec des soupirs bas et profonds. Romégas le repoussa du pied, en se signant, et cria aux Turcs : « Celui qui

(1) Le voilà, Concini, le voilà le fils de Satan !
(3) Ils gardèrent ces morceaux desséchés, et les montrèrent pendant longtemps aux curieux.

DEBOUT SUR LA LISSE D'AVANT, L'ÉPÉE EN MAIN....
(Voir page 306.)

ne se rend sur-le-champ, je le livrerai à la chiourme ! » Ils jetèrent bas les armes et vinrent d'eux-mêmes, dociles, déferrer les rameurs chrétiens et s'asseoir à leurs bancs.

Parmi ses innombrables combats, les marins ont recueilli et citent avec admiration comme un modèle d'habileté manœuvrière celui de Scarpanto (1). Il n'avait pas fait, dans cette région, moins de neuf prises, lorsqu'il vit passer une énorme *caraque* de Satalié, connue partout sous le nom de la *Riche caraque,* à cause des opulentes cargaisons que l'on confiait à ses flancs rebondis. Elle était montée, outre son équipage, par une compagnie de janissaires et un détachement d'artillerie turque; elle avait pour chef le célèbre *raïs* Oughly. Romégas n'avait que deux médiocres galères dont la seconde, une simple *birême*, était dirigée par le chevalier de la Motte (de la langue de France). Les deux navires agiles et bas se rapprochent : — Voilà, dit La Motte, trop gros morceau pour nous Quel dommage, commandeur !

— Comment entendez-vous cela, fit Romégas ?

— J'entends que nous ne pouvons l'approcher que pour l'abordage et serons coulés bas avant d'y arriver... Et puis, comment monter là-haut ? Voyez ces lignes de mousquets: il ne nous resterait pas un homme vivant pour assaillir. C'est bien « crevant au cœur », commandeur! Une si belle caraque...

Romégas sourit:

— La Motte, dit-il, les caraques sont de belles reines bien ornées, et les reines ne s'abordent point avec brutalité, mais se gagnent par finesses, et mots piquants, et petites agaceries. Ainsi allons-nous faire. Suivez seulement ma manœuvre.

Les deux galères se séparent et poussent chacune vers un bord du gros navire. Arrivées à grosse portée, elles le battent, comme un fort, de leur long canon d'avant, la seule pièce qui fût en mesure de lutter avec les puissantes batteries de la caraque. Celle-ci a beau riposter par des décharges terribles, l'attention de son commandant est partagée entre les deux minces assaillants qui se maintiennent toujours à la même distance, tout en pivotant de manière à rendre impossible aux Turcs un pointage méthodique. Quelques boulets

---

(1) L'ancienne *Carpathos*, île moyenne, jetée entre Candie et Rhodes. Elle a donné son nom à la portion de mer qui l'entoure.

effleurent leurs pavois ou leur tranchent des cordages, mais aucun n'a porté juste, tandis que la caraque a déjà plusieurs trous à fleur d'eau. Raïs-Oughly se tire la barbe en maugréant; mais bientôt sa figure s'éclaircit; il a vu, au loin, miroiter l'eau comme de l'acier: c'est une *bonace* (un calme) qui s'approche. Peu après, les vastes voiles frémissent à peine, puis restent collées, inertes, aux mâts.

— Je connais le Romégas, s'écrie Oughly. La bonace l'encourage: il va se jeter à l'abordage... Soldats du grand sultan, soyez prêts! Les chrétiens vont se livrer.

En effet, les deux galères arrivaient, rapides, et décrivant des courbes sinueuses pour dérouter les pointeurs turcs, qui ne parvenaient pas à les ajuster. Oughly haussa les épaules:

— Reposez-vous, mes enfants! Laissez-les venir..... Ils ne sont qu'une poignée; ils ne s'attendent guère à trouver ici nos janissaires... Ha! ha! Jolie surprise, mes amis! Si je présente Romégas au sultan, je serai nommé pacha.

Les janissaires s'accroupissent par pelotons, l'arme au poing, prêts à bondir quand l'ennemi paraîtra sur le pont, pendant que les matelots dégagent rapidement les petites pièces d'arrière, les tournent vers les lisses et les bourrent de mitraille.

Mais Romégas, devinant au silence de la caraque les préparatifs qui s'y font, dit à son pilote :

— Oughly est né Turc et non Gascon; il sera toujours un peu bête. Un renégat aurait plus d'esprit... Envoyez, et virons !

Le *coursier* de la galère décoche son projectile, et les modestes pièces de rambarde l'imitent. A cette petite distance, leur effet n'est pas perdu : six trous se creusent dans la ligne de flottaison du gros vaisseau, qui embarque des quantités d'eau à chaque roulis, si léger soit-il.

Les *topdjis* avaient couru à leurs pièces, dont une seule bordée allait exterminer la fine galère; mais déjà elle était loin, filant comme un cheval de course dans la *ligne de foi* (1) de la caraque. Quand les pièces de bossoir eurent été dégagées et pointées, la galère se trouvait hors de portée, et revenait pour prendre champ. A ce moment, une autre volée troua l'arrière du navire : c'était le cheva-

(1) La ligne d'arrière en avant, celle qui partage le navire symétriquement dans sa longueur.

lier de La Motte qui imitait son chef; sa birême, glissant bien loin derrière la poupe du musulman, lui envoya, comme adieu, un coup de sa pièce de retraite qui brisa net les éguillets du gouvernail et entama l'étambot. La caraque ne gouvernait plus.

Cette canonnade au galop, semblable à la fusillade des cavaliers arabes, continua pendant une heure, tuant par quantité des hommes, et criblant de trous l'énorme vaisseau; Oughly vit enfin la brise revenir; et, cette fois, il la salua avec joie :

— Qu'on établisse une *queue de fortune* (1) et qu'on oriente vent arrière, cria-t-il ! Allons, là-bas, tout le monde aux bras et boulines !

Mais avec la brise revenait la houle; avec la houle l'eau entrait à flots.

— Raïs, dit le maître calier à voix basse, nous avons neuf trous à la flottaison et quatre pieds d'eau dans la cale.

— Aveugle et pompe! répondit Oughly.

Tout le monde courut aux pompes; quelques matelots, bons plongeurs, clouèrent vivement sous l'eau des morceaux de *prélart* sur les mortelles ouvertures. Mais de nouvelles volées des galères écrasèrent les hommes sur la coque du navire et agrandirent les trous. On vit les caliers remonter précipitamment : le navire s'emplissait; pour le soutenir ils avaient cloué les panneaux de la cale, ce qui comprimait l'air intérieur.

Les matelots se regardaient et manœuvraient froidement, avec méthode, en hommes qui savent la partie perdue. Les soldats, peu accoutumés aux soudaines volte-faces et aux étranges périls des combats de mer, avaient rompu la discipline et criaient : « Mieux vaut misère que mort! Aux canots, ou rendons-nous! »

— Des canots? fit Oughly en les regardant fixement; il n'y en a plus !

Les boulets chrétiens les avaient réduits en miettes sur leurs suspentes.

Un passager de plus de 78 ans, ferme et droit, arriva sur le pont.

C'était un haut personnage, le *sandjiak* (gouverneur) du Grand-Caire, Méhémet-Bey, appelé à Constantinople comme « Pacha de la Porte. » Il dit à Oughly .

---

(1) Mâtereau servant de gouvernail provisoire, jusqu'à ce qu'on eût pu remettre les ferrures cassées et installer un vrai gouvernail.

— Tout est donc perdu?

Le raïs baissait la tête.

— Il faut savoir se résigner à ce qui est écrit, reprit philosophiquement le vieillard. Raïs, abaisse ton orgueil comme je fais du mien, et demande à traiter.

Une voix claire l'interrompit : debout sur la lisse d'avant, l'épée en main, au milieu d'une douzaine de matelots de Saint-Jean bien armés, un chevalier à la cotte rouge demandait en arabe :

— Vous rendez-vous?

Oughly fit un bond et se tut. Le sandjiak, s'avançant à sa place, répondit :

— A quelles conditions?

— La vie sauve.

— Rien de plus? s'écria le sandjiak. Nous sommes encore six cents hommes solides, songes-y, chrétien!

— La vie sauve, répéta le chevalier..... et la miséricorde de l'Hôpital Dans un quart d'heure, vous et vos six cents hommes serez au fond de l'eau, sans combat.

Les soldats turcs s'étaient brusquement tournés vers les matelots ; ils lurent dans leurs yeux la confirmation des paroles du chrétien. Un accès de rage les saisit. Le commandant (*bimbachi*) des janissaires, saisissant un tromblon, mit en joue le chevalier, pour ne pas mourir sans vengeance; un matelot se jeta sur lui et le désarma, en murmurant à son oreille :

— Bimbachi, si tu tires, tu condamnes à mort six cents croyants.

Le chevalier avait contemplé cette scène de deux minutes, impassible.

— Nous nous rendons, dit tout haut Méhémet-Bey.

— Tu n'es pas Raïs-Oughly, répliqua le chevalier. Raïs, où es-tu?

— Me voilà, fit la voix du raïs.

Il était très pâle. Il amena lui-même le pavillon vert et jaune ; puis, s'en enveloppant, il bondit la tête en avant dans la mer, et coula comme une pierre.

Les chrétiens avaient envahi le pont et tenté de sauver le navire capitulé. Une explosion sourde annonça que les panneaux de la cale venaient d'éclater sous la pression de l'air. L'eau envahissait la batterie. On n'eut que le temps de faire passer les Turcs à bord des deux galères ; et la superbe caraque s'enfonça en produisant un gigantesque entonnoir, dans lequel faillit périr la birême du chevalier de la Motte.

La plus célèbre prise faite par Romégas, de concert avec le commandeur de Giou (1), général des galères de Saint-Jean, fut celle du *galion du Sérail,* monté par deux cents janissaires et un équipage choisi. La résistance fut égale à l'attaque ; cent vingt chevaliers et soldats de Saint-Jean y trouvèrent la mort. Ce fut grâce à l'incroyable ténacité du *commodore* (2) gascon, revenu sept fois à l'attaque, que les chrétiens se rendirent maîtres du galion, l'arme au poing, après un immense carnage de ses défenseurs. Dans ces abordages, la supériorité personnelle des chevaliers éclatait irrésistible. Tout navire abordé, quel qu'il fût, était un navire pris. Les détails de ce combat fameux où les Turcs, sous le commandement de Baïram-Oglou, s'illustrèrent par une superbe défense, sont d'ordre si technique que nous renvoyons le lecteur curieux au chapitre que lui a consacré le vice-amiral Jurien de la Gravière, dans son ouvrage sur : *Les chevaliers de Malte et la marine de Philippe II* (*Paris, Plon-Nourrit.* 1887. 2 vol. in-12.)

Romégas devait encore s'illustrer sur la côte d'Afrique, au grand siège de Malte, et à Lépante ; puis il passa en France, et consacra ses dernières années à combattre, sous les ordres de Montluc, les protestants du Midi, qui couvraient sa chère Gascogne d'abominables ravages. Ce fut sa manière de « soigner sa santé à ne plus faire grand'chose » (*sic*). C'est dans Montluc qu'il faut lire l'éloge du vieux Romégas devenu capitaine à terre. Le maréchal n'a jamais connu, dit-il, d'homme plus consommé au métier des armes, ni plus entendu ès-choses de la guerre. Pour un homme atteint de « débilité nerveuse » et de « maladie d'estomach », ce n'était pas trop mal ; et beaucoup de gens valides de notre siècle auraient été fort en peine d'en faire autant.

Le successeur du grand l'Isle-Adam, Périn du Pont, ne vécut qu'un an, et fut remplacé en 1536 par le prieur de Toulouse, Didier

---

(1) De la langue de Provence. De plus en plus les langues françaises *s'amarinaient*, et remplaçaient, en cette spécialité, les Espagnols et même parfois les Italiens, jadis maîtres incontestés en l'art naval.

(2) Nous employons ce terme pour bien rendre la situation de Romégas qui, sans être général des galères, avait un rang à peu près équivalent, comme commandant de la *capitane*, et n'était subordonné à aucun autre officier de mer qu'à l'amiral en titre.

de Sainte-Jaille. La petite marine de Malte, comprenant sept à huit galères et une vingtaine de brigantins et autres navires légers, comptait autant d'illustrations que de chevaliers; parmi eux brillaient surtout: le prieur de Pise, Botigella, général des galères; le prieur de Capoue, Strozzi (Léon), ex-général des galères de France, l'un des plus fins mariniers de son siècle, « qui oncques ne commit une erreur en mer, et sauva quatre fois des flottes par son expérience »; le bailli de Lango, Antoine de Grôlée ; le grand-bailli d'Allemagne. Georges Schilling; le grand-maréchal de l'Ordre, Château-Renaud(1); le commandeur Jean Parisot de la Valette,..... etc. Par leur prodigieuse activité, les navires de l'Ordre faisaient plus que deux flottes ordinaires.

Didier de Sainte-Jaille ne vécut pas. Une cabale donna comme grand-maître à l'Ordre un chevalier espagnol de la langue d'Aragon, don Juan de Omédès, bailli de Caspe, qui s'était fort distingué et avait perdu un œil au siège de Rhodes. Omédès allait être non le prince de Malte, mais le serviteur obéissant de l'empereur Charles ; non le chef impartial d'un grand Ordre, mais l'ennemi acharné de quelques chevaliers français. Pour premier acte de pouvoir, il ôta le commandement des galères à l'illustre Botigella, qui avait failli être élu grand-maître avec l'appui des voix françaises.

Ce Botigella venait de remporter avec le commandeur La Valette, la victoire de Zerbi (2). Il venait de rentrer à Tripoli avec ses galères chargées de captifs, après une longue croisière, quand la vigie de la grosse Tour signala trois grandes galiotes, faisant route vers Djerbah. Aussitôt les galères rehissent leurs antennes et se préparent à prendre le large. Botigella les retient : « Voilà le soir qui arrive, dit-il, l'ennemi vous échappera et profitera de la nuit pour fausser route. Attendez à demain; il n'est pas en méfiance, je vous conduirai près de lui. »

La nuit faite, il sort du port avec trois galères et prend la direction de Djerbah. Dès l'aube, on se trouva près des trois galiotes. La première fut élongée si brusquement qu'elle ne put éviter l'abordage. Les Turcs, en se jetant tous à la fois sur le bord opposé, la firent

---

(1) Famille illustre dans nos fastes maritimes. Depuis un siècle, il y a toujours un bâtiment de guerre français qui porte et perpétue le nom des Château-Renaud.
(2) Du nom de l'île Zerbi (aujourd'hui Djerbah) qui couvre l'entrée du golfe de Gabès.

chavirer (ce qui montre combien elle était mal lestée); toute la chiourme chrétienne qui s'y trouvait rivée se noya avec eux; et les chevaliers désolés — car ils avaient surtout en vue la délivrance des

LA VALETTE BLESSÉ. (Voir page 310.)

captifs, — fondèrent une messe pour leurs âmes. La seconde galiote, très grosse et pleine de monde, résista énergiquement et parvint à se dégager de l'attaque de la *Cornue,* qui venait ainsi de perdre involontairement sa victime; mais ce fut pour tomber par le travers de la capitane. Envahie en un clin d'œil par les *Chevaliers rouges,* elle fut prise après un court et meurtrier combat. La troisième et la plus forte des galiotes, montée par le commandant de l'escadre, le fameux corsaire Iskander-réis, s'était esquivée si adroitement qu'elle se croyait sauve ; elle apercevait déjà le rivage et les maisons de Zoara, quand elle fut jointe et attaquée par la galère *Saint-Jacques,* que commandait Parisot de La Valette. Un combat bord à bord s'engage. Au moment de sauter sur le pont ennemi, La Valette reçoit deux flèches et, dans son animation, ne s'en aperçoit pas. Son second, Dupuy-Montbrun, les lui arrache du corps. Un moment après, une arquebusade fracasse la jambe du même commandeur ; il se fait *étayer* sous les bras et continue de commander, de dessus son château d'arrière. Mais Iskander a profité de l'arrêt causé par ses blessures pour couper les grappins et prendre chasse. Il est rejoint, réaccroché, et un second combat s'engage ; les deux tiers des Turcs tombent sous l'épée des chevaliers ; les autres se défendent avec désespoir, et les font un instant reculer par une décharge générale pendant laquelle deux matelots, en faisant sauter avec des *marrons* les grappins des chrétiens, décramponnent la galiote. Elle se dirige sur Zoara : elle est près du port. Une troisième fois, La Valette la rattrape et réengage l'action. A ce coup, il fallait en finir. Les Turcs sautèrent à l'eau et se noyèrent tous, y compris Iskander-réis et le capitaine de la galiote. Deux cents chrétiens, rameurs à bord, furent délivrés.

Tels étaient les services quotidiens et les prouesses de la *Religion.*

TROISIÈME RÉCIT

ALGER ; VILLEGAGNON — PONCE DE SAVIGNAC

Pendant trois cents ans, le repaire des Barberousse a été considéré comme imprenable ; et il a justifié sa réputation par les échecs retentissants infligés à toutes les attaques chrétiennes. Un jour, la France parut en armes devant Alger et, d'un seul coup, mit fin à ce long enchaînement de pillages et de terreurs. L'Europe chrétienne, qui n'avait jamais reçu pareil service depuis Lépante, nous a remerciés par une sourde hostilité. Les Anglais, qui exploitent sans pitié 250 millions d'Asiatiques, ont fait retentir toutes les cours de leurs doléances contre « l'ambition française », et employé les plus basses manœuvres pour amoindrir ou atténuer les vastes résultats de ce coup salutaire. Les Italiens, qui se prétendaient *des droits* sur Tunis parce que quelques milliers de leurs compatriotes y vivaient indolemment aux crocs du maître du Bardo sans y rendre aucun service, en eunuques intrigants et non en chrétiens agissants, ont ameuté l'opinion contre l'extension de l'influence française jusqu'aux Syrtes. L'Espagne qui, en 1830, ouvrait gratuitement ses ports et ses hôpitaux à nos flottes, est prête aujourd'hui à susciter contre nous son vieil ennemi le Maroc, seul adversaire subsistant de tous ceux que le fanatisme musulman avait dressés contre la Croix sur la longue ligne de la côte barbaresque.

Tel est l'effet de la *politique d'intérêts,* ou prétendue *nationale,* substituée à la *politique de principes,* ou *d'accord chrétien.*

Alger naquit comme puissance navale à l'heure même où tombait Rhodes. En même temps que la citadelle avancée de la Foi succombait abandonnée, la citadelle avancée de la piraterie ouvrait l'essor de ses formidables dévastations ; le jour où le pavillon chrétien cessa de flotter victorieux en plein Archipel ottoman, le pavillon turc se déploya prépondérant en pleine Méditerranée chrétienne. Seuls, les aveugles volontaires ne voient point ces leçons de Dieu aux peuples déserteurs ou trop négligents de leurs devoirs primordiaux.

Charles-Quint avait, pendant plus de vingt ans, paré aux plus pressants périls par des mesures secondaires : la cession de Malte à l'Ordre Saint-Jean ; — la défense de Tripoli (avec Tadjoura et Takrour, conquises presque aussitôt par l'Ordre) imposée aux chevaliers ; — et enfin le protectorat impérial étendu à Tunis, mais sous une forme précaire et qui ne dura pas.

Il fallait un coup plus décisif. La chute successive de Belgrade et de Rhodes n'avait pas encore eu de contre-poids en Occident. Le souverain aux mains de qui s'étaient réunies, par des circonstances étranges, les dominations distinctes des trois Bourgognes, avec les plus riches cités industrielles du monde, de l'Autriche avec la couronne impériale, de l'Espagne avec les inépuisables trésors du Nouveau-Monde, et des couronnes annexes de Navarre, de Naples et de Milan, prétendait à remplir hautement son rôle d'empereur, chef armé du Christianisme. Il décida donc d'aller prendre Alger. Trente mille soldats choisis furent concentrés : en Espagne, par le héros du Mexique, don Fernando Cortez (1) ; en Italie, par Ferdinand de Gonzague et don Pedro de Tolède, vice-roi des Deux-Siciles ; en Bourgogne et en Allemagne, par le redouté Frontispero. Le rendez-vous général fut donné aux Baléares, dans la vaste rade de Palma.

Le chef de l'armée était le fameux duc d'Albe, don Fernando Alvarez de Toledo ; les Allemands étaient commandés par Frontispero ; les Italiens par Camille Colonna et Augustin Spinola ; les Espagnols, tous volontaires, avaient à leur tête la plus haute noblesse du royaume : les Cordova de Sessa, les Feria, les Ruiz de Castro, les La Cueva de Coëllas, les Vega de Grajal, les Quinônes de Luna, les Guevara, les Escalante, les Bovadilla, les Fadrique de Tolède, et le gouverneur d'Oran, Martin d'Alcaudeta. Pierre de La Cueva, grand-commandeur d'Alcantara, dirigeait en chef l'artillerie ; Bernard de Mendoza les galères d'Espagne et la moitié des *nefs* de transport ; le vieux et illustre grand-amiral Doria (André) les galères italiennes. Il avait avec lui le plus cher de ses neveux : Giannettino Doria, et

---

(1) Fernand Cortez, créé marquis *del Valle de Oajaca*, montait, à ses frais, une riche galère ; il avait avec lui ses deux fils, Martin et Luis.

exerçait à la fois le commandement suprême sur toute la flotte, et la part la plus réelle dans la direction de l'expédition.

CHARLES-QUINT ET DORIA. (Voir page 314.)

Le pape Paul III, quoiqu'il considérât l'entreprise comme des plus téméraires, et eût même essayé d'en dissuader l'empereur, n avait pas balancé à répondre a son appel dès qu'il le vit bien déterminé, et lui avait fourni un contingent en navires et en hommes. La *Religion* de Malte, vivement pressée, de son côté, par les lettres impériales, lui envoya un corps d'élite : 400 chevaliers et 800 soldats, sur quatre grandes galères, avec un vaste galion d'approvisionnement. Tous les chevaliers de Malte avaient voulu partir : le grand-maître avait été obligé de faire un choix et de désigner nommément les élus. Cette force réduite, mais redoutable, avait à sa tête le grand-bailli d'Allemagne, Georges Schilling. Elle rallia les vaisseaux italiens à Bonifacio et de là s'en fut avec eux au rendez-vous général de Palma.

L'ensemble des forces maritimes était de 65 galères de combat et de 451 navires de transport.

Charles-Quint, qui était accoutumé à braver les fatigues et ne reculait jamais une fois ses décisions prises, ne se laissa pas ébranler par les représentations de ses deux plus grands capitaines : del Vasto, qui estimait qu'il fallait au moins deux fois plus de monde pour attaquer Alger, et Doria, le premier amiral de son temps, qui prédit net un désastre complet, attendu qu'on avait fixé l'attaque au mois d'octobre, et qu'on s'exposait à être détruits par les tempêtes du Nord-Ouest.

— Mon oncle, dit en souriant l'empereur, nous irons à Alger et c'est vous qui nous y mènerez.

— Pardieu, sire, répliqua le grand-amiral, je suis ici pour obéir à Votre Majesté ; nous irons, soit, mais nous y périrons peut-être tous.

— Eh bien, fit Charles qui se mit à rire, vingt-deux ans d'empire pour moi, soixante-douze de vie pour vous, nous doivent suffire à tous deux pour mourir contents.

Sa résolution était prise.

Nous avons dit l'opinion du Pape. Un Pontife voit de plus haut que les meilleurs techniciens. Paul III estimait tout bas que l'empereur, qui avait jadis abandonné Rhodes à sa détresse, et permis que l'armée de Bourbon saccagât la Ville éternelle et tînt le chef de l'Église en prison, tentait bien audacieusement la Providence en exigeant ensuite d'Elle, malgré les conditions les plus défavorables, une protection presque miraculeuse. Mais, sommé publiquement par l'empereur de l'aider contre Alger, il ne pouvait refuser. Seule, la postérité peut se prononcer tout haut en de tels cas, appuyée sur les faits accomplis.

L'armement partit des Baléares avant le jour — le 19 octobre, — et fut, dès le soir, en vue de la côte algérienne. Les gros temps empêchèrent toute opération jusqu'au 23.

Ce jour-là, le débarquement eut lieu; non pas, comme le conseillaient les marins, à l'Ouest d'Alger (1), mais à l'Est et en vue de la ville, au fond même de la vaste baie d'Alger, entre l'Harrach et l'Oued-el-Khemis (2).

Une nuée d'embarcations, chargées de troupes et remorquées par des galères, s'approcha du rivage que couvraient les contingents des tribus arabes, convoqués d'urgence. Quand le fond manqua, les galères s'écartèrent et couvrirent de leur feu la marche en avant des chaloupes. Le temps était beau, la mer calme. Au feu de l'artillerie, qui eut promptement raison des rassemblements irréguliers de l'ennemi, répondaient de tous les bords les musiques jouant des airs guerriers et les bruyantes fanfares des trompettes. L'empereur, debout sur la poupe de la *Réale* d'Espagne, présidait aux mouvements, flanqué à sa droite de la *Galère Patronne* du Pape et à sa gauche de la *Capitane* de Malte. En quelques heures tout était terminé, et le camp établi.

— Eh bien! vieux père, dit Charles à l'amiral, en l'embrassant pour prendre congé de lui, avant de descendre dans sa chaloupe, nous ne sommes pas morts, et cette troupe me paraît en belle disposition pour assaillir Alger!

L'amiral s'inclina profondément, sans répondre autre chose que :

— Dieu veuille achever, et donner tous les succès à Votre Majesté !

En débarquant, l'empereur trouva le bataillon de Malte rangé sur la plage. Couverts de leurs armures milanaises d'acier poli, sans ornements, sur lesquelles étaient jetées leurs soubrevestes de velours cramoisi, le mousquet sur l'épaule droite, les chevaliers, se formant à pied, escortèrent le grand souverain jusqu'à sa tente, pendant que l'armée, émerveillée à la vue de cette troupe magnifique, poussait d'immenses hourras. « Rien n'était plus beau, dit un

---

(1) Celui de 1830 a réussi ayant été opéré à l'Ouest, dans la baie de Sidi-Ferroudj.
(2) A l'endroit où s'élève aujourd'hui la commune maraîchère d'Hussein-Dey.

annaliste, que ce grand bataillon, brillant de fer et de velours, dont chaque homme était un capitaine capable de commander lui-

LE BATAILLON DE MALTE REÇOIT ET ESCORTE L'EMPEREUR

même. Tous les cœurs se sentaient raffermis, et il semblait qu'à l'abri d'une telle troupe on n'eût plus rien à craindre. »

Le lendemain, 24, l'armée s'avança, en trois corps, près de la ville pendant que les galères espagnoles, sous Mendoza, se portaient en observation à l'Ouest, vers le cap Caxine. Le bataillon de Malte

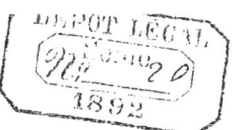

PONCE DE SAVIGNAC PLANTE SON POIGNARD DANS LE BOIS DE LA PORTE

(Voir page 321.)

LES CHEVALIERS DE SAINT-JEAN LIVRAISON N° 21

formait l'extrême droite, sur le rivage. On arriva ainsi au *terrain de manœuvres* actuel, et l'on y campa. Il y eut une tentative de nuit contre le camp; elle fut facilement repoussée.

Le 25, la gauche, formée des Espagnols, sous Gonzague, entama la lutte avec les défenseurs de la place qui occupaient les hauteurs de Mustapha et les croupes qui descendent du plateau d'El-Biar. Divisés par petits bataillons, les soldats d'Espagne, avec leur vigueur spéciale en ce genre de guerre, enlevèrent une à une toutes les crêtes. Le soir, l'ennemi était refoulé dans la place, et le camp fut dressé sur le mamelon où s'est élevé plus tard le célèbre *fort l'Empereur*, dont le nom même a été choisi pour rappeler cet événement.

De cette position dominante, Charles-Quint voyait la ville échelonner devant lui le zigzag de ses murailles montant sur la colline jusqu'à la *casbah* (la citadelle). Il congédia le grand-bailli Schilling par ces mots :

— Que Messieurs de La Cueva, Pizarro et Duarte se hâtent de me donner la grosse artillerie! Pressez-les, bailli, pressez-les pour moi, dites-leur qu'une fois l'artillerie à terre, la ville est à nous!

— Sire, fit gravement Schilling, je vais le leur dire, *si je le puis*.

Il redescendit la colline et revint à son campement de *L'Agha* ; un nuage humide s'était lentement étendu sur les collines; quelques gouttes de pluie tombaient. En arrivant, Schilling demanda au capitaine de la *guette* (commandant du service de nuit) ce qu'il pensait du temps.

Le chef de la guette était un des plus fins marins de ce siècle, le savant et intrépide Villegagnon, aussi connu dans l'histoire comme navigateur que par ses exploits guerriers et par les écrits, en latin très élégant, qu'il a laissés sur l'expédition d'Alger et la guerre de Malte.

— Je pense, dit Villegagnon, que, puisque l'orage est inévitable en cette saison, je l'eusse voulu huit jours plus tôt ou huit jours plus tard.

— Comment l'entendez-vous ? s'écria don Luis Cortez qui se trouvait là.

— Il y a huit jours, senor, nous ne serions pas venus; dans huit jours nous serions rentrés après avoir pris la place.

Toute la nuit l'armée grelotta, sous l'écroulement de cette pluie diluvienne tombant en épaisses cascades, qui est la pluie d'Afrique et qui ne se peint bien que par le mot de Virgile : « *Ruit imbriferum ver*. » Le vent du Nord-Ouest y ajoutait ses rafales glacées, si violentes que les hommes se serraient par groupes pour n'être pas renversés. On n'avait encore débarqué ni les tentes, ni les vêtements de rechange, ni les provisions..... Les Italiens, et surtout les Allemands perdirent courage.

Cependant Charles-Quint avait fait sommer, la veille, le commandant d'Alger de lui rendre la place. C'était un vieux renégat sarde, nommé Hassan-Agha (1). Il avait écouté avec calme le discours un peu trop long que lui fit le parlementaire pour l'engager à se rendre, et lui avait, d'après Vertot, fait cette réponse : « *C'est une grande folie que de se mettre à conseiller son ennemi; ce serait une plus grande folie à moi que de m'arrêter aux conseils suggérés par l'ennemi.* »

Alger avait pour garnison huit cents janissaires de choix et six mille Maures, la plupart grenadins, qui avaient juré de mourir plutôt que de retomber sous le joug des chrétiens. La tempête les favorisant, ils firent entrer pendant la nuit les cavaliers arabes du dehors; et, au petit jour, sortant par la porte de la Casbah, six cents janissaires et mille cavaliers se glissèrent jusqu'aux abords du camp, égorgèrent les sentinelles et tombèrent sur un bataillon italien, mis en garde avancée. Ce fut une déroute confuse. Sans les chevaliers de Malte, le camp était envahi. Mais la *Religion* ne se laissait jamais surprendre. Aux premiers cris des fuyards, son contingent fut debout. Quand la cavalerie arabe, poussant les Italiens à coups de lance, voulut enlever le camp, elle se heurta tout-à-coup à une ligne d'hommes cuirassés, revêtus de rouge, qui rompit toutes ses charges. Grâce à ce répit, Gonzague et Spinola avaient eu le temps de ranger leurs troupes; l'ennemi dut songer à la retraite, et la fit par le plus court en gagnant la porte d'*Azoun*. Alors se passa un épisode demeuré justement célèbre. Les chevaliers, à pied, se forment en colonnes sous la pluie et chargent avec une telle vigueur la cavalerie ennemie qu'ils la contraignent de rentrer au galop. Ils la suivaient au pas de course et faillirent entrer dans la ville avec elle. Hassan-Agha n'eut que le temps de faire tomber les herses, et braquer

(1) Barberousse était alors à Constantinople.

toute l'artillerie des remparts sur le bataillon rouge. Sous une grêle de traits, de carreaux, de zagaies (javelots courts), de mousqueterie et de boulets, les *Casaques rouges* à pied, n'ayant que la pique et l'épée, repoussent toutes les attaques et soutiennent l'effort de toute l'armée musulmane. Hassan, rouvrant subitement la porte d'Azoun, s'était lancé sur eux avec toute la garnison, armée de grosses arbalètes de fer, à carreaux empoisonnés. Dans cette mêlée, rien ne put ébranler les rangs de la *Religion :* ni la pluie des projectiles, ni le choc des rapides chevaux arabes. Les annalistes ont conservé quelques traits isolés de ce fameux combat : c'est Villegagnon qui, se jetant au milieu des cavaliers qu'il égalait presque, à pied, par sa haute taille, en renverse plusieurs, reçoit d'un officier un coup de pique au bras et, ayant manqué la riposte, bondit tout armé en croupe de l'ennemi, l'étreint, le poignarde, et se sert de son cheval pour continuer à combattre; — c'est Ponce de Léon de Savignac, *l'Enseigne* de la *Religion,* qui, voyant la herse tomber et la porte se fermer au moment où il allait le premier entrer dans la ville, continue d'avancer sous l'avalanche de traits partant des remparts, s'accroche à la herse, se hisse et, à travers les barreaux de fer, plante son poignard, gravé à ses armes, dans le bois de la porte, « pour qu'ils ne puissent dire que la *Religion* n'est pas venue jusque-là les poursuivre. » Ce vaillant officier, frappé ensuite d'un carreau empoisonné, se fait soutenir par deux soldats en maintenant toujours son étendard élevé, et ne tombe que lorsque le poison, gagnant au cœur, l'a foudroyé. L'étendard est repris par Charles de Villars (*langue* d'Auvergne), puis par Pierre de Ressay, par Charles de Guéval, tour à tour blessés ou tués. A côté d'eux tombent soixante-quinze chevaliers, trois chapelains et quatre cents soldats de l'Ordre **(1)**.

Cependant, le grand-bailli s'était rapidement porté sur la hauteur et rendait compte à l'empereur de ce qui se passait. Charles-Quint, tout en s'armant, lui répliqua :

— Honneur à Malte et honte aux Italiens! Bailli, vous êtes Allemand; prenez-moi tous les Allemands et courez là-bas!

La pluie avait cessé ; un vent violent chassait les nuées ; le terrain

---

(1) A citer surtout : don Diégo de Contieras, Jean Babot, Jean Finard, don Lopez d'Alvarez, don Juan de Pena, Giuseppe della Casa, Mario Castricanti, etc.

se séchait. Schilling rencontre trois compagnies allemandes qui l'acclament; il se met à leur tête en criant : « Enfants de la Germanie, venez soutenir l'honneur du pays ! » Il les entraîne le long de la pente, tombe à coups de pique sur la droite des Maures, les ramène jusque sous le rempart et dégage enfin le bataillon de Malte.

L'empereur, arrivant à son tour à cheval, ne craignit pas de charger à la tête de son état-major. Puis, l'ennemi refoulé définitivement dans ses murs, on regagna le camp au moment où la tempête recommençait à faire rage. Le *bataillon rouge* couvrait la retraite; et, pour ne pas tourner le dos (ce qui eût pu être interprété à *fuite* et constituer une infraction à la Règle), reculait pas à pas, face à l'ennemi; il rentra le dernier avec ordre dans son cantonnement d'*El-Agha*, en portant tous ses morts et ses blessés. Grâce à lui, un désastre général venait d'être évité.

« En somme, écrit l'amiral Jurien de la Gravière, l'échauffourée » ne prouvait qu'une chose : la supériorité incontestable des chré- » tiens. » Mais ils étaient en partie découragés, et manquaient de tout. Leur salut était dans la flotte : la flotte, ce jour-là, fit naufrage avec les vivres et les munitions.

Le gros temps du 24 avait rendu difficile la communication avec la terre. Le 25 au soir, quand le *Noroît* (1) se déchaîna, la flotte fut en perdition. Pendant l'engagement que nous venons de relater et même avant, en pleine nuit, les énormes lames accumulées par la tempête avaient cassé les câbles, arraché les ancres, lancé les bâtiments les uns contre les autres; les ondées glacées, le vent soufflant « en foudre », achevaient de rendre impossible aussi près de terre la lutte contre les éléments. Les galères tenaient bon à force d'avirons, mais les autres navires étaient lancés à la côte. Là, des milliers d'Arabes à pied et à cheval, armés de lances, se jetaient sur les naufragés et massacraient tout sans vouloir faire de prisonniers. A la fin, prévenu au camp, l'empereur détacha dix compagnies qui vinrent mettre en fuite les assaillants et essayer de prêter main forte aux matelots épuisés. Mais, dès que l'on s'aperçut que la plage devenait sûre, les équipages, absolument exténués et ayant déjà beaucoup de blessés et de morts, renoncèrent à la lutte contre la tempête et cherchèrent à échouer les vaisseaux dans le sable.

(1) Le vent du N.-E. — C'est l'ancien *Notus*.

L'exemple devenait contagieux. Une des galères de Malte, la *Bastarde,* aux ordres du commandeur Francesco de Azevedo, ne pouvant plus résister et étant plus qu'à moitié pleine d'eau, la chiourme épuisée refusa le travail, et l'équipage cria au commandant: « *A la côte!* La galère est vieille, nous la payerons sur notre » solde! » Azevedo mit le sabre à la main, et força son équipage d'épuiser l'eau et de faire tête au vent. — Une autre, la *Catarinetta,* ayant perdu son gouvernail et dérivant sur les rocs de Matifou, fut sauvée par la vigueur de deux matelots de Malte qui, en se faisant descendre à la mer, parvinrent à établir avec leurs seules mains un gouvernail de rechange sur les éguillets, et à introduire la barre dans la mèche; on les remonta les deux mains broyées, et les os brisés par les coups de mer.

Au milieu de ce désordre, on vit arriver l'escadre d'observation qui, drossée par les vents, était forcée d'abandonner le cap Caxine; elle n'y gagna rien et périt *tout entière* en quelques minutes.

Du premier coup de vent, 15 galères et 86 navires de transport s'étaient perdus; au second, la flotte perdit encore 22 galères et une quantité de *naves,* trois cents officiers et huit mille hommes.

Charles-Quint ordonna la retraite. Ce fut une triste odyssée. Les coups de vent se succédaient et augmentaient les pertes de navires. Tandis que l'empereur parvenait à Bougie, qui avait alors garnison espagnole, avec un groupe de navires, d'autres se réfugiaient à Oran, à Carthagène, à Palma, à Cagliari. L'Ordre y perdit seulement une galère, trop vieille pour résister aux coups de mer. Quand Schilling prit à Bougie congé de l'empereur, celui-ci, qui n'avait rien rabattu de sa fermeté, l'embrassa avec effusion en lui disant; « Tout ce que Dieu a voulu que je ne perdisse point, j'en dois la » conservation à la *Religion...* »

QUATRIÈME RECIT

MONASTIR

Pour atténuer le fâcheux retentissement de ce vaste échec, l'empereur fit attaquer et enlever les petites places de la côte tunisienne par le grand-amiral Doria, assisté d'un renfort pontifical et des galères de Malte, que commandait le bailli Claude de la Sangle (de la *langue de France*). Elles portaient un corps de débarquement composé de 140 chevaliers et de 400 soldats de Malte.

La première ville attaquée fut Khélibia, l'ancienne Clypea (1), qui n'offrit pas grande résistance. Doria résolut ensuite d'aller attaquer Monastir. Elle avait pour gouverneur un vieux corsaire, à la tête d'une troupe de marins déterminés et d'un gros corps d'infanterie turque. Tous les habitants mâles avaient pris les armes.

Dans le conseil tenu à bord de l'amiral, une grosse nouvelle arriva, portée par un esclave romain ; il s'était échappé à la nage de la plage de Monastir, et avait pu gagner la flotte en s'emparant d'une barque de pêcheurs d'éponges mouillée sur son grappin, au nez de ses cinq hommes d'équipage qui déjeunaient, assis à terre, à moins d'une encâblure de lui. Il annonça que Dragut était à Monastir avec huit navires ; on pourrait l'y enfermer et le prendre. L'ancien lieutenant de Barberousse venait de succéder à celui-ci dans la charge de commandant en chef de la marine barbaresque, au nom du sultan.

L'amiral Doria, si maître qu'il fût de lui-même, ne put contenir sa joie, car il y avait, outre l'importance de la capture à faire, un vieux compte personnel à régler entre Dragut et les Doria (2).

(1) Depuis que la France occupe la Tunisie, toutes ces villes sont connues. Elles étaient alors bien plus riches et grandes qu'aujourd'hui.

(2) Depuis que le neveu du grand-amiral, le chef d'escadre Gianettino Doria, âgé de 23 ans à peine, avait surpris et fait prisonnier Dragut, au mouillage de *la Girolata* (Corse), et que ce dernier, mis à la *rame dure*, et racheté ensuite, avait fait dire à Gênes « qu'il ferait tuer à coups de bâton tous les Doria qui lui tomberaient dans les mains. »

— Bailli, dit l'amiral en se tournant vers Claude de la Sangle, je vous jure que si nous prenons le coquin, j'irai moi-même, à pied, avec toute ma maison, porter un cierge à l'autel de la *Religion* qui est à Gênes, en l'église Saint-Jean; et, *per la mia fede!* on verra les vingt-six Doria me suivre la cire à la main.

Le bailli sourit à cette ardeur de l'illustre Génois, qui comptait plus de 78 ans d'âge, et il répondit en s'inclinant avec respect:

— Votre Excellence a toutes les raisons possibles de désirer cette satisfaction, comme nous-mêmes. Mais à l'heure actuelle, Dragut doit être hors du port.

— Ce serait bien fâcheux ! s'écria l'amiral. Qui vous le fait supposer ?

— Dragut, Excellence, est l'homme du monde qui sait le mieux se garder; il n'a été surpris qu'une fois par un Doria; il ne le sera pas deux. La fuite du Romain lui aura donné l'éveil.

— J'en aurai le cœur net, en tout cas, fit Doria en se levant. Messieurs, vous croyez-vous en état de partir sur-le-champ ?

— A l'instant même, firent les deux commandants des renforts.

Une demi-heure après, la flotte levait l'ancre et filait sur Monastir, précédée de quatre *courvettes* ou gros esquifs à rames longues, pour éclairer sa marche.

Le ciel, pur et élevé, apparaissait comme un vaste dôme de velours noir semé de gros clous dorés ; la clarté des étoiles suffisait à guider la flotte qui naviguait sans fanaux. Grâce à la vigilance des capitaines, il n'y eut pas d'accident de route et aucun abordage ne se produisit. A l'aube, on vit la ligne basse de Monastir se dessiner en zigzags blancs sur le sable jaunâtre, avec la côte au-dessus et les tons foncés des cultures. Une courvette, revenant de l'Est, vint faire son rapport à l'amiral : elle était tombée, vers les onze heures du soir, en pleine escadre barbaresque, et n'avait pu s'en tirer qu'avec peine, en feignant pendant plus de deux heures d'en faire elle-même partie et en s'esquivant ensuite vers le sud.

Les traits du vieux Doria s'étaient rembrunis à l'audition de ce rapport. Il dit seulement au patron :

— C'est bien. Regagnez votre poste en tête de l'armée ; quand le soleil sera levé, vous irez sonder avec les trois autres éclaireurs, et formerez une chaîne pour indiquer la ligne extrême où nos vaisseaux doivent s'arrêter.

Puis il signala à la flotte de laisser porter sur la côte, la sonde en main, et d'apprêter le corps de débarquement.

Moins d'une heure après, quatorze navires, s'alignant à petite distance du rivage, jetaient à terre un gros de 300 hommes, qui firent un *à gauche* et marchèrent droit à la ville. Djelloul-Reïs était sur ses gardes depuis la veille; il fit sortir ses Turcs pour repousser la reconnaissance.

Doria observait la marche de la reconnaissance; il vit avec étonnement les deux troupes se mêler et un combat s'engager. Inquiet sur le sort des siens, il hâta le débarquement du restant des troupes, y joignit les matelots de sa galère-Réale, et se dirigea sur la ville pour soutenir son avant-garde si inopinément engagée.

Comme il atteignait la porte du Nord, un cavalier en sortit au galop et, courant vers lui, vint le saluer. C'était don Gomez de Silva, enseigne des *tercets* espagnols; il riait, le chapeau à la main.

— Qu'est-ce donc, senor, dit l'amiral irrité? A qui en avez-vous? D'où sortez-vous? Où est la troupe?

— Monseigneur, répondit Gomez, pardonnez-moi; je ris de ce qui arrive. Ma troupe est en ville; les Turcs ont été sabrés; le reste s'est réfugié dans la *Casbah* (citadelle), et j'ai ordre de M. le bailli de la *Religion* de vous en informer.

— *Oihmé!* s'écria joyeusement le grand amiral, la *Religion* n'en fait pas d'autres,.. Dites-moi la chose en quatre mots, jeune homme.

— Excellence, voici: les Turcs nous ayant tiré des coups de mousquet, le commandeur de Guimaraens, de la Religion, s'est écrié qu'il en reconnaissait deux pour les avoir eus dans la chiourme de sa galère *Isabella,* et qu'il allait les reprendre par les oreilles; et, ce disant, il a couru dessus et a fait comme il l'avait dit. Ce que voyant, les autres chevaliers se sont portés à son aide, car déjà il était entouré de plus de cent Turcs; en voyant la Religion engagée, nous avons pressé le mouvement; il s'est fait un petit carnage de Turcs, et nous sommes entrés avec eux dans la place.

Doria avait pour l'Ordre de Malte une véritable vénération, et il y comptait nombre d'amis. Cependant, il était avant tout grand-amiral de l'empereur. Ce fut donc avec sécheresse, et le sourcil froncé, qu'il dit à ses officiers:

— Senores, rien ne m'étonne jamais de la part de la Religion. La voici qui prend la ville avant que nous l'ayons reconnue. Je regrette seulement que l'enseigne de l'empereur n'y soit entrée que seconde, et en simple soutien.

Les officiers rougirent et, entourant aussitôt le grand-amiral, se mirent à crier :

— Excellence, à notre tour! à l'assaut! à l'assaut!

Doria dissimula sa satisfaction et dit, en hochant la tête :

— La citadelle est forte; il faut un siège régulier ; où est notre artillerie?

L'artillerie achevait de débarquer. Doria entra dans la ville et y rencontra Claude de la Sangle qui, après lui avoir brièvement résumé ce qui venait de se passer, lui proposa de former le siège de la *Casbah*.

— Il y a bien, lui dit-il, à vue d'œil, plus de deux mille soldats, tant habitants que Turcs, qui s'y sont jetés dès qu'ils ont perdu l'espoir de nous chasser des rues. Le gouverneur Djelloul est un homme de première énergie. Ce sera une grosse affaire.

— Bailli, fit impétueusement le jeune Moncade, neveu du célèbre don Hugues, vous avez pris la ville en un tour de main ; nous ferons de même pour la Casbah!

Le bailli regarda en souriant l'irascible Espagnol et répondit avec calme :

— Ce n'est pas la même chose. La citadelle n'est pas à surprendre, et elle ne renferme que de bons soldats, bien commandés. Je ne voudrais pas y risquer nos chevaliers; il y aurait une trop grosse perte à un assaut.

— Nous y risquerons nos soldats d'Espagne, répliqua Moncade.

— Ce sera, dit froidement La Sangle, à la volonté de M. le grand-amiral.

— La paix, M. de Moncade ! fit Doria, Monsieur le bailli est homme à donner des leçons à tous en fait de guerre, et tout le monde le doit respecter comme je le respecte moi-même.

Puis il ajouta:

— Cependant, je crois pouvoir prendre sur moi d'ordonner l'assaut immédiat, si le gouverneur repousse mes propositions. M. de Moncade, vous irez les lui porter sur-le-champ, pendant que nous dresserons notre batterie. Monsieur le bailli, si vous voulez m'écouter, je vous expliquerai pourquoi j'ai formé cette résolution, qui n'est peut-être pas conforme à votre avis.

Le bailli répondit sans s'émouvoir :

— Excellence, si vous avez tel dessein, le mieux serait d'en hâter l'exécution. Je suis tout à vos ordres avec mes chevaliers ; vous me donnerez vos explications après l'affaire.

L'assaut de la Casbah, regardé par les historiens militaires comme une réelle imprudence de Doria, dura une heure et demie sans résultats ; il n'aboutit enfin que par hasard, grâce à un coup de mousquet tiré par un mousse du *Saint-Christophe* (de Malte), qui tua net sur la brèche le vieux Djelloul. La garnison, découragée, capitula pour avoir la vie sauve ; 38 chevaliers et près de 200 soldats de Malte étaient tombés devant les remparts, sous les arquebusades des Turcs.

— M. de La Sangle, dit tout haut le grand-amiral au bailli, le soir même, je suis très marri des pertes subies par l'Ordre, et je m'accuse très amèrement d'y avoir fourni quelque occasion, en pressant peut-être un peu vivement cette attaque. Mais j'avais de grosses raisons pour cela, croyez-m'en.

— Monsieur l'amiral, répondit la Sangle, je suis plus marri que vous ; mais Saint-Jean avait donné le premier l'exemple de tout risquer, et il en était résulté telle situation que vous seul pouviez être juge de ce qui restait à faire. Je reçois avec respect vos regrets : morts ou vivants, il n'est pas dans l'esprit de l'Hôpital de peser le sang qu'il a perdu, car il le doit tout entier, par serment, à la défense de la Foi. Qu'il vous suffise d'avoir ordonné selon le mieux, et à nous d'avoir marché selon notre devoir...

Le même soir, les meilleurs voiliers de la flotte furent dépêchés en Sicile, pour y porter les premiers rapports de Doria et annoncer l'évasion de l'escadre barbaresque. Ils revinrent la semaine suivante, apportant un ordre impérial d'attaquer Afrika ; pour cette importante entreprise, les vice-rois de Sicile et de Naples avaient ordre de mettre leurs ressources à la disposition du grand-amiral.

Celui-ci demanda à La Sangle s'il pouvait compter sur la *Religion*.

— Absolument, lui répondit La Sangle. L'Ordre même y est intéressé, à cause de Tripoli. J'en ai déjà écrit au grand-maître.

Il ajouta, avec quelque malice ;

— Votre Excellence a-t-elle des nouvelles du coquin de Dragut ?

— Aucune, fit l'amiral, mais il reparaîtra, si nous attaquons sa caverne. Et vous ?

— J'ai reçu des lettres où il est question de lui.
— Vous savez où il est ?
— Je sais, du moins, où il était la semaine dernière. Notre châtelain d'Iglesias me mande qu'on a signalé huit voiles suspectes, aux abords de Porto-Torrès (1).

En effet, l'audacieux pirate, comptant sur une longue résistance de Monastir et profitant du vent du Nord-Est, avait passé à petite distance de Doria pendant la nuit et, deux jours après, ravageait horriblement les côtes de Sardaigne.

Doria vexé se hâta de terminer ses préparatifs contre Afrika.

(1) Petit port au nord-ouest de la Sardaigne. L'île appartenait à l'empire.

CINQUIÈME RÉCIT

AFRIKA; — DRAGUT; — LE BAILLI DE LA SANGLE

Afrika, l'ancienne Adrumète (aujourd'hui *Mehedia* en Tunisie), c'était l'Alger de Dragut. Dragut était, par exception, un Turc d'origine, né en vue de Rhodes, sur la terre carienne, dans un village dépendant de Makri, et élevé dans la haine des chrétiens en bloc, de l'Hôpital Saint-Jean en particulier. Il avait fui la maison paternelle à 12 ans pour s'embarquer mousse sur un corsaire. De mousse devenu canonnier, puis enrichi par les « parts de prises » et ayant fini par avoir une galiote à lui, il était devenu le plus fin marin et le plus redouté corsaire du Levant — le Romégas des Turcs. La réputation de Barberousse l'avait porté à lui offrir ses services. En cinq ans, il fut successivement officier de l'*Odjak*, commandant de l'artillerie du port (*topdjireh*), pilote-major (*khbir-Reïs*) et enfin chef d'escadre du terrible roi d'Alger. Avec douze galères, il dévasta si cruellement les côtes d'Espagne, de France, d'Italie, de Corse, que les anciennes pirateries de Barberousse en parurent effacées. Dragut reçut des populations chrétiennes son surnom: on l'appela *le Diable*. Il en fut très fier (1).

Un instant il subit une éclipse: c'est lorsque le jeune Giannettino Doria, neveu du grand-amiral de Charles-Quint, le surprit à la Girolata et l'enchaîna à la chiourme, après lui avoir fait administrer une maîtresse volée de coups de corde. Le chef d'escadre barbaresque rama, le dos nu, les pieds enchaînés, pendant quatre ans. Il eût ramé jusqu'à sa mort si les Génois, pour conjurer l'orage dont les menaçait Barberousse, à la tête de cent galères turco-algériennes, n'avaient forcé les Doria à leur livrer Dragut, qu'ils remirent en

---

(1) Sa cruauté n'était cependant que d'origine, il n'y mettait pas de passion systématique. Comme marin, général et chef d'État, il est certainement au-dessus de Barberousse. Sa mort (arrivée au grand siège de Malte) empêcha seule la formation d'un grand État barbaresque *unique*, de l'Égypte à l'Océan Atlantique.

liberté en le chargeant de présents pour le roi d'Alger. Barberousse, dit un historien arabe, pleura de joie en revoyant son lieutenant, « son œil droit ». Par cette lâcheté, Gênes échappait à une attaque et condamnait le monde chrétien à 35 ans d'épouvantables ravages. Le premier exploit de Dragut délivré fut d'enlever Castellamare et de dévaster toute la côte de Naples; le second, de capturer une galère de Malte, avec le trésor particulier qu'elle portait à la commanderie de Tripoli. Peu après, le vieux Barberousse étant mort dans une orgie, Dragut succédait à sa charge, sinon de grand-amiral, du moins de capitaine-général de tous les corsaires mahométans et lieutenant du Sultan en Afrique. Par cette investiture, il éclipsait de fait les rois de Tunis et d'Alger.

Pour son entrée en charge, il avait enlevé aux Espagnols Sousse, Monastir et Sfax; puis il s'était introduit dans Afrika, dont les puissantes fortifications et la situation maritime le séduisaient; il s'en était rendu maître par surprise, malgré les habitants, et avait augmenté les défenses de la ville. Afrika menaçait désormais de supplanter Alger comme centre de la piraterie barbaresque.

Avant de tenter le coup hardi de s'en emparer, Doria rapprocha sa flotte de la place, en la portant aux îles Kerkenneh (ou Coniglières) situées en face, et presque à portée de canon; de là, il empêchait Dragut d'y rentrer. Puis il alla chercher en Sicile les renforts annoncés par l'empereur. C'étaient une flotte et une armée, fournies par les deux vice-royaumes de Sicile et de Naples, et commandées par don Garcia de Toledo, fils du vice-roi de Naples. Dès l'abord surgirent des difficultés. Nommé par l'empereur, don Garcia refusa tout net de se soumettre aux ordres du grand-amiral, et déclara « qu'il lui rendrait déférence sur mer », et agirait, partout ailleurs, comme son égal. L'intervention active du bailli de La Sangle amena enfin un accord, et l'armement au complet se présenta devant Afrika, le 26 juin 1550. L'expédition comptait *quatre* chefs égaux formant le Conseil, savoir : le grand-amiral Doria, don Garcia de Toledo, don Juan de Vega, vice-roi de Sicile, et le bailli Claude de La Sangle.

A la vue du vaste armement chrétien, il y eut grande effervescence dans la ville; et les notables, conduits par leurs magistrats élus, se portèrent en corps à la Casbah. Elle était occupée par le neveu de Dragut, Hassi-Raïs, capitaine corsaire, avec 2 400 marins algériens.

Les *Oulémas* (chefs des mosquées et écoles), les *Adels* (chefs de la municipalité), et les *Amines* (chefs des corporations ouvrières), furent introduits devant Hassi-Raïs, qui les reçut entouré de ses compagnons : six corsaires comme lui, et quatre maîtres d'équipage.

Le *cheikh-el-Beled* (maire), assisté de deux *Kaïds* et de l'*Oukil* (intendant des mosquées), s'inclina gravement devant les corsaires qui, dit l'histoire, jouaient à la *manille*, couchés sur le ventre autour d'une table basse, leurs sabres nus à côté d'eux; il leur tint ce discours :

« Louange à Dieu l'Éternel, l'Unique! Que son salut descende sur Sa Hautesse très favorisée Soleyman, sultan, et sur tous les combattants de la foi!

» Seigneurs capitaines, nous venons vous prévenir qu'une multitude innombrable de soldats chrétiens, montés sur une grande flotte, menacent de prendre d'assaut la ville. Nous vous rappelons qu'Afrika était ville libre, quand le raïs Dragut, pour une somme d'argent, s'est fait livrer l'entrée du port et a établi ici, sans notre aveu, le centre de ses expéditions. Or, nous relevons avant tout du roi de Tunis, qui n'est nullement reconnu par le raïs Dragut; pour lui, nous pourrions combattre; mais pour Dragut, nous le ferons d'autant moins que c'est lui seul qui nous a exposés au péril actuel; car notre vrai souverain est en paix avec l'empereur Charles et la Religion de Malte. Il ne faut donc pas que vous comptiez sur nous. »

Hassi-Raïs regarda ses camarades, qui continuaient de jouer sans daigner se déranger, et dit à l'un d'eux nommé Afioum :

— Tire-moi la réponse que nous ferons à ces marchands.

Afioum allongea le bras, tira une carte du jeu et la jeta sur le tapis :

— *Spada,* fit-il en le regardant.

Tous les corsaires s'étaient levés d'un bond, le cimeterre à la main. Les députés de la ville, pâles et perplexes, battaient en retraite, mais les corsaires occupèrent en armes la sortie, et Hassi, s'avançant d'un pas, dit avec un sourire aux magistrats :

— *Effendis,* je vais vous montrer comment nous nous amusons entre nous.

Il donna une carte à Afioum, qui vint se placer contre une des colonnettes en bois sculpté qui supportaient la galerie et tint la

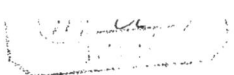

ON VIT ALORS LES CHEVALIERS IMPROVISER DES LITS
ET VAQUER AU PANSEMENT DES PAUVRES BLESSÉS

(Voir p. 336.)

carte entre deux doigts, appliquée à la colonnette, au niveau de sa propre joue.

— Regarde-la, (*chouf'hâda*), dit Hassi à l'*Oukil* de la ville : c'est un *roi de coupe,* un infidèle : je le touche au cœur ! — Il se campa à dix pas de la colonne, la tête renversée, la main gauche dans la ceinture, le bras droit tombant allongé ; dans sa main droite entr'ouverte, un poignard maltais était posé, la pointe en l'air.

Il balança légèrement le bras et l'arrêta d'un mouvement sec ; l'arme, traversant l'air, vint se planter au centre de la carte et vibra un instant.

— Afioum, dit le corsaire, ôte ta main. Effendis, qui veut arracher mon poignard ?

La carte restait clouée à la colonne ; l'arme y était entrée si profondément qu'aucun des députés ne put l'en détacher.

Toujours souriant, mais la flamme dans les yeux, Hassi leur dit, en jouant avec son cimeterre :

— C'est un jeu que j'ai appris chez les Corses, où tous les enfants le connaissent ; ils y sont très adroits.

Puis, haussant la voix subitement, il plongea son regard dans les yeux de ses interlocuteurs, et ajouta :

— Par la barbe de mon oncle ! je jure de planter, de cette façon, autant de lames dans des cœurs d'hommes qu'il se trouvera de traîtres pour parler de capitulation !

Le *cheikh-el-Beled* s'inclina profondément et murmura :

— Nous allons porter cette réponse à la population.

— Non, s'écria Hassi, c'est moi-même qui vais parler à la population..... Et, se dirigeant vers la porte, il dit :

— Vous pouvez venir m'entendre, effendis ; mes camarades affirment que je possède le don d'éloquence. Nous parlerons chacun à notre tour. Venez !

Une demi-heure après, le peuple, soulevé par Hassi, réclamait des armes et formait des compagnies franches. Les magistrats, pris entre deux périls, durent se mettre à leur tête « plus intimidés par les menaces d'Hassi, dit Vertot, que rassurés par ses promesses de victoire ».

Pendant ce temps, les chrétiens avaient débarqué et dressé leur camp. Hassi le fit reconnaître par six cents cavaliers et trois cents arquebusiers, suivis de quatre pièces de campagne, et une action s'engagea avec les soldats de Naples. Les musulmans occupaient une hauteur plantée de mûriers, d'où les Napolitains essayèrent de les déloger. Comme ils montaient à l'assaut, deux bataillons maures sortirent de la ville au pas de course et, les prenant d'écharpe, en abattirent la moitié par une mousquetade bien dirigée.

Le vice-roi de Sicile, don Juan de Vega, réprima un sourire et montra de la main au Bailli de Malte la colonne napolitaine qui flottait en désordre :

— Notre ami don Garcia, dit-il, est un peu jeune encore dans la conduite d'une attaque..... Bailli, vous êtes à portée de lui prêter la main, ce me semble?

— C'est le devoir de tout chrétien de secourir des chrétiens dans l'embarras, répondit brièvement Claude de La Sangle; mais je croyais, monseigneur, que vous iriez soutenir vous-même les Napolitains, qui sont troupes impériales comme les vôtres.

Le vice-roi se mordit les lèvres à cette sévère leçon, qui tombait juste à point; mais ce fut l'orgueil espagnol qui lui souffla sa réponse :

— Bailli, les choses de l'empereur ne regardent que les officiers de l'empereur; comme j'ai vu votre troupe en colonne, j'ai cru qu'il vous appartenait...

Il s'arrêta, car le Bailli, piquant des deux sans le saluer, était déjà loin et criait d'une voix tonnante :

— Saint-Jean à la rescousse! Haut l'enseigne! Prenez vos distances!

Le bataillon de Malte était toujours prêt : il avait vu ce qui se passait. Dix secondes après ce commandement, il s'ébranlait en ordre, abordait les quinze cents Maures, cavaliers et fantassins, en jetait deux cents à terre du premier choc, et ramenait le reste en désordre jusqu'à la *porte des Oliviers* (Bab-Zeitoun), qui se referma sur eux juste à temps. Après quoi, il fit avec calme sa retraite par échelons, répondant au feu de la place par ses tirailleurs.

Le jeune don Garcia, un peu pâle, mais très actif, avait reformé sa troupe dispersée et soutenu la retraite des Maltais; puis il mit le chapeau à la main et vint, au galop, saluer Claude de La Sangle qui suivait le corps de Malte au pas de son cheval, rectifiant de temps à autre, par un avis brièvement donné, comme au champ de manœuvres, l'allure d'un peloton ou le tir d'un mousquetaire.

— Seigneur bailli, fit don Garcia, je vous rends mille grâces et vous remercie de m'avoir montré, par votre vieille expérience, comment se répare une imprudence.

— Monseigneur, répliqua doucement le bailli, trop d'ardeur n'est qu'un beau fruit de jeunesse et se corrige vite ; je vous dis bon capitaine, car vous venez de vaincre plus grand ennemi que le Maure.

Le regard du jeune comte sembla dire : « Et lequel ? »

Il y répondit ainsi :

— L'orgueil.

Et tous deux revinrent en causant amicalement.

De ce jour, don Garcia de Toledo fut un grand et respectueux ami de l'Hôpital ; il avait un fils âgé de huit ans, qui devint chevalier de l'Ordre et mourut glorieusement, quinze ans après, sur les remparts de Malte.

Pendant que les chefs se réunissaient pour conférer et entendre le rapport de Claude de La Sangle sur la place, qu'il avait examinée avec grand soin durant l'engagement de sa troupe, les Napolitains rapportaient leurs nombreux blessés. On vit alors les chevaliers, sans prendre la peine de quitter leurs armures, jeter la bride aux soldats de Malte, se former en escouades d'infirmiers, improviser des lits, et vaquer au pansement des pauvres blessés avec la douceur et l'habileté d'une longue expérience ; les plus dévoués et les plus humbles étaient les commandants des deux escadrons Saint-Jean : le commandeur Coupier, de la langue d'Auvergne (1), et le commandeur de Giou (2), de la langue de Provence, tous deux réputés en Europe pour leurs faits d'armes. Aucun chevalier ne quitta les blessés dont il avait pris charge qu'après les avoir mis en bon train de guérison, ou, s'ils étaient condamnés, les avoir disposés à la mort par les sacrements et assistés à genoux, jusqu'à leur dernier souffle, avec le chapelain. Si bien que les soldats de l'empereur, attendris et reconnaissants, leur baisaient les mains au passage et disaient : « Qu'on nous donne des Frères Saint-Jean pour nous commander, et nous irons sans crainte attaquer le Diable ! »

---

(1) Qui fut, peu après, commandant en second de Tripoli, puis *maréchal* de l'Ordre, après l'infortuné Gaspard de Vallier.

(2) Le plus assidu compagnon de Romégas et de Lavalette ; on les appelait : *les trois Commandeurs*. Il venait de se signaler pour la vingtième fois par la part qu'il eut, avec sa galère, à la prise de l'imprenable *Penon de Velez* par les troupes de Charles-Quint.

Pendant tout le siège, les malades et les blessés de la flotte et de l'armée, à quelque corps qu'ils appartinssent, furent traités sous les tentes-hôpitaux de la Religion et soignés par les chevaliers; Claude de La Sangle donnait lui-même l'exemple, en sorte qu'on n'en perdit presque aucun, malgré la chaleur.

Cependant, Dragut avait trouvé moyen de faire passer un premier secours de huit cents bons soldats dans la place, et il revint, cinq jours après, avec trois mille arquebusiers de Tlemcen qu'il avait pris à Bône, où ils tenaient garnison à son compte. Ayant fait avertir Hassi-Raïs par un plongeur (1), il amena la nuit sa troupe à l'Est du camp impérial, et la dissimula dans un bois épais d'oliviers, entremêlé d'éclaircies où les chrétiens venaient couper des buissons pour les fascines et gabions du siège. Il devait en sortir au milieu de la nuit pour tomber sur le camp napolitain, en même temps que la garnison d'Afrika ferait une sortie contre les Espagnols. Un incident avança le combat.

Le coupage des fascines était très pénible sous la chaleur; et les *corvées* refusant d'y aller pendant le jour, ou ne faisant pas bien leur ouvrage, don Juan de Vega, pour en finir, y envoya d'un coup six cents travailleurs, officiers en tête, et déclara qu'il viendrait les visiter de sa personne. Ils avaient pour soutien deux cents soldats de la Goulette commandés par le gouverneur de cette place, don Luis Pérez de Vargas, le plus estimé des officiers impériaux en Afrique.

Comme le vice-roi de Sicile partait à cheval pour aller inspecter le travail, le bailli de La Sangle lui fit remarquer qu'il devrait prendre au moins une escorte solide, soit contre les embûches de l'ennemi, soit contre les tentatives séditieuses des travailleurs, qui étaient partis en murmurant très haut, et avaient emporté avec eux leurs outres (botas) pleines de vin; car c'était la Saint-Jacques, fête chômée dans toute l'Espagne; et ils déclaraient que, puisqu'on ne la leur laissait pas faire au camp, ils la feraient dans la forêt.

Le vice-roi se prit à rire aux représentations de La Sangle, et lui répliqua :

— Je n'ai pas encore vu des soldats d'Espagne ivres sous les

---

(1) Pêcheur d'éponges, industrie qui s'exerce toujours aux îles Kerkennch; il y en a qui soutiennent jusqu'à quatre heures de nage rapide, et restent sous l'eau près de deux minutes.

armes et se rebellant, seigneur ; cela peut arriver en Allemagne ou en France ; je n'en sais rien. Quant à l'ennemi, *el Senor* Dragut doit être loin d'ici, et je ne suppose pas qu'il ait, en tout cas, mis des roulettes à ses galères pour les faire monter jusqu'à cette forêt.

— Votre Excellence devrait connaître mieux Dragut, dit La Sangle ; il a déjà secouru la place malgré nous ; et, si nous sommes sans nouvelles récentes de lui, il faut nous attendre à en recevoir d'une heure à l'autre, car cet homme a le don d'agir même en dormant. Souvenez-vous qu'il dispose de toutes les garnisons barbaresques.

— Je vous remercie de l'avis, fit ironiquement Juan de Vega ; mais il y a repos au camp, et je ne mettrai pas aujourd'hui un homme en mouvement, au delà de ceux qui sont à la forêt... A moins qu'il ne plaise à vos infatigables chevaliers de nous faire l'honneur d'une escorte...

— Je la crois utile, monseigneur, et la ferai moi-même, répondit La Sangle, sans relever autrement la blessante ironie des allusions faites par le vice-roi de Sicile.

Cent chevaliers — plus de la moitié de ceux qui étaient au camp — et deux cent cinquante arquebusiers de Saint-Jean suivirent les deux chefs, qui s'enfoncèrent dans la forêt. A la vue de ces hauts personnages et du petit bataillon de Saint-Jean, Dragut ne put résister à l'envie de frapper un coup éclatant. Il les environna sous bois ; puis, resserrant peu à peu ses troupes autour d'eux, il attendit qu'ils fussent arrivés dans une clairière pour leur envoyer une décharge de mousqueterie et tomber sur eux à coups de sabre. A la détonation subite qui les enveloppa, au sifflement des projectiles, La Sangle s'était retourné vers don Juan de Vega et lui avait dit simplement : « Voilà Dragut, monseigneur » ; puis il avait aussitôt commandé la formation de sa troupe en bataillon carré. Mais déjà les vieux soldats de Malte, et ces Chevaliers, « dont chacun eût pu commander lui-même l'expédition, » se trouvaient instantanément formés, sans une seconde d'hésitation, et se portaient en avant. La clairière était trop étroite pour le développement des trois mille hommes de Dragut. Profitant admirablement de la situation, la milice Saint-Jean fit durer le combat quelques minutes, pour donner le temps aux travailleurs espagnols, qui devaient entendre la fusillade, de regagner leur camp ; elle opéra ensuite sa retraite avec flegme, se couvrant alternativement par des pelotons d'arquebusiers dans les taillis, et par des pelotons de Chevaliers qui chargeaient dans les éclaircies, lorsque l'ennemi formait nombre compact. Une fois hors du bois, le petit bataillon marcha lentement vers le camp, recevant et rompant constamment, sur ses faces inébranlables, les charges furibondes de Dragut. Le rappel sonnait partout; les troupes sortaient en colonnes. Dragut, lassé, donna le signal de la retraite; et pensant bien que toute surprise était désormais inutile, il dispersa ses soldats dans les bois, en leur assignant Sfax comme point de ralliement.

Les pertes de la Religion étaient sensibles : plus de soixante bons soldats, quatre officiers et plusieurs chevaliers, entre autres Jean de Romieu et un cousin de Romégas, le vicomte de Lescout. Mais les Impériaux en avaient fait une grande : celle de don Luis Perès de Vargas, l'*Alcide africain,* qui avait eu le corps criblé de balles. Le soir, au conseil qui se tint sous la tente du grand-amiral, le vice-roi de Sicile fit, à son tour, ses excuses au bailli; sa raideur était tombée, et il avait de grosses larmes dans les yeux, en pensant à la mort de don Luis et au compte qu'il en rendrait à l'empereur.

Le siège fut poussé activement. Une batterie de treize grosses pièces tirait constamment sur la ville; on en ajouta une seconde de quatre *basiliks,* qui parut faire plus d'effet. Nous avons dit la situation d'Afrika, bâtie à la pointe d'une étroite langue de terre, et attaquable seulement du côté de l'Ouest; car, à cause des bas-fonds et des récifs qui l'entourent, la flotte ne pouvait en approcher à portée de canon, et se contentait de la bloquer par mer.

Dans la ville, l'impression causée par l'insuccès de Dragut amena une scission entre les habitants. Hassi-Reïs, ne recevant plus de renforts, avait enrôlé une partie du petit peuple, et, pour le payer, frappé une contribution de guerre sur les négociants. Une partie d'entre eux, exaspérée, acheta à prix d'or d'un des officiers l'ouverture d'une poterne donnant sur la mer et vint, en marchant moitié dans l'eau, moitié sur le sable, se présenter au camp espagnol, où elle fut bien reçue. Ce que voyant, beaucoup les imitèrent et, pour se faire bien venir des chrétiens, leur apportèrent sur des barques plates des provisions, du linge et des rafraîchissements. Leur raisonnement était juste : « si les chrétiens prennent la ville, nous éviterons d'être enveloppés dans la ruine commune; mais s'ils échouent, nous demeurerons complètement ruinés, suspects au petit peuple

et en passe d'être massacrés au premier caprice des corsaires. »
On leur promit formellement qu'ils seraient dédommagés après
la prise de la ville, et libres d'aller s'établir dans telle ville qu'ils
choisiraient parmi celles soumises, en Afrique, au protectorat de
l'empereur.

Cependant, le siège n'avançait pas; et l'on sut bientôt, par les
rapports des transfuges, que l'assiégé avait élevé à l'intérieur une
seconde enceinte encore plus forte que la première, avec des fossés très profonds où pénétraient les eaux de la mer. L'approvisionnement en armes, poudre et vivres était immense; d'autre part, le
directeur des travaux du siège, l'ingénieur catalan Ferran Molins,
ayant voulu reconnaître lui-même les défenses intérieures de l'assiégé, fut tué d'un coup d'arquebuse. Les maladies s'étaient mises
dans l'armée, les généraux mirent en délibération la levée du siège.

En cette extrémité, le grand-hospitalier releva tous les courages.
Il déclara que, si l'armée impériale se retirait, il donnerait l'assaut,
seul avec les six cents hommes de la Religion; installa *à ses
frais personnels,* sur une éminence bien abritée, un second hôpital, dit : « de convalescence et de préservation »; ravitailla l'armée
aux frais de l'Ordre, en faisant venir des *grips* de Tripoli, à travers les croisières serrées établies par Dragut, et reçut comme
volontaires, « sous sa cornette », une centaine de gentilshommes qui
venaient de France et d'Italie voir le siège. Cette fermeté sauva
tout. Peu après, un renfort de mille soldats toscans arriva à don
Garcia, puis deux compagnies de Malte à La Sangle, sous le
chevalier Ettore Baglione.

Les gentilshommes du xvi* siècle étaient lettrés comme des
Bénédictins. Un soir, don Garcia, couché sur le sable à l'ombre
d'un vieux mur, lisait attentivement les « bonnes feuilles » du premier Tite-Live qui ait été imprimé, et qu'un brigantin de Livourne
lui avait apportées. Il en était au siège de Syracuse par Marcellus,
dans lequel il est dit que, pour serrer de plus près l'*Achradine,*
le général romain transforma ses plus grosses galères en forts mouvants, et les accoupla deux par deux. Don Garcia fermant le livre,
se leva, fit appeler un Maure transfuge qui lui avait déjà donné de
précieuses indications et, la nuit venue, se glissa hors du camp.
Arrivé au bord de la mer, il se dépouille de ses vêtements et
n'hésite pas à se lancer à l'eau. Une heure après cette périlleuse

reconnaissance, il rentrait au camp et donnait ses ordres. Le surlendemain, deux grandes galères, désarmées chacune d'un bord et étroitement jointes, puis fortifiées et matelassées, recevaient une batterie de huit grosses pièces; l'engin flottant, remorqué *à force de bras* sous le feu de l'ennemi par des volontaires dévoués,

UN SOIR, DON GARCIA COUCHÉ SUR LE SABLE... (Voir p. 340.)

que guidait le hardi général de Naples, dans l'eau jusqu'au col, vira lentement, en rasant plus d'une fois les rocs avec ses flancs, dans le dédale des bas-fonds, s'arrêta à demi portée de la place, et ouvrit un feu terrible sur le front sud, qui était mal armé et incomplètement fortifié. En quarante-huit heures, la brèche devint praticable.

C'était un des privilèges les plus hautement reconnus de l'Ordre Saint-Jean que d'avoir *toujours* le premier rang à l'assaut. Et nul ne songeait à le lui contester. Ce fut donc lui qui forma la première, colonne. En tête, marchait l'étendard de bataille (en taffetas noir, avec la croix de Saint-Jean brodée en argent sur fond de moire rouge), porté par le commandeur de Giou et entouré de deux pelotons de chevaliers, l'un aux ordres du commandeur de Guimaraens, l'autre sous le commandeur Coupier. A côté d'eux marchait le chevalier Baglione. Ces quatre vigoureux guerriers devaient se succéder dans le soutien de l'étendard et la direction de l'assaut, si de Giou tombait frappé grièvement « comme il est bien probable », avait dit tout haut La Sangle en leur donnant ses ordres. Cette élite était suivie du bataillon formé par les autres chevaliers et les volontaires; puis, derrière eux, les six compagnies de soldats des galères, chacune de cent hommes avec son enseigne. Le grand-hospitalier fermait la marche, avec ses trois officiers d'ordonnance et son peloton d'escorte.

Le second échelon était formé par les troupes de Naples; le troisième, ou réserve, par toute l'armée espagnole.

Les trompettes donnent le signal; le canon se tait. Sortant des tranchées au pas de course, la colonne de l'Hôpital franchit en deux minutes la distance, applique ses échelles et apparaît sur la brèche, aux applaudissements de l'armée. Un feu roulant l'enveloppe aussitôt; l'on voit, de loin, l'étendard de Saint-Jean osciller et disparaître dans la fumée, puis reparaître immédiatement plus haut et plus ferme. De Giou, frappé de deux coups d'arquebuse, était tombé sur les genoux en criant : « A vous, Coupier ! » Et Coupier, géant robuste et inébranlable, sorti des monts du Lyonnais, avait saisi la bannière et la maintint haute pendant tout le reste de l'action.

Contre ce seul bataillon s'était ruée la masse des défenseurs, surexcitée par le péril ; les arquebusiers de Malte, logés sur un coin de la brèche, ne se faisaient pas faute de tirer dans le tas. Les Turcs durent reculer; ce qu'ils firent en rompant derrière eux la passerelle, en sorte que le bataillon de Malte se trouva isolé sur la brèche conquise. Deux Français, les chevaliers de Montreuil et d'Assaville, aperçurent une poutre non rompue qui communiquait à la tourelle de flanc et s'élancèrent dessus. En un clin d'œil, l'étroit passage se trouva encombré de *Chevaliers rouges,* qui s'y maintenaient avec l'équilibre particulier aux marins. Hassi, les voyant tout d'un coup déboucher de la tourelle, fait tirer sur la poutre, qui se rompt. Tous ceux qui l'avaient passée sont entourés, et finissent par succomber sous le nombre; parmi eux étaient quatorze des meilleures épées de Malte, entre autres Atienza, Ramirez de Vargas, Wilhem de Bloësch, Claude d'Aspremont, François de Schoonens, etc...

Le commandeur de Guimaraëns dit à Coupier :

— Frère, il est interdit à l'étendard de reculer; ne voyez-vous aucun chemin pour avancer ?

— Je ne sais, dit le grand Lyonnais ; cherchez donc sur la gauche, vers la mer. On dit qu'il y a des passages.

En même temps, l'un des servants d'armes, remontant par le fossé, faisait signe du bras. Guimaraëns charge aussitôt les vingt plus solides chevaliers de continuer à faire tête aux Turcs sur le débouché de la tourelle; puis, avec tous les autres, il contourne la brèche, redescend le fossé, entre à l'eau, arrive en suivant les bas-fonds à l'intérieur du rempart, et y trouve un sentier à demi-tracé, par lequel il s'élève à l'aide des pieds et des mains.

Quand il apparut debout sur le revers du rempart, une grande clameur s'éleva dans la ville; mais trop tard! Six mille hommes suivaient la même route. Une demi-heure après, Afrika était prise. Dix-huit cents cadavres musulmans jonchaient les rues. Les chrétiens, par un bonheur inespéré, n'avaient pas cent morts; mais ils avaient perdu plus de 1500 hommes au siège, dont un tiers de mariniers et deux tiers de soldats.

Les Espagnols étaient si animés au carnage que rien ne put les arrêter. Plutôt que de tomber entre leurs mains, une partie du peuple arabe, surtout composée de femmes et d'enfants, se jeta dans les bas-fonds et s'y noya volontairement (1). D'autres, en grand nombre, gagnèrent les navires chrétiens, qui en barque, qui à la nage, et se déclarèrent esclaves, « estimant, avec raison, debvoir estre mieulx traités par les mariniers qui sont accoustumés à ces adventures et les voyent de sens rassis, que par le soldat qui tout massacroit comme tigre en furie. »

(1) En 1837, à la prise de Constantine par les Français, des centaines de femmes arabes, attachant leurs enfants à leurs reins, se lancèrent dans les précipices à pic qui entourent la ville de trois côtés, et s'y brisèrent.

Le commandant en chef des soldats de Tlemcen était un Anatolien nommé Kheit-Ali ; il défendit longtemps avec énergie le *ravelin*, (1) mais fut enfin forcé, et passé au fil de l'épée avec tous les siens. Le reste des défenseurs se réfugia dans la grande Mosquée ; on l'y

VOILA LA CAUSE DE TOUS NOS MAUX (Voir p. 345.)

força bientôt. Hassi, couvert de sang et attaché par les pieds et les mains, fut apporté à don Juan de Vega par des Maures qui l'avaient vu dépouiller le corps d'un matelot de Malte, s'affubler de son uniforme et essayer de passer dans une barque à travers la flotte.

(1) Ouvrage en pointe, qui ne se fait plus ; il a été remplacé par la *demi-lune*.

— Voilà, dirent tristement les Maures, la cause de tous nos maux ; si nous avions pu vous l'apporter plus tôt, six mille familles vivraient encore paisibles, dans notre cité.

— Lâches ! leur cria le captif, je vous ferai écorcher vifs avant un an d'ici.....

Il tint parole ; car ayant été présenté à l'empereur, puis échangé, l'année suivante, contre le second fils du vicomte Cicala, il parvint à enlever, la nuit, en plein Tunis, les quatre hommes qui l'avaient livré, et les fit écorcher à son bord.

Le butin fut immense ; on vendit sept mille captifs.

Le 25 septembre, Claude de La Sangle rentrait à Malte ; il y trouva la famine. Sans prendre le temps de se reposer, il se remit en courses et parvint, après mille efforts, à réapprovisionner le port et la ville.

SIXIÈME RÉCIT

LE GRAND-MAITRE OMÉDÈS ; — GOZZO RAVAGÉE ; — TRIPOLI PERDU

Depuis que le grand-maître Omédès gouvernait l'Ordre, il semblait que Saint-Jean ne fût plus qu'une dépendance de l'empire. Si les Français étaient mal vus, à cause des guerres de leur roi contre l'empereur, les Italiens eux-mêmes n'étaient guère plus en faveur. Le vaillant Strozzi l'avait bien éprouvé, lui qui, après avoir conquis la réputation d'un des plus grands hommes de mer de son siècle, et construit sur la pointe du mont Scéberras ce fameux *fort Saint-Elme* qui allait être bientôt le salut de Malte, s'était un jour vu refuser l'entrée du port, à cause de ses démêlés avec l'empire en Italie. Il s'était dédommagé de cet affront en envoyant à Notre-Dame de Philerme (1) un superbe voile, avec ces mots de l'Évangile *secundum Joannem* brodés dans le tissu : *In propria venit, et sui eum non receperunt.*

D'autres preuves de la partialité du grand-maître allaient bientôt éclater, au plus grand détriment de l'Ordre Saint-Jean.

Dragut avait fait retentir Constantinople du fracas de ses plaintes sur la prise d'Afrika. Il avait représenté au sultan Soliman que cette prise, jointe à la possession d'Oran, de Bougie, de la Goulette et de Tunis par l'empereur, du groupe de Malte et de la place de Tripoli par la *Religion,* allait rendre à bref délai les chrétiens maîtres de la Berbérie ; et que, de là, ils pourraient se coaliser sans difficulté pour retomber en forces sur l'Orient, reprendre successivement la Grèce, Rhodes et la Palestine ; qu'ils pourraient même arriver, par la voie de terre, à attaquer l'Égypte.

Soliman crut à ces raisons. Du reste, il ne pouvait, à moins de renoncer à sa prépondérance maritime, refuser de protéger ceux qui la lui assuraient : les hardis corsaires barbaresques. Mais,

---
(1) Vierge miraculeuse, apportée de l'il: de Rhodes à Malte.

comme il se piquait d'observer les traités, il consulta son divan. Celui-ci fut d'avis : *quant à l'Ordre* de Malte, de le traiter en corsaire, puisqu'il avait toujours continué de guerroyer depuis Rhodes ; *quant à l'affaire d'Afrika*, d'élever des réclamations auprès de l'empire; et, pour qu'elles ne pussent être écartées, d'investir Dragut d'un titre officiel turc : il fut nommé *sandjiak* (gouverneur) de l'île Sainte-Maure.

Le plus pressé était d'en finir avec la Religion. Une grande flotte, portant une armée de débarquement, fut équipée sous les ordres de Sinan-Pacha, le grand-amiral en titre. Pendant qu'on vaquait à cet armement, Doria, chargé par Charles-Quint de s'emparer de Dragut, l'enfermait et le bloquait dans le golfe de Gabès ; mais le rusé corsaire, faisant établir *un chemin sur rondins savonnés*, de plus d'une lieue, par-dessus une pointe basse allongée, y traînait ses galères à bras pendant la nuit, les remettait en pleine mer, et échappait ainsi à son adversaire trop puissant. L'inquiétude qui régnait à Malte et les rapports unanimes qui y arrivaient de tous les côtés forcèrent enfin Juan de Omédès de dépêcher un navire aux informations. Son commandant, le chevalier Giorgio de San-Giovanno, après avoir visité tous les ports de la Morée et du Levant où il put se glisser, vint rapporter que l'armement turc avait pris la mer, qu'il se composait de cent-douze galères impériales, de deux énormes vaisseaux dits *galéasses*, et d'une cinquantaine de *fustes*, brigantins et nefs de transport; qu'il portait 12 000 soldats d'élite dont les deux-tiers janissaires, 5000 pionniers et ouvriers, une masse énorme de provisions, munitions et outils de siège; qu'il avait pour commandant en chef Sinan-Pacha, assisté de Dragut et de Salah-Reïs (1), et que l'opinion était qu'il allait faire le siège soit de Malte, soit de Tripoli.

Le grand-maître prit quelques précautions, mais ne se pressa pas de s'alarmer; il refusa même de fortifier Gozzo. Il répondit aux remontrances acharnées des chevaliers qu'il avait des *raisons très sûres* de croire que l'orage allait fondre sur la Sicile. A ce moment arriva de France le commandeur de Villegagnon.

Nous avons déjà parlé de ce grand homme, né à Provins en Brie, marin consommé, écrivain savant, capitaine de mérite. Il

(1) Roi d'Alger; c'est le premier qui prit le titre de *Dey* (patron).

venait de se distinguer comme vice-amiral de Bretagne, sous le pavillon fleurdelysé ; il allait, plus tard, dans une célèbre navigation, attacher son nom à la reconnaissance des côtes brésiliennes. Entre ces glorieuses expéditions, il revenait, au premier bruit du danger, se mettre à la disposition de son Ordre, comme il l'avait fait, depuis 17 ans déjà, à toutes les occasions, et en particulier au siège d'Alger, où sa valeur et sa fermeté l'avaient couvert d'une gloire qui rejaillissait sur son pays et sur tout son OrdreSaint-Jean. Mais Omédès, occupé d'enrichir ses deux neveux et de suivre la fortune et les désirs de l'empereur, n'aimait pas le célèbre commandeur français, pas plus qu'il n'aimait les Romégas, les La Valette, les Piédefer, les Coupier, les de Vallier, et vingt autres illustrations dont chacune eût suffi à la gloire de la *Religion,* et qui ne franchissaient plus les commandements moyens et les fonctions intermédiaires, parce qu'ils avaient le défaut d'être nés en France.

En passant en Sicile, Villegagnon alla trouver le vice-roi et lui remontra avec insistance qu'il était de son devoir, pour couvrir son propre gouvernement et entrer dans les vues de l'empereur, d'envoyer un secours immédiat à la *Religion* menacée et mal défendue. Il n'en put obtenir que des réponses *conditionnelles*, parce que le vice-roi craignait que l'attaque ne se détournât sur les ports de la Sicile même. Il se hâta de courir à Malte. Telle était sa réputation que, sur le bruit de son arrivée, tous les chevaliers présents vinrent le recevoir au port. Entouré de leur escorte, qu'il dépassait de toute la tête, il vint se présenter au grand-maître et lui donna les nouvelles *positives* qu'il tenait de l'ambassade ottomane (la France était alors en excellents termes avec la Turquie) : Sinan-Pacha avait ordre de tenter un coup sur Malte, et s'il ne réussissait pas à son gré, d'enlever *au moins* Tripoli. Il était également chargé de demander satisfaction à l'empereur au sujet d'Afrika ; mais ce n'était là qu'un point secondaire de sa mission. Soliman, avant de rien entreprendre contre le vaste empire de Charles-Quint, songeait à s'assurer d'abord la clef de la Méditerranée supérieure : le groupe de Malte et ses dépendances.

Ces détails, en alarmant le Conseil, lui suggérèrent quantité de projets de défense qui firent sourire Omédès. Il repartit à toutes les affirmations que l'armement turc était destiné à combattre l'empereur, et devait faire jonction à Toulon avec la flotte française ; il

VALLIER S'ÉCRIA EN JOIGNANT LES MAINS...
(Voir p. 354.)

repoussa les mesures de prudence proposées par le Conseil, entre autres le rasement du petit château de l'île Gozzo, qui n'était pas défendable, et le transfert des habitants à Malte et en Sicile. A force de prières et d'instances, le Conseil obtint de lui qu'il demandât en Sicile un secours pour renforcer Tripoli, dont la conservation intéressait autant l'empereur que la *Religion.* Le vice-roi lui envoya deux cents recrues calabraises, inaptes au métier des armes, et qui commencèrent par se révolter en prétendant qu'on leur tendait un piège. Il fallut, pour les embarquer, les diviser par petits groupes. On leur adjoignit vingt-cinq jeunes chevaliers qui, pour divers manquements à la Règle, gardaient les arrêts ou la prison. Ce fut tout le renfort que reçut Tripoli ; quant à Gozzo, *il n'en fut mis aucun.* On apprit bientôt que la grande flotte turque avait commis des ravages en Sicile. Pendant que le grand-maître en tirait une confirmation de ce qu'il avait avancé au sujet de l'alliance franco-turque, Sinan-Pacha tournait sa proue au sud. Il parut devant Malte le 16 juillet. Ce fut un désarroi immense. Tous les habitants coururent, avec leurs troupeaux, s'entasser dans la *Cité-Notable,* au centre de l'île, tandis que le Turcopolier, sir Nicholas Upton (1), et le commandeur Guimaraëns harcelaient les débarquants.

Cette vigoureuse attitude, et une querelle qui s'éleva entre Sinan et Dragut, sauvèrent Malte d'une ruine certaine. Du haut du Scéberras, Sinan examina longuement le *Bourg* et le *Château Saint-Ange,* à peine achevé. Frappé de la force de la position, il s'emporta en reproches contre Dragut, qui la lui avait représentée comme facile à prendre. Sans s'émouvoir, le hardi corsaire lui proposa de l'enlever d'assaut, ajoutant qu'il s'en chargeait au besoin ; et Sinan n'était pas éloigné d'y consentir lorsqu'un vieux *Reïs,* frère de l'ancien commandant de Takrour, Khérédine, montrant du doigt les larges substructions du fort: « Prends garde, seigneur Pacha, lui
» dit-il ; j'ai été esclave ici même ; ces pierres énormes que tu vois
» si bien assemblées, capables de défier les boulets, j'en ai porté
» mon poids sur mes épaules... Avant que tu puisses renverser
» pareil travail, tu seras surpris par la tempête ou par l'arrivée d'un
» secours chrétien. »

(1) Anglais, et le dernier de sa charge. Elle appartenait à la *Langue d'Angleterre,* et fut supprimée à la mort d'Upton, comme la *Langue* elle-même, « pour cause d'hérésie nationale »

Sinan, d'une ténacité invincible dans l'exécution, était fort circonspect dans ses résolutions. Il refusa de s'acharner au siège du Bourg, et entreprit une vaste reconnaissance sur la Cité-Notable.

Prévoyant, aux tergiversations de l'ennemi, ce qui allait être résolu, Villegagnon était venu conjurer le grand-maître de renforcer l'ex-capitale de l'île. Mais il n'en reçut que des propos ironiques et, par dérision, la permission de s'y rendre « *avec six chevaliers et non plus.* » Villegagnon accepte cette espèce de défi, fait appel à sa *Langue,* part avec six chevaliers français, traverse avant le jour les grand'gardes turques en rampant, s'empare de quelques cavales qui paissaient, s'y jette à crû, et arrive avec ses amis à la Cité-Notable, entassement confus de tous les habitants de l'île, réfugiés dans des rues étroites. Il annonça un prompt secours (qu'il savait ne devoir point venir), et, avec l'aide du gouverneur de la ville, le bailli Giorgio Adorno (de la langue d'Italie), arma le peuple, lui mit la pioche en mains, releva et augmenta les fortifications, les garnit d'artillerie, et se prépara à recevoir chaudement les Turcs.

Ceux-ci, sur le rapport de leurs éclaireurs et à la vue des vastes travaux subitement exécutés autour de la Cité, se persuadèrent qu'un renfort considérable avait débarqué par le sud. Ils hésitaient à marcher. L'après-midi, un nommé Bel-Kassem, patron d'une *fouste* chargée d'observer l'entrée du port du Bourg, se présenta au général ottoman, et lui remit une lettre qu'il avait capturée, en même temps qu'une barque armée de six Maltais, qui cherchait à se glisser dans le port. Cette lettre fut portée et lue au conseil : le trésorier, délégué de l'Ordre à Messine, écrivait au grand-maître que, s'il tenait bon quatre à cinq jours, il serait secouru par le grand-amiral Doria en personne, lequel venait d'arriver à Messine et y concentrait des bâtiments de guerre, des troupes et des provisions.

Une violente discussion s'engagea dans le conseil. Dragut, en admettant la certitude de l'avis, estimait que Doria ne paraîtrait pas avant 15 à 20 jours, et que l'on aurait le temps, d'ici là, d'enlever la Cité-Notable et de revenir sur le Bourg, où l'on prendrait d'un coup de filet le grand-maître et toute la Chevalerie. Sinan refusait de compromettre ses forces contre un objectif aussi peu sûr que Malte, alors que ses instructions visaient surtout Tripoli.

Le conseil finit par se ranger à son opinion; mais, pour encourager l'armée et la dédommager de ses espérances de butin à Malte, il jugea qu'on avait le temps de ravager l'île Gozzo, et en abandonna le pillage aux troupes. Le pivot des résolutions du Conseil avait été : la vigoureuse défense d'Upton et de Guimaraëns, la belle attitude de la Cité-Notable sous Villegagnon et Adorno, et enfin la lettre du trésorier de Saint-Jean à Messine; or, ces trois choses masquaient la faiblesse et le vide. La lettre était une habile manœuvre du trésorier pour effrayer les Turcs, et n'avait aucun fondement.

Ainsi, pendant que le grand-maître restait au-dessous de ses devoirs et abandonnait l'Ordre à sa perte, l'intrépidité, l'intelligence et le dévouement de ses membres conjuraient le péril et envoyaient l'orage éclater ailleurs. Malheureusement, ils ne pouvaient préserver Gozzo, laissée sans défense par le grand-maître, en dépit des vœux exprès du Conseil de l'Ordre. Le commandant du château de Gozzo capitula lâchement au premier coup de canon, en stipulant la liberté pour « les quarante principales personnes de l'île » (sic). Ce que Sinan interpréta en faisant relâcher les quarante individus, hommes et femmes, les plus âgés, presque tous infirmes ou estropiés, « attendu, dit-il en ricanant, que, chez les Turcs, c'est l'âge qui rend *principal,* et non le titre ou la fonction. » Le méprisable gouverneur fut mis à la chaîne avec les sept mille malheureux Gositains qui, dans leur désespoir, lui crachaient au visage et essayaient de le saisir pour le mettre en pièces. Un négociant sicilien établi à Gozzo ne put supporter l'idée de voir sa femme et ses filles livrées à l'infidèle; il les tua de sa main et, se jetant tête baissée sur les Turcs, en égorgea deux et en blessa une douzaine. Il mourut vengé d'avance.

Cependant l'étonnement et l'indignation furent sans bornes à Malte lorsqu'on apprit le sort de Gozzo, et qu'on vit l'armement turc, au lieu de faire voile pour la Provence, comme l'avait annoncé Omédès, se diriger droit au sud, c'est-à-dire sur Tripoli d'Afrique. Il ne resta plus au grand-maître, couvert de confusion, qu'à recourir aux moyens détournés pour atténuer au moins le sort des défenseurs de Tripoli. Il eut donc recours à l'ambassadeur de France auprès de Soliman, le marquis d'Aramon, qui passait en Sicile et qui vint le voir à Malte. Aramon se rendit immédiatement à Tripoli, en promettant d'essayer tous ses bons offices auprès de Sinan.

La négligence volontaire de Omédès avait laissé Tripoli sans défense réelle. Les Calabrais envoyés de Malte ne faisaient que gêner la résistance par leur lâcheté et leurs révoltes ; seuls, une quarantaine de chevaliers, sous le *Maréchal* de l'Ordre, Gaspard de Vallier (de la langue d'Auvergne), et le commandeur Coupier (de la même langue), pouvaient, avec quelques frères servants et une compagnie de Maures, originaires de Fez et ennemis jurés des Turcs, offrir garantie. De Vallier n'hésita pas et repoussa fièrement la sommation de Sinan-Pacha, pendant que celui-ci, déclinant avec politesse l'intervention de l'ambassadeur de France, le faisait retenir de force au siège, pour l'empêcher d'aller à Constantinople obtenir du sultan le désistement de ce siège. Sinan avait reconnu que la place ne pourrait tenir, et résolu de se faire le plus grand honneur possible de sa prise auprès de Soliman.

La défense fut très énergique ; mais elle dépendait de celle du *Château,* occupé par les Calabrais, sous les ordres du frère servant Desroches (de la langue de France). Sévèrement contenus dans le devoir, les Calabrais organisèrent un complot pour s'emparer, la nuit, d'un brigantin qui était ancré sous le fort et passer en Sicile, à tous risques, après avoir allumé une mèche soufrée qui communiquait aux poudres, afin de faire sauter le Château et d'empêcher ainsi toutes poursuites.

Desroches, avisé à temps, prévint le maréchal Vallier ; comme on avait besoin des Calabrais, on les ôta du fort par pelotons et on les distribua dans divers postes éloignés ; mais là, ils semèrent le découragement chez les autres défenseurs de Malte. Dès le surlendemain, leur capitaine, Gorra, le rouge au front, venait informer Vallier que ses soldats exigeaient la capitulation et qu'il n'était plus maître d'eux.

Gaspard de Vallier était alors à l'église où il venait de communier, offrant à Dieu sa vie pour la conservation de la Place qui lui avait été confiée. Il se lève et sort ; les révoltés l'entourent avec des cris de colère et le menacent de mort. Élevant la voix :

— Ce n'est pas à des rebelles qu'il me convient de répondre, dit-il ; je vais rassembler le Conseil de défense. Si vous êtes à vos postes, vous serez informés, selon votre droit, des résultats de la séance, sinon, rien !

Devant son geste et son attitude, les mutins reculèrent ; et, ayant vu le Conseil s'assembler, ils se résolurent enfin à aller, *per l'ultima volta* (1), dirent-ils, à leurs postes respectifs.

Le Conseil s'était réuni. Vallier, se levant, regarda sans parler ses compagnons d'armes; puis deux larmes coulèrent lentement de ses yeux dans sa barbe blanche, et il s'écria en joignant les mains :

— O Dieu! O Saint-Jean! O malheur de ma vieillesse! chevaliers et frères, j'ai vécu un jour de trop!...... L'honneur de l'Hôpital est vendu par des lâches, qui n'ont plus de courage que pour affirmer leur poltronnerie..... Que ne suis-je tombé mort hier, quand le canon turc abattait pierres et briques tout autour de moi!.....

Après cette explosion de douleur qui émut tout le Conseil, le vieux guerrier exposa brièvement la situation, et demanda que chacun opinât sur l'état de la défense.

Le Conseil déclara s'en rapporter à l'avis du *capitaine de brèche*, le chevalier de Boissieu (2), du prieuré de Champagne.

— J'ai très exactement visité la brèche ce matin, dit Boissieu ; elle peut être encore bouchée par un bon retranchement en arrière. J'ignore ce qu'il adviendra de la Place, mais j'affirme que, si le soldat fait son devoir, elle est encore en état de bien tenir et de repousser un assaut.

Un murmure favorable accueillit ces mots. Tout à coup, on vit se lever ensemble sept ou huit chevaliers espagnols, entourant l'un d'eux, le trésorier provincial Herrera qui, s'avançant d'un pas et jetant un regard de défi à Boissieu, prononça lentement ces paroles :

— Il est naturel, Chevalier, que vous et tous les Français qui sont dans cette Place, teniez à vous honorer par une longue résistance, en dépit du mauvais état des défenses. Vous avez au camp musulman un ambassadeur de votre nation qui, au jour de la capitulation, saura vous épargner tout ennui; car l'on sait assez quels services le Croissant a reçus et recevra encore longtemps, sans doute, du royaume prétendu *très chrétien*. Pour nous, ennemis-nés de Mahomet, sujets impériaux, qui n'avons à compter que sur d'ignominieux supplices si l'on essaye de prolonger une résistance désormais illusoire, il peut bien ne pas nous convenir d'être les dupes et les victimes, sans profit pour la *Religion,* des secrets accords de

---

(1) « Pour la dernière fois ».
(2) D'autres disent « de Poissy ». Mais ce nom n'est pas à l'*armorial de France*.

l'ambassadeur de France avec le grand-amiral turc. J'opine donc tout haut : qu'ayant fait tout ce que le devoir exigeait, et constatant la résistance impossible, l'on conclue, sans tarder, une honorable capitulation, en termes tels que tous les membres de l'Ordre reçoivent le même traitement, sans privilège de langue ni de grade. Je déclare porter la parole au nom de mes compatriotes ici présents.

— Tel était le fruit des tendances politiques du grand-maître.

Un tumulte affreux éclata sur ces paroles, et peu s'en fallut qu'on en vînt aux mains entre officiers et chevaliers. On résolut enfin, avant de rien décider, de recevoir un nouveau rapport sur l'état exact de la défense, et le commandeur Coupier fut chargé de faire entendre raison aux Italiens révoltés.

Le brave guerrier, refoulant ses sentiments, trouva des accents pleins de douceur pour se concilier les mauvais soldats de Calabre.

Il leur promit la double paye immédiate ; puis, leur montrant les vraies dispositions du Turc, leur fit comprendre que, seule, une attitude militaire vigoureuse, en imposant à l'ennemi, pourrait leur faire accorder des conditions heureuses pour la capitulation, à laquelle il pourrait bientôt être temps de songer... Relevés par ces paroles adroites et chaudes, les Calabrais éclatent en applaudissements et crient : *Evviva Cupiero ! Saremo fedeli !*... Derrière eux, les Maures enrôlés les encourageaient de leurs ; *M'lehh !* (bien), *bravi genti, Calabresi !*..... lorsqu'un silence se fit.

Un groupe, au centre duquel se trouvaient Herrera et quatre chevaliers espagnols, ricanait devant l'enthousiasme général. Coupier venait de se retirer. On entoure Herrera et ses amis, on les interroge..... Ils s'amusent tout haut de la crédulité des Calabrais, « bonne viande italienne de boucherie, à jeter aux Turcs pour payer la liberté des Français »... Le résultat si péniblement obtenu par Coupier s'écroule en un clin d'œil. Une foule tumultueuse nomme un *inspecteur de brèche*, un vieux soldat espagnol appelé Guevara. Il s'absente une heure, et revient déclarer la défense impossible. Alors, avec la hardiesse de la lâcheté, les révoltés sommment le maréchal de capituler, s'il ne veut pas les voir introduire eux-mêmes l'ennemi dans la Place : « Allez au Conseil » réplique avec indignation Gaspard de Vallier, tremblant de honte.

Le Conseil, la rougeur au front, constate la nécessité de capituler, « par suite du refus général de service d'une partie de la garnison », et nomme des délégués. Mais les mutins se récrient, les cassent, en nomment d'autres « qui ne soient pas Français » (sic); ce sont le commandeur Foster, de Majorque, et le soldat Guevara.

Sinan, instruit d'une partie de la vérité, les reçut si durement qu'ils allaient se retirer, confus, quand Dragut intervint. Ce furent les chevaliers qui payèrent la trahison des Calabrais. Ils devaient fournir une indemnité aux Turcs, et se remettre à leur discrétion.

Vallier, à cette nouvelle, entra dans l'oratoire de Saint-Jean, se fit donner l'absolution et se rendit droit au camp, accompagné de son secrétaire Montfort, qui refusait de le quitter. Assailli d'un torrent d'injures par le pacha, puis mis aux fers et menacé de mort, le maréchal de l'Hôpital dit à Montfort :

— Frère Chevalier, tâchez de retourner en ville; dites en quel état je suis réduit; faites prendre le commandement au frère commandeur de Coupier, et ordonnez que je sois désormais tenu pour mort; déclarez que mon dernier ordre est que chacun se comporte selon le devoir et l'honneur.

Quand Montfort eut rapporté ceci en ville, les Français exaspérés, s'embrassèrent en jurant de se faire tous tuer. Mais ils avaient compté sans les révoltés, qui prirent les armes contre eux..... C'en était trop! D'un commun accord on congédia, la nuit, par des chemins détournés, la garnison maure que Sinan avait juré d'exterminer; puis on prépara des mines pour faire sauter la ville avec ce qui restait de défenseurs, sans avertir les révoltés.

Sinan avait des espions dans la Place. Il craignit ce désespoir et se rapprocha du Maréchal auquel il offrit un traité en règle, avec des navires pour transporter les habitants à Malte. Vallier l'écouta froidement.

— Je vais, dit-il, soumettre ce projet à mes frères et aux habitants.

Il le leur soumit, en effet, puis opina ainsi :

— Vous avez entendu? Moi, je ne crois pas à la bonne foi du pacha et vous engage à refuser.

Mais les cris de joie des Calabrais l'interrompirent. Ils se précipitaient sur les portes, et les ouvraient grandes. Bientôt, tout Tripoli se trouva massé en désordre sur la route; alors les cavaliers turcs, les enveloppant, les firent esclaves. Ce fut là le traité.

Cependant, d'Aramon indigné avait mis l'épée à la main, renversé les sentinelles qui, sous prétexte *d'honneur*, le gardaient à

STROZZI ET LE VIEUX MALTAIS CHEF DE LA RECONNAISSANCE.

(Voir p. 362).

vue dans la tente de l'intendant de l'armée, et apostrophé avec véhémence le pacha devant tous ses officiers en le menaçant d'aller se faire tuer à côté des chevaliers prisonniers.

Par une adroite et perfide concession, Sinan rendit à la liberté le Maréchal et les chevaliers français. Mais d'Aramon, prévoyant ce qui en résulterait, exigea et obtint le rachat de ceux d'Espagne et d'Italie, en s'engageant à obtenir du grand-maître la mise en liberté de trente Turcs de grande famille détenus à Malte. Puis il alla à Malte exposer à Omédès ce qu'il avait pu faire pour l'Ordre, et en reçut des remerciements.

Il s'attendait peu à ce qui allait arriver : que Omédès l'accuserait publiquement d'avoir vendu son intervention et cherché à ruiner l'Ordre, et que le Maréchal Gaspard de Vallier, la plus noble des victimes sauvées de ce désastre (dû à l'incurie du grand-maître), serait dégradé de sa dignité et poursuivi avec un acharnement inouï par don Juan de Omédès, qui voulait sa mort à tout prix.

Quand les Turcs voulurent entrer à Tripoli, le frère servant Desroches, resté seul avec 30 hommes résolus dans le fortin de mer, se donna un dernier plaisir : il les « canarda » si rudement qu'ils reculèrent et formèrent le siège de la misérable bicoque.

— Je te ferai écorcher vif demain, lui écrivit Sinan.

— Demain est à Dieu, répondit le Français ; tu as la vue trop longue, pacha.

Le lendemain, le fortin était vide ; pendant la nuit, Desroches et ses 30 hommes avaient gagné à la nage une felouque turque, s'en étaient emparés et avaient filé sur Malte. Au moment où les Turcs pénétraient dans l'enceinte, le fortin sauta et leur tua encore 80 hommes.

— Il avait raison, le gaillard ! s'écria Sinan. Voilà un homme !...
Par la perte de Tripoli, l'Ordre Saint-Jean se trouvait confiné à Malte naissante, à Gozzo déserte.

SEPTIÈME RÉCIT

ZOARA : LA CHEVALERIE SE DÉVOUE POUR SAUVER SES ENGAGÉS

Les tristes suites de la perte de Tripoli n'ont pas ici leur place ; et nous mentionnerons seulement *pour mémoire* le procès inique intenté par le grand-maître Omédès au maréchal Gaspard de Vallier, et la courageuse intervention du commandeur de Villegagnon qui, se levant en plein Conseil, lança à Omédès cette foudroyante apostrophe : « *Déclarez donc, seigneur, que vous n'avez pas entre les mains un engagement écrit du Juge* (1) *par vous commis au procès, de vous rembourser cinq cents ducats d'or si le maréchal n'est pas condamné à mort !* » Audace heureuse, qui força le Conseil à réviser de suite le procès et sauva du moins la vie du vieux guerrier, en attendant qu'un prince largement équitable (La Valette) le réhabilitât et le remit en charge.

Non moins animé contre ceux en qui l'opinion voyait des candidats désignés à la Grande-Maîtrise, Omédès écartait jalousement de Malte l'ex-général des galères, Léon Strozzi, prieur de Capoue, dont le vrai crime était de tenir tête, dans sa patrie (Florence), à l'influence impériale, et d'avoir été longtemps général des galères du roi de France. Strozzi comptait parmi les plus grands marins du siècle et, comme homme de guerre, n'avait pas d'égal pour la rapidité des attaques et l'habileté des dispositions. Sans se laisser rebuter par la disgrâce de l'illustre Botigella et par la défaveur où étaient tombés les Simeoni et les La Valette, Strozzi n'avait pas craint de forcer le grand-maître de le recevoir à Malte au nom des règlements. Là, son activité s'était dépensée en mille créations pieuses ou utilitaires ; il est surtout resté célèbre pour avoir fondé en quelque sorte la résistance de Malte aux futures attaques des Turcs, en

---

(1). Les lois de l'Eglise interdisant aux religieux de siéger comme Juges dans une affaire *Capitale*, le grand-maître avait dû déférer le jugement de peine à un laïque, le sieur *Agostino di Combe*, premier juge criminel près le tribunal de *la Cité Notable*.

désignant la pointe avancée du *Scéberras* comme la position essentielle et dominante du double golfe, et construisant lui-même sur ce point le fort *Saint-Elme* (1).

Profondément diminué par l'issue inattendue du procès du maréchal Vallier et par les *ultimatums* que le roi de France, Henri II, fit signifier au *Bourg*, afin d'en finir avec les accusations détournées qui lui venaient de là contre d'Aramon, le grand-maître eut encore la mortification de voir Villegagnon écrire, en français et en latin, dans son style correct, précis et nerveux, une relation exacte des faits qui avaient causé la ruine de l'île Gozzo et la perte de Tripoli, et l'adresser à la fois au roi Henri II et à l'empereur Charles-Quint (2). Villegagnon put se dire dès lors qu'il s'était fermé l'accès des suprêmes dignités de l'Ordre. Mais peu importait à l'ardent et généreux commandeur de Provins, vice-amiral de Bretagne et classé depuis longtemps parmi les vrais savants, les marins éprouvés, les guerriers illustres.

Quant à Omédès, dont le dévouement personnel à l'empereur ne suffisait pas à lutter contre les accusations nettement formulées par le héros d'Alger (particulièrement estimé de Charles-Quint qui l'avait vu à l'œuvre), il revint à de meilleurs procédés avec ses chevaliers, et songea à compenser la perte de Tripoli par un autre établissement sur la côte des Syrtes.

Il savait que rien ne serait plus agréable à Charles qu'un succès de ce genre, qui lui rendrait sans frais un boulevard avancé pour couvrir les possessions impériales en Afrique. Omédès ne s'opposa donc point, ainsi qu'on l'avait craint d'abord, à la réélection de Strozzi comme général des galères; il lui en fit même ses compliments, et lui proposa aussitôt le plan d'une expédition qu'il avait secrètement étudiée pour s'emparer de Zoara (l'ancienne *Possidonia*), située à quelques lieues à l'ouest de Tripoli, et commandant de loin les débouchés de l'espèce de lac formé par la grande île Djerbah avec le fond de la petite Syrte (golfe de Gabès). La position était belle à prendre, et les rapports fournis par Omédès présen-

(1) Le premier commandant du fort fut le frère servant *Jacques Desroches* dont nous avons conté les exploits à Tripoli; il eut sous lui quarante chevaliers et cent vingt soldats.

(2) *De Bello Melitensi, etc...* Il en parut à la fois trois éditions en 1553 (deux à Paris, une latine et une française), et une à Lyon. Comme pour le récit de l'expédition d'Alger, c'est le document à suivre de préférence à tous autres; tout y est clair et prouvé.

taient l'affaire comme très faisable. Enchanté de ces bonnes dispositions à son égard et de l'occasion qui s'offrait, Strozzi accepta de confiance. Il fit venir d'Italie deux compagnies soldées, levées par le commandeur de l'Abisbal et deux de ses compagnons, et publia son *ban* dans Malte et les commanderies les plus voisines. En quelques jours, plus de 300 des meilleurs chevaliers de Saint-Jean s'étaient rangés sous ses ordres. Il leur donna pour chef son ami et compagnon de courses, Jean de La Valette-Parisot, le chevalier-moine accompli. Il était à craindre qu'en cas d'insuccès, les Turcs n'usassent de représailles en venant attaquer Malte; de grandes levées furent donc faites partout et l'île, ainsi que le Bourg et les nouveaux forts, mis en état de défense. Cette précaution ne fut pas de trop ; car le nouveau *dey* d'Alger, *Salah-Réis*, passant justement au large avec une flotte de onze galères, s'approcha jusqu'à une portée de canon pour voir s'il ne pourrait pas, d'un coup de main, enlever le Bourg et débuter dans son règne par une action d'éclat. Mais la vue des forts et des canons le fit sagement renoncer à ce projet.

L'armement partit du Bourg le 6 août 1552. La flotte comprenait seize navires : galères, brigantins et fustes. Le corps expéditionnaire se composait : d'une centaine de canonniers et de nobles volontaires, la plupart Italiens, aux ordres du capitaine Scipion Strozzi, neveu du général des galères ; de trois cent-huit chevaliers de la *Religion* commandés en premier par La Valette et en sous-ordre par Guimaraëns (1), et de huit cents soldats de levée, dont trois cents arquebusiers et cinq cents *Azabs* (troupes légères).

En deux jours, l'escadre parvint à destination ; mais là, elle passa cinq longs jours à lutter contre les vents et la grosse mer ; position dangereuse en cette région de bas-fonds. Enfin l'on débarqua, dans la nuit du 13 au 14, et l'on marcha jusqu'au jour à travers les sables et les bois de palmiers. Trois *Zoarais*, esclaves à Malte, servaient de guides. Un petit groupe de soldats de Malte, déguisés en Arabes et parlant parfaitement la langue du pays, marchait dispersé en éclaireurs, à deux milles en avant.

L'on avait fait douze à treize milles ; les troupes, un peu lasses, se reposaient sous un rideau de palmiers d'où l'on apercevait distinctement, à la clarté de la lune, les lignes blanches des terrasses de la

---

(1) Ce brave Portugais fut tué peu après dans un combat de mer.

ville. Ordre fut donné à voix basse de manger un morceau sur le pouce et d'apprêter les armes.

Comme on allait sortir du bois, quelques formes humaines se dessinèrent au loin ; c'étaient les éclaireurs qui revenaient en courant ; on les conduisit au groupe formé par l'état-major.

— Comment est la ville? dit Strozzi au chef de la reconnaissance, vieux Maltais couturé de cicatrices, à l'œil vif, à la contenance grave.

— Excellence, elle dort.

— Où sont les entrées ?

— Là-bas, à droite, en face de ce bouquet d'arbres ; puis derrière, près de ce *marabout* (petit monument à coupole, ordinairement tombeau d'un *santon*), couvert de faïence verte ; et enfin, là, sur votre gauche, à cent pas du rivage.

— C'est parfaitement conforme aux indications des guides, dit Strozzi. Eh bien, Messieurs, il faut disposer de suite notre monde en trois groupes: chacun d'eux aura un *coureur* qui me préviendra dès qu'il sera arrivé à hauteur; je ferai sonner la trompette, il n'y aura plus qu'à entrer ensemble au pas de charge.

Il s'adressa au chef des éclaireurs :

— Tu as été bien long à nous prévenir, Masi Cilia, mais je te pardonne volontiers, car ta reconnaissance est bien faite. Tu vas nous donner trois guides bons coureurs... un par groupe d'attaque.

Et il se leva pour s'éloigner.

— Sire Prieur, attendez donc un peu, fit La Valette, Masi a encore quelque chose à dire.

— Ho, ho ! quoi donc ? Fais vite; nous sommes pressés.

Le Maltais tira doucement par l'habit les trois principaux chefs hors du groupe des officiers et leur dit, en baissant le ton :

— J'ai été long, c'est vrai; mais c'est qu'il y a là-bas (et, du bout du doigt, il désignait le Couchant), à moins de trois milles d'ici, un camp militaire très considérable.

— Impossible ! s'écria Strozzi; je suis bien renseigné; il ne peut y avoir au plus que 200 ou 300 Bédouins courant le pillage... Tes hommes ont la vue double, Masi.

— Mes hommes sont de sang-froid et ont de bons yeux, répliqua nettement Masi Cilia. Au reste, je les ai contrôlés moi-même; j'ai fait le tour du campement; il y a bien là trois ou quatre mille hommes, et autant de chevaux... les tentes sont très bien alignées...

— Voyons, dit Strozzi avec impatience, finissons en vite...

Il éleva la voix pour appeler ses officiers, et leur exposa brièvement le rapport du Maltais.

Ce fut un étonnement général... Comment une force aussi considérable pouvait-elle être venue là? De quel endroit? Dans quel but?...

Un soldat italien survint, demandant à parler au général. Il s'exprima ainsi : — Je m'étais un peu séparé sur la droite de mes camarades. En voulant les rejoindre, j'ai aperçu comme des ombres carrées et pointues qui surgissaient dans une clairière; je me suis approché tout doucement, et j'ai compté plus de quarante tentes; il y avait des sentinelles, les chevaux étaient entravés en ligne.

— Quarante tentes, cela fait combien d'hommes? demanda Strozzi.

— Trois cent-cinquante, à peu près, répondit Guimaraëns. Les autres officiers approuvèrent de la tête.

— Eh! mon ami, voilà tes quatre mille guerriers, reprit le Prieur, en riant et poussant Masi Cilia. Va, va chercher les trois hommes que tu dois me donner, et promptement.

— Monseigneur, objecta Masi, ce soldat d'Europe n'y connaît rien; il a pris l'avant-garde pour le corps tout entier.

— *Corpo di Bacco!* s'écria le soldat, voilà 16 ans que je fais la guerre en Allemagne et en Flandre, et je ne saurais rien du métier!

— Calme-toi et va-t'en, dit Strozzi au soldat, tu seras récompensé.

Il se tourna vers l'état-major.

— Eh bien, messieurs, voici l'affaire : devons-nous enlever ce petit corps de partisans, ou le masquer, ou le négliger?.....

— Le masquer serait une sottise, dit le jeune Scipion, nous n'avons que juste ce qu'il nous faut ici pour l'attaque. Mon cher oncle, il faut l'enlever ou agir sans souci de lui.

— L'enlever est dangereux, dit à son tour Guimaraëns; nous perdrons là un temps précieux, et la ville pourrait prendre l'éveil.

— Parfaitement, reprit le général. Je vois que nous sommes d'accord. Il faut nous hâter maintenant, car les navires doivent être arrivés tout près du port, et je ne voudrais pas qu'un pêcheur de nuit les découvrît et les signalât. Quant aux trois cents partisans de là-bas, ils ne songeront guère qu'à s'enfuir, quand ils sauront l'armée de la *Religion* maîtresse de Zoara. Au besoin, deux ou trois arquebusades accéléreront leur marche. Voilà donc qui est convenu... Mais vous ne dites rien, monsieur de Parisot?

La Valette le regarda fixement et répondit ensuite : — Sire Prieur, Masi Cilia est un homme d'expérience; il sert avec honneur la *Religion* depuis bientôt 25 ans, et je l'ai employé moi-même à Tripoli fort longtemps (1)... Il ne peut pas s'être trompé aussi grossièrement qu'on le croit. Je serais d'avis de bien vérifier son rapport avant de poursuivre l'entreprise.

Strozzi rougit et regarda ses officiers; il lut leur avis dans leurs yeux :

— Impossible, commandeur; nous voici en marche; tout est perdu si nous arrêtons l'élan du soldat. Tenez, voici déjà nos chevaliers en rangs, l'enseigne haute. Allez vous mettre à leur tête.

— C'est votre ordre, sire Prieur? demanda La Valette immobile et calme.

— Oui, commandeur, c'est mon ordre, répliqua Strozzi froissé.

La Valette salua, et fut se placer à côté de l'enseigne de la *Religion*, l'épée à la main. Derrière lui, trois cents chevaliers, barons, comtes et marquis, des plus hautes maisons de France, d'Espagne et d'Italie, cuirassés et casqués, leurs armoiries ciselées sur l'écu, la rouge soubreveste flottant sur la cuirasse, s'ébranlèrent par pelotons sous la conduite des commandeurs, avec cette puissante allure qui faisait s'écrier à Charles-Quint, onze ans plus tôt, sur la plage d'Hussein-Dey, en désignant le bataillon de Saint-Jean qui s'avançait alors sous la direction du bailli Schilling : « Venez ici, monsieur de Moncade, et me dites si vous croyez que tout roi soit digne de commander à si merveilleuse troupe, dont chaque soldat se peut dire véritable et noble capitaine? »

Une demi-heure après, Zoara était surprise et enlevée. Ce fut un désordre inexprimable. Les habitants avaient été réveillés par le bruit des tambours et des trompettes, battant et sonnant la charge au cœur même de la cité. Pendant que les chevaliers occupaient rapidement les issues des rues et la grande place, les soldats italiens, se jetant dans les maisons, avaient commencé le pillage.

---

(1) La Valette avait été gouverneur militaire de Tripoli et avait sauvé la Place d'une première attaque des musulmans.

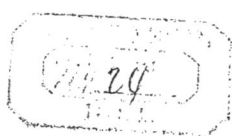

UNE DEMI-HEURE APRÈS, ZOARA ÉTAIT SURPRISE ET ENLEVÉE,

(Voir p. 364.)

Environ quinze cents prisonniers étaient rassemblés sur la grande place quand l'aube parut. En quelques minutes, on passa sans transition des ombres de la nuit à l'étincelante clarté d'un jour caniculaire. Parmi les nouveaux prisonniers que les soldats amenaient par groupes, un Maure paisible et corpulent, qui paraissait subir avec flegme la perte subite de sa liberté et de tous ses biens, toucha au coude le soldat florentin le plus proche et lui dit en bon italien :

— Camarade, j'aperçois ici M. le commandeur de Guimaraëns ; laissez-moi lui parler.

— Tais-toi, brigand, riposta le soldat ; tu parleras tout à l'heure à ta chaîne et à ta rame.

Sans se troubler, le Maure attendit que le commandeur fût plus près, et l'appela à haute voix par son nom. Guimaraëns le reconnut aussitôt :

— *Ahi, pobret!* fit-il en patois galicien ; qu'es-tu donc venu faire ici, *Mour-Zaffi?* Pourquoi avoir quitté Tripoli ?

— Seigneur, dit le Maure, chacun va où le mènent ses intérêts... Mais n'ai-je pas aperçu M. de Parisot ?

— C'est lui qui commande ici le bataillon de la *Religion*.

— Je vous en prie, tâchez de me mener vers lui... Je lui ai dû la vie quand il commandait à Tripoli ; je puis lui rendre un service en échange.

— Ami, dit le commandeur au soldat, prends cet homme et le mène au commandeur de La Valette.

Le soldat obéit. La reconnaissance fut bientôt faite.

A ce moment, une partie des compagnies soldées, enivrées de pillage, s'étaient débandées dans les rues et sur le port ; la discipline n'était plus respectée ; les chevaliers, rompant par groupes, s'étaient dispersés à leur tour pour réprimer les violences individuelles et rétablir un peu d'ordre.

La Valette, tout en adressant des phrases de condoléance à *Mour-Zaffi*, et l'assurant qu'il le prenait sous sa protection, regardait autour de lui, les sourcils froncés ; il murmurait tout haut :

— Quel désordre ! quel vacarme ! Si les trois cents cavaliers du camp des Palmiers nous surprenaient en ce moment, je crois qu'ils auraient raison de nous.

Le Maure le tira doucement par la manche et, le faisant s'incliner jusqu'à lui, répondit à sa phrase inconsciemment lâchée :

— Commandeur, écoutez un avis pressé : Je dois trop de reconnaissance à la *Religion*, qui m'a si bien traité à Tripoli, pour ne pas lui payer ma dette ; quant à vos soldats florentins, qu'ils périssent ou non, peu m'importe !...

— Qu'est-ce donc? fit le commandeur surpris.

— Vous ignorez qu'il y a, à quatre milles à peine d'ici, un corps de cavalerie qui doit être prévenu à l'heure qu'il est...

— Nous l'avons aperçu, dit La Valette ; mais on l'estime de si peu de force...

— Si peu de force ? s'écria le Maure... 4000 cavaliers choisis, vieux soldats, portant cuirasse et arquebuse, et près de 2000 auxiliaires des tribus de la *Neftah* (1). Ils se sont ravitaillés ici, hier après-midi.

— D'où viennent-ils donc ?

— Mais de Tripoli, et ils ont à leur tête le gouverneur général, Mourad-Agha ; il fait sa tournée pour la perception des impôts ; car les tribus ne croyaient guère que la domination des Turcs leur serait plus onéreuse que celle des chrétiens, et beaucoup d'entre elles ont refusé la Zekkat.

— Masi n'avait pas tort, s'écria La Valette, et moi non plus. Mour-Zaffi, vous êtes un homme de bien et de cœur ; merci !...... Courez de suite répéter cet avis au général de l'expédition, le prieur Strozzi, qui se tient au coin du port.

Et, détachant de son cou une grosse chaîne d'or, à laquelle pendait la croix de commandeur, La Valette la mit sur les épaules du Maure.

— Gardez-la pour l'amour de moi, dit-il, et qu'elle vous serve de passeport.

— Je n'aime pas votre général, répondit Mour-Zaffi. C'est un homme dur et despote.

— Faites-le pour l'*Ordre* et pour moi-même, insista La Valette. Moi, je suis obligé de rester ici ; mon poste est sur la place.

Le Maure se décida à aller trouver Strozzi, qui l'écouta attentivement, lui remit sa bague comme signe de sa mise en liberté, et fit aussitôt sonner le ralliement. Il ne s'agissait plus de butin, il s'agissait d'éviter une surprise en forces inférieures et en plein désordre.

(1) La Neftah, nom du district central de Tunisie, entre Kairouan et Gafsa.

Au premier appel, les chevaliers s'étaient ralliés autour de l'enseigne de Saint-Jean tenue par l'énergique commandeur de la Cassière (de la langue de Provence), qui fut plus tard grand-maître. Mais il n'en était pas de même des soldats d'Italie ; les deux tiers étaient encore dispersés dans les rues et les maisons, quand un cri s'éleva au loin :

I Turchi! Ecco l'Turco!

Douze cents cavaliers, arrivant par toutes les issues, chargeaient à coups de cimeterre et sabraient sur le seuil des maisons les chrétiens sans défense.

Le bataillon de Saint-Jean s'avança et couvrit la retraite des Toscans. Ceux-ci, vieux soldats, furent bientôt reformés en ligne ; la moitié de leurs officiers avaient péri ; des chevaliers les remplacèrent. Strozzi, chargeant La Valette de l'embarquement des prisonniers, s'était mis à la tête des Toscans et opérait une retraite lente, couvrant l'ennemi de feux et de projectiles ; les arquebusiers florentins, dirigés par un chevalier de race illustre, *Ludovic Sforza,* tenaient l'ennemi à distance avec une merveilleuse adresse. Mais quand on fut hors ville, en terrain plat, la scène changea. La petite troupe, investie à la fois par quatre mille cavaliers aguerris, perdit aussitôt les chevaliers qui la commandaient et bon nombre d'hommes, dont un peloton de trente fut enlevé d'un seul coup de filet.

Cependant, La Valette avait pourvu à l'embarquement ordonné ; mais au bruit qui s'élevait du dehors, il n'y put tenir davantage.

— Chevaliers! cria-t-il en se plaçant sur le front de la troupe de l'*Hôpital,* le premier devoir est de secourir nos frères en péril, ces braves soldats qui ont mis leur confiance en la bannière Saint-Jean. Je reste ici avec cinquante de vous pour faire démarrer les galères ; M. de Guimaraëns et M. de la Cassière vont vous conduire à l'ennemi.

La petite troupe s'élança au pas de course. En sortant, elle aperçut le désastre : Strozzi, la cuisse traversée d'un biscaïen, se tenait, d'une main, suspendu au cou d'un chevalier mayorquin de six pieds et deux pouces de haut, nommé *Hernandez de Torrellas* (1) ; de l'autre, il commandait par signes, la douleur l'empêchant de parler.

(1) En réalité, ce chevalier était du Roussillon (ancienne possession des rois de Mayorque) ; son fief de Torreilles est encore une bourgade des Pyrénées-Orientales, près de Perpignan.

Les chevaliers s'avancèrent en courant, s'arrêtèrent à cent pas d'un escadron qui fondait sur eux, lui abattirent une quarantaine d'hommes à coups d'arquebuses (1) et, croisant instantanément la pique, s'élancèrent contre la cavalerie, lancée elle-même au galop. Le choc fut tel que ce fut l'infanterie qui entra dans l'escadron divisé et renversé.

Bondissant sur les chevaux ou les saisissant à la bride, les frères Saint-Jean se trouvèrent presque aussitôt en possession d'un peloton monté qui chargea à son tour sur le corps turc.

« C'étoit, dit un des narrateurs, chose merveilleuse et curieuse
» que de veoir la grande prouesse et la valeur de cette foible troupe
» de chevaliers qui, d'une vertu incroyable, assaillirent cette
» grande multitude farouche et déjà victorieuse. » Ils combattaient en plaine à un contre vingt; là périrent, après des exploits quasi-fabuleux, les Chabrillant, les Bracamont, les de Tholin, les Luppia (de Provence) et le vicomte de Soto-Mayor (Castille).

Torrellas, le géant chargé du général blessé, le soutenant de la main gauche et combattant de la droite, entra résolûment dans l'eau, et comme les bancs de sable empêchaient les chaloupes d'approcher, il fit ainsi un mille en mer, repoussant les cavaliers qui venaient l'assaillir dans cette dangereuse situation, et parvint enfin à déposer Strozzi, privé de sentiment, à bord d'une de ses galères.

De son côté, La Cassière, entouré d'un groupe de chevaliers, faisait aussi merveilles.

La troupe des Toscans était réduite de moitié; de plus, vingt-neuf chevaliers et vingt-quatre servants d'armes gisaient au pied des palmiers. La flotte, témoin du désastre, ne pouvait approcher à cause des récifs et des sables; les hommes fatigués ou blessés qui tentaient isolément de la rejoindre étaient tués de loin par les arquebusiers turcs, ou se noyaient subitement en perdant pied dans les chenaux profonds qui serpentaient entre les bas-fonds.

La Valette n'hésita pas à engager les brigantins et les chaloupes, précédés de nageurs, dans le dédale des récifs. Mais déjà un corps d'arbalétriers maures, postés dans les palmiers, coupaient toute retraite à la troupe.

(1) Il y avait toujours, dans tout corps de la milice Saint-Jean *au moins* un arquebusier sur trois hommes.

Le chevalier de Verdale (1), s'adressant à l'enseigne de la *Religion*, lui suggéra une idée :

— La Cassière, il nous appartient de mourir ici pour le salut de ces pauvres gens; voulez-vous rappeler les Frères?

— Tout de suite, répond La Cassière, qui lève son étendard et l'agite en criant de sa voix retentissante :

— Rescousse! Rescousse! à l'étendard!...

— Tous les chevaliers et servants se groupent autour de la bannière; La Cassière, soutenu d'un côté par Verdale, de l'autre par *Pietro Pugliese*, dit le *saint chevalier*, à cause de ses austères pratiques, conduit leur troupe à l'assaut des palmiers ; les tireurs musulmans sont délogés, et plus de la moitié tués sur place. Alors les soldats d'Italie, formés en petits groupes, se jettent à l'eau et, se soutenant mutuellement, arrivent jusqu'à portée des embarcations qui les recueillent, et qui ouvrent avec leurs pierriers et leurs couleuvrines un feu allongé sur les Turcs. Mais la distance d'une part, et de l'autre l'interposition de nombreux bouquets de palmiers dont les troncs déviaient les projectiles, rendaient le tir peu efficace. *Mourad Agha* s'en aperçoit : il n'hésite pas à jeter toutes ses troupes sur le bord de la plage, et entoure la petite phalange de Saint-Jean.

L'heure de la destruction a sonné pour elle; il ne lui reste plus qu'à la faire acheter le plus cher possible à l'ennemi.

Pendant plusieurs minutes, arbalètes et arquebuses, maniées par les habiles mains des guerriers de l'Hôpital, tinrent à distance l'assaillant et couvrirent le sable fin de cadavres. Mais la dernière charge a été tirée, le dernier carreau lancé.

Serrant les rangs, les chrétiens reçoivent l'assaut de l'ennemi à coups de lances et de piques. Ils paraissent invulnérables.

Mourad arrive au galop, entraînant six escadrons de spahis auxquels il crie : Coupez les lances !

De leur pistolet long, les spahis font feu à cinquante pas ; puis, sans s'arrêter, cimeterre en main, ils se lancent intrépidement sur les deux premiers rangs chrétiens, mais sans parvenir à les ouvrir. Seulement, ils ont abattu et coupé, avec leurs damas habilement

---

(1) Hugues de Loubens de Verdale, Languedocien, célèbre comme guerrier et diplomate; il fut plus tard grand-maître.

manœuvrés, la plupart des bois de lances ; les autres restent enfoncés, tout rompus, dans le poitrail des chevaux qui perdent leurs entrailles.

Mourad reforme ses cavaliers et les lance de nouveau ; le groupe de Saint-Jean, toujours inébranlable, ne compte plus en tout que cent cinquante hommes debout ; il n'a plus que ses estocs et ses poignards ; et pourtant, ni le choc furieux de quatre cents chevaux, ni la grêle des traits et des coups de cimeterre ne parviennent à le rompre. Frappant aux chevaux, les chevaliers démontent la moitié des assaillants. Ils sont alors investis et chargés à pied, à coups de piques.

A leur tour, ils rompent par pelotons, se jettent sur l'ennemi, l'égorgent à coups de poignard, et, grâce à leur force, à leur agilité, à leur audace supérieures, en font un carnage.

« Et, ayant usé et brisé leurs armes, finalement, ils en venoient
» rudement aux mains, qu'ils avoient puissantes et gantées d'acier :
» se jettoient à corps perdu sur les ennemys, se colletoient avec
» eux, les étranglant et déchirant *à la désespérade,* la trompette
» toujours sonnant à l'enseigne... Et en ceste sorte se maintindrent
» longtemps, tenant les ennemys empeschez et comme ravis (1) des
» merveilles de leur force et couraige. » (Baudouin.)

La bannière Saint-Jean, toujours portée par La Cassière, était entourée de seize chevaliers qui se renouvelaient constamment. Là, tombèrent, héros du dévouement religieux et militaire, les Du Puy-Montbrun (2), les Briançon, les Gordes de Simiane, les Saint-Marcel, les La Motte, les Laroche-Montmaur, les de Bonne, les de La Rochette, les d'Avanson, de la *langue* de Provence; les de Gilbert, les Saint-Sulpice, les Puy-Patran, les de Beauvais, les Haraucourt, les Duplessis-Richelieu, les Brichanteau, de la *langue* de France ; auxquels il faut ajouter, parmi les illustrations italiennes et espagnoles, les de Valperga, le jeune Strozzi (Scipion), les Giustiniani, les Grimaldi, les Bérenger d'Oms, les Cerdan de Cortez (neveu du grand *Descubridor)*, les Barrientos, les Monroy de Pacheco, les Tovat, les Pérez et les Soto-Mayor ; et le *saint homme Pugliesi,* qui continuait de combattre et de défendre l'enseigne en récitant tout haut ses prières, avec quatorze blessures dans le corps.

(1) Stupéfaits.
(2) Le cinquante-huitième de cette illustre famille qui servait dans l'Ordre, depuis le premier grand-maître Du Puy.

La France moderne, qui s'honore de Bayard, sait-elle seulement les noms de ces centaines de Bayards, sortis de ses provinces pour aller tomber aux pays torrides, victimes volontaires et joyeuses de la foi et de l'honneur ?

Hugues de Verdale « qui, au combat, pouvoit lutter trois heures sans paroistre tant seulement fatigué », monta sur le tronc d'un palmier, « en se gaussant par gestes des ennemys turquois, lesquels lui descochoient flesches et arquebusades » et, ayant regardé vers la mer, se laissa glisser jusqu'au bas, et dit au commandeur de La Cassière :

— Mon ancien, je me permets encore de vous conseiller une fois... Tous les Toscans me paraissent rentrés et en sûreté ; le général a relevé son pavillon sur la capitane. Il me semble inutile de continuer mourir tous ici; mieux vaudrait faire retraite à travers l'eau. Le général nous attend; si nous ne bougeons, il fera encore débarquer des hommes pour nous aider, et ce sera pire carnage.

— Très bien dit, Verdale, fit La Cassière, mais vous savez qu'il est interdit de fuir à tout chevalier, encore mieux à la bannière.

— Je parle retraite, répliqua Verdale, et non fuite.

Les combattants se mirent à opiner sous le feu des Maures. Les uns craignaient que, si tout le monde était tué au rivage, l'enseigne ne fut : « forcée eschapper en courant, ce qui seroit interprété fuite par le mécréant, et si grand déshonneur à l'Ordre que bien mieux valait mourir où l'on se trouvait » ; les autres disaient qu'en restant ainsi, la bannière Saint-Jean tomberait finalement, par la mort de ses derniers défenseurs, aux mains de l'ennemi, et qu'il valait mieux la rapporter à bord, en l'entourant d'un peloton dévoué.

A ce moment, deux coups de canon partirent de la capitane, et le signal : « Tout le monde à bord ! » fut hissé en tête de *l'arbre de mestre*.

— Voilà, dit La Cassière, qui décide l'affaire.

— En avant donc !...

Un groupe de cinquante chevaliers se forma sur cinq rangs et prit la tête ; un autre de trente se mit en queue; vingt-cinq de chaque côté couvraient et soutenaient les blessés ; quinze, dont huit servants d'armes athlétiques, entouraient la bannière. Dans cet ordre, la troupe de *l'Hôpital* gagna le rivage à travers cinq mille ennemis, entra dans l'eau, franchit sables, courants et récifs, non sans perdre

TORRELLAS ENTRA RÉSOLUMENT DANS L'EAU

(Voir p. 369.)

une bonne partie de son effectif, et fut enfin rejointe par les esquifs. Comme elle n'avait plus d'armes à feu, les Turcs la suivaient hardiment, la criblant de carreaux.

Mais, tout à coup, la scène change. L'enseigne est embarquée toute déployée sur la chaloupe-major. Les marins des canots se lancent dans les étroits chenaux, coupent la retraite aux pelotons turcs les plus avancés, se jettent sur eux à coups de gaffes et d'avirons, sans souci des arquebuses, et n'en laissent pas échapper un. Tout ce qui fut atteint fut assommé ou noyé.

L'honneur de l'*Hôpital* était sauf. Il laissait deux cents morts sur la rive africaine et emportait une centaine de blessés.

Mourad-Agha ne daigna pas faire le compte des cavaliers et fantassins des tribus avec lesquels il avait surpris les vainqueurs et engagé l'action (goums et askers) ; il voulut seulement établir sa perte en vieux soldats, dans l'assaut qu'il avait donné pendant une heure à la *forteresse vivante* (c'est ainsi qu'il l'appela) qui avait sauvé le général et couvert la retraite des compagnies soldées de Florence.

« Après compte et revue, il ne dist rien, mais reprist les listes, et fist recommencer l'appel et vérifier les corps des morts... Ensuite, fist la plus horrible et laide grimace de sa vie, en demandant au comissaire de la revue comment il remplaceroit tant de vieux soldats accoustumés guerroyer... »

Dans cet assaut soutenu en rase campagne, les deux cent quarante guerriers de l'*Hôpital* avaient tué à l'ennemi plus de neuf cents hommes. D'où vient le dicton africain : « Guerre de Malte, mortier à piler les gens... »

L'eau de mer, où l'on avait marché, cautérisa et guérit beaucoup de blessures que l'on avait crues mortelles. Baudouin recommande à cette occasion sa vertu curative.

DERNIER RÉCIT

LE GRAND SIÈGE DE MALTE

I. — *Le chevalier de La Valette.*

« En 1552, dit l'annaliste Baudouin, la charge de général des galères fut décernée, par un vote unanime, au commandeur Jean de La Valette-Parisot. » Six autres de ses parents, dont quatre *La Valette-Parisot* et deux *La Valette-Cornusson,* servaient en même temps que lui dans la *Religion* de Malte. Le commandeur avait alors soixante ans. Entré dans l'Ordre dès son adolescence, *profès* à vingt et un ans, il avait passé sa vie dans le service de l'*Hôpital* sans jamais s'en écarter. Comme religieux, il était irréprochable dans la fidèle et sévère observance des trois vœux. Comme guerrier, il avait appris l'art militaire et la fortification sous d'Aubusson le Grand, Martinenghi et l'Isle-Adam, la navigation avec Caretti, Botigella et Prégent de Bidoulx. Comme administrateur, il avait fait ses preuves dans la direction de cinq commanderies et le gouvernement de Tripoli. « M. de Parisot, disait le roi Henri II, est capable de convertir un protestant et de gouverner un royaume. » Le chancelier de France, *Michel de L'Hospital,* l'appelait : « Ce grand homme de bien » ; Dragut déclarait ne craindre au monde que la galère du chevalier de La Valette ; Brantôme le proclame « un homme parfait en tout, et très grand capitaine »; le doyen des généraux européens, le connétable de Montmorency, comparant La Valette aux plus illustres guerriers et le siège de Malte aux deux sièges de Rhodes, n'hésita pas à placer La Valette au-dessus de ses deux fameux prédécesseurs, Aubusson et l'Isle-Adam. »

Le monde avait communiqué au jeune La Valette-Parisot tous ses dons extérieurs : sang noble et généreux, figure attrayante et ouverte, regard plein de flamme et de bonté, accueil séduisant, courage indomptable, taille élevée, corps souple et robuste, science, intelligence large et synthétique, remarquée dans un siècle de science (il parlait également bien le français et le latin, l'italien, le grec, le turc et l'arabe). La sélection du cloître avait affiné ces qualités multiples sous le puissant régulateur de la discipline, et y avait marqué son empreinte surnaturelle : une piété profonde, guidée par un jugement droit. Comme talent militaire, nous nous en rapportons au jugement de Brantôme, rendu en un temps où brillèrent les Guise, les d'Albe, les Montmorency, les Doria, les Jean d'Autriche, les Montluc et cinquante autres capitaines consommés. La Valette s'était trouvé à toutes les grandes actions militaires de l'Ordre : à l'Aïazzo, à Lango, à la défense de Rhodes. Ses exploits en Afrique et ses courses sur mer ne se comptaient même plus. Deux fois, par ses prises multiples, il avait ravitaillé Malte en détresse et relevé la force de l'Ordre. Nous avons parlé de lui à propos du combat de Djerbah, sous la direction de Botigella; décrire ici ses courses et ses combats serait entreprendre un volume.

Nous passons maintenant sur les dix années qui s'écoulèrent, fertiles en exploits de la *Religion;* c'est le temps des François de Lorraine, des Romégas, des Piédefer, des de Giou, ces *terrificateurs* des musulmans. — Ces gens-là, disaient les *réis* intimidés, ne sont pas faits comme les autres ; ils ont une prodigieuse connaissance de la mer et des coutumes des portulans, leurs vaisseaux sont remplis d'arquebusiers adroits et contiennent toujours une troupe de *chevaliers rouges* auxquels le démon, s'il prenait casque et cuirasse, ne pourrait pas lui-même résister, tant leur abordage est terrible. — Il n'était pas d'exemple qu'une *fouste* ou une galère, attaquée à force égale par la *Religion,* eût échappé à la destruction ou à la captivité.

Soliman le Grand, le Louis XIV des Turcs, achevait alors son long règne, qui marque l'apogée de la puissance ottomane dans sa plus formidable extension. La reprise de Tripoli n'avait pas suffi à le débarrasser des ennuis que lui causait l'Ordre Saint-Jean. Pendant les dix années qui suivirent, ce « puissant dominateur des mers », comme il s'intitulait, n'enregistra que pertes continuelles et échecs journaliers, causés par la petite marine de Malte.

C'est le Penon de Velez, l'imprenable rocher, qui est subitement enlevé par le vice-roi don Garcia de Toledo, avec le concours du commandeur de Giou; c'est le célèbre *Grand-Galion* de Baïram-Oglon, propriété personnelle du sultan, regardé comme inattaquable et chargé de richesses fabuleuses et de passagers de marque, sous la protection de soldats d'élite, qui tombe au pouvoir de l'invulnérable Romégas, le héros spécial de la course de mer; c'est le galien de Roustem-Pacha, gendre du sultan, qui est coulé à fond par le commandeur Martinez de Cazada, lequel prit en même temps sept autres vaisseaux; c'est Strozzi qui, à peine guéri de sa blessure de Zoara, coule à fond, près de Chypre, un grand vaisseau turc, et prend à l'abordage le *Schiraz* du Raïs Yousouf-el-Azbi. Ceci pour la seule année qui suivit Zoara; on peut juger des autres.

Puis viennent les exploits de La Valette, parmi lesquels la prise de Courtogli (son ancien maître), ceux des chevaliers Maymon et Fuster, et ceux du duc François de Lorraine. Nous ne comptons plus les innombrables prises faites sur les côtes barbaresques: Malte regorgeait de butin, de galériens, de prisonniers de qualité; le sandjiak de Basse-Égypte (Méhémet-Bey), la princesse Mirmeh, cent trente femmes nobles, deux pachas, trente-huit *Raïs*, trente-quatre officiers turcs importants y attendaient leur délivrance contre rançon.

La Valette, fait grand-prieur de Saint-Gilles, avait redoublé son zèle; tous ses biens, y compris les vaisseaux armés par lui, avaient passé aux mains de la Religion; il ne cessait de grossir les ressources de Malte; les corsaires barbaresques et ottomans fuyaient devant son escadre: Memmi-Raïs, Djafer-Bey, Sak-Kouli, Redjeb-Camonsa prenaient chasse dès qu'ils voyaient son guidon. Avec la magnanimité simple qui caractérisait tous ses actes, La Valette avait démissionné de son généralat en faveur de François de Lorraine, et ne le reprit que lorsque celui-ci, rappelé par son oncle, quitta les galères de Malte pour les champs de bataille français, où il devait rencontrer la gloire (bataille de Dreux, 1562), mais aussi la mort avant l'âge de trente ans. Omédès était mort en 1556, « laissant ses neveux riches et l'Ordre pauvre ». Claude de La Sangle, le sage grand-prieur de France, l'ancien conseiller militaire et commandant de la cavalerie du roi Henri II, fut élu à sa place. Il fortifia le Bourg, ainsi que la presqu'île suivante communément appelée de lui l'*île de La Sangle;* il créa le *port des galères;* sous lui, les grands marins de l'Hôpital reprirent leur éclat; mais il était vieilli par les

campagnes. Il mourut d'un asthme, et ce fut La Valette qui le remplaça (en 1557). « M. de Parisot, homme doué de toutes excel-
» lentes vertus et perfections, qui avoyt toujours affectionné la
» Religion et qui n'estoyt jamais quitté du couvent depuis qu'il
» avoyt pris l'habit. »

II. — *Les langues françaises à Malte.*

Sous l'administration de l'ancien général des galères, la *Religion de Saint-Jean* reprend enfin toute sa force, si bas tombée depuis sa sortie de Rhodes : le Bourg s'agrandit, se régularise et s'embellit ; les forts Saint-Michel et Saint-Elme sont mis en état de défense régulière ; des magasins, de belles églises (Saint-Laurent et Notre-Dame de Philerme) s'achèvent ; le Port des galères est fermé par une chaîne-estacade et traversé en son milieu par un pont ; la Cité-Notable, quoique déchue de son rang de capitale, est assainie, élargie, fortifiée ; les ports naturels de l'île aménagés pour abri ; et la malheureuse Gozzo se relève de ses maux et commence à se repeupler.

Les dons gratuits que, suivant l'exemple de leur prince, les chevaliers font à l'Ordre, l'enrichissent et augmentent sa marine. Les inimitiés entre *langues* s'effacent dans une généreuse fraternité ; les souvenirs fâcheux du passé disparaissent, et parmi eux le plus cruel : celui de l'opprobre infligé à l'ancien maréchal Gaspard de Vallier. Le grand-maître de La Sangle s'était empressé de le tirer de captivité ; mais, pour éviter un conflit avec les anciens partisans d'Omédès que dirigeaient les deux neveux du mort, il avait dû laisser dans l'ombre le vieillard accablé. La Valette, qui regardait le devoir d'une stricte justice comme le premier de tous ceux de sa charge, n'hésite pas à réparer publiquement les injustices passées ; il fait solennellement rentrer Vallier au conseil des Grands-Croix, et, ne pouvant déposséder de sa charge le maréchal en exercice (le Français Coupier), il confère à Vallier un titre équivalent et mieux approprié à sa vieillesse, celui de grand-prieur de Lango.

Au dehors, les expéditions se succèdent ; les courses de Romégas, de Giou, de vingt autres commandeurs, rompent la chaîne des pirateries barbaresques et vont jusqu'en Turquie inquiéter Soliman ; c'est l'époque de la plupart des exploits maritimes dont nous avons parlé sommairement plus haut: Le grand-maître forme de larges desseins; il propose au roi d'Espagne, Philippe II, de reconquérir Tripoli où Dragut a transporté son quartier-général. Mais les lenteurs du vice-roi espagnol chargé de l'entreprise la rendent impossible ; malgré les objurgations du grand-maître et les avis du vieil amiral Doria, le vice-roi tourne ses forces contre l'île Zerbi (Djerbah) ; elle se soumet facilement, mais c'est le prélude de la défaite retentissante des impériaux par un armement turc aux ordres de Kara-Moustapha et de Piali-Pacha; ils y perdent flotte et armée; par leur imprudente présomption, la Méditerranée supérieure se trouve entièrement livrée aux flottes musulmanes, qui y dominent sans conteste. Malte seule, jetée comme un point dans l'espace, domine de son roc desséché, que surmonte l'étendard de Saint-Jean, les flots bleus envahis par le Croissant.

Le renom des galères de Malte demeura seul intact, et supérieur même à celui des flottes turques : Philippe II, le Pape, le roi de France invitaient leurs gentilshommes à obtenir permission d'apprendre le métier de mer à Malte sous Romégas.

Le duc Cosme de Médicis, en organisant la marine florentine, la mit sous les ordres de celle des chevaliers, « pour en recevoir le commandement, l'instruction et l'expérience qui sont nécessaires aux bons marins et gens de cœur. » Et quand, devant le grand Soliman, Piali dit un jour, sans souci des ambassadeurs chrétiens qui l'entendent : « Il n'y a, certes, au monde ni flottes, ni marins qui soient de taille à tenir tête aux forces ottomanes, c'est un fait reconnu, » il se voit ainsi rectifié tout haut par Dragut et son lieutenant Oulondj-Ali : « *Oui, sauf les galères de Malte.* »

A cette époque aussi s'étale, dans les registres de l'Ordre, une admirable floraison de noms français, plus nombreux qu'on ne les vit jamais. Comme s'ils voulaient racheter par le sacrifice du sang versé pour Dieu les folies de cette noblesse dégénérée de la Cour, qui passait de la guerre civile au duel et du duel à l'orgie, les fils des preux abondent pressés sous l'étendard rouge et noir; en moins de vingt ans, on en relève plus de neuf cents (et nous n'en avons qu'une minime partie de conservés). Avant de passer outre, jetons un coup d'œil sur cette phalange du Salut, et exhumons quelques-uns de ces noms retentissants.

Alors figuraient, dans la *langue de Provence* : les d'Abzac, d'Agoût, de Barras, les Berthon-Crillon, les Blacas (six à la fois), les de Broc, les Caylus, Castellane, Châteauneuf, Crussol, la vaillante tribu des Esparbès (La Fitte et Lussan), les Faudoas, les vingt-deux Forbin (Janson, la Fare, Oppède, etc.), nom cher à notre marine; la race guerrière des Glandevez qui donna quatre-vingt-neuf chevaliers à Malte et vingt-trois capitaines et chefs d'escadre à la France ; celle non moins illustre des de Grasse, les Grimourd du Roure, les Gozon (toujours vivants), les Grossolles-Flamarens, les de Lescoux (Romégas), Massnès-Vercoiran, Montlezun, Nogaret, Nesmond, de Noüe, les Pardaillan, Polastron, les quatorze de Pins, les vingt-huit Puget, les Sabran (qui se succédèrent au nombre de quarante-trois), les de Raymond (trente-sept), Roche-Aiglun, Roquefeuille, Roquelaure, de Sales, Séguier, Simiane de Gordes (il y en eut vingt-deux), Soubiran-Arifat, les dix-neuf de Thézan, les neuf La Valette, les Villeneuve et leurs sept branches (formant quatre-vingt-huit chevaliers en un siècle et demi), les d'Urre, les Vintimille, les Voisins, etc.

Dans la *langue d'Auvergne :*

Les La Bussière, de Coupier, de Lauges, d'Aubusson, de Lastic, de Thianges, de Grammont, de Montal-Laprade, de l'Estang, de la Roche-Aymon, de Talaru, de Bourbon-Busset; de Fondras, de Viry-la-Forest, de Marsilly, du Puy (toujours existante depuis la fondation), de Vilars, du Breuil d'Aubigny, de Châtillon, de la Baume, de la Brosse, de Vanssey, de Farges, de Montmorin, etc.

La *langue de France* est encore plus chargée d'illustrations elle nous offre dans ses trois grandes divisions :

Au *grand-prieuré de France,* les noms des :

De Sarcus, de Rouy, Saint-Phalle, Bligny, d'Allonville, de Montholon, de Rosmadec, de Harlay, de Créquy, du Mesnil, de Bourbon (qui fut grand-prieur), Piédefer, Courtenay, de Ligny, des Essarts, d'Aspremont-Nanteuil, d'Aché, Brichanteau, d'Argouges, Coucy, Espinay-Saint-Luc, Béthune, Fouilleuse, des Ursins, de Berlaimont, de Mailly, de Béthisy, de Mérode, etc.

Le *grand-prieuré d'Aquitaine* offre pêle-mêle :

Les de Noroy, de Sigongne, de Boisfern, de Malicorne, de Choisy, de La Forest, Charnacé du Chilleau, de Preugny, de Cluys, du Puy-du-Fou, Montalais, d'Argy, Montalembert, de Craon, d'Argences, de Soucy, La Bretonnière, Clisson, Clérambault, etc.

Du *grand-prieuré de Champagne,* nous extrayons au hasard :

LES CHEVALIERS DE SAINT-JEAN LIVRAISON N° 25

Bauffremont, Croissy, Ligneville, d'Anglure, Choiseul, Sommièvre, de Pradine, Rouxel des Roches, de Ludre, Raucé, Haraucourt, Rochechouart, de Mailly, de Baujeu, La Rivière... et deux cents autres ; pas un qui ne soit historique.

Il faut arrêter ces extraits, et saluer au passage cette gloire trop oubliée de la France, dans les termes émus dont la salue le vieil amiral J. de la Gravière quand, après avoir énuméré les morts du grand siège, il s'écrie :

« Pour nous, *fils du siècle*, la noblesse n'est jamais ridicule quand
» elle porte des noms de victoires. Nos rois, pendant longtemps,
» n'auraient pas permis à leurs gentilshommes de ramasser leurs
» titres ailleurs que sur les champs de bataille...

» Revenez donc à la lumière, reparaissez comme l'invincible che-
» valier Romégas à la surface des eaux noires qui vous submer-
» gèrent, noms de preux, noms vaillants, noms trop tôt engloutis.....
» Je voudrais vous sauver tous de l'éternel naufrage ! »

Cet hommage vibrant du doyen respecté des amiraux français est fait pour clore dignement la liste de nos gloires maritimes passées ; et si nos lecteurs la trouvent un peu longue, tout abrégée que nous l'ayons faite, ils se diront avec le vieil amiral : « La France payait largement, avec un sang tombé dans trop d'oubli, la gloire de conserver le rang où l'avaient élevée les Croisades. »

III. — *Préparatifs.* — *L'Attaque.* — *Le chevalier de la Rivière.*

Soliman le Grand, après avoir chassé de Rhodes les chevaliers de Saint-Jean, n'avait jamais cru qu'ils pussent sérieusement se relever de ce coup. Les rapports qui lui furent faits sur la conquête de Tripoli, dont on exagérait la difficulté, et sur la situation précaire de l'Ordre, au bord du rocher aride de Malte, le confirmaient dans cette opinion; et, lorsqu'on lui dépeignait l'audace et la science des capitaines de l'Hôpital, il souriait en disant : « J'ai coupé la racine d'un arbre aux beaux fruits. Tous ne sont pas encore flétris : laissez les derniers éclore. Ce sont fruits de vaillance, qui honoreront un jour le vainqueur encore plus que les vaincus. »

Mais les dernières années écoulées le forcèrent bien de changer d'opinion. Malte seule était plus préjudiciable à l'empire ottoman qu'une grande nation. L'avènement de La Valette à la grande maîtrise, et le développement immédiat que prit l'Ordre sous une telle main épouvantèrent Dragut et Hassan, les vice-rois ou *deys* de Tripoli et d'Alger; leur insistance finit par alarmer le sultan. Le coup décisif fut porté par Romégas et de Giou, à la prise du fameux Galion de Baïram-Oglou, que nous avons mentionnée. Le *Kislar-Agha* (grand-maître du Harem), ruiné par cette perte, mit dans ses intérêts le grand-muphti; une députation de la marine barbaresque acheva de décider le sultan, et un grand « Divan à cheval » fut tenu au sujet de Malte. Les chefs militaires, désireux de se distinguer à terre, rappelèrent à Soliman qu'il avait encore beaucoup à faire en Hongrie, tandis que Malte était un rocher négligeable; mais les marins africains déclarèrent l'entreprise à la fois très nécessaire et très sérieuse, et le sultan fut de leur avis. Le siège de Malte fut donc résolu.

Les vice-rois d'Alger et de Tripoli devaient fournir leurs vaisseaux, commandés par de hardis réïs, et leurs troupes d'attaque, habituées aux entreprises promptes et audacieuses. El Eudj-Ali, le renégat calabrais, forma un contingent spécial à Alexandrie; les autres troupes furent concentrées sur divers points de l'Asie et de la Morée. Le commandement en chef fut partagé entre Moustapha-Pacha et Piali-Pacha (1). Le premier commandait l'armée, le second la flotte. Mais il leur fut interdit de rien décider sans la participation de Dragut, dont le vieux sultan appréciait fort les talents spéciaux et l'expérience consommée.

Un chevalier de la *Religion* nous a laissé le dénombrement exact de cette expédition. L'armée était forte de trente-huit mille combattants, non compris les contingents attendus d'Afrique et qui devaient rejoindre sous Malte, savoir:

Six mille trois cents *enfants du Grand-Seigneur* ou *janissaires de la Porte* (soldats de la garde);

Six mille archers et piquiers d'Anatolie, vieux soldats;

Six mille *azabs* ou soldats légers, de levée;

Deux mille cinq cents spahis (soldats à cheval et à pied, espèces de dragons) de Grèce et d'Albanie.

---

(1) Piali était un enfant trouvé, hongrois, élevé par Soliman, et regardé comme le meilleur des généraux ottomans. Il avait épousé une petite fille du sultan, et était âgé de trente-cinq ans. Moustapha, général septuagénaire, s'était signalé par ses succès en Hongrie, en Perse et en Arabie.

Cinq cents spahis de Bosnie;

Cinq cents spahis de Mételin;

Cinq cents spahis de Karamanie ou Cilicie;

Trois mille *yayalars*, ou soldats de compagnies franches, revêtus de dépouilles d'animaux et redoutés pour leur implacable férocité et leur aveugle courage;

Treize mille *emirlets* et *dervis,* ou membres des corporations religieuses, soldats volontaires au nom du Koran, tous fanatiques résolus.

La flotte se composait de:

Cent trente et une galères royales de combat, et six galiotes (demi-galères) dont la chiourme, à raison de son insuffisance, avait été complétée par six mille libres-payes;

Quatre galères et une galiote de Rhodes;

Deux galères royales, une galiote et un brigantin de Mételin;

Vingt-quatre galiotes et fustes corsaires;

Huit mahonnes et onze gros navires de transport.

En tout, cent quatre vingt-treize bâtiments.

Le rendez-vous général était à Navarin de Messénie. Les navires emportaient, outre l'armée de siège et une immense quantité d'engins et de munitions, pour plus de sept mois de vivres (1).

Le 22 mars 1565 eut lieu le départ de cet armement célèbre.

« Le Bosphore lave de ses flots bleus le pied même des murs du
» sérail. De la fenêtre où il s'était assis pour voir passer, en 1538, la
» flotte de Barberousse, le grand sultan, plus vieux de vingt-sept ans,
» contempla le défilé des nombreux vaisseaux qu'emmenait Piali-
» Pacha. Emportées par le double effort du courant et de leurs
» longues rames écarlates, les galères rasèrent le kiosque impé-
» rial de si près que le Grand-Seigneur les eût, en se penchant,
» presque touchées de la main. Un souverain moins habitué aux
» déploiements somptueux de sa puissance eût pu être ébloui par la
» magnificence du spectacle que Soliman vit se dérouler ce jour-là
» sous ses yeux. Cent vingt-cinq galères passèrent, avec la rapidité
» de l'éclair, de la Corne d'Or au bassin qui fuit vers la pointe de
» San-Stefano. L'impression produite était celle d'un fleuve qui

---

(1) Les musulmans ne buvant pas de vin, leurs navires pouvaient charger une quantité de provisions presque double de ce qu'auraient chargé des vaisseaux chrétiens.

» s'écoule : il semblait que l'Asie se dépeuplât... Des *arbalestrières*
» à la *coursie,* des *espalles* de poupe aux *rambades,* pas un pouce
» des *couvertes* qui ne fût occupé. Les bancs ployaient sous les
» chiourmes, nues jusqu'à la ceinture et courbant en cadence leurs
» épaules de bronze ; l'espace réservé aux soldats présentait un étin-
» celant mélange d'armes et de soieries. Les tuniques lamées d'or et
» d'argent des pachas, les vestes de damas cramoisi des officiers
» auraient dû les faire reconnaître au milieu des simples janissaires,
» vêtus les uns de drap bleu foncé, les autres de drap vert; mais
» tous se confondaient dans une sorte de cohue guerrière, avec les
» cottes de mailles et les robes traînantes, les peaux d'ours du Taurus
» et les peaux de tigre du désert, les épais turbans et les bonnets
» coniques, les escopettes de Fez et les sabres longs d'Alexandrie,
» les grands arcs de Mantesché et les hallebardes dorées de Smyrne...
» Avant que le soleil touchât le bord de l'horizon, cette flotte qu'ac-
» compagnaient tant de vœux et de prières de l'Islam disparaissait
» dans la direction de la mer de Marmara. » *(J. de la Gravière.)*

Moustapha avait reçu solennellement le sabre de séraskier et l'étendard vert (1) ; parmi les navires, on remarquait la célèbre *sultane,* ou galère du grand-seigneur, de vingt-sept bancs, toute blanche et pavoisée, à tendelets de soie écarlate ; elle portait deux cents pointeurs choisis, le général de l'artillerie et les cinq ingénieurs (dont trois renégats), chefs de travaux pour le siège ; deux d'entre eux venaient de séjourner à Malte sous un déguisement, et avaient dressé le plan exact de la place ; la *galère générale* de Moustapha, de vingt-huit bancs, avec l'étendard vert arboré en tête de mât, et de magnifiques logements pour l'état-major ; et la *galère-capitane* (ou du capitan-pacha) réservée à Piali, de trente bancs, dorée de la proue à la poupe, pourvue d'une artillerie spéciale, et faisant flotter la banderole jaune de l'Amirauté. Le contingent de Rhodes était commandé par le vieux vice-amiral Ali-Portouk, ancien corsaire ; celui de Métélin par Salah-réïs, fils du dey d'Alger, Hassan.

Contre cette invasion, Malte avait pour défense, d'après Pierre Gentil : mille trois cents soldats à paye, (dont mille Espagnols, Fran-

---

(1) Qui ne se déploie que pour les grandes expéditions *religieuses.* L'étendard ottoman est *rouge.* Le vert est la couleur du Prophète ; et le privilège du *turban vert* et de la *veste verte* n'appartient qu'aux descendants de la famille de Mahomet.

çais et Toscans, et trois cents Napolitains); mille marins des galères, troupe d'élite capable de tout braver; cinq cents hommes tirés du Bourg; quatre cents de la Cité-Notable; cinq à six mille Maltais du dehors, sur lesquels on ne pouvait pas faire grand fonds si ce n'est pour les remparts; et environ quatre cent cinquante cavaliers de choix, auxquels le grand-maître tenait beaucoup.

Ces forces furent passées en revue dès le 10 avril, et mises en état complet d'instruction et d'armement. Les ordres les plus minutieux avaient été donnés à l'avance par l'infatigable grand-maître. Après avoir *cité* individuellement tous les chevaliers à se présenter pour la défense ou à fournir excuse, il avait fait colliger le plus possible de *responsions;* les provisions de tous genres et les munitions de guerre s'étaient entassées pendant plusieurs semaines dans les magasins du Bourg. La Valette lui-même, malade et âgé, avait bravé tous les périls, toutes les fatigues pour aller à travers les croisières musulmanes, sur un simple brigantin, jusqu'en Égypte, afin d'y ramasser une réserve de blé achetée d'avance; il avait obtenu du roi d'Espagne la promesse d'un vaste secours; don Garcia de Toledo, vice-roi de Sicile, était venu inspecter Malte et se concerter avec le grand-maître sur la nature et la force du secours à envoyer. Il était du plus pressant intérêt pour Philippe II que Malte tînt bon et ne tombât pas aux mains des Ottomans; et don Garcia multiplia les promesses. En attendant, il commença par renforcer de son mieux les garnisons d'Afrique: Tunis et la Goulette, à elles seules, reçurent un supplément de trois mille vieux soldats qui eussent été plus utiles à Malte. Car, malgré toutes les suppositions contraires, c'était bien à Malte que l'armement était destiné; et La Valette en donna la preuve absolue par les rapports des capitaines de l'Ordre qu'il avait envoyés en reconnaissance jusque dans l'Archipel.

Nous avons déjà sommairement décrit Malte et Gozzo. Une courte description des travaux exécutés sous Claude de La Sangle et La Valette achèvera de faire apprécier la situation au moment du siège; la carte et le plan suffiront à la compléter. (Voir p. 285 et 293.)

On connaît déjà le site de Malte et son double port (*Marsa-Muscietto* et le *grand-Port*), avec la presqu'île de Scéberras qui les sépare, et le fort Saint-Elme qui en couronnait la pointe, commandant ainsi les deux entrées. Nous avons parlé de l'établissement provisoire de l'Ordre sur le *Bourg* et l'île de *la Sangle*, défendus par les châteaux Saint-Ange et Saint-Michel. Un retranchement couvrait cette dernière presqu'île à sa gorge. Entre les deux parties de la défense s'ouvrait le port des galères, avec une anse allongée dans le fond, qui resserrait l'isthme de la presqu'île Saint-Michel. Il était pourvu : 1° à sa sortie extérieure, sous les forts, d'une énorme chaîne de fermeture portée sur flotteurs et bâtardeaux, longue de sept cent cinquante pieds, et « dont chaque maillon rivé avait coûté au grand-maître plus de dix ducats d'or » ; 2° d'un pont de bateaux au centre, assurant les communications entre les deux presqu'îles ; 3° d'une autre *chaîne-estacade* à l'entrée du cul-de-sac final : précaution qui, comme on le verra, sauva le Bourg et Saint-Michel d'une surprise. La baie de l'Ouest (port de la Sangle) fut également mise en défense ; de même pour celle à l'est du Bourg, dite *port Saint-Ange* ou *des Anglais*. Le fort Saint-Elme, ouvrage étroit, mais solide, était lui-même commandé par la colline dont il couvrait la pointe, et il n'était pas en situation d'étendre efficacement son action au delà des deux entrées : la Renelle et le port des Anglais.

Ce fut néanmoins sur lui, contre l'attente générale, que se porta tout le premier effort de l'ennemi, on verra pourquoi. Sa résistance superbe devait prolonger le siège et sauver la place.

L'énergique vieillard eut beau se hâter, il n'arriva pas à tout terminer. Quand le vaste armement parut devant Malte, le 18 mai 1565, cinq cent quarante-trois Chevaliers et Frères servants d'armes avaient répondu à la citation ; mais il y en avait encore plus de deux cent cinquante en route (1), des divers points de l'Europe, qui se virent le chemin coupé et s'accumulèrent peu à peu en Sicile, où les lenteurs incroyables du vice-roi les empêchèrent de tenter le coup qu'ils sollicitaient : un passage de vive force au travers de la flotte assiégeante. Un commandeur au nom illustre, éprouvé par 35 années de profession, le vieux comte Louis de Lastic, s'était mis à leur tête. Nous aurons occasion d'en reparler.

Seul le grand-maître « qui cognoissoit la gent turquesque et bar-

(1) Selon l'usage de l'époque ; il faut tenir compte des *suivants* et domestiques, souvent nombreux, que menaient avec eux les commandeurs, *à leurs frais ;* ainsi que des domestiques permis aux chevaliers (de 1 à 3, selon le besoin). Les deux cent cinquante chevaliers en route représentaient donc au moins huit cents combattants, tous de valeur exceptionnelle.

baresque en général, et la valeur d'esprit d'un chascun en son particulier mieux que personne au monde », prévit exactement l'attaque qui allait avoir lieu. Il avait fait rentrer toutes les provisions de l'île au Bourg et à la Cité-Notable, en affirmant que l'expédition était dirigée sur l'île de Malte et nulle part ailleurs. Lorsque la flotte fut signalée à hauteur du cap Passaro, il fit avertir le viceroi de Sicile qu'il n'avait pas besoin de tant se garder, et que l'orage passerait près de lui sans crever. En même temps, il mit les huit cents esclaves de l'Ordre (les prisonniers), tous les Maltais valides, tous les servants et domestiques à l'achèvement immédiat des fortifications non terminées : le ravelin (1) extérieur du fort Saint-Michel, les fronts de mer du fort et leurs abords sous-marins, et le *cavalier* du bastion d'Aragon, qui défendait le fond du port des Galères; lui-même, désertant les conseils des dignitaires, y vint travailler, malgré ses soixante-dix ans, le sac de bure sur les épaules.

Il attendait l'apparition de l'ennemi pour donner un dernier ordre, dont l'exécution était déjà préparée : l'empoisonnement des eaux potables, en dehors des deux lieux de refuge : la Cité-Notable et le Bourg. La vigie du château Saint-Ange signala la première la flotte turque, vers neuf heures du matin, par trente milles environ dans l'E.-N.-E. Deux heures après, toutes les précautions étaient prises, pas un homme ne resta dehors. Quarante mille barriques d'eau, installées dans des grottes profondes, et une source qu'on trouva par miracle dans le Bourg assuraient une consommation suffisante aux assiégés.

Les Turcs s'étaient massés; ils défilèrent devant le port pour aller mouiller au sud de l'île, dans le grand ancrage de Marsa-Scirocco; mais le vent d'Est qui se levait les gêna pour l'abordage, et ils passèrent outre jusqu'à l'anse du *Mugiaro*, au nord-ouest de l'île.

Le maréchal Coupier, à la tête de deux cents chevaliers et de six cents arquebusiers, suivait de loin les mouvements de l'ennemi; il vint aussitôt prendre position pour gêner le débarquement. Mais Piali s'y attendait; pendant la nuit, il détacha sans bruit son arrière-garde qui débarqua trois mille hommes à la *cale Saint-Thomas* (à l'est du port de Malte), et le lendemain, après avoir jeté à terre

(1) Ce qu'on appelle aujourd'hui *demi-lune.*

LE SÉRASKIER LANÇA UN JURON

(Voir p. 391.)

quelques reconnaissances, l'armée navale profita d'un changement de vent et revint opérer le débarquement à Marsa-Scirocco. Pendant que s'opérait ce mouvement, un premier engagement avait lieu entre éclaireurs. Refoulés, les Turcs massèrent un demi-bataillon de *yayalars* derrière un gros rocher, et surprirent ainsi un peloton d'éclaireurs de la Religion, commandé par un chevalier portugais. Au bruit de la lutte, un second peloton de douze hommes, ayant à sa tête le chevalier de La Rivière, accourt et tombe lui-même dans l'embuscade. Après une vigoureuse résistance, La Rivière est pris et mené à Piali. Ses réponses énergiques, la confiance qu'il montre dans la puissance de la place, inquiètent les Turcs. Pour dissiper cette impression, Piali ne trouve rien de mieux que de faire appliquer le Frère Saint-Jean à la torture; mais, les os des jambes broyés, le dos déchiré par les fouets plombés, le vaillant religieux défie à haute voix les Turcs de s'emparer de Malte, et les engage à ne pas se laisser surprendre au siège par les secours attendus d'Espagne et d'Italie; puis, entendant sonner la cloche, il récite fermement, entre ses bourreaux, l'*office-chevalier* (les prières qui remplaçaient, en campagne, l'office propre).

Le lendemain, Moustapha se le fit apporter sur la colline Sainte-Catherine, d'où il observait les défenses du Bourg. Hâve, les jambes entourées de linge, brûlé par la fièvre, le prisonnier attend les paroles du pacha, qui sourit en le considérant :

— Vingt-quatre heures de patience, avec les os brisés et la fièvre, ont raison de bien des gens, dit-il à Ali-Portouk; cet homme va parler autant que je le voudrai.

Et il interroge La Rivière, tantôt le menaçant, tantôt le flattant. Celui-ci, après avoir essayé de résister, voyant approcher de nouveau les bourreaux qui lui mettent les membres à nu, cède peu à peu; il a honte de parler; il répond avec peine..... mais il répond. Ses gestes complètent ses paroles. Il désigne silencieusement du doigt les endroits récemment fortifiés, ceux qu'il sait les plus redoutables. Ses gestes, qui paraissent arrachés à la crainte du mal, suffisent à tout dire.

Moustapha s'arrêta enfin et dit à Portouk :

— Tous les marins sont les mêmes. Piali et ses ingénieurs veulent à tout prix conquérir d'abord le fort Saint-Elme, afin d'assurer un abri à leurs navires dans le *Marsa-Musciet*. C'est leur idée fixe.....

Mais leurs évaluations étaient fausses. Ils se connaissent mieux en galères qu'en fortifications... Tu entends les réponses de cet homme vaincu par la douleur ? C'est ici qu'il faut commencer le siège, en attaquant le Bourg lui-même. Je n'ai pas passé ma vie sur l'eau, mais j'ai dirigé plus de vingt sièges.

Ali-Portouk avait été corsaire pendant seize ans ; il fronça ses gros sourcils blancs, et seul, négligeant les coups de mousquet qui partaient de la place, il descendit la pente et inspecta avec soin l'abord de Saint-Michel. Il remonta avec le même flegme et, prenant le séraskier par la manche, l'invita à le suivre.

Moustapha, vieilli dans les dangers, vit tous les yeux braqués sur lui ; il suivit le sandjiack de Rhodes. Du coin où celui-ci le mena, son œil exercé embrassa le développement du front de terre de Saint-Michel, la double fortification, les bouches à feu... Il remonta, rouge et furieux, et courut droit sur La Rivière qui le regardait, un sourire ironique sur ses lèvres bleues.

— Ah, chien pourri ! cria-t-il, tu as voulu tromper ton maître !...

La Rivière fit le signe de la croix, se souleva sur le coude et répliqua :

— Je n'ai de maîtres que Dieu au ciel et *l'Hôpital* sur la terre.

Le séraskier lança un juron, fit tournoyer sa grosse canne d'ébène à pommeau d'argent et, faisant rapidement signe aux soldats de s'écarter, tomba à bras raccourcis sur son prisonnier mutilé, qui ne cherchait même pas à parer les coups ; ses soldats l'imitèrent et, de concert, se mirent à assommer La Rivière à coups de bâton.

— *Vive Jésus !* dit tout à coup le moine-soldat, en portant les mains à sa tête fendue. Il retomba en arrière et ne bougea plus. Le sang lui sortait à flots par le nez et les oreilles ; un léger frémissement l'agitait. Il dessina encore péniblement une croix sur son cœur avec le pouce de sa main droite, se raidit et expira.

— Jetez-moi cette charogne à l'eau, fit Moustapha avec humeur.

Mais Salah-Réïs, fils de l'ancien dey d'Alger, s'approcha et dit froidement au général en chef :

— Séraskier, cet homme portait blason de haute chevalerie en son pays ; il a ramé dix mois prisonnier à Alger et, pendant ce temps, il a sauvé la vie à deux croyants en danger de périr ; l'un d'eux était mon oncle. Je te demande le corps.

Le séraskier ne pouvait le lui refuser. Salah-Réïs l'enterra convenablement.

Le siège de Malte s'ouvrait par un martyre.

Les premiers jours furent consacrés à achever le débarquement et à faire main basse sur toutes les ressources de l'île qui n'avaient pas été rentrées à temps : bœufs, moutons, grains, volailles. Le maréchal Coupier ne cessait de harceler l'ennemi, et habituait ainsi ses nouvelles troupes à le voir de près et à « respirer la poudre ».

Le 21, au matin, les Turcs opérèrent une *reconnaissance en masse,* afin de bien déterminer les points qu'il leur conviendrait d'attaquer régulièrement. En trois jours, Coupier leur avait mis par terre près de quinze cents hommes, sans en perdre plus de quatre-vingts. Les spahis d'Anatolie marchaient en tête, sous leur célèbre sandjiak Sackit-bey ; les janissaires et les troupes d'Albanie les suivaient : douze mille hommes, descendant au pas de course la colline Sainte-Marguerite, se ruèrent sur le Bourg.

Le grand-maître était prêt. Debout sur la porte du Bourg, tout armé, son cheval auprès de lui, il dirigeait la résistance. De Giou commandait la sortie ; Gaspard de la Motte et le fameux Romégas étaient en avant des colonnes d'attaque ; don Juan de Guaras en réserve à la tête d'un peloton de chevaliers. Après une sanglante mêlée, on vit les épais bataillons musulmans fléchir et se replier ; La Valette se tourne vers Guaras et les lui montre. L'escadron de Saint-Jean, couvert de ses grandes armures, fond au galop sur les Albanais et les sabre ; le chevalier Montal de la Prade étend, d'un seul revers de son épée, le sandjiak d'Albanie, Kassim-bey, mortellement blessé, saisit à la gorge le porte-étendard, l'enlève de son cheval et l'emporte prisonnier avec son drapeau. Du mon, Sainte-Catherine (ou Calcara), Moustapha voit le désordre de ses troupes, et s'empresse de lancer douze cents arquebusiers pour protéger leur retraite.

Quatre cents Turcs étaient restés sur le terrain ; les chrétient avaient perdu dix soldats.

Le lendemain, 23, nouvelle reconnaissance et nouveau combats cette fois sur le front de Saint-Michel et la *Bormula.* Les janissaires de la garde du Grand-Seigneur et les marins de Piali menèrent cette attaque ; elle fut rude, mais rudement repoussée. Cinq cents Turcs y tombèrent, morts ou blessés.

C'est à ce prix que la place fut reconnue.

L'opinion des chefs était fixée ; dans le Conseil de guerre, on décida de commencer par la réduction du fort Saint-Elme, selon l'avis de Piali. Dès le soir, on alla examiner le terrain pour l'établissement des batteries.

La Valette avait, le jour même où parut l'armée turque, expédié à la dérobée une galère pour prévenir le vice-roi de Sicile (1) et le pape. Sur le rapport des hommes jetés en sentinelles perdues, il annonça au Conseil des grands-croix que l'ennemi allait porter son attaque sur Saint-Elme. Le petit fort construit par Strozzi devenait le Malakoff de ce Sébastopol... De sa résistance allait dépendre le sort de la place.

— Il faut à tout prix, observa de Giou, que le fort tienne jusqu'à l'arrivée des secours de Sicile ; mais, comme il est probable que la flotte va entrer en activité, il serait bon qu'un capitaine hardi et de rang accrédité allât informer le vice-roi de toutes ces particularités, et le presser d'organiser et d'amener son armée, avec un pouvoir spécial de monseigneur le grand-maître.

— J'ai bien peu de chevaliers disponibles, et tous me font besoin, répondit La Valette. La mission que vous me demandez est fort périlleuse. Si l'on prenait un Frère servant ?

Le Conseil se regarda ; un Frère servant manquerait de l'autorité nécessaire pour agir auprès du vice-roi ; mieux valait envoyer un homme de marque, capable de parler net et, au besoin, de prendre le commandement des Frères Saint-Jean qui devaient s'être assemblés nombreux en Sicile.

Le grand-maître ferma les yeux ; il se livrait en lui un combat intérieur. Ce fut court : « Je défère, dit-il gravement, au vœu de l'Illustre Conseil : j'enverrai le capitaine du *Saint-Jacques*. Le Conseil l'agrée-t-il ? »

Le capitaine du *Saint-Jacques* était son neveu, Henri de La Valette-Cornusson, commandeur. On savait que le grand-maître aimait ses neveux comme s'ils avaient été ses fils — genre d'attachement fré-

---

(1) Le fils du vice-roi était chevalier de l'Ordre, et servait dans l'état-major du grand-maître. Nous avons parlé de don Garcia de Toledo, à propos de la prise d'Afrika. Bon, instruit, vaillant, dévoué à l'Ordre, il manquait toujours de décision dans le commandement et s'effrayait des responsabilités. C'est ce qui faillit perdre Malte, qui ne fut secourue qu'à la dernière extrémité. Philippe II la destitua.

quent chez les religieux, — et qu'il eût volontiers donné sa vie pour la leur. Les grands-croix se consultèrent, émus ; mais le choix était bon ; ils l'approuvèrent.

Trois heures après, le commandeur Henri forçait le blocus et voguait vers la Sicile.

IV. — *Saint-Elme. — Le sacrifice.*

Le siège de Saint-Elme commença le 24 mai. Deux batteries furent établies d'abord à huit cents pas, sur un renflement du mont Scéberras, en même temps que la tranchée s'ouvrait, plus rapprochée, partant des bords de Marsa-Musciet. Dès lors, jour et nuit la canonnade gronde des deux côtés et les sorties se multiplient. Les chrétiens prennent d'écharpe les infidèles, avec les plus gros canons du môle Saint-Ange et de la pointe Saint-Michel, pendant que les défenseurs de Saint-Elme ripostent avec vigueur aux batteries de Moustapha et aux galères de Piali. Celui-ci organise en même temps une triple surveillance armée autour de l'île : vingt navires, divisés en 4 groupes, en gardent les approches, chaque groupe répondant d'un secteur spécial. Une division de six vaisseaux observe la mer au large, entre l'Italie et l'île ; une escadre de trente galères (portée plus tard au double), croise sur les côtes de Sicile, pour arrêter tous les secours qui pourraient venir de là. Malte était donc complètement investie. La prise de Saint-Elme devait être le premier acte de sa réduction totale, d'après les plans arrêtés en conseil.

Le fort Saint-Elme était en contre-bas du mont Scéberras, de dimensions exiguës, et ne pouvant admettre que peu de monde à l'intérieur. Malgré ces trois défauts, il répondait avec énergie au double feu des batteries d'attaque et des galères, qui se renforça bientôt du feu meurtrier des janissaires de Bosnie, excellents tireurs, maniant avec précision des arquebuses à croc d'une énorme portée. Mais le bailli de Négrepont, don Juan de Guaras, chargé du commandement, s'en acquittait en homme de cœur ; et malgré les coups d'arquebuse des Turcs, tous les jours le fort communiquait par des barques, à travers le bassin du grand-port, avec le Bourg, et en recevait du renfort. L'ennemi avait aussi fort à faire ; et, la dureté du roc lui rendant impossible de creuser et de gabionner, il dut se contenter *d'esquisses* de tranchées à la pioche, d'une profondeur de un à deux pieds. Les parapets furent formés de madriers et de sacs à terre, joints par de la glaise et du mortier. Dans une reconnaissance de tranchée, Piali fut grièvement blessé d'un éclat de pierre.

Le 27 mai arrivait le renégat El Eudj-Ali, avec six vaisseaux et un renfort considérable; il ne faisait que précéder de cinq jours le fameux Dragut, le vice-roi de Tripoli, l'instigateur de l'expédition; celui-ci parut le 2 juin avec trente vaisseaux de combat et trois mille hommes de débarquement, tous vieux soldats ou marins rompus à toutes les fatigues, à tous les dangers. Selon les ordres exprès du sultan, Dragut fut reçu en grande pompe et consulté aussitôt. Il blâma tout net le choix de Saint-Elme comme objectif, et affirma que si l'on avait concentré toutes les attaques sur le Bourg, le reste fût tombé sans résistance possible; mais, puisque le siège était ainsi entamé, il fut d'avis de le pousser avec vigueur. Prenant pour lui et ses hommes les postes les plus dangereux, il déploya une science et une énergie qui laissaient de bien loin en arrière les troupes impériales, si accoutumées qu'elles fussent à la guerre de siège. Le surlendemain de son arrivée, des batteries nouvelles hérissaient les hauteurs de Marsa-Musciet; et lui-même en venait diriger trois, formées des canons de ses navires, sur la pointe qui, depuis, a gardé le nom de *pointe Dragut*. Saint-Elme devint un entonnoir à boulets.

Il était temps, pour les Turcs, d'essayer sa résistance à l'assaut. Le premier qu'ils donnèrent faillit réussir, par la fatigue et la négligence d'un poste qui s'était assoupi. Mais le combat fut aussitôt rétabli par l'arrivée des pelotons du colonel Mas (Vercoiran) et de l'enseigne (porte-étendard) Medrano, qui donnèrent le temps d'accourir à la garnison, le bailli en tête.

A la vue de cette résistance, Moustapha s'échauffe et lance renforts sur renforts; l'assaut devient général; Soixante Frères Saint-Jean et une compagnie de cent vingt arquebusiers, sous le chevalier de La Cerda, tiennent tête à deux mille vieux soldats, l'élite des armées ottomanes. Le séraskier ne calcule plus; il pousse constamment des bataillons en avant. Mais tandis que les chevaliers, muraille de fer vivante et agissante, les contiennent de front, les arquebusiers, soutenus de loin par les canons de Saint-Ange, prennent d'écharpe cette cohue pressée et en font un massacre ; grenades, boulets, fusées, pierres, mousquetades, tout porte. — A midi, sur les représentations de Dragut, le général en chef rappela ses troupes. Elles laissaient trois mille morts ou blessés sur le terrain. La *Religion* avait perdu cent vingt hommes, dont vingt chevaliers. Le bailli Guaras, blessé, continua de diriger la défense avec Broglio (1) et La Cerda. Parmi les morts importants, on citait le chevalier Abel de la Gardempe, qui renvoya au feu tous ceux qui tentaient de lui porter secours, et se traîna seul, blessé mortellement, jusqu'à l'autel de la Sainte Vierge, où il mourut en serrant la croix sur sa bouche. Il avait vingt-deux ans. C'était le 1er juin.

— Eh bien, dit Dragut à Moustapha, le même soir, commences-tu à savoir ce que c'est que la guerre avec Malte ?... Moi, voilà trente ans que je la fais.

— Je suivrai tes avis, répondit le vieux séraskier, mais je jure ici, devant tout le Conseil, que j'entrerai à Saint-Elme, fût-ce sur le corps du dernier janissaire.

Dragut n'avait pas encore donné, avec ses matelots et ses célèbres *askers* de Bône et de Tripoli. Par émulation, les janissaires redemandaient à grands cris le combat; Moustapha y consentit. Le 2 juin, le ravelin est enlevé par surprise : pendant trois heures, on se bat autour de la position ; les Turcs en restent maîtres ; Dragut y loge une batterie qui plonge dans le fort, et établit mille cinq cents hommes dans les nouvelles tranchées, poussées jusqu'au pied du rempart. Puis, avec des antennes (vergues de galères), bien assujetties et recouvertes de terre, il établit un pont volant sur le fossé.

Les chevaliers du fort, exténués et ne voyant plus la possibilité de le défendre, envoyèrent présenter par La Cerda une requête au grand-maître, pour qu'il les autorisât à évacuer Saint-Elme et à reporter leurs forces dans le Bourg. Mais tout ce qui pouvait retarder l'attaque du Bourg était du temps gagné pour les secours que l'on espérait encore du dehors. Le grand-maître s'indigna et déclara à La Cerda « qu'il irait lui-même défendre Saint-Elme ». Et il le chargea de cette ironique déclaration pour les chevaliers du fort :

(1) De la famille des Broglio, dont une branche est passée en France depuis plus de deux cents ans.

JE MOURRAI ICI, S'ÉCRIA-T-IL, LA MAIN TENDUE VERS LE CRUCIFIX.

LES CHEVALIERS DE SAINT-JEAN

— Revenez, mes frères, puisque vous le désirez, au Bourg et à Saint-Michel; nous nous chargerons de pourvoir à Saint-Elme; *vous serez plus abrités ici que là-bas* (1).

Le tambour résonna aussitôt dans le Bourg : on demandait des volontaires. *Tous les chevaliers* et huit cents Maltais s'enrôlèrent en deux heures. Ils n'eurent pas le temps de se préparer. Une barque, partie de Saint-Elme, traversa le bassin du grand port sous les balles de l'ennemi; elle apportait la réponse du fort :

« Nous n'avions pensé qu'à l'intérêt général de la défense; puisque
» le sérénissime prince grand-maître jugé meilleur de tenir ici
» jusqu'au bout, nous sommes tous résolus à périr en défendant le
» fort. Nous supplions le sérénissime prince d'agréer notre repentir
» de tout ce qui aurait pu, de notre part, l'induire à penser autre-
» ment de nous. »

Moustapha avait eu vent de la démarche de La Cerda. Il y vit un signe de l'affaiblissement des courages dans le château, et organisa un troisième assaut. Pendant toute la nuit, les *imams* exaltèrent le courage des *yayalars* (ou *matasiété*), volontaires religieux, « gens furieux, revêtus de peaux et poils de bêtes, portant casque doré, targe longue et grand cimeterre, et ayant la face et le corps tatoués de figures symboliques et de versets de l'Al-Koran (*Bosio*). » Ces trois mille énergumènes marchaient en tête de l'assaut, suivis de quinze cents spahis d'Anatolie et de quinze cents matelots-corsaires de Dragut. Sur la brèche, ils trouvent le commandeur de Broglio, l'enseigne Medrano, le capitaine de Guaras et le célèbre « colonel Mas » (Pierre de Massuès-Vercoiran, commandeur provençal), le modèle et l'idole des soldats de Malte, avec les deux La Motte. Derrière eux, soixante Frères Saint-Jean et cent soldats dirigés par le Frère servant Marius Chenaut (de Marseille), « le plus habile homme de son temps pour les artifices enflammés ». Pierres, grenades, balles liées, pots à feu, fusées, *bombes à main* éclatent en vain dans les rangs turcs. Les *matasiété*, hurlant en chœur des versets du Koran, montent sur les amas de morts et de blessés et arrivent jusqu'aux chevaliers.... On s'aborde corps à corps.

Dans la grande épopée de ce siège fameux, le quatrième assaut

---

(1) Peu après, La Cerda fut puni de prison « pour s'être fait évacuer sur l'ambulance avec une blessure fort légère ». Il répara ses premiers torts en se faisant tuer sur la brèche de Saint-Michel, six semaines plus tard.

de Saint-Elme a gardé la même place que le deuxième assaut de la tour Saint-Nicolas dans le siège de Rhodes, sous d'Aubusson. Ce fut un combat homérique. Rangés sur une double ligne, les soixante hommes d'acier, inébranlables, accomplirent des exploits qui laissent bien loin derrière eux ceux des anciens poèmes. Malgré leur ardeur, leurs bonds, leurs boucliers, leurs corselets, leurs casques doublés de fer, les fanatiques *yayalars* tombent de tous côtés, littéralement enlevés et rejetés par la pointe aiguë des longues rapières. Dédaignant de se couvrir contre ces sauvages, les Frères Saint-Jean se battent des deux mains, à la dague et à l'épée : « Ils les recepvaient sur la pointe de l'estoc, les poignaient de la » dague rudement, jusqu'à trancher le col à beaucoup, les secouaient » en bas, et en tuaient même à coups de pied, leur cassant reins » et poitrines de leurs talons bien ferrés et éperonnés. »

On avait vu, à Rhodes, le patron de la *capitane*, Frère Jean de Pradines, tenir à lui seul en échec, sur le coin d'un bastion, un bataillon turc, et abattre successivement d'un seul bras sept officiers. Le chevalier navarrais Pérez Barragan n'en fit pas moins à Saint-Elme, en défendant seul, avec sa grande épée à deux mains, contre les marins algériens, le débouché de la passerelle jetée par Dragut. Moins heureux que Pradines, il finit par tomber mort d'un coup d'arquebuse à la tête. Mais un groupe de Frères Saint-Jean était accouru ; saisissant par les flancs les premiers ennemis arrivés, deux chevaliers, le Français La Motte et l'Italien Vagnone, les lancèrent comme des projectiles contre les autres, engagés sur l'étroite passerelle. Effrayés de cette vigueur, les Algériens eux-mêmes hésitent et reculent. La retraite sonne enfin, après cinq heures de lutte.

Saint-Elme avait perdu quarante hommes et tué six cents Turcs. Les *yayalars*, ne pouvant admettre qu'ils eussent été vaincus, publièrent que les chevaliers usaient de sortilèges et faisaient combattre à leur place des démons auxquels ils vendaient leur âme « à terme ». Ils avaient tous vu le roi de l'enfer, *Eblis*, encourager la résistance...

Cet *Eblis* n'était autre qu'un certain Frère Roberti, Capucin italien, pris naguère par un vaisseau arabe, puis racheté et déposé à Malte Frère Roberti, debout sur un merlon, les mains étendues, envoyait à haute voix l'absolution *in articulo* aux blessés chrétiens qu'il voyait tomber. Deux mille Turcs tirèrent sur lui sans l'atteindre : ce miracle le fit passer pour invulnérable, et le saint Frère fut transformé en diable par l'ennemi.

Dès ce jour, la canonnade ne cessa plus, jour et nuit, de ruiner le petit fort. Le grand-maître remplaçait journellement les morts et les impotents, malgré la mitraille que les navires ennemis envoyaient à toute volée sur les barques qui essayaient de traverser le port. De leur côté, les musulmans, résolus à épuiser la petite garnison, l'attaquaient chaque jour. Mustapha dirigea lui-même l'assaut du 6 ; en deux heures, il perdit plus de huit cents hommes et dut se retirer. Mais les défenseurs du fort ne pouvaient plus se tenir debout, et les remparts écroulés ne présentaient qu'un informe amas de pierres amoncelées.

La Valette fit alors un appel à la Cité-Vieille, qui lui envoya du renfort. Un descendant du grand Scanderbeg, le commandeur Constantin Castriota, passa audacieusement en bateau du Bourg au fort Saint-Elme avec trois cent trente hommes, tous volontaires, des vivres, des munitions et des outils, sans répondre au feu des batteries turques. Le renfort se mit à l'œuvre le soir et travailla jusqu'au jour, sous le feu de l'ennemi. A midi, Ali-Portouk, chargé de reconnaître l'état du fort, vint l'assaillir avec trois mille janissaires, et dut reculer devant la mousqueterie des chrétiens. Il se dirigea vers le tertre d'où Mustapha et Dragut regardaient l'action, et leur dit :

— Les nouveaux venus ont bien travaillé ; la brèche est à refaire.

— Comment ! en une nuit ? s'écria Mustapha.

— Travail de nuit vaut plus que travail de jour, observa Dragut.

— Soit, dit le séraskier ; nous aussi nous travaillerons de nuit. Ce soir, à neuf heures, dix mille hommes en avant ! Que l'on donne d'avance du repos aux troupes, et que l'artillerie seule continue !

De deux heures à neuf heures ce fut un feu violent, ininterrompu, des batteries sur les profils relevés et terrassés. A la nuit close, le sandjiack Méhémet-Bey et le premier agha de la Porte Kourtogli (1), commandant en chef des janissaires, s'avancèrent en silence à la tête de quatre mille hommes choisis et se couchèrent dans les tranchées, pendant que deux cents janissaires jetaient des fascines plein le fossé. Tout à coup, une vive lueur éclaira les murailles ;

(1) Neveu du fameux amiral-corsaire de ce nom dont il a été question à propos de Rhodes.

puis un large embrasement s'étendit en crépitant, et de vastes colonnes de flamme montèrent droit en l'air. Frère Chenaut, se glissant sous les fascines, y avait semé des artifices qui les enflammaient toutes à la fois.

Les Turcs ne bougeaient pas dans la tranchée. Quand le feu se fut éteint, ils laissèrent passer une grande heure sans donner signe de vie. Puis un long mouvement se dessina silencieusement. Les soldats venaient, par ordre de Dragut, de recevoir des sacs de laine et de coton trempés dans l'eau de mer ; un sac par quatre hommes.

Ils s'approchent du fossé en rampant et lancent les sacs, qui s'empilent sans bruit. Les soldats de tête murmurent à voix basse que les chrétiens ne se gardent plus. Le signal de l'assaut éclate ; une colonne s'élance sur le pont de vergues ; une autre, plus large, traverse l'amas des sacs et monte sur le rempart. Mais Juan de Guaras, quoique non guéri de sa blessure, veillait cette nuit-là. Chaque sentinelle se hâte de faire jaillir de son briquet une étincelle sur des fils imprégnés de poudre, qui vont instantanément enflammer des fanaux et de grands *braseros* de poix-résine. Tout le fossé en est éclairé ; mousquets et canons tirent à la fois sur les Turcs.

— Pressez le mouvement ! crie la voix de Dragut.

Un flot d'assaillants se jette sur les défenseurs : une nouvelle lutte corps à corps s'engage. Cette fois, les chrétiens étaient en nombre : un contre dix. Toute la nuit, ils se battirent sans perdre un pouce de terrain. Les hauts faits se multipliaient :

« Ouvrez vos fastes, grandes familles !..... Ou, si vous avez
» quelques descendants, qu'ils retrouvent sur ces pages des exploits
» dont je voudrais raviver le souvenir !..... Les forçats eux-mêmes,
« détachés de la rame, se servirent en chevaliers des épées qu'on
« ne craignit pas de confier à leurs bras nerveux. » (*J. de la Gravière.*)

A l'aube, les Turcs se retirèrent. Ils laissaient quinze cents morts dans le fossé et sur les glacis, et emportaient un nombre égal de blessés. Au fort, les deux tiers de la garnison étaient plus ou moins gravement atteints, et il y avait cinquante morts, la plupart chevaliers (1).

---

(1) Nous prenons les chiffres exacts, tirés des auteurs contemporains (Bosio, Brantôme, Baudouin, Gentil, etc.)

A partir de ce jour, les six cents défenseurs du fort n'eurent plus de répit ; une moitié d'entre eux couchait et mangeait tout armée, sur des sacs, à côté des canons ; l'autre faisait des sorties. La Valette renforçait stoïquement la petite garnison. N'ayant plus de fascines à lui fournir pour relever les crêtes des parapets, il lui fit donner tous les bâts de mulets qui se trouvèrent en magasin. Mustapha, tenant sa parole, préparait de nouveaux assauts, tout en augmentant ses batteries. Le 15 juin après-midi, il lança une colonne de trois mille hommes qu'il renforça jusqu'à la nuit par des séries de pelotons de deux cents hommes. C'était la septième grande attaque ; elle échoua encore, et coûta au séraskier quatre cents morts et six cents blessés.

— Cela fait mille, observa ironiquement Piali, le même soir.

— Il y en aura d'avantage demain, répliqua le vieux séraskier.

Le lendemain 16 fut, en effet, sanglant entre tous. La moitié de l'infanterie de tranchée fut lancée si rapidement sur le fort qu'elle y entra, laissant derrière elle 200 morts.

Les chrétiens se défendirent héroïquement ; leurs caisses à munitions, leurs artifices éclatèrent et brûlèrent beaucoup d'hommes. Des chevaliers réputés : La Motte, Strozzi (Annibal), Vagnone dit *Bras d'acier*, le commandeur de Miranda et vingt autres tombèrent criblés de balles ; Medrano « le démolisseur de Turcs », fut tué en étranglant le porte-étendard des janissaires ; il ne le lâcha pas en tombant ; la même balle les avait traversés tous deux ; Fr. Roberti, deux fois blessé, continuait d'absoudre les mourants. Mustapha dut encore une fois se replier.

Jusque-là, c'était sur Saint-Elme seul que s'était concentrée l'attaque. Mais Mustapha voulut couper court aux renforts que le Bourg envoyait par bateaux après chaque action. Dragut, qui lui avait déjà signalé cette nécessité, n'avait pas attendu ses ordres pour essayer d'y pourvoir. Ses marins, débarqués aux *Fourches*, occupaient avec des batteries tous les points dominants, depuis l'anse de la Renelle jusqu'au mont Salvador. Le 17 juin, le lendemain du huitième assaut, ils établirent un poste sur le Calcara et se mirent à battre de leurs feux le bastion de Castille. Inquiet des suites de cette manœuvre, La Valette lança immédiatement le maréchal Coupier qui délogea l'ennemi, non sans pertes.

Dans l'armée turque, les 40 campagnes de guerre, les actions d'éclat et les 75 ans de Mustapha avaient bien pâli devant la prodigieuse activité, le coup d'œil infaillible et la merveilleuse audace de Dragut; on se répétait que, depuis son arrivée, c'était lui seul qui menait tout.

Mustapha le reconnaissait tout bas, et s'inclinait devant les rares qualités du corsaire tripolitain, de l'ancien canonnier d'Anatolie. Dès la nuit du 17, il convint avec Dragut que, bravant le feu du fort Saint-Ange, on achèverait les tranchées jusqu'au bord du grand port. Dragut, qui joignait à l'expérience militaire le sang-froid du marin poussé au *nec plus ultra,* se rendit le lendemain sur le terrain; et là, au milieu d'une tempête de *balles mariées* et de boulets, envoyée du fort Saint-Ange par-dessus la baie, il se mit à vérifier lui-même les mesures pour l'établissement d'une puissante *traverse* qui protégerait ses tranchées contre le feu du Bourg.

La Valette, debout près d'une des pièces du fort Saint-Ange et exposé aux ripostes qu'envoyaient d'écharpe les deux batteries turques du Scéberras, observait l'effet du tir. Il aperçut soudain comme un grouillement confus, qui dura quelques minutes. Le mouvement régulier reprit ensuite; le soir, la *traverse* était achevée, et les Turcs dressaient de nouvelles attaques contre le malheureux petit fort en ruines, sans avoir plus à craindre les canons du Bourg. Mais ils avaient payé bien cher ce succès : Dragut se mourait, le crâne brisé d'un éclat de roche détaché par un boulet chrétien. En le voyant tomber, le vieux Mustapha s'était avancé : deux autres boulets vinrent successivement frapper à la même place.

— Endroit fatal! s'écria un effendi, tandis que les travailleurs se dispersaient en courant. Le séraskier, lui jetant un regard de mépris, vint froidement se placer au point exact où était tombé Dragut, tourna le dos au fort Saint-Ange et, pendant trois heures, dirigea lui-même, sans bouger, la construction de l'ouvrage nécessaire. Autour de lui, onze officiers tombèrent morts ou blessés. C'est ainsi que la traverse fut achevée.

Le boulet qui fit jaillir sur Dragut l'éclat de roc mortel avait, en passant près de lui, décapité le *bey de la Porte* (gouverneur du Sérail) Salih-Agha (1).

(1) Le boulet qui, à Salzbach, tua le grand Turenne dans des conditions semblables, enleva un bras au commandant en chef de l'artillerie, le lieutenant-général Saint-Hilaire. Nous rapprochons les faits et non les personnes.

L'Islam perdait en Dragut son plus complet homme de guerre depuis deux siècles. Comme général en chef, il unissait le coup d'œil le plus sûr à la science la plus étendue, sachant tirer parti de tout, créer des ressources là où tout paraissait manquer, et ne frappant jamais à faux; comme homme de mer, il déclarait lui-même ne craindre, isolé ou en escadre, que Romégas ou La Valette. Dur au mal, ardent et audacieux à l'action, quoique toujours maître de lui-même, il exerçait sur les soldats un prodigieux ascendant. On l'a souvent comparé, pour l'ensemble des qualités, à Annibal. S'il avait été général *direct* du sultan, pas une armée chrétienne n'eût pu tenir devant lui sur les champs de bataille européens.

La prise de Saint-Elme n'était plus désormais qu'une question de jours et d'heures. Battu sans relâche par 36 grosses pièces, 24 navires, 1400 fauconneaux, mousquets, sacres et hacquebutes (arquebuses à pivot), bouleversé de fond en comble, le petit fort ne pouvait même plus répondre. La Valette délibéra avec le Conseil. On allait être assiégé dans le Bourg, et aucun secours n'arrivait du dehors !... Les chevaliers de Castille offrirent alors de se charger seuls de la défense de Saint-Elme et d'y périr tous.

— Nous avons besoin de vous ici, répliqua le grand-maître. Et il envoya nuitamment à Saint-Elme, non sans péril, le chevalier de Boisberthon signifier aux défenseurs qu'ils étaient condamnés à périr à leur poste pour le salut commun, et rappeler les blessés et les impotents, en tête desquels le commandeur de Broglio et le bailli Guaras. Pas un ne voulut rentrer au Bourg. Ils firent répondre « qu'ils allaient tenir le plus longtemps possible, et qu'on priât pour leurs âmes. » Puis ils se confessèrent et communièrent. Les dignitaires et chefs, Guaras, Broglio, Vercoiran (le colonel Mas), Montserrat, Miranda, tous grièvement blessés, donnaient eux-mêmes des soins aux autres, selon la règle de l'Hôpital « qui fut suivie ponctuellement jusqu'à la dernière minute. » (Bosio).

Le 20 au soir commença le dernier acte de cette tragédie. 80 galères furent embossées en avant de Marsa-Muscietto, et joignirent leur feu à celui de la terre; 15 barques longues, 12 frégates et brigantins alignés devant la Renelle, 800 arquebusiers échelonnés sur les pentes du Scéberras et soutenus par 6 coulevrines, rendaient impossible toute communication entre le Bourg et le fort. Deux fois Romégas en personne essaya d'y parvenir sur des barques, avec

300 hommes d'élite; deux fois il dut se replier. Les assiégés firent signal qu'on les laissât tranquilles; ils arborèrent la grande bannière de l'Hôpital, et se tinrent prêts à mourir.

Le 22, à la nuit, l'assaut définitif commença: trois colonnes de 1500 hommes chacune s'élancèrent ensemble. Le combat dura toute la nuit; au matin, les Turcs étaient en retraite. Alors le second échelon marcha à son tour: 3000 janissaires, se poussant les uns les autres, arrivèrent à couronner la grosse tour. Il leur était défendu de lutter corps à corps; mais, de leurs arquebuses, ils abattaient les chefs. Guaras, Montserrat, le colonel Mas tombent presque en même temps; Miranda est traversé à la fois par 8 balles d'escopette. Le combat dure et se prolonge jusqu'au soir. Les Turcs avaient perdu 2200 hommes; les chrétiens 500, et tous leurs chefs; le fort n'avait plus de forme. Toute la nuit, il fut foudroyé par 150 pièces de canon. Il n'y restait plus que 180 hommes, *tous blessés,* quand l'assaut reprit à l'aube du 23, vigile de saint Jean-Baptiste. « Nous ferons la fête patronale de l'Hôpital en l'autre monde », avait écrit Guaras au grand-maître.

« C'est alors qu'on vit un spectacle unique dans les fastes mili-
» taires du monde; une scène d'héroïsme et de dévouement qui
» laisse loin derrière elle la fameuse bravoure des 300 Spartiates aux
» Thermopyles; une scène telle que la foi chrétienne est seule capable
» d'en offrir. Les défenseurs de Saint-Elme s'arrangent gravement
» avec la mort, sans concevoir même l'idée d'une honorable capitu-
» lation, qui leur eût été volontiers accordée et qui les eût rendus
» à l'admiration de toute l'Europe émue. En agonisants, debout, ils
» se font administrer le Viatique suprême, s'embrassent fraternel-
» lement et se rendent chacun à son poste de mort. Les uns ne
» peuvent marcher, et se font porter; d'autres, ne pouvant se défendre,
» s'asseoient au poste de combat et y récitent tranquillement l'office
» de la Règle, en s'interrompant pour signaler à leurs confrères les
» mouvements de l'ennemi. Ces grands mutilés, couverts encore du
» sang de leurs dernières blessures, attendent le flot ennemi et le
» reçoivent avec une énergie soigneusement calculée pour retarder
» la prise du fort, seul devoir qui leur reste... Après quatre heures
» d'assaut continu, les 200 défenseurs de Saint-Elme ne sont plus que
» 60, qui combattent comme s'ils eussent été 1000... Le grand-
» maître La Valette assistait de loin, les yeux pleins de larmes qu'il

» ne cherchait plus à refouler cette fois, au long martyre que la
» petite garnison prolongeait de son mieux, pour être utile aux
» survivants. Il avait lui-même prescrit ce devoir : il s'apprêtait à
» en faire autant, bientôt, dans le château Saint-Ange. » (Guérin :
Histoire générale de la marine française, tome II.)

Un instant on crut, au Bourg, que les Turcs reculaient : ils s'étaient repliés en effet, ne laissant que trois gros postes d'observation pour harceler les quelques survivants du fort. Une demi-heure après, ils reparaissaient, et leur cinquième échelon attaquait. Les 60 survivants blessés de Saint-Elme se dressèrent alors pour frapper un dernier coup, et coururent aux poudres ; mais une escouade d'Algériens s'en était emparée. Entourés chacun par des pelotons entiers, les chrétiens se mirent à genoux, récitèrent à haute voix le *Credo* et furent égorgés.

Vers les deux heures après-midi, le grand drapeau rouge frangé d'or, aux armes impériales, s'éleva sur les ruines de la grosse tour : une volée générale d'artillerie le salua, sur terre et sur mer, et les janissaires, couronnant rapidement les parapets écroulés, y plantèrent de longues rangées de petits drapeaux, en criant et dansant.

Par une dernière précaution, le grand-maître avait fait hisser sur la pointe de Saint-Ange le signal de *ralliement*. Tout à coup, Roméqas s'élance par une embrasure, saute de 35 pieds de haut dans la mer, reparait, s'accroche à une longue barque et appelle à l'aide. Une douzaine de marins vigoureux le rejoignent et, courbés sur les avirons, enlèvent l'embarcation qui file comme une flèche. Leurs yeux perçants avaient distingué cinq ou six formes humaines qui, glissant d'un talus, s'étaient mises à nager, en s'aidant de quelques espars. C'étaient en effet des chevaliers du fort ; ils avaient aperçu le signal de ralliement, et quoique criblés de coups, ils avaient obéi une dernière fois et cherchaient à gagner le Bourg. (1)

Mais le mouvement avait été aperçu, du fort conquis et de la mer : deux frégates (2) de Piali, arrivant sur les nageurs à toute vitesse, en tuent deux à coups d'avirons et repêchent les quatre autres qui

---

(1) C'étaient cinq chevaliers espagnols et un italien : don Juan d'Aragon, don Francesco Vique, don Hennandez de Mesa, don B. Carducho, don H. Lanfreducho, et le commandeur Guadagni.

(2) Les frégates n'étaient alors que de grosses barques pontées, avec une petite pièce de canon sur l'avant.

coulaient déjà, à bout de forces. Ils sont ramenés au fort et égorgés, pendant qu'une mousqueterie vigoureuse abattait tous les hommes de Romégas, sauf trois. Le redouté commandeur leur ordonne de se coucher au fond de l'embarcation ; il saute debout à l'arrière, manœuvrant la barque *à la godille* et, défiant l'armée turque, il revient lentement au Bourg.

Là, en réponse au triomphe des musulmans, la garnison chrétienne, debout sur les créneaux, avait hissé à un mât de quarante pieds de haut le grand étendard de la *Religion;* à côté se tenaient les chapelains, en ornements rouges, portant la croix, et l'évêque de Malte, mitré et chapé de rouge, tenant lui-même le voile miraculeux de Notre-Dame de Philerme suspendu à sa hampe. Aux cris de joie des Turcs répondit un chant puissant qui sortait, lentement rythmé, de 8000 poitrines. Malte célébrait la mort des héros de Saint-Elme, en attendant de les imiter, par la belle prose de l'Eglise :

> *Deus, tuorum militum*
> *Sors et corona, præmium...*

entonnée par le grand-maître avec l'accent du triomphe. Tels sont les spectacles qu'offre la Foi aux prises avec la mort.

« Cette mémorable et splendide immolation de Saint-Elme, ce
» sont les Thermopyles chrétiennes, autrement nobles et hautes que
» celles de la Grèce... Que d'hommages rendus, avant et depuis
» lors, à des centaines de faits d'armes qui n'ont jamais approché
» de ce généreux et complet dévouement !... Seule, la Foi pouvait
» l'inspirer. » *(Amiral Jurien de la Gravière : Les chevaliers de Malte.)*

Parmi les généraux du Conseil turc se trouvait — et ce n'était pas, hélas ! chose rare — un prince de sang chrétien, héritier d'un grand nom, Lascaris. Mustapha lui demanda « quel étrange défi baragouinaient ces gens-là ? », en lui montrant l'Ordre qui chantait, debout sur les deux châteaux de la rive orientale. La brise apportait les sons, et parfois les paroles... Lascaris, violemment ému, avait rougi ; il répondit : — Séraskier, les chrétiens célèbrent par cet hymne la mort de leurs frères.

A ces mots, toute la fureur haineuse du vieux musulman se rallume. Il jette à terre son turban, le piétine en blasphémant et, le poing tendu vers le Bourg :

— Il leur manque les reliques, s'écrie-t-il; je vais les leur fournir ! Il est bon de leur montrer ce qu'ils seront le mois prochain !

Il fait aussitôt rechercher les chevaliers morts, et ceux à qui il restait encore un souffle de vie; il envoie demander à Piali de lui fournir de suite *tous ses prisonniers de l'Ordre,* contre paiement, et ceux que les corsaires de Dragut avaient faits. Il les fait tous placer, morts et vivants, au centre d'un carré formé par les fanatiques restes des *yayalars* ; par son ordre, on leur ouvre la poitrine, on en arrache le cœur, qui est jeté aux chiens du camp; puis les corps, revêtus de leurs uniformes et *sopra-vestes,* sont par ironie fendus en croix de Malte devant et derrière, attachés à des planches et lancés à la mer sous la pointe Saint-Elme. Il y avait un léger courant qui, une heure après, les déposa au bas du môle Saint-Ange.

Le grand-maître sortait de l'office avec les grands-prieurs; il venait de reconduire l'évêque et rentrait, toujours grave et ferme, à son appartement, quand le vicomte de Boisberthon vint l'appeler pour lui montrer le funèbre envoi du séraskier. En face, rangés sur les gabionnades et les parapets, les janissaires contrefaisaient les chants religieux des chrétiens, et s'interrompaient pour les insulter par des cris et des gestes.

Pour la première fois depuis de longues années, La Valette ne se contient plus; il tombe à genoux sur le sable en pleurant amèrement, appelle à lui les grands-croix, et leur donne l'exemple de délier et d'inhumer pieusement, un à un, les cadavres mutilés des martyrs de Saint-Elme. Il rassemble ensuite le Conseil et, après une brève délibération, ordonne de répondre à la férocité musulmane par des représailles. Tous les prisonniers mahométans sont exécutés sur-le-champ, et leurs corps, à demi refoulés dans les bouches des gros canons, sont envoyés en guise de boulets dans le camp du séraskier.

V. — *Le deuxième siège.* — *Saint-Michel.* — *Le Bourg.*
Retards de don Garcia.

Le petit fort qui venait d'arrêter pendant un mois l'armée de Soliman avait reçu 18 000 boulets et 400 000 coups de mousquet et d'arquebuse. Il coûtait à l'ennemi 9000 morts, dont 400 officiers, et l'irremplaçable Dragut; à la *Religion* 1300 soldats et 120 chevaliers.

Mustapha, en entrant dans la place si péniblement obtenue, monta sur les débris de la grosse tour, embrassa d'un coup d'œil sa petite conquête, puis reporta les yeux en face, sur les deux presqu'îles fortifiées; et, saisissant fortement le bras de Karadj-Ali, s'écria avec amertume: « C'est là tout ?... Que ne fera pas le père si le fils, étant si petit, nous a coûté tant de maux ! »

Piali, qui venait de débarquer après avoir enfin solidement ancré sa flotte dans ce *Marsa-Musciet* si désiré, ne put s'empêcher de frémir et de reprocher à Mustapha sa cruauté:

— Voilà ce que tu nous vaux, dit-il en montrant la ceinture sanglante qu'on venait d'enlever du corps du vieux pacha d'Alexandrie, le prisonnier naguère capturé par Romégas sur le galion de Baïran-Oglou......

— Fils de Hongrois, répliqua Mustapha avec un geste de menace, tu as ce que tu voulais : ta flotte est à l'abri..... Maintenant, rappelle-toi que je suis séraskier, que j'ai soixante-quinze ans, dont soixante passés à la guerre, et que je ne dois abaisser mon fanion que devant le grand sultan.

Le vainqueur de Djerbah le salua ironiquement et se dirigea vers la porte en disant:

— Je te remercie, séraskier, de me rappeler que je n'ai que trente-cinq ans et ne suis *que capitan-pacha;* tu n'as pas besoin de mes conseils, et tu peux écrire ce qu'il te plaira au grand-père de ma femme (1); je ferai de même.

Mustapha s'empressa d'apaiser le petit-gendre du sultan, et l'on s'accorda pour la suite de l'entreprise.

La possession de Saint-Elme, qui fut aussitôt relevé, terrassé et garni de grosses pièces, donnait un immense avantage à l'attaque. La flotte avait un port: Marsa Musciet; le fort et les canons du Scéberras allaient battre de haut le Bourg et Saint-Michel par-dessus la baie, pendant que les navires les canonneraient obliquement de l'ouverture du grand port. Il ne restait plus qu'à transporter la masse de l'armée sur les hauteurs de l'Est: le Corradino, Sainte-Marguerite et Sainte-Catherine (ou Calcara), et à y tracer les ouvrages d'art nécessaires; le sol s'y prêtait mieux au reste que sur le rocailleux Scéberras.

(1) A. Soliman. Piali était gendre de Sélim, fils aîné du sultan et qui lui succéda peu après.

Comme préliminaires, et tout en opérant le déplacement de ses trente cinq mille hommes, Mustapha envoya sommer le Bourg par Aarifat-Pacha. Le grand-maître le reçut sans le regarder, sur le chemin de ronde; son bandeau enlevé, le général turc s'exclama:

— *Istaghfar Allah!* ce n'est pas ici le lieu d'une conférence, seigneur prince.....

— Je demeure ici pour le moment, répliqua sèchement La Valette.

— Pardon, mais je ne vois pas d'habitation.....

Le grand-maître désigna de la main un de ces enfoncements tout ouverts où l'on déposait les outils et les munitions de la journée; un crucifix d'or était accroché au mur; une paillasse de varech jetée au fond; une table et deux pliants posés en avant. Arifat s'inclina et présenta son *pouvoir* au grand-maître qui y jeta les yeux sans daigner le prendre.

— Je suis chargé, de la part du très glorieux et très brillant séraskier Mustapha-ben-Osman, pacha à sept queues, grand capitaine général et *œil* du très haut Sultan Soliman, empereur des Turcs, roi des rois, souverain seigneur d'Albanie, Grèce, Épire, Morée, Macédoine, Bulgarie, Valaquie, Scythie, Asie et Afrique, maître des six grandes mers; et de la part du très illustre et très révéré capitan-pacha Piali, grand-amiral, pacha à cinq queues, de proposer à Ta Grâce les conditions suivantes:

Vous avez tous vu ce qui s'est passé à Saint-Elme: le même sort vous attend, *sans distinction de personnes,* si vous ne remettez dans les trois jours...

— Arrière! interrompit La Valette indigné; qu'on se saisisse de cet homme et qu'il expie ses insolences au bout d'une fourche! Bailli de Lango, arrêtez-le!

Arifat s'était reculé; il fut arrêté par les chevaliers; mais tous ensemble se récrièrent:

— Monseigneur!..... Excusez-nous..... Il porte titre et pouvoir de parlementaire.

— Est-ce être parlementaire, répliqua La Valette, que de se présenter la menace à la bouche, au lendemain d'un assassinat sans exemple dans les guerres, qui donne aux amis des martyrs le droit de ne plus connaître aucun droit?..... Pacha, j'ai vécu en ton pays!... Je te déclare, en ta langue, que tu n'es plus pour moi que le valet d'un bourreau!..... Hors d'ici..... Qu'on le chasse!..... Baron d'Aulx-

Lescout, faites-le partir, ou je ne réponds plus de moi, Dieu m'en est témoin ! Et faites-lui bien comprendre qu'on ne recevra aucun parlementaire, et qu'il ne peut y avoir désormais, entre l'Hôpital et les Turcs, d'autre conversation que l'épée et le canon...

Le commandeur Romégas fit remettre le bandeau au Turc et le reconduisit sans mot dire; en passant sur le pont du *ravelin*, il fit un signe : un des soldats souleva le bandeau du Turc : — Voilà, dit Romégas de sa voix rude en lui montrant le fossé profond de 30 pieds, tout ce que nous avons à offrir à ton maître et à sa troupe d'assassins..... Tu peux partir.

Mustapha, au récit que lui fit Arifat, entra dans des transports de rage. Piali, plus calme, le blâma d'avoir employé des moyens comminatoires, au lendemain même de la sanglante boucherie de Saint-Elme.

Eh, fit le séraskier, te figures-tu que ces hommes se fussent rendus pour une cuillerée de miel ?

— Les chevaliers ne capituleront jamais, répondit Piali, je les connais bien; mais, avec des promesses clémentes, de l'or, de l'adresse, tu pouvais ébranler leurs soldats; il y a bien quatre ou cinq mille hommes là-dedans, dont beaucoup d'Italiens, et certainement moins de trois cents chevaliers... On aurait eu des défections

— J'ai eu tort, j'ai eu tort, dit Mustapha. Mais songeons au siège.

Le second siège commença : celui des presqu'îles où étaient bâtis le Bourg et les deux forts Saint-Ange et Saint-Michel.

Le 30 juin, le séraskier reconnut lui-même les abords de Saint-Michel et fit commencer, dès la nuit close, une tranchée qui, partant du *Port de la Sangle*, devait aller rejoindre le *Port des Galères;* malgré le feu des assiégés et d'énormes pertes en forçats, la tranchée fut établie.

Les jours suivants, quatre puissantes batteries, armées de *basilics*, furent dressées sur les hauteurs : au Corradino, à la Mandrie, sur la pointe de Calcara et à Sainte-Marguerite. Elles combinèrent leurs feux avec les canons de Saint-Elme et du Scéberras; quatre-vingt-douze grosses pièces entrèrent en activité.

Contre les ingénieurs musulmans, Malte avait son Martinenghi : *maître* Evangélista. Mais, en multipliant les moyens et l'énergie de la résistance, La Valette comptait sur les secours du dehors. La

COUPIER SE JETTE A LA RENCONTRE DU SANDJIACK

LES CHEVALIERS DE SAINT-JEAN   LIVRAISON N° 27

Chrétienté entière, et Philippe II en particulier, étaient trop puissamment intéressés à ne pas laisser le sultan s'établir à Malte sur les ruines de l'Ordre.

Les secours tardaient, cependant. Le Pape seul, malgré ses embarras, avait ordonné de lever à ses frais un bataillon de six cents hommes, et de délivrer sur le champ au commandeur de Médicis, député de Saint-Jean, dix mille doubles ducats d'or, promis jadis par lui si pareil cas se présentait. En Sicile, deux escadres royales, l'une italienne, l'autre espagnole, et plusieurs régiments se réunissaient; et le vice-roi, don Garcia, déployait son activité de Messine à Trapani. Mais il était dominé par trois causes d'arrêt ou d'hésitation : 1° la responsabilité de n'engager qu'à coup sûr les troupes du roi; 2° la garde des places de Sicile et d'Afrique, dont il répondait; 3° l'axiôme, passé en règle absolue, que, depuis les désastres de Prévésa et de Djerbah, il n'était pas possible à une escadre chrétienne (sauf à celle de l'Hôpital), d'entrer en ligne, même à égalité de forces, contre une escadre musulmane, dont les chefs et capitaines étaient des hommes consommés dans le métier. De plus, l'armée navale de Piali, avec les renforts barbaresques et la flotte d'Alger qui allait incessamment la rallier, comptait deux cent trente-six navires de combat, dont cent quatre-vingts galères, chiffre égal à celui de toutes les marines de l'Europe réunies (sauf les États du Nord) (1).

Un groupe considérable de Frères Saint-Jean s'était réuni en Sicile et pressait vivement le vice-roi. Il accorda d'abord deux galères, dont sa propre *capitane,* pour faire passer les plus pressés, sous le commandeur de Lavalette-Cornusson; mais celui-ci, malgré les sages avis de son chef, Salvago, se laissa apercevoir et fut chassé par une division turque qui le ramena jusqu'à Syracuse. De vives altercations s'élevèrent entre les délégués de l'Ordre et l'état-major sicilien. Le peuple, irrité des lenteurs du vice-roi, manifestait hautement son admiration pour les chevaliers. Le doyen des commandeurs présents, le comte Louis de Lastic, petit-neveu du fameux grand-maître dont nous avons esquissé la figure, fut un jour repris publiquement par un gentilhomme de la Chambre sur

(1) Don Garcia, malgré ses bonnes intentions, fut certainement en faute, car Philippe II, après un examen attentif de l'enquête qu'il fit faire, après la levée du siège, n'hésita pas à le destituer de sa vice-royauté, bien qu'il eût pour lui une grande amitié.

ce qu'il négligeait, en parlant au vice-roi, de l'appeler de tous ses titres et d'observer tout le cérémonial prescrit.

— Sur ma foi, répondit le vieux guerrier d'Auvergne, j'ignorais cela; voilà quarante-deux ans que je *caravane* pour l'Hôpital; excusez-moi si j'ai perdu la mémoire de ces fadaises.

— Pardon, illustre senor, fit observer don Inigo de Ayala d'un ton piqué, vous avez aussi, ce me semble, vécu longtemps à la cour de France, qui passe pour miroir de galanterie. Comment donc parliez-vous au grand roi François ?

— Je lui disais : Bonjour sire, Votre Majesté a bien dormi ? quand j'étais content de lui.

Don Inigo sourit :

— Et quand vous n'étiez pas content?

— Il le voyait bien assez, et me faisait signe de la main en me disant : Lastic! eh, Lastic! Mais je n'entendais guère, et tirais ailleurs... *phut!... phut!... phut!...*

A la réception suivante, le commandeur oublia de nouveau le cérémonial. Sur quoi le vice-roi, lui tournant le dos, s'en alla de l'autre côté en le regardant et en disant tout haut : — Ah! *phut... phut... phut...*

— Parbleu! monseigneur, s'écria Lastic impatienté, je ne suis pas le roi que je sache, et vous n'êtes par Lastic!

Don Garcia, qui aimait beaucoup l'Ordre, éclata de rire et embrassa cordialement le vieux comte, en dépit de l'étiquette. Mais il continua de tergiverser, quoique Mezquita lui eût fait parvenir sur une petite barque un avis pressant de se hâter, affirmant que s'il pouvait réunir et lancer cent galères, les Turcs découragés lèveraient le siège. Malheureusement, un armement de cette taille n'était guère facile.

Le plan du vice-roi était d'arriver à rassembler le plus de troupes possible avant de se risquer. Tout en refusant les *petits secours* ostensibles, il en accorda un néanmoins. Don Juan de Cardona, général en chef des galères d'Espagne, se chargea de le mener; il comprenait trente-cinq gentilshommes impériaux, des premières maisons d'Espagne, Italie et Allemagne, un escadron démonté de cent soixante-dix hommes, aux ordres du mestre de camp (colonel) Melchior de Robles, cent soldats italiens recrutés par le chevalier Agostino (de l'Ordre), les soixante-dix chevaliers et commandeurs présents en Sicile, vingt artilleurs-pointeurs siciliens, et les soldats et domestiques des chevaliers; en tout, six cents hommes environ.

Ce secours partit le 16 juin; le lendemain, il débarquait un soldat à Piedra Negra, au sud de l'île; mais il mit plus de quinze jours à prendre terre, grâce aux recommandations de *prudence à tout prix* faites par le vice-roi. Il revint deux fois de Malte à Puzallo (Sicile) et deux fois reparut, se cachant de l'ennemi qui ne songeait guère à lui. Les chevaliers embarqués frémissaient...

Un Frère Saint-Jean, le commandeur de Quincy, doué d'une énergie sans pareille, s'était aussitôt mis à la recherche de Cardona et de son escadre (quatre galères). Désespéré de la manquer, Quincy n'hésite pas à traverser *seul* la mer pendant une tempête, sur son petit canot, à travers les croisières turques; il aborde en Sicile et ramène une troisième fois l'escadre à la petite anse de Piedra Negra. Cette fois l'on débarqua, mais trop tard... Saint-Elme était pris !.....

L'amiral espagnol, reconnaissant enfin sa faiblesse, refusa de se montrer et supplia, par lettre, le gouverneur de la Cité-Vieille de présenter ses excuses au grand-maître. Le détachement, conduit par Melchior de Robles et le commandeur Salvago, prévint le grand-maître de sa présence par un signal convenu, et reçut ordre de se diriger, par une marche de nuit, sur la Renelle. — Il y trouva des barques cachées dans des grottes étroites, et s'en servit pour passer au Bourg par mer, non sans essuyer le feu de Saint-Elme. Mustapha saisit cette occasion de se plaindre vivement du peu de soin avec lequel Piali gardait la mer. L'amiral turc lui répliqua aigrement :

— J'ai cent vingt navires au siège, soixante sur les côtes de Sicile, vingt-quatre au canal des Eskerkis, compte ce qui me reste pour bloquer les abords de Malte. Et vous autres, soldats, qui n'aviez que seize *milles* de mauvaise route à faire observer derrière vous, comment vous gardez-vous donc à terre ?

On resserra le siège; cinq grandes batteries nouvelles furent établies. Puis les Turcs, sachant que le côté intérieur de Saint Michel qui donnait sur le port des galères n'était pas fortifié, résolurent d'enlever le fort, en entrant de nuit dans le port même. Pour cela, ils utiliseraient leur grande tranchée, qui servirait à passer une centaine de barques du port de la Sangle dans le fond du port des galères, lequel touchait à l'amorce de droite de la tranchée (1). Ce singulier expédient était facile, pourvu qu'on parvînt à amener d'abord les barques dans le fond de la *Marsa*, sous le Corradino. Piali, souriant de l'embarras où cette observation mettait le Conseil, se chargea de l'affaire. Il requit tous ses équipages, tous les travailleurs de terre, toutes les chiourmes : six énormes troncs de chêne enfoncés à terre de dix pieds, deux à deux, et garnis de *treuils*, formèrent cabestans, un au-dessous de chaque pente, un au milieu du trajet; des *paliers* en escalier, formés de rondins de bois graissé, amortirent le frottement des quilles. En deux nuits, cent-soixante barques, chaloupes, canots, hissés à force de bras, passèrent de Musciet dans le fond de la Marsa, par-dessus le Scéberras : « Voilà, dit Piali à son collègue et rival, voilà les bateaux ; mets-y tes soldats et marche ! Je te fournirai des matelots pour les conduire. » Enthousiasmés, les généraux turcs saisirent Piali, et le promenèrent dans le camp sur leurs épaules.

Ce jour-là, le chevalier Sanoguera, de la langue d'Aragon, qui commandait la batterie de la pointe du fort Saint-Michel, aperçut en face, de l'autre côté de l'eau, un Turc richement vêtu qui faisait signe avec son turban déroulé. Il fit de suite son rapport et obtint permission de l'envoyer quérir; mais déjà une douzaine de janissaires descendaient les rochers pour mettre la main sur le déserteur, qui n'hésita pas à se jeter à l'eau. Il nageait mal, cela se voyait. Trois Maltais (2), s'élançant à la mer, arrivèrent à temps pour le rattraper comme il coulait. On le conduisit au grand-maître. C'était le jeune Lascaris, enlevé de Patras à l'âge de 13 ans, devenu officier d'état-major et secrétaire du Conseil de l'armée, qui ne pouvait supporter plus longtemps le cri du sang et l'acuité de ses souvenirs d'enfance. Il demandait à être reçu de nouveau chrétien et à venger sur les Turcs les maux de sa famille. La réconciliation fut faite à l'instant même par l'évêque, devant tous les chevaliers. Lascaris reçut un appartement, une pension considérable, et fut traité selon sa naissance, avec cette large munificence qui était de tradition dans l'Ordre

(1) Mahomet II avait fait ainsi pour jeter une partie de sa flotte, par-dessus terre, dans le port intérieur de Constantinople, la *Corne d'Or*. Ce fut ce qui décida de la prise de la ville. Nous avons cité un acte semblable de Dragut à Djerbah.

(2) La plupart des Maltais sont aussi bons nageurs — par tradition — que les sauvages des îles océaniennes. Ils étaient presque les seuls pêcheurs de corail et d'éponges de la Méditerranée. Ce métier exige des plongeurs hors ligne.

envers les étrangers qui lui rendaient service ; puis, sur ses indications, maître Evangélista établit immédiatement, au fond du port des galères, une estacade solide qui faisait de l'anse un cul-de-sac sans débouché.

Mustapha, maugréant, dut renoncer à passer par là. Il tenta néanmoins une attaque contre l'estacade : elle échoua.

Il demanda conseil à Piali; celui-ci lui envoya six hommes « forgerons de bord, sans rivaux à travailler le fer à la minute, et aussi durs que leurs outils. » Les six Turcs, conduisant un canot, arrivèrent sous la pointe Saint-Michel, plongèrent subitement et reparurent à cheval sur la grande chaîne de fermeture du port. Attirant à eux, par une corde roulée en ceinture, leurs outils, ils se mirent à travailler flegmatiquement, pour rompre sur deux points la superbe chaîne. Les chrétiens, surpris de cette audace, ne voulaient pas tirer sur eux et les regardaient curieusement. Lascaris les prévint : « Prenez garde ! En moins de dix minutes, ces hommes-là scient des tiges d'ancre et des *bittes* de guindeau ! Ils vont démailler la chaîne. » On courut aux arquebuses; mais les Turcs avaient dressé, en face, des fauconneaux pour y répondre, et les matelots-forgerons ne paraissaient pas s'apercevoir des balles qui faisaient rejaillir l'eau tout autour d'eux. Soudain, on vit quatre têtes émerger de l'eau. C'étaient quatre soldats maltais : les deux frères del Ponté, Mathia et Pedro Bola, qui s'étaient jetés à la nage l'épée aux dents. Les Turcs, sans armes, abandonnent l'ouvrage. L'un d'eux, moins rapide à nager, est atteint et tué dans l'eau par Pedro Bola ; les autres sont recueillis par Piali. Mais la chaîne fut sauvée ; l'entrée demeura infranchissable.

Le soir même, arrivait au camp le dey d'Alger, Hassan, gendre de Dragut, avec trois mille hommes d'élite de l'Odjak, surnommés « les braves d'Alger ». Son lieutenant Candélissa (1), vieux corsaire endurci par vingt ans de piraterie, demanda à attaquer la pointe Saint-Michel. On lui livra les barques, qu'il blinda avec des sacs de laine et de coton, et il y mit ses trois mille hommes : mille janissaires de la Casbah, quinze cents spahis de Bab-Azoun et cinq cents matelots-corsaires. Le roi d'Alger commandait une seconde colonne de même force, qui devait descendre de Sainte-Marguerite à l'as-

---

(1) Candélissa, en turc, dans le langage de mer, est l'équivalent de *drisse* ou *guinderesse* chez nous. Il avait reçu ce surnom des forçats chrétiens, pour la libéralité avec laquelle il leur distribuait les coups de grosse corde — « *le père la Drisse* ».

saut du bastion Saint-Michel. Courtogli, à la tête des janissaires de la Porte, en forma une troisième pour attaquer la Bormula. C'était le 15 juillet.

L'attaque était prévue. Une ligne de pilotis, reliés par des chaînes, protégeait l'éperon de Saint-Michel. Sur l'éperon se tenait Sanoguera (1), avec soixante guerriers choisis, chevaliers et soldats. Le bastion avait été confié à Melchior de Robles et à son enseigne Mûnatones, assistés des *volontaires* venus de Sicile, tous gens de grande maison (Vasco d'Acunha, Marco et Diego de Mendoza, Vargas-Manrique, Diego Carvajal, etc.).

Sous le feu des chrétiens et malgré la perte de plusieurs barques, Candélissa attaqua le pied du fort; « son premier bateau portait des prêtres turcs et des santons, coiffés de chapeaux verts et hurlant des imprécations contre les chrétiens. »

Du premier feu, 150 Turcs furent coulés; mais les autres s'accrochaient aux pilotis et prenaient pied. Ce fut alors un combat homérique entre les 60 défenseurs de l'éperon et les 3000 assaillants; les chevaliers, se faisant arme de tout, défonçaient les barques et écrasaient les hommes à coups de grosses pierres. Sanoguera est blessé; son oncle tué; le chevalier Adorno prend le commandement. Après avoir perdu 400 hommes, Candélissa parvient sur l'éperon et tue de sa main trois soldats; les Algériens le suivent et y plantent 7 bannières de compagnies... A cette vue, le grand-maître lance sa réserve, sous les commandeurs de Giou et d'Aulx-Bournois. De Giou traverse au pas de course le *pont des galères*, contourne la base de Saint-Michel et tombe d'un seul élan sur les janissaires, avec 12 chevaliers et 100 soldats de Malte. Cette charge balaye tout; les assaillants sont refoulés, écrasés, jetés à l'eau, Candélissa, blasphémant de rage, veut se mesurer avec de Giou : il en reçoit en un clin d'œil un coup de pique dans le flanc, puis un coup d'épée qui lui ouvre le bras. De Giou va l'achever; mais un peloton d'Algériens l'entoure et lui enlève à temps le corsaire.

Dans ce combat, les chevaliers avaient été précédés d'une bande de 200 *enfants de Malte,* armés de frondes, qui mirent en désarroi,

---

(1) Il avait autour de lui une élite de chevaliers : Frédéric de Toledo, Garcia de Mendoza, Parisot de la Valette, Bernardo de Cabrera, Juan de la Cerda, Fragoa, Jorge Fabellon, Gensio Gasconi, Juan de Sada, Antoine Carsino, le commandeur de Quincy, le grand-prieur de Hongrie, Cara..a, etc., et quarante vieux soldats d'Espagne.

par leurs volées de pierres adroitement lancées, tous les équipages des barques. Soit pour éviter leurs coups, soit par un ordre du séraskier, qui voulait ôter aux Algériens tout espoir de retraite, les bateaux furent, pendant deux heures, écartés de Saint-Michel; mais, en dépit de leur courage fanatique, les Algériens n'avancèrent plus. L'amiral de Monti (qui fut ensuite grand-maître) était arrivé avec une troupe de matelots et dirigeait un feu violent contre l'assaillant. A la fin, les Algériens commencèrent à reculer et firent aux barques des signaux désespérés; mais, avant qu'elles n'arrivassent, les soldats de Saint-Jean eurent le temps de faire main-basse sur le plus grand nombre ; exaspérés par les cruautés commises à Saint-Elme, ils refusaient tout quartier et ne répondaient aux supplications qu'à grands coups de sabre. C'est ce qu'on appela depuis *la paye de Saint-Elme,* synonyme de *pas de quartier*. Au bout de six heures de lutte, 3500 hommes, tant d'Alger que des renforts envoyés par le séraskier, étaient morts sous le sabre ou noyés; 500 à peine purent se replier. Du côté des chrétiens, environ 250 soldats et près de 100 gentilshommes et chevaliers de l'Ordre avaient péri, parmi lesquels les deux Sanoguera et le vicomte de Toledo, fils du vice-roi de Sicile.

Repoussés à l'éperon, les Turcs n'avaient pas eu meilleur succès au bastion. Là, grenades, arquebuses et artifices joignaient leurs ravages aux coups portés par les chevaliers, la plupart Français. Parmi les plus énergiques, nous citerons le *sergent-major* Simiane de Gordes (1), le chevalier de la Prade et l'héroïque Troïlus de Montbazon. L'attaque de Courtogli sur la Bormula avait été si prompte et si bien menée qu'il avait pu s'y maintenir; en sorte que sa colonne s'était jointe à celle d'Hassan pour assaillir le bastion Saint-Michel; mais, sous Melchior de Robles, aussi bon capitaine que hardi soldat, la défense égalait et surpassait l'attaque. Maniant avec force leurs longues épées, les chevaliers tuaient *à l'estocade* les assaillants par douzaines. Simiane de Gordes et de Quincy, libres d'ennemis et couverts de blessures, refusent de se laisser panser, et entraînent leur troupe, de l'éperon abandonné par Candélissa, au ravelin de Saint-Michel, où ils accomplissent de nouveaux prodiges de force et de valeur. Percé de cinq coups de feu, entaillé

(1) Ancien capitaine-chef des Gascons à la cour de France.

par trois coups de cimeterre, de Quincy, ramassant dans sa main le sang qui coule de tout son corps, s'écrie joyeusement : « *Accipe, Domine, hanc oblationem servitutis nostræ !* », se signe, et fait à lui seul un tel carnage d'hommes qu'il se forme un vide autour de lui. Alors, un janissaire de la Porte, persuadé que ce chrétien est protégé par un *djinn* de sa religion, trace avec son couteau une croix de Malte sur une balle, en charge son mousquet et ajuste le commandeur à dix pas ; cette fois de Quincy tombe mort, la tête fracassée, mais il est aussitôt vengé par la mort du Turc. Le *sergent-major* de Simiane, qui dirigeait les travailleurs occupés à réparer la brèche sous le feu ennemi, fut tué à son tour : un boulet lui emporta la tête. Les morts étaient immédiatement remplacés dans leurs fonctions par des vivants, désignés à l'avance. Le chevalier du Fay continua la réparation, avec l'aide des courageuses femmes Maltaises, qui travaillaient sous le canon ennemi depuis plus de deux heures, et avaient déjà perdu près de 120 d'entre elles.

Quarante chevaliers et dignitaires, deux cents soldats étaient tombés morts, après avoir mis à terre plus de deux mille ennemis, lorsque Mustapha fit sonner la retraite.

— Encore deux assauts pareils, lui dit Hassan avec dépit, et il ne restera plus de quoi en livrer un autre.

— Qu'importe ? répliqua le séraskier, puisqu'alors il ne restera plus de chrétiens...

Il calculait mal ; et Piali le lui fit bien voir, en lui envoyant un rapport de Robles adressé à don Garcia de Toledo, et intercepté sur mer.

Le surlendemain, une grande douleur frappait La Valette. Les Turcs avaient essayé d'établir, de nuit, une passerelle sur le fond du port des galères, pour diriger par là une attaque de flanc sur le ravelin Saint-Michel ; les chevaliers de Polastron et de La Valette-Cornusson s'y portèrent pour la détruire ; le jeune La Valette y fut tué. Le grand-maître l'aimait comme un fils ; il se résigna sans faiblir à la volonté divine et dit simplement, quand on lui rapporta le corps défiguré : « Dieu t'ait en sa paix, brave chevalier ! »

A cette occasion, les chevaliers étant venus lui offrir leurs condoléances, le grand-maître leur fit cette déclaration : *Qu'il avait tout espoir dans le succès de la résistance ; mais que si, contre toute attente, l'ennemi parvenait à s'emparer du Bourg, il* était bien résolu à se faire tuer sous une cape de simple soldat, plutôt que de donner aux Turcs la joie d'emmener à Constantinople un grand-maître prisonnier.

— Je mourrai ici, s'écria-t-il, la main étendue vers le crucifix, avec mes enfants, ces braves Maltais dont j'ai la garde, et vous, mes frères en religion!

Transportés par ces paroles, tous les chevaliers jurèrent de se faire tuer sur la brèche. La défense continua.

VI. — *Le grand-maître*.

Nous avons, jusqu'ici, retracé les grandes péripéties de ce siège qui « tenait en suspens les destinées de la chrétienté ». Nous allons abréger maintenant; mais une figure va se dégager au milieu de toutes, et apparaître de plus en plus haute ; celle du grand-maître.

Il avait été l'âme de la défense, l'inspirateur, souvent même l'inventeur des mille moyens nouveaux opposés à la ruse, à la fureur, au nombre des assiégeants. Il n'avait pas un seul instant négligé d'informer le vice-roi de Sicile des événements, et les hardis marins de l'Ordre, avec une témérité presque toujours heureuse, avaient maintes fois déjoué la triple ligne des croisières turques, et pressé don Garcia de hâter ses secours. Saint-Ange, où La Valette avait sa résidence, n'avait pas encore été assailli directement, quoique les batteries ennemies le canonnassent jour et nuit; son tour arrivait.

Dans un grand conseil de guerre tenu par l'ennemi, on arrêta :

Que Mustapha, avec Hassan, poursuivrait le siège de Saint-Michel ; que Piali, avec Ouloudj-Ali et les soldats des galères, ainsi que la moitié des équipages, entreprendrait celui du Bourg et du Château Saint-Ange (1); que Candélissa, avec quatre-vingts galères armées en guerre, garderait la mer et ferait tête à toute tentative de secours venant de Sicile.

Le pont mobile de l'assiégeant fut détruit par le Fr. Martello : en revanche, la guerre de sape et de galeries, où excellait Mustapha, prit un vaste développement; toutes les chiourmes inactives, tous

(1) On remarquera que, par suite des renforts continuellement arrivés, et du débarquement des équipages, Malte n'a pas été assiégée réellement par trente-huit mille hommes, mais bien par soixante-dix mille.

les prisonniers ramassés çà et là furent adjoints aux huit mille pionniers de l'armée turque ; une tranchée en roc vif amena les arquebusiers de l'ennemi à quarante pas du bastion. Les Turcs avaient tout pour eux : nombre, outils, matériaux; les défenseurs manquaient de bras, d'instruments, de bois, de terre; mais ils avaient l'expérimenté grand-maître, et son habile *chef-ingénieur*, maître Evangélista.

Contre les attaques par embarcations, La Valette avait inventé sur l'eau, ou plutôt *sous l'eau*, les pilotis obliques, à pointe de fer, sur lesquels les barques se trouaient par leur propre élan, et les chaînes ou câbles mobiles, glissant dans des œillères, et qui, soulevés par l'effort des assiégés, ou même par le passage des barques voisines sur le même câble, faisaient se relever et *capoter* des bateaux, avec leur contenu. Contre les pelotons d'assaut qui, selon l'usage turc, s'aggloméraient par escouades de deux à cinq hommes, il inventa des cercles très souples, de toutes dimensions, enduits de goudron et de résine gluante figée sur du coton, et qui, lancés tout enflammés, enserraient les hommes et les *flambaient* de telle sorte qu'il n'y avait pas moyen de les secourir à temps. Contre les éboulements des murs et les galeries turques, il inventa des contre-mines; et prévoyant l'impossibilité de conserver longtemps les saillants des ouvrages, les fit partout *doubler* en arrière par des murs plus solides, bien pourvus d'artillerie. Pour les travaux extérieurs, Evangélista réclamait de la terre et des fascines; il n'y en avait pas; La Valette fit confectionner des milliers de *sacs à terre* avec les tentes d'herbage et les capotes des esclaves et soldats morts, puis les fit remplir de sable et envoyer à l'ingénieur. De même qu'à Rhodes, tout le monde concourait à la défense : prêtres, femmes, enfants, étaient constamment occupés comme infirmiers, cuisiniers, pionniers, souvent comme combattants, et, toujours, *sur leur seule demande*. L'héroïque prince de l'Hôpital avait su, par ses allocutions chaleureuses, leur communiquer la volonté de périr plutôt que de céder.

Cependant, le dernier effort du Turc se préparait : il fut immense. Aux seize batteries déjà existantes, les ingénieurs ottomans avaient ajouté une gigantesque batterie de *soixante-quatre pièces* de gros calibre, établie sur le Salvador. Cent douze pièces foudroyaient jour et nuit les deux forts et la Bormula. Le plus grand effort portait sur le bastion de Castille. Salah-réis y fit une fausse attaque de nuit et y perdit trois cents hommes. Mais il revint déclarer la brèche praticable... Dix-sept mille hommes se préparèrent à y monter.

La Valette, ne négligeant aucune précaution, était parvenu à faire passer avis sur avis au vice-roi don Garcia (qui apprit ainsi la mort de son fils) ; mais des ordres circonspects de la cour de Madrid, et la nécessité d'attendre une partie des forces impériales, retenues par les vents dans les ports d'Espagne et d'Italie, empêchaient le vice-roi d'agir. C'est alors que le commandeur Louis de Lastic vint le trouver, à la tête de cent quatre-vingt-douze chevaliers qui, réunis à leurs servants, domestiques et autres, formaient un corps d'élite de plus de sept cents combattants, et lui dit rudement :

— Parbleu ! Monseigneur, baillez-nous les deux galères de la *Religion* qui sont à Messine, avec vivres pour huit jours, et vous engage ma promesse que, non seulement vous donnerons scrupuleusement de la *Grâce* et de l'*Altesse,* mais serez, votre vie durant, si le désirez, par nous qualifié de *Sire, Majesté,* et même de *Sainteté,* comme le Pape.

« Le vice-roi prit cela en soubriant fort civilement, mais n'advança pas les affaires. » (*Baudouin.*) Il avait pourtant sujet de se hâter ; à la seule nouvelle de la prise de Saint-Elme, les Maures *prétendus convertis* d'Espagne tramèrent entre eux un soulèvement général, avec égorgement de tous les habitants mâles des villes de l'Alpujara. Découvert à temps, le complot fut durement réprimé. Si Malte succombait, l'Espagne pouvait s'attendre à perdre instantanément toutes ses places d'Afrique, pour le moins.

Le 2 août, Mustapha tenta une surprise contre le bastion de Castille, à midi, pendant la sieste; elle manqua par la vigueur de Robles qui, avec Munatones et trois soldats, étendit morts les quinze premiers assaillants, et par l'arrivée d'un patron de navire génois avec ses matelots ; la garnison eut le temps d'accourir. Il y eut sur la brèche un long carnage de cinq heures ; douze cents Turcs y demeurèrent, le reste se retira.

Mustapha parcourait incessamment le camp, pour relever le moral de ses troupes. Dans une de ses tournées, il reçut d'un vieux janissaire géorgien cette réponse:

— En Hongrie, en Albanie, en Circassie, en Perse, les janissaires mouraient et assuraient la victoire ; ici, ils meurent sans vaincre.

En huit jours, trois galeries furent poussées sous le bastion Saint-Michel ; le 6 août, il sauta par trois côtés ; les colonnes d'assaut s'élancent aussitôt sur ses débris, mais elles se heurtent aux ouvrages construits en arrière, et sont ramenées. Mustapha résolut l'attaque générale pour le lendemain, 7 août.

Ce jour-là, dès l'aube, Salah-réis et Courtogli, à la tête de quinze mille janissaires, spahis, yayalars et Algériens, montèrent à l'assaut du ravelin Saint-Michel, pendant que les quatre sandjiacks d'Asie-Mineure, avec sept mille deux cents soldats de Syrie et d'Afrique, assaillaient le seul bastion de Castille ; Ali-Portouk les commandait.

Mustapha, avec la réserve, détachait toutes les deux heures mille hommes de renfort. On combattit corps à corps pendant quatre longues heures. Tout à coup, les Turcs triomphent : Castriota, Vargas-Manrique, Fabellon, Serralta, Torreillas le Géant, Munatones, étaient tués ou blessés ; le bastion est forcé, et l'on voit se déployer sur ses ruines le grand pavillon écarlate, surmonté du Croissant d'or et des sept *queues de cheval*. Seuls, Boninsegne, Gasconi et le commandeur de Giou tenaient tête, avec quarante soldats, aux huit bataillons qui s'épandaient sur le rempart... Soixante-cinq femmes, qui avaient combattu « pour ne pas tomber aux mains du Turc », gisaient aussi sur la crête où les janissaires, irrités, les achevaient à coups de pique. Leurs compagnes s'élancent vers l'église Sainte-Marie et, tombant à genoux devant la statue de Notre-Dame de Philerme, invoquent à grands cris son secours. Un Frère Saint-Jean, blessé, arrive sur la place d'armes du Bourg, où se tenait La Valette avec le prieur de Champagne, Philibert de Foissy, le grand conservateur La Motte, le capitaine Romégas, le bailli d'Aguila et le commandeur Sacambila ; et là, il tombe en criant :

— Secours ! secours à Castille ! Le Turc y est entré !

La Valette, se tournant vers ses pages, prend son casque en souriant, saisit une pique, et dit simplement à son état-major :

— J'en ai vu de plus graves. Chevaliers, en avant ! et sachons mourir, s'il est utile ! L'heure est venue du péril égal pour tous.

En dix minutes, il arrive à l'issue de la caponnière et se jette, avec son casque doré, en pleine mêlée, sans écouter les représentations de Romégas et d'Aguila. De là, il se porte à la batterie de gauche d'où il voit, en face, flotter les couleurs ottomanes. Il saisit une arquebuse et ajuste le pavillon dont il abat la pomme dorée ; l'état-major l'imite. Un feu roulant, passant à cinq pas à peine du visage des combattants de Castille, abat le drapeau turc et dégage le bastion envahi. Derrière l'état-major, les boulets du Salvador pleuvent. La Valette, frappé au poignet droit, voit tomber vingt-deux chevaliers autour de lui... Mais le poste de Castille est sauvé... Romégas et Torrellas, blessés tous deux, enlèvent enfin de force le prince de l'Hôpital à la pluie des projectiles ennemis et l'emmènent au Bourg, d'où il continue à diriger la résistance.

Il y avait huit heures que durait cet assaut désespéré. Mustapha envoie demander à Ouloudj-Ali douze cents matelots d'Afrique ; «avec cela, dit l'officier au célèbre renégat, nous entrerons dans la place *comme la cuiller dans le pilau ;* les chrétiens ne peuvent plus remuer, ils sont harassés ! »

C'était vrai, et tout paraissait perdu. Un secours inespéré vint aux soldats de la Foi. Le gouverneur de la *Cité-Notable,* Mezquita, inquiet de voir les énormes masses de fumée qui, depuis l'aube, s'élevaient de Saint-Michel, craignit que le Bourg n'eût pris feu. Il envoya en reconnaissance deux cents cavaliers — tout ce qu'il avait — sous le chevalier de Leugny (de la langue d'Auvergne). Ces hardis partisans arrivent, de cap en cap, jusqu'aux ambulances turques ; ils ne résistent pas à la tentation, ils croisent la lance et fondent au galop sur le camp de la Marsa, en criant: *secours ! secours ! victoire !*

Ce fut une panique indescriptible. En un quart d'heure, toute l'armée turque a abandonné les remparts, et s'est précipitée dans ses lignes. Mustapha lui-même, persuadé que toute l'armée de Sicile est arrivée, fait sonner la retraite (1), pendant que Piali court au salut de ses galères, entraînant ses matelots.

L'attaque était manquée. Quatre mille Turcs venaient d'être sacrifiés en pure perte. Tel fut cet assaut mémorable du 7 août, qui sauva la ville en permettant de prolonger la résistance jusqu'à l'arrivée des Impériaux.

Le surlendemain, le vaillant Melchior de Robles, en se penchant sur le rempart pour examiner une embuscade ennemie, eut son

(1) Il avait combattu sur la brèche, et tué de sa main deux janissaires qui reculaient. C'était la coutume des officiers turcs de sabrer quiconque refusait d'avancer.

casque traversé d'une arquebusade qui lui fracassa le crâne; il mourut peu après. Son enseigne Munatones, qui gisait blessé à l'ambulance, prit le délire à cette nouvelle et mourut à son tour. Le bailli d'Aguila-Félices remplaça Robles au commandement du bastion; trois jours après, il était tué. Le maréchal de l'Ordre, Coupier, lui succéda. L'amiral de Monti et le général des galères, de Giou, veillaient au *Bourg*; Romégas au château Saint-Ange.

Le mois d'août se passa en attaques incessantes. Karadj-Ali, chef de l'escadre légère, apporta la nouvelle qu'un armement chrétien se formait réellement en Sicile; un des secrétaires de la Porte, Siroch-Pacha, était arrivé, avec des menaces de la part de Soliman. Piali et Mustapha, oubliant toute rivalité, s'efforçaient de hâter, par tous les moyens, la chute de la place, et s'exposaient tous les jours de leur personne. Salah-réis, commandant de la tranchée, inventa les stratagèmes les plus variés : tours roulantes, batteries portatives, tirailleurs logés sous les remparts, etc. L'adresse et la vigueur de l'assiégé déjouèrent constamment ces inventions. Il fallut en revenir aux attaques en masse. Le 18 août, Saint-Michel fut assailli par Mustapha et Castille par Piali. Après six heures de combat, Saint-Michel fut évacué par l'ennemi, désespéré de la résistance surhumaine des chevaliers. Au poste de Castille, l'affaire fut plus grave. Les Turcs plantèrent plusieurs étendards; un chapelain nommé Guillaume courut en prévenir le grand-maître. Sans même prendre sa cuirasse, un morion léger jeté sur ses cheveux blancs, La Valette passe sa soubreveste brodée d'or, court au bastion et le dégage, pique en main. Tout le peuple était accouru à sa suite; les femmes elles-mêmes, enthousiasmées, avaient saisi des armes et pris part à l'action. L'ennemi repoussé, le commandeur Mendoza, mettant un genou en terre, supplia le grand-maître de ne plus s'exposer ainsi :

— Eh ! seigneur, lui dit-il, voyez ces remparts ruinés, ces prêtres, ces blessés, ces femmes, ces enfantelets..... Qui protégera tout cela, si vous leur manquez ?... Pour toute réponse, La Valette lui montre les étendards turcs et se met à la tête d'un peloton de Maltais volontaires : après une sanglante mêlée, les drapeaux sont renversés; l'ennemi se met enfin en retraite. Alors, entouré d'un cercle d'habitants et de chevaliers qui, sans souci des boulets de l'ennemi, lui font cortège et l'acclament, le bon grand-maître, ému

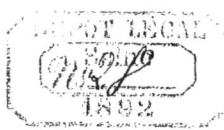

MORT DE DRAGUT

LES CHEVALIERS DE SAINT-JEAN   LIVRAISON N° 28

de cette affection, lève la main et obtient le silence. Il remercie en quelques mots les Maltais et l'Ordre Saint-Jean, leur déclare qu'il est prêt à donner sa vie pour chacun d'eux en particulier, et termine ainsi :

« ...Quant au péril, voilà cinquante-quatre ans que, par la grâce
» de Dieu et pour la règle Saint-Jean, en ay traversé de tous
» genres, et n'a pas encore plu à Dieu me juger digne d'être cueilli.
» Je sais que le chef doit se conserver pour le salut de tous, mais il
» doit aussi se donner pour tous... Je suis vieux. Puis-je, à 71 ans
» sonnés, terminer mieux ma carrière qu'en tombant, si le devoir
» le demande, au milieu de vous, bonnes et chères gens de Malte si
» dévoués, et si affectionnés ; au milieu de vous, mes bien-aimés Frères
» en religion, pour le service de Dieu et la défense de la Foi ?..,
» Oh ! continuez comme vous avez fait jusqu'ici, mais plus de sermon
» au vieux grand-maître ! Dieu fera de nous selon sa volonté. »

Sous un tel chef, les chrétiens se tinrent pour assurés de vaincre ; négligeant désormais de regarder du côté de la Sicile, debout sur leurs bastions minés, leurs maisons incendiées, leurs remparts nivelés, leurs fossés comblés, ils attendirent sans crainte que Mustapha eût vainement consumé, dans une dernière tentative, ses derniers soldats.

VII. — *La délivrance.*

Le vieux séraskier n'était pas encore résolu à céder. C'est pourquoi il renouvela ses assauts (nous ne les comptons plus). Le 20, faisant le compte de ses janissaires, il n'en trouva plus de quoi former une colonne sérieuse ; il fit combler les vides par des *Azabs* (tirailleurs irréguliers) qui revêtirent les habits des morts, afin de dissimuler la supercherie aux chrétiens. Lui-même, sortant du camp en grande pompe, le sabre à la main, entouré de cent gardes choisis, vint diriger l'attaque de la Bormula. A peine a-t-il paru qu'un canonnier maltais l'ajuste ; le vent du boulet décoiffe le haut dignitaire, et le renverse à demi-suffoqué. Ses gardes le traînent par les pieds dans le fossé Saint-Michel, à l'abri des balles ; il n'en bougea plus jusqu'au soir, et n'en sortit qu'à la nuit close, en rampant. Les deux assauts furent simultanément repoussés par le maréchal Coupier et don Joffre de Guayra.

Le lendemain, 21, Mustapha reparut, brûlant de venger l'affront de la veille; après quatre heures de combat, il était encore forcé de se replier.

Cependant, les Turcs gagnaient du terrain par la sape; ils furent bientôt au pied même des remparts. Mais là, ils trouvèrent le chef d'état-major Romégas qui les tuait en détail et déjouait une à une toutes leurs inventions. En sacrifiant encore quatre cents hommes, ils finirent par se rendre maîtres du saillant du *cavalier*; devant eux se dressa un autre ouvrage, achevé une heure avant. Mustapha s'en inquiéta peu : « Qu'on m'occupe vigoureusement ce poste-là, dit-il, demain nous sauterons de là dans la place. » On y sauta d'autre façon. La Valette, debout sur une des batteries, examinait avec sang-froid la conquête des janissaires. Quand il les vit massés, couvrant de leurs uniformes bleus et rouges tout le cavalier et les alentours, il fit un signe : un petit drapeau jaune monta à la hampe fixe du fort Saint-Ange; maître Evangélista, dissimulé presque sous les pieds des Turcs vainqueurs, y répondit en agitant une banderolle, puis se retira lentement, sous les coups de mousquet de l'ennemi. Une minute après, la terre trembla, le ciel s'obscurcit; une immense explosion prolongea son fracas à travers l'île : le cavalier avait sauté avec les deux bataillons turcs qui l'occupaient, et ses débris, en retombant pêle-mêle avec les membres des victimes dans la tranchée, y tuèrent encore beaucoup d'hommes.

Un sombre découragement s'empara des assiégeants. Pendant huit jours, il fut impossible de décider les soldats à tenter de nouveaux assauts. Seuls, les Algériens et les *yayalars* conservaient leur énergie; et Salah-réis en profitait pour les lancer sur les remparts démantelés, tous les jours, à toute heure. C'étaient des combats incessants, où l'on se défiait de la voix. Enfin, les janissaires, ne voyant pas arriver la flotte chrétienne, reprirent courage. Le 30 août, le ciel se couvrit et une fraîcheur humide se répandit dans l'air. Mustapha, parcourant les tranchées, harangua ses troupes : « Le moment décisif était venu; les chrétiens ne pourraient pas se servir de leurs arquebuses, dont le rouet et le bassinet allaient être détrempés; Romégas était blessé... » On monta encore à l'assaut, Coupier, avec quatre cents hommes, reçut au bastion de Castille les deux mille Algériens d'Ali-Portouk, et les renvoya dans leurs tranchées ; Sagra, avec la réserve de l'Hôpital, tint tête aussi énergiquement à Saint-Michel.

A midi, l'orage creva enfin ; aussitôt, tout le camp turc est en émoi ; on se pousse, et l'assaut recommence. Les archers turcs, nombreux et adroits, abattaient de flanc les défenseurs de la place. Mais, grâce à la prévoyance de La Valette, les arquebusiers de Malte étaient prêts. Déposant la lourde *hacquebute,* ils saisissent les grosses arbalètes qui leur avaient été distribuées à l'avance ; leurs *carreaux,* lancés avec la force d'une balle, percent de part en part les boucliers turcs et traversent les hommes. Un mouvement général de recul se dessine : Piali et le vieux sandjiack de Bosnie, Cheder-Ali, populaire entre tous chez le troupier par ses allures soldatesques et ses légendaires exploits, reforment les rangs et se mettent en avant, en criant : — Au sabre ! Au sabre ! Victoire pour les croyants ! — Coupier se jette à la rencontre du sandjiack et, seul contre lui et son escorte, entame un duel héroïque ; il jette morts, l'un après l'autre, les huit spahis de l'*enseigne jaune,* puis s'attaque à Cheder, et finit par lui fendre le crâne d'un coup si puissant que sa lame s'y casse ; l'*enseigne jaune* reste aux mains des chrétiens. Piali, entraîné dans la reculade des troupes, fait encore sonner la retraite.

« L'assaut, dit Baudouin, avait duré jusqu'au soleil couchant ; et
» demoura la victoire aux assiégez, qui fut tenue pour miracu-
» leuse... Le grand-maître demoura tout le long du jour en la place
» du combat, à la mercy des canonnades, pourvoyant où estoyt
» besoing, et confessa plus tard qu'il s'estoyt tenu pour perdu...
» Les femmes et enfants ne cessèrent de servir les hommes, tirer
» pierres, jeter chausse-trapes en fer, et déchirer par la figure les
» ennemys... Et, parce que le grand-maître avoyt deffendu qu'on
» relevast ou qu'on tirast de la meslée les corps blessés ou morts,
» beaucoup combattirent le pied posé sur leurs parents ou amys
» tombés là. »

Il y eut une action de grâces solennelle en l'église Saint-Laurent. Les Turcs continuèrent la sape et la mine, mais cessèrent les attaques de vive force pendant une semaine. Le coup *décisif et dernier* fut fixé au 7 septembre.

La Valette, qui en fut informé par des transfuges, employa ce temps à se fortifier et barricader avec les débris des maisons. Pour ne laisser de regrets à personne, il donna lui-même le premier coup de pioche au Palais-Magistral, qui fut démoli avant tous autres; du reste, uni de cœur à la vaillante population, il ne lui cachait rien et faisait afficher en ville, au fur et à mesure, les nouvelles du dehors, les bulletins du siège et les décisions du Conseil.

Au-dessus de toutes les mesures humaines, le pieux grand-maître plaçait la protection d'en-haut. Il avait une profonde dévotion à la Sainte Vierge. Le 31 août, un édit magistral annonça l'ouverture de la neuvaine de la Nativité de la Sainte Vierge « qui, disait La Valette, se trouve en ce moment en dette vis-à-vis de notre Ordre. C'est pourquoi la supplierons vouloir bien nous payer par la délivrance de l'oppugnation turque ; et, si accepte-t-elle, lui baillerai je avec joie et reconnaissance *quittance en règle* de tout dû. » Depuis lors, à tous ceux qui le pressaient d'une réponse immédiate sur les affaires de la ville, de la *Religion* ou du siège, il ripostait avec un sourire tranquille : « Attendez après le 8, et je vous satisferay. » Il ne cacha qu'un point au Conseil et aux habitants : c'est qu'il allait, avant dix jours, se trouver à court de vivres, de munitions, de vêtements et de remèdes pour les blessés ; « et dissimuloyt d'une constance admirable le soucy qui lui rongeoit le cueur, du retardement du grand secours de Sicile. » (*Baudouin*.)

Il était pourtant prêt, ce secours. Bien plus, il était venu *deux fois* tenter le débarquement à la côte ouest de l'île; et, deux fois, se laissant prendre à de fausses appréhensions, il avait regagné son point de départ, le port de Puzallo. En Espagne, quantité de gentilshommes avaient demandé à partir pour Malte; et le jeune don Juan d'Autriche, le futur vainqueur de Lépante, désobéissant à un ordre du roi, s'était enfui de Madrid pour aller s'embarquer à Barcelone, où il fut arrêté par ordre de Philippe II et ramené à la Cour. Toute l'Europe avait les yeux tournés sur Malte et ses héroïques défenseurs.

Enfin, le 6 septembre, la grande flotte impériale, commandée par Juan de Cardona, partit une troisième fois de la Sicile, tourna à l'ouest, puis au sud, et vint atterrir vers minuit dans la rade du Frioul, au nord de Malte. L'ennemi ne l'avait pas éventée. Toute la nuit se passa à mettre à terre le corps expéditionnaire, les bagages, les provisions et les munitions. Puis la flotte alla se mettre à couvert derrière l'île Gozzo, et don Garcia, qui avait tenu à conduire lui-même le secours, mais qui avait « ordre formel du roi de ne pas débarquer », transmit publiquement le commandement des troupes à cinq chefs désignés d'avance, dont Ascanio de la Corna était le plus important ; après quoi, toute l'armée espagnole, forte d'environ quatorze mille hommes, prit la route de la Cité-Notable. C'était le 7 septembre. La flotte espagnole parut ensuite devant le Bourg, et déchargea toute son artillerie en faisant tous les signaux convenus pour annoncer le débarquement du secours promis. Il était temps ! Le grand-maître, après avoir fait porter aux batteries les approvisionnements quotidiens de gargousses, n'eut plus assez de poudre pour répondre aux signaux des Espagnols. Il se contenta de faire tirer des fusées, sonner les cloches et les trompettes, et battre aux champs par tous les tambours ensemble.

C'était le soir... Les dernières voiles espagnoles avaient disparu dans une brume fraîche, vers le nord. Piali, faisant à la hâte sortir ses galères du Marsa-Muscietto, les rangea en bataille au large; mais le vent favorisait les chrétiens qui, en quelques heures, allèrent atteindre les côtes de Sicile. Le grand-amiral turc rentra au port et monta au camp. Il y trouva tous les pachas réunis en conseil. On avait appris, dès le matin, l'arrivée du renfort espagnol, ce qui avait fait suspendre l'assaut projeté. Après une courte délibération, il fut unanimement reconnu que l'armée ottomane ne pouvait attendre dans ses lignes l'attaque des vigoureuses troupes d'Espagne; il ne restait donc plus qu'à lever le siège.....

Ce soir-là, tous les assiégés se confessèrent ; à partir de minuit, les messes d'actions de grâces commencèrent dans les églises illuminées; jusqu'à neuf heures du matin, messes et communions n'arrêtèrent point. A neuf heures, La Valette répartit avec soin les dernières munitions, reçut de la Cité-Notable des messagers, parvenus à travers les lignes turques pour lui détailler les forces des arrivants et lui demander ses ordres, y répondit avec calme, et monta sur les remparts de la place. Une activité fébrile régnait dans le camp ennemi. On déchargeait sur la ville les dernières pièces, on démontait les batteries, on embarquait les provisions. Le dernier boulet turc tua, sur le bastion de Castille, un chevalier réputé, Bernardo de Cabrera, au moment où il achevait avec toute la garnison le dernier verset du *Te Deum*. Il tomba en criant fortement: *In te Domine speravi,*

PALAIS DES GRANDS-MAITRES A MALTE — ÉTAT ACTUEL

CHAPELLE SOUTERRAINE DE SAINT-JEAN A MALTE — ÉTAT ACTUEL

et expira avec un sourire de joie. C'était un chevalier des plus accomplis, un religieux scrupuleux, savant, austère et chaste. On sut ensuite, d'un de ses amis, qu'il avait demandé à la Sainte Vierge de mourir le jour de sa Nativité glorieuse, sous la condition de voir Malte délivrée.

Quant au grand-maître, dont ni revers ni joie ne pouvaient courber l'âme énergique et tendre, bien qu'il les ressentît profondément, il préparait une sortie vigoureuse, pour hâter la fuite de l'assiégeant et le rejeter sous les coups de l'armée d'Espagne.

Mais nous nous arrêterons ici; le récit de l'attaque tentée par Mustapha contre les troupes de Sandi et d'Ascanio de la Corna, ne serait qu'une redite des récits déjà faits. Peu de musulmans échappèrent au sabre des chrétiens. Couverts de honte et tremblant pour leur tête, les généraux ottomans reprirent avec quelques milliers d'hommes blessés, malades, découragés, le chemin de Constantinople, où les attendait la disgrâce : « Je vois bien, dit Soliman avec une rage concentrée, qu'il faudra que j'y aille moi-même, comme je l'ai fait pour Rhodes il y a 43 ans!... Mais je vieillis, moi, et ces chevaliers ont le secret de se rajeunir. » — La mort l'empêcha de mettre son dessein à exécution.

Épilogue

« Le spectacle que présentait Malte après la levée du siège fut à
» la fois sublime et pénétrant de douleur : ce n'étaient que gens
» pâles, estropiés, aux vêtements déchirés, qui se cherchaient et
» s'embrassaient, — trop heureux de se retrouver vivants, — sur
» des ruines fumantes. Les maisons étaient détruites de fond en
» comble; de ces tristes amas de pierres, on voyait surgir des cada-
» vres trop hâtivement ensevelis, parfois des membres épars et
» déchirés... Les yeux, restés secs pendant toute la durée de ce
» drame, se mouillaient alors de larmes bien amères; les sanglots se
» répercutaient dans la sonorité des murs à demi écroulés; toute
» cette partie de l'île n'était plus qu'un cimetière. » (*Guérin, Histoire maritime de France.*)

Le grand-maître recensa les pertes: près de 300 chevaliers (sur moins de 450), et plus de 8500 soldats et bourgeois (1) avaient péri. Quant aux Turcs, ils avaient perdu plus de 35 000 hommes. Les janissaires s'en allaient réduits des 4/5, les yayalars des 2/3 ; des 9000 hommes apportés en diverses fois des côtes d'Afrique, il n'en retourna pas 1500...

Sur le mont Scéberras, La Valette traça aussitôt le plan d'une nouvelle ville qu'il fit construire sous ses yeux, et qui a conservé le nom de *Cité-Valette*. Débordant ensuite à droite et à gauche par-dessus les deux *Marsa*, la capitale de Malte, devenue une vaste cité, abritée par un rideau d'inexpugnables fortifications, constitua bientôt un des plus importants points stratégiques internationaux. Malte, par un triste revirement de l'ancienne politique chrétienne, n'est plus à l'Ordre Saint-Jean qui, lui-même, n'existe plus à l'état actif, bien que le soin pieux qu'en prend le Saint-Siège n'ait pas encore laissé tomber cette grande gloire catholique. Mais, même aux mains de l'Angleterre hérétique, orgueilleuse et cruelle, la ville des grands-maîtres s'appelle encore La Valette; les officiers anglais montrent avec respect au touriste les lieux illustrés par l'héroïsme des grands guerriers de la Foi; et les Maltais eux-mêmes, se transmettant de père en fils la tradition des gloires passées et de la fraternelle administration de l'île sous l'Ordre de l'Hôpital Saint-Jean, sont restés fervents catholiques. Se rappelant que l'Ordre était surtout français, et que ce sont des Français qui l'ont mis au plus haut point de sa gloire et de sa prospérité, ils aiment à témoigner de leurs préférences pour la France en venant s'abriter par milliers sous son pavillon, dans nos villes d'Algérie et de Tunisie. On sait avec quel enthousiasme ils reçurent, il y a peu d'années, la visite du célèbre cardinal Lavigerie, nommé *primat* d'Afrique et, à ce titre, métropolitain de l'évêque de Malte.

Nous avons, à plusieurs reprises, indiqué en passant le rôle qu'allaient encore jouer les chevaliers de Malte pendant deux siècles, soit dans la résistance directe aux Turcs et aux Barbaresques, soit dans les armées des nations chrétiennes; nous avons dit quelle magnifique couronne d'honneur formèrent à la France les fils de l'Hôpital lorsqu'elle entra, avec Richelieu d'abord, Colbert ensuite,

---

(1) Y compris au moins 200 femmes et 170 enfants au-dessous de 15 ans, combattants volontaires.

LA RUE DES CHEVALIERS A RHODES DÉTRUITE PAR L'EXPLOSION D'UNE POUDRIÈRE

dans la période des grandes guerres maritimes modernes : les Forbin, les d'Estrées, les Château-Renaud, les Glandevez, les Sabran, les de Barras, les Coëtlogon, les Tourville, les d'Amfreville, les Villette-Murçay, les Suffren, — et cent autres sont là pour en témoigner.

L'ingratitude actuelle envers tout ce qui honore le passé — triste fruit des germes d'orgueil et de haine semés par la Révolution — a proscrit de nos écoles, de nos colléges, de nos livres, de nos entretiens, ces nobles exemples où se ravivaient l'honneur et la foi des générations françaises. Puissent des plumes plus autorisées et moins hâtées que la nôtre les mettre en lumière, avant que le voile de ténèbres qui descend lentement sur la vieille Europe n'ait obscurci toutes les vues, déprimé toutes les consciences !...

Puisses-tu, jeune homme inconnu, lecteur d'un jour, sentir ton cœur battre, ton vieux sang français s'échauffer généreusement à la pensée de ce que surent faire, cuirassés de leur invincible foi, armés de leur vaillance gauloise, les grands ancêtres de cette patrie française, de cette patrie catholique, que des Français dégénérés et des exploiteurs cosmopolites cherchent à te faire oublier, pour ne t'en présenter que des caricatures menteuses, de calomnieux portraits, de grossières pasquinades, outrages à la science, à la vérité, à l'histoire.

Mais c'est en vain qu'ils essayent d'étouffer chez nous le cri du vieux sang et de substituer à l'ardeur du sacrifice la voix aigre de l'intérêt sordide et des basses vanités... Tant qu'il y aura en France une jeunesse croyante — ne fût-elle qu'une petite minorité, — il restera un large espoir ouvert à la résurrection chrétienne et à la reprise de la marche en avant du pays des Croisés, du pays des moines-chevaliers, du pays des missionnaires, sous l'égide de Marie et la vieille devise de Bongars : *Gesta Dei per Francos !*

ILE DE RHODES.

TABLE DES MATIÈRES

INTRODUCTION GÉNÉRALE

Établissement de l'Ordre des Hospitaliers............................ t

GÉNÉRALITÉS

Les débuts de l'Ordre.. 11

LIVRE PREMIER

La Palestine..	21
1ᵉʳ *récit :* Le siège de Tyr..	23
2ᵉ *récit :* La défense de Margat...................................	28
3ᵉ *récit :* La perte d'Acre..	40

LIVRE DEUXIÈME

Les chevaliers de Rhodes; chroniques et portraits.................	59
1ᵉʳ *récit :* Le chevalier Gozon....................................	70
2ᵉ *récit :* Un grand-maître de Rhodes; Jean de Lastic.............	83
3ᵉ *récit :* Pierre d'Aubusson et le grand siège de Rhodes au temps de Mahomet II.	119
4ᵉ *récit :* Quelques usages de Rhodes, et quelques courses de chevalerie :	
§ I. — Kamali...	150
§ II. — La Mogharbine; le commandeur de Gastineau.............	167
§ III. — D'Amaral et Villiers de l'Isle-Adam ; bataille d'Aïazzo...	177
5ᵉ *récit :* Soliman-le-Magnifique et Villiers de l'Isle-Adam ; perte de Rhodes...	213

LIVRE TROISIÈME

MALTE

1ᵉʳ *récit :* Établissement à Malte ; la tentative sur Modon ; Grecs et Turcs.....	263
2ᵉ *récit :* Quelques caravanes: Siméoni, Botigella, Strozzi, Romégas, Jean de La Valette; les Renégats...........................	286
3ᵉ *récit :* Alger; Villegagnon; Ponce de Savignac..................	311
4ᵉ *récit :* Monastir...	324
5ᵉ *récit :* Afrika; Dragut; le Bailli de la Sangle..................	330
6ᵉ *récit :* Le grand-maître Omédès; Gozzo ravagée; Tripoli perdue.....	346
7ᵉ *récit :* Zoara; la Chevalerie se dévoue pour sauver ses engagés............	353

8ᵉ *récit :* Le grand siège de Malte en 1565 :

§ I. — Le chevalier de La Valette... 373
§ II. — Les langues françaises à Malte 378
§ III. — Préparatifs; l'attaque; le chevalier de la Rivière........... 382
§ IV. — Saint-Elme; le sacrifice.. 394
§ V. — Deuxième siège ; Saint-Michel ; le Bourg ; retards de don Garcia. 409
§ VI. — Le grand-maître... 423
§ VII. — La délivrance... 430
§ VIII. — Épilogue... 435

CARTES ET PLANS

1° L'île de Rhodes au XVIᵉ siècle... 68
2° La ville de Rhodes au XVIᵉ siècle... 69
3° Le groupe de Malte à la fin du XVIᵉ siècle................................ 285
4° Plan du siège de Malte en 1565... 292

VUES ET PORTRAITS

Le grand-maître Gozon.. 77
Le grand-maître d'Aubusson.. 117
Le grand-maître Villiers de l'Isle Adam....................................... 205
Vue de Rhodes (actuelle).. 109
La « rue des chevaliers » à Rhodes (détruite par une explosion)...... 156
Le palais des grands-maîtres à Malte (état actuel)........................ 435
La chapelle souterraine de Saint-Jean à Malte (état actuel)............ 436

GRAVURES INÉDITES EXTRAITES D'UN MANUSCRIT DE LA BIBLIOTHÈQUE NATIONALE

Vue générale de Rhodes à vol d'oiseau (au XVᵉ siècle).................. 109
Un épisode du siège de Rhodes par Misach-Paléologue............... 133
La vie à Rhodes ; les prêtres ; les chevaliers ; les artisans............. 156
Le prince Zizim reçu par d'Aubusson.. 157

FIN DE LA TABLE DES MATIÈRES

www.ingramcontent.com/pod-product-compliance
Lightning Source LLC
Chambersburg PA
CBHW051821230426

43671CB00008B/792